Wagnisse des Christseins

IN MEMORIAM
GÜNTER BIEMER (1929–2019)

Roman A. Siebenrock / Jakob Geier (Hg.)

Wagnisse des Christseins

*John Henry Newmans Weckrufe
in die Realisierung des Glaubens heute*

Matthias Grünewald Verlag

VERLAGSGRUPPE PATMOS

PATMOS
ESCHBACH
GRÜNEWALD
THORBECKE
SCHWABEN
VER SACRUM

Die Verlagsgruppe
mit Sinn für das Leben

Die Verlagsgruppe Patmos ist sich ihrer Verantwortung gegenüber unserer Umwelt bewusst. Wir folgen dem Prinzip der Nachhaltigkeit und streben den Einklang von wirtschaftlicher Entwicklung, sozialer Sicherheit und Erhaltung unserer natürlichen Lebensgrundlagen an. Näheres zur Nachhaltigkeitsstrategie der Verlagsgruppe Patmos auf unserer Website www.verlagsgruppe-patmos.de/nachhaltig-gut-leben

Bibliografische Information der Deutschen Nationalbibliothek
Die Deutsche Nationalbibliothek verzeichnet diese Publikation in der Deutschen Nationalbibliografie; detaillierte bibliografische Daten sind im Internet über http://dnb.d-nb.de abrufbar.

Alle Rechte vorbehalten
© 2024 Matthias Grünewald Verlag
Verlagsgruppe Patmos in der Schwabenverlag AG, Senefelderstr. 12, 73760 Ostfildern
kundenservice@verlagsgruppe-patmos.de
www.gruenewaldverlag.de

Umschlaggestaltung: Finken & Bumiller, Stuttgart
Umschlagabbildung: © Window of Grace Cathedral, S. Francisco
Gestaltung, Satz und Repro: Schwabenverlag AG, Ostfildern
Druck: CPI books GmbH, Leck
Hergestellt in Deutschland
ISBN 978-3-7867-3222-8

Inhalt

JAKOB GEIER – ROMAN A. SIEBENROCK
Vorwort 9

GÜNTER BIEMER
John Henry Newmans »beste Predigten« als Einführung ins
Christentum 13

HANS STUMPF
Einige Bemerkungen des Übersetzers 37

John Henry Kardinal Newman – Predigten und Hinführungen ... 41

THOMAS MÖLLENBECK
Einführung zu Predigt 1: Im Dienst Christi – »Die Strenge des Gesetzes
Christi« 43
Frei in Christus – Freiheit im Glaubensgehorsam
Predigt 1
Die Strenge des Gesetzes Christi. »Frei von der Sünde, seid ihr zu
Sklaven der Gerechtigkeit geworden.« (Röm 6,18) 47

BERND TROCHOLEPCZY
Einführung zu Predigt 2: Die Gefahren des Kompromisses – »Gehorsam ohne
Liebe, veranschaulicht am Charakter Bileams« 61
Die schwierige Gewissenhaftigkeit
Predigt 2
Gehorsam ohne Liebe – veranschaulicht am Charakter des Bileam.
»Nur das, was Gott mir in den Mund legt, kann ich reden!«
(Num 22,38) 63

LOTHAR KULD
Einführung zu Predigt 3: Der Primat der Liebe – »Liebe – das eine Notwendige«
Unersetzbare (Gottes-)Liebe 78
Predigt 3
Liebe – das eine Notwendige. »Wenn ich mit Menschen-, ja mit Engelszungen redete, aber die Liebe nicht hätte, so wäre ich tönendes Erz oder eine klingende Schelle.« (1 Kor 13,1) 84

WILHELM TOLKSDORF
Einführung zu Predigt 4: Volles Engagement – »Die Wagnisse des Glaubens«
Glaube realisieren – John Henry Newman im Spannungsfeld heutiger Pastoral 95
Predigt 4
Die Wagnisse des Glaubens. »Sie sagten zu ihm: Wir können es.« (Mt 20,22) 108

CARLOS GUTIÉRREZ LOZANO
Einführung zu Predigt 5: Die Waffen der Heiligkeit – »Die Waffen der Heiligen«
Umkehrung der Werte – Ein großes Prinzip christlichen Lebens 118
Predigt 5
Die Waffen der Heiligen. »Viele aber, die die Ersten sind, werden die Letzten sein und die Letzten die Ersten.« (Mt 19,30) 125

JAKOB GEIER
Einführung zu Predigt 6: Christliche Lauterkeit – »Worte ohne Wirklichkeit«
Unsichtbare Wirklichkeit – Newman in der benediktinischen Schule 135
Predigt 6
Unwirkliche Worte. »Deine Augen werden den König in seiner Herrlichkeit erblicken; sie überschauen ein weites Land.« (Jes 33,17) . 139

JAKOB GEIER
Einführung zu Predigt 7: Die christliche Schuld – »Vorsehung und persönliche Heilsgeschichte«
Dankbar für Gottes Heilsgeschichte mit uns 153
Predigt 7
Dankbares Erinnern an frühere Erbarmungen. »Ich bin nicht wert aller Hulderweisungen und aller Treue, die du deinem Knecht erwiesen hast.« (Gen 32,10) 157

Roman A. Siebenrock
Einführung zu Predigt 8: Verborgene Gegenwart Jesu Christi – »Christus vor der Welt verborgen«
Jesus Christus wahrnehmen – als mein Nachbar heute? 168
Predigt 8
Christus vor der Welt verborgen. »Das Licht leuchtet in der Finsternis, die Finsternis aber hat es nicht ergriffen.« (Joh 1,5) 170

Regina Speck
Einführung zu Predigt 9: Die Bedeutung der Existenz – »Die Größe und Kleinheit des menschlichen Lebens«
Endlichkeit und Ewigkeit – inkommensurabel 182
Predigt 9
Größe und Begrenztheit menschlichen Lebens. »Die Jahre meiner Wanderschaft betragen einhundertdreißig, gering an Zahl und voll Leid waren meine Lebensjahre. Sie reichen nicht an die Lebensjahre meiner Väter in der Zeit ihrer Pilgerschaft.« (Gen 47,9) 188

Gabriele Niekamp
Einführung zu Predigt 10: Warten auf Jesus Christus – »Harren auf Christus«
Aktive Eschatologie 198
Predigt 10
Warten auf Christus. »Er, der dies bezeugt, spricht: Ja, ich komme bald! Amen! Komm, Herr Jesus!« (Offb 22,20) 213

Andreas Koritensky
Einführung zu Predigt 11: Eine höhere Sicht – »Verstand und Gefühle der Offenbarung unterwerfen«
Parusieverzögerung 229
Predigt 11
Unterwerfung der Vernunft und der Gefühle unter das geoffenbarte Wort. »Wir nehmen alles Denken gefangen und führen es zum Gehorsam gegen Christus.« (2 Kor 10,5) 238

Reinhard Feiter
Einführung zu Predigt 12: Der christliche Charakter – »Gleichmut«
Grundhaltung angesichts der Parusie – Das Ringen um die rechte Gelassenheit 251

Predigt 12
Gleichmut. »Freut euch im Herrn allezeit! Noch einmal will ich es sagen: freut euch!« (Phil 4,4) 254

ULRIKE WICK-ALDA
Einführung zu Predigt 13: Der Friede des Glaubens – »Friede im Glauben« Vollendung – Himmel als Angekommensein 266

Predigt 13
Friede im Glauben. »Einer rief dem anderen zu und sprach: Heilig, heilig, heilig ist der Herr der Heerscharen.« (Jes 6,3) 273

ROMAN A. SIEBENROCK
Die 13 Predigten: Quellenübersicht 281

Autor*innen der Hinführungen 283

Vorwort

Am 13. Oktober 2019 wurde John Henry Newman in Rom heiliggesprochen. Ohne Zweifel wird die Heiligsprechung John Henry Newmans durch Papst Franziskus eine bleibende Bedeutung nicht nur für die katholische Kirche haben, sondern auch für die gesamte Christenheit. Wir sind uns sicher, dass er eines Tages auch offiziell ein Lehrer der Kirche sein wird. Newman ist immer ein spiritueller und theologischer Autor gewesen, der weltweit in den verschiedensten christlichen Gemeinschaften und Kirchen gelesen wurde und wird. Seine Essays zur Idee der Universität finden bis heute Gehör, auch in säkularen Kreisen. Was bedeutet dies für uns im deutschen Sprachraum, in dem seine Wirkung wohl mehr als indirekt eingeschätzt werden muss? Welche Gestalt von Glauben und Christentum wird mit solchen universalkirchlichen Entscheidungen gefördert? Dazu können Sie sich, liebe LeserInnen, mit der Betrachtung der hier veröffentlichten 13 Predigten ein eigenes Urteil bilden. Günter Biemer hat dazu einen einleitenden Überblick geschrieben, der uns heute wie ein Vermächtnis vorkommt. Seinem Andenken ist deshalb dieser Band gewidmet.

Im Blick auf die Ansprachen, die in diesem Buch als Einweisung in den christlichen Weg vorgestellt werden, könnte folgendes geistliches Portrait des Predigers umrissen werden. Newman denkt und lebt aus der Heiligen Schrift und denkt im Horizont seiner Zeit und seiner kulturellen englischen Tradition. Daher weist er ein feines Gespür für Politik und gesellschaftliche Entwicklungen auf. Newman ist ein existentieller Prediger, der sich selbst unter das Wort stellt. Er war in Fragen des Glaubens daher streng und konsequent mit sich selbst – und mit einem solchen Selbstanspruch begegnet er oft mit Fragen auch den HörerInnen seiner Predigten. Newman nannte die Theologie das »prophetische Amt in der Kirche«. Diese Aufgabe lässt sich in den Predigten vernehmen, weil er wie ein Vordenker seiner Zeit voraus war und die Hörenden für diese anbrechende Zukunft bereiten wollte. Einem bloßen Bewahren begegnete er mit Skepsis, denn das Christentum war immer mitten in Kontroversen. Deshalb war es den Oratorianern aufgegeben, das Evangelium an einem neuen Ort und in einer neuen Zeit zu verkünden und durch das Leben zu bezeugen. Faszinierend an John Henry Newman ist seine kritische Konsequenz und seine Liebe zum Glauben, die er in und für die Kirche seiner Tage zum Ausdruck gebracht hat. Er lebte mit seiner Biografie die Treue zu Gott, indem er überzeugt, konsequent und glaubend prophetisch in seinen Kirchen wirkte – der anglikanischen und der römisch-katholischen. Und er soll auch weiterwirken, weil ihn die anglikanische Kirche schon zuvor in ihren Kalender prominent aufgenommen hatte.

Uns scheint aber, dass zwei weitere Aspekte, die die Katholizität und Gestalt Newmans prägen, in Zukunft besonders von Bedeutung sein werden. Newman ist mit vier Frauen zusammen heiliggesprochen worden. Diese »Katholizität im Fragment« erinnert uns daran, dass das verbindliche Zeugnis vom Evangelium Jesu Christi nicht auf Männer oder geweihte Personen eingeschränkt sein kann. Die gemeinsame Heiligsprechung kommt einem wichtigen Anliegen Newmans entgegen. In einem Brief vom 20. September 1874 an J. Spencer Northcote bestärkt er den Adressaten in seiner Hoffnung, Franz von Sales zum Kirchenlehrer (»Doctor of the Church«) zu erheben. Doch diese Kompetenz stehe allein dem Papst zu, weil nur Gelehrte selbst Gelehrte beurteilen könnten. In diesem Zusammenhang schreibt er, dass er nicht verstehe, warum die Gruppe der Kirchenlehrer so ist wie sie ist. Vor allem verstehe er nicht, warum bislang noch keine Frau zur Kirchenlehrerin ernannt worden sei. In diesem Zusammenhang könne die Warnung von Paulus nicht gelten (1 Kor 13,34), weil, wie er es mit Blick auf Katharina von Siena ausdrückt, es sich hier nicht um ein öffentliches Lehren in der Kirche handle, sondern um die Anerkennung übernatürlicher Gaben.[1]

Die vier Frauen, die also mit Newman zur Ehre der Altäre erhoben wurden, kommen aus sehr unterschiedlichen Kontexten und Lebenssituation, scheinen aber eine gemeinsame Botschaft in unser Gedächtnis le-

---

1 | Newman, John Henry, Briefe und Tagebücher aus der katholischen Zeit seines Lebens. Übersetzt von Maria Knoepfler (Ausgewählte Werke von John Henry Kardinal Newman II / III), Mainz 1957, 618. Der Wunsch des Briefpartners wurde ja 1877, als Franz von Sales zum Kirchenlehrer ernannt worden ist, erfüllt. Dass Newmans Hoffnung Wirklichkeit geworden ist, zeigt der Blick auf die aktuell anerkannten KirchenlehrerInnen: Katharina von Siena und Teresa von Avila (1970); Therese von Lisieux (1997) und Hildegard von Bingen (2012).

gen zu wollen: Alle Bildung und intellektuelle Entwicklung hat ihr Ziel und ihr Fundament im Dienst an den Armen und Marginalisierten und deshalb sollte jede christliche Theologie »caritate formata« sein. Zuerst ist zu nennen *Marguerite Bays* (1815–1879), eine Zeitgenössin Newmans, Näherin und Bäuerin aus Siviriez in der Schweiz. Sie bleibt frei gewählt ehelos, tritt nicht in ein Kloster ein und kümmert sich vorbehaltlos um die Ärmsten der Gemeinde. Ohne Aufsehen, in einem einfachen Leben verborgen, lebt sie ihre Liebe zum leidenden Christus. Auf ihrem Grabstein steht: »Sie hat gelebt, um Gutes zu tun. Ihr Andenken bleibt gesegnet. Verehrte Schwester, liebe und weichherzige Patin, vergiss nicht diejenigen, welche du zurückgelassen hast.« Die Römerin *Giuseppina Vannini* (1859–1911) gründete zusammen mit Pater Luigi Tezza OSC 1892 den weiblichen Zweig des Kamillianerordens, der sich ganz dem Dienst an den Kranken widmete. Sie selbst hat in diesem Dienst ihr Leben dahingegeben. Die indische Ordensschwester *Maria Teresa Chiramel Mankidiyan* (1876–1926) entwickelte in Kerala mit Freundinnen einen christlichen Ashram, der erst allmählich von den kirchlichen Verantwortungsträgern anerkannt worden ist. Der Dienst an notleidenden Familien weitete sich in ihrer Ordensgemeinschaft zu grundlegender Bildungsarbeit fort. Sie gründete unter anderem zwei Schulen, zwei Internate und ein Studienhaus. Schließlich ist an die brasilianische Ordensfrau *Dulce Lopes Pontes* (1914–1992) aus der Gemeinschaft der Missionsschwestern von der Unbefleckten Empfängnis der Mutter Gottes in Sergipe zu erinnern. Sie arbeitete als Lehrerin und sorgte sich um Kranke und Sterbende. Um Obdachlosen eine Unterkunft zu ermöglichen, brach sie sogar leerstehende Häuser auf, und ab 1949 begann sie mit der Betreuung von Kranken, zunächst im klostereigenen Hühnerstall. Aus diesem kuriosen Anfang entwickelte sich später ein großes Krankenhaus und aus ihrer persönlichen Hilfe eine strukturelle Sozialhilfe.

Vier Frauen also und ein Theologe, der vielen zu seiner Zeit als feminin, zu psychologisch und sensibel galt, weisen einen Weg. Wissen ohne Dienst und Hilfe an Armen und Kranken ist nichts, Theologie ohne Hören auf das eigene innerste Herz hohl. Newman selbst hat nach seiner Weihe zum Diakon und Priester in der anglikanischen Kirche in der ärmsten Region Oxfords seinen seelsorgerlichen Dienst begonnen und sein Oratorium in Birmingham befand sich in den Arbeitervierteln des expandierenden industriellen Kapitalismus. Es war für ihn selbstverständlich, dass er mit seinem Freund Ambrose St. John im September 1849 nach Bilston zur Aushilfe ging, weil der Ortspfarrer wegen der Cholera-Epidemie in dieser Gegend überfordert war.

Danken möchten wir allen, die zum Gelingen dieses Bandes beigetragen haben, der viele Jahre im Werden war. Zuerst natürlich dem Übersetzer Dr. Hans Stumpf, der uns mit seiner vergegenwärtigenden Übertragung auch eine Orientierung für weitere Übersetzungen von anderen Werken Newmans geschenkt hat. Dann allen, die eine Predigt eingeleitet haben. Wir haben diese Einleitungen nicht auf ein Muster bringen wollen. Daher sind Länge und Ausgestaltung der Beiträge sehr unterschiedlich. Das soll auch darauf hinweisen, dass mit den Texten Newmans sehr verschieden umgegangen werden kann, ohne dass diese Unterschiedlichkeit in Beliebigkeit abdriften würde. Ein besonderer Dank gilt Frau Christine Eckmair für das überaus sorgfältige Lesen und Korrigeren der Fahnen. Schließlich gilt unser Dank dem Lektor des Matthias Grünewald Verlags, Volker Sühs, der uns sorgfältig betreut und zu weiteren Veröffentlichungen über J. H. Newman ermutigt hat.

Mögen die LeserInnen jene Erfahrungen berühren, die so viele Menschen von Anfang an mit dieser außerordentlichen Person machen durften und die der Kardinal als Motto erwählte: »cor ad cor loquitur«. Möge sich diese Begegnung von Herz zu Herz dadurch ereignen, dass durch diese Texte die Gegenwart geistlicher Rede erfahren wird.

Innsbruck, im Oktober 2024

Roman A. Siebenrock – Jakob Geier

John Henry Newmans »beste Predigten« als Einführung ins Christentum

GÜNTER BIEMER

1. Zwei Predigten von 1836

Der 21. Februar 1836 war ein Sonntag, der Erste Fastensonntag des Jahres, und zugleich Newmans Geburtstag. Er vollendete sein 35. Lebensjahr. Als Pfarrer von St. Mary the Virgin in Oxford hielt er – wie jeden Sonntag – im Nachmittagsgottesdienst eine Predigt. Das Schriftmotto seiner Predigt lautete: »Könnt ihr den Kelch trinken, den ich trinken werde? Sie sagten: ›Wir können es.‹ (Mt 20,22)«; sein Thema war: »Die Wagnisse des Glaubens«.[1]

Über den Eindruck jener Predigt gibt es zwei besondere Zeugnisse. Die Situationsbeschreibung seines Kollegen und Freundes Henry Wilberforce (1807–1873) und einen Wirkungsbericht von Richard William Church (1815–1890). H. Wilberforce schildert: Newman »begann mit einer ruhigen klangvollen Stimme, deren Ton sich allmählich hob, so wie der Redner durch seinen Gegenstand erwärmt wurde [...] Zuweilen hielt er an den ergreifendsten Stellen plötzlich inne, ohne seine Stimme zu senken [...] und dann sprach er mit neu gesammelter Kraft [...] Sogar der Klang seiner Stimme schien anzudeuten, dass da mehr war als sein Eigenes. Es gibt heute noch viele, die beim Lesen der Predigten in diesen Bänden die damaligen Szenen wieder erleben: Die große Kirche, die Gemeinde, die sie ganz anfüllte, alle atemlos in ihrer erwartungsvollen Aufmerksamkeit. Das Gaslicht zur Rechten der Kanzel war herunterge-

---

1 | »H[enry] W[ilberforce] read in morning I in afternoon and preached Nr. 399, 400« (LD V 240). Vgl. DP IV 329–341.

dreht, dass der Redner nicht geblendet werde. Vielleicht waren sie selbst damals unter dem Halbdunkel der Galerie gestanden – und dann die Pause, ehe die Worte in der Predigt ›Wagnisse des Glaubens‹ sie erschütterten: »Sie aber sagten ihm: ›Wir können es.‹«[2] – Worum ging es in dieser Predigt? Um den Ernstfall des eigenen Glaubens an Gott. Das zeigt z. B. eine Passage, in der Newman ganz konkret und persönlich wird: »Jeder meiner Hörer möge sich die Frage vorlegen, was er auf die Wahrheit der Verheißung Christi hin riskiert hat. Wäre er auch nur im Geringsten schlechter daran, angenommen (was zwar unmöglich ist), jedoch angenommen, sie wäre ein Fehlschlag? Wir wissen, was es heißt, in irgendeinem Unternehmen dieser Welt zu investieren. Wir riskieren unser Eigentum bei Plänen, die Erfolg versprechen; bei Plänen, die uns verheißungsvoll erscheinen, an die wir glauben. Was haben wir für Christus riskiert? Was haben wir ihm gegeben auf Grund unseres Glaubens an seine Verheißung? Der Apostel sagt, dass er und seine Brüder die elendesten von allen Menschen wären, wenn die Toten nicht auferweckt würden. (1 Kor 15). Können wir dies in irgendeinem Grad auf uns selbst anwenden? [...] – Ein Geschäftsmann, der etwas von seinem Vermögen in ein Unternehmen steckt, das aber fehlschlägt, verliert nicht nur seine Aussicht auf Gewinn, sondern noch etwas von seinem Vermögen, das er in der Hoffnung auf Gewinn gewagt hatte. Das ist unsere Frage: Was haben wir gewagt? – Ich hege die tatsächliche Befürchtung, bei einer etwaigen Überprüfung stellt sich heraus, daß es nichts gibt, [...] das wir tun, [...] das wir nicht täten, wenn Christus nicht gestorben und der Himmel uns nicht verheißen wäre [...] Ich fürchte wirklich, dass die meisten der sogenannten Christen, wie immer ihr Bekenntnis sein mag, was immer sie an Gefühlen zu haben glauben, was immer an Wärme und Erleuchtung und Liebe sie für sich in Anspruch nehmen mögen, dennoch so leben, fast wie sie leben würden, weder viel besser noch viel schlechter, wenn sie das Christentum für eine Fabel hielten.«[3]

»Seine Predigten ließen den Hörer an das denken, was der Redner sagte und nicht an die Predigt oder den Prediger«, schreibt R. W. Church, der spätere Dekan der St. Pauls-Kathedrale in London über seine Erfahrung

2 | F. Bacchus, Zur Einführung, in: J. H. Newman, Predigten der anglikanischen Zeit, AW V, S. XVIIf.
3 | Die Wagnisse des Glaubens, in: DP IV, 329–341; 335ff.

als Hörer bei Newmans Predigten. Auch er war, wie H. Wilberforce, Ohrenzeuge jener Predigt von den Wagnissen des Glaubens. Eine Generation jünger als Newman, war er eine Zeitlang mit innerer Distanz zu dessen Predigten gekommen, weil er der damaligen Mode kritisch gegenüber stand, zum Vier-Uhr-Gottesdienst an Sonntagnachmittagen nach St. Marien zu gehen. Später wurde er ein regelmäßiger Besucher dort und einer der engen Freunde Newmans. Die Predigt über die Wagnisse des Glaubens war für ihn Anlass, zum ersten Mal Ernst zu machen mit dem religiösen Leben. Mary Church, seine Tochter, überlieferte die Aussage ihres Vaters, dass jene Predigt zu »seiner ersten großen praktischen Bemühung um Selbstverleugnung [führte]. Sie erschien ihm, wenn er zurückschaute, als eine Art Wendepunkt seines Lebens.«[4]

Die Predigt vom 21. Februar 1836 ist die erste von dreizehn Predigten, die Newman in einem Brief an seinen Freund und Mitbruder Ambrose St. John kurz nach seiner Konversion als »einige der besten« bezeichnete.[5] Die letzte der genannten wurde am 13. Dezember 1840 gehalten. Die sechs Bände der Parochial Sermons, die Newman für seine Auswahl im Blick hat, erschienen zwischen 1834 und 1842 und enthielten Predigten aus den Jahren 1825 bis 1841. – Fragen wir uns heute: Was zeichnet die dreizehn Predigten aus den fünf Jahren von 1836 bis 1840 inhaltlich aus, dass Newman sie für geeignet hielt, das Interesse der katholischen Leser an seinen Predigten insgesamt zu wecken? Vincent Ferrer Blehl (1923–2003) hat 1964 eine erste englische Ausgabe dieser Auswahl publiziert unter dem Titel »Realizations«. Damit hat er implizit zum Ausdruck gebracht, dass diese Predigten die spezifische Art und Weise enthalten, wie Newman den Glauben der Christen verstanden und dargestellt hat: als Verwirklichung des Evangeliums durch die eigene Person, durch den eigenen Lebenslauf. So gesehen kann die knappe Predigtauswahl auch als Elementarisierung von Newmans Einführung in den

---

4 | B. A. Smith, Dean Church – The Anglican Response to Newman, Oxford 1958, 26. Dazu G. Biemer, The Anglican Response to Newman? In: Philosophical Studies, Maynooth, vol. VIII, 1958, 64–70.
5 | Im Brief vom 27. Januar 1846 schreibt Newman aus Littlemore: »Übrigens gib Mr. Whitty einige Anweisungen darüber, wie er meine Predigten lesen soll. Danach hat er mich gefragt. Ich meine, *welche* er lesen soll etc. Ich hätte gerne, dass er einige der besten zuerst liest, um sein Interesse an ihnen zu wecken; und sie würden so gut wie irgendwelche anderen oder noch besser ermessen lassen, ob man von den Predigten Gebrauch machen könnte. Das ist es, was er wissen will. Zum Beispiel die 1. und 2. von Band 4 usw. Predigt 14, 16, 20 von Band 4. Predigt 3, 5, 6, 23 von Band 5. Predigt 17, 18, 22, 25 von Band 6.« (LD XI 99).

Glauben und in das Glauben der Christen bezeichnet werden. Die wenigen Predigten aus der Fülle seiner über sechshundert von ihm selbst nummerierten Predigttexte aus anglikanischer Zeit haben also einen exemplarischen Stellenwert. Das soll im Folgenden näher erläutert werden.

Am selben Sonntag und Geburtstag, an dem Newman über »Die Wagnisse des Glaubens« predigte, schrieb er in einem Brief an seine Schwester Jemima in das nahegelegene Iffley, dass Gott ihn »in einer wunderbaren Weise bis hierher geführt hat. Ich denke, ich bin mir selbst bewusst, dass ich – was immer sonst meine Fehler sind – zu seinem Ruhm zu leben und zu sterben wünsche, mich ganz ihm als sein Werkzeug zur Verfügung überlassen möchte, zu welchem Werk auch immer und zu welchem persönlichen Opfer auch immer –, obgleich ich meine eigenen Worte nicht in gebührender Weise realisieren kann, wenn ich das sage. Er lehrt mich gerade, so scheint es, mich allein auf ihn zu verlassen [...]«[6] Newman weist damit auf den bevorstehenden Tod seines besten Freundes Richard Hurrell Froude hin, der genau eine Woche später, am 28. Februar, an einer schon lange währenden Lungentuberkulose starb: »Im Blick auf die nächsten fünfundzwanzig Jahre [...] der größte Verlust, den ich erleiden könnte.«

Zu dieser existentiellen Herausforderung seines Glaubens kam fast zur gleichen Zeit eine bildungspolitische Niederlage der Traktarianer: Die Vergabe des Lehrstuhls für Moralphilosophie in Oxford ging nicht an einen Mann ihrer Spiritualität, etwa Newman, der dafür durchaus qualifiziert war, sondern an den liberalen, d.h. rationalistisch orientierten Renn Dickson Hampden.

Newmans Glaube war also selbst risikoerfahren, als er seinen Hörern in der genannten Predigt sagte: »Auf den einzelnen gesehen, ist es also durchaus wahr, dass jeder von uns für den Himmel sicher etwas wagen muss, ohne jedoch die Gewissheit zu haben, dadurch zum Erfolg zu kommen. Das ist ja gerade die Bedeutung des Wortes Wagnis.« Newmans besondere Intention war es, seine Zeitgenossen auf den spezifischen Unterschied zwischen bürgerlichen Tugenden und dem Einsatz der Existenz für die unsichtbare Wirklichkeit Gottes sensibel zu machen. »Überlegt einen Augenblick, dass es nichts gibt, das wir tun [oder] [...] unterlassen, das wir [nicht auch] täten, wenn Christus nicht gestorben

6 | LD V 240.

und der Himmel uns nicht verheißen wäre.«[7] Soweit ist also alles bürgerliche Wohlanständigkeit; insofern wertvoll, aber noch keine »Heiligkeit, die notwendig ist zur künftigen Seligkeit«[8]. Die Schwelle zum religiösen Akt überschreitet, »wer von edlem Vollkommenheitsstreben erfasst, das Verlangen nach weltlichen Annehmlichkeiten abtut [...], wer, nachdem er gesündigt hat, seinem Nacken ein Joch auferlegt, sich der Strafe unterwirft, hart ist gegen sein Fleisch, sich unschuldige Freuden versagt, sich öffentlicher Beschämung aussetzt. So jemand beweist, dass sein Glaube Feststehen ist in dem, was man erhofft, Bürgschaft für das Unsichtbare.«[9]

In den Sommermonaten Mai bis Juli 1836 hielt Newman seine Parochial Lectures an Montagen und Donnerstagen in der Adam de Brome's Chapel in St. Mary's über »Das prophetische Amt der Kirche«. Sie waren sein Versuch zu einer Positionierung der Kirche von England als Via Media zwischen »Papismus« und Protestantismus. In der letzten Vorlesung gibt Newman, wie er selbst sagt, seine damalige Stimmung wieder: »Dass das, was gesagt wurde, nur ein Traum ist, eher ein vergeblicher Versuch als eine praktische Folgerung des Verstandes [...] Ohne einen gewissen Anteil an jener göttlichen Philosophie, die uns auffordert zu bedenken, dass das Reich Gottes in uns ist«, sei jede Kirche nur ein Name ohne Ort oder sichtbare Zeichen.[10] – Von geradezu poetischer Kraft und inhaltlich bleibender Bedeutung sind Newmans Schlussworte zu seiner Vorlesungsreihe über das prophetische Amt der Kirche:

»Jedes Jahrhundert gleicht dem anderen und denen, die darin leben, erscheint es schlimmer als alle Zeiten davor. Die Kirche ist immer in Schmerzen und schleppt sich in Schwäche dahin, trägt ›immer das Todesleiden Jesu an (ihrem) Leib, damit auch das Leben Jesu an (ihrem) Leib sichtbar wird‹ (1 Kor 4,10). Die Religion scheint immer wie am Sterben, Spaltungen vorherrschend, das Licht der Wahrheit fahl, seine Anhänger verstreut. Die Sache Christi ist immer im Todeskampf. So, als sei es nur eine Frage der Zeit, ob sie heute oder morgen endgültig scheitert. [...] Soviel Trost gewinnen wir in der Zwischenzeit aus dem, was bisher gewesen ist: Nicht zu verzweifeln, nicht zu erschrecken, uns nicht

7 | DP IV 335f.
8 | DP I 1.
9 | DP IV 338.
10 | VM I 327, Anm. 8.

zu ängstigen über die Schwierigkeiten, die uns umgeben. Es gab sie immer, es wird sie immer geben, sie sind unser Anteil.«[11]

Im April desselben Jahres 1836 hatte Newmans Schwester Jemima den Freund und Schüler Newmans John Mozley geheiratet und war aus dem Familienverband von Iffley ausgezogen. Einen Monat später starb unerwartet die Mutter Jemima, geborene Fourdrinier. Sie hatte noch den Grundstein zur Filialkirche von Littlemore gelegt; die Vollendung des Baus im September erlebte sie nicht mehr; Newman ließ ihr von seinem Schulfreund, dem Bildhauer Westmacott, einen Gedenkstein in der Kirche gestalten. Als Harriett, die andere Schwester, im Herbst 1836 ebenfalls die gemeinsame Wohnung verließ, war Newman erstmals nach dreizehn Jahren von der Fürsorge für Mutter und Schwestern frei. Er hatte jetzt aber auch kein Zuhause mehr. Es wurde ihm endgültig bewusst, was er immer wieder einmal bedacht hatte: dass Gott ihn zu einem ehelosen Leben berufen hatte. Auf die Befürchtungen Harrietts, dass sie ihn allein gelassen habe, schrieb er: Sie solle sich keine Sorgen um ihn machen, er habe gelernt, mit Einsamkeit umzugehen. »Ich fühle mich dem Himmel nie so nahe wie gerade dann.«[12] Drei Jahre zuvor hatte er auf Korfu, inspiriert von seinen Väterstudien, geschrieben: »Dreimal gesegnet sind die, die ihre Einsamkeit spüren, denen weder die Stimme von Freunden, noch erfreuliche Situationen etwas bieten, an das sich ihr trauriges Herz anlehnen kann«[13]: sie sind ganz auf Gott verwiesen.

So kann man 1836 als ein Achsenjahr in Newmans Leben bezeichnen. Es bot ihm reichlich Anlass, über den Sinn seines Lebens nachzudenken. Wie er dies innerhalb der Dynamik der kirchlichen Reformbewegung tat, spiegelt die Predigt »Über die Größe und Kleinheit des menschlichen Lebens« vom 23. Oktober.[14] Der Prediger entfaltet die Inkommensurabilität zwischen Verheißung und Erfüllung im irdischen Leben. »Unser irdisches Leben macht also Versprechungen, die es nicht erfüllt. Es verspricht Unsterblichkeit, aber es ist sterblich. Anderseits

---

11 | Proph Off 429f.
12 | LD V 311f.
13 | Aus »Melchizedek«, in: VV 108. Im März 1840: »All meine Gewohnheiten seit Jahren, all meine Neigungen, sind auf den Zölibat gerichtet. Ich könnte an dieser Welt nie das Interesse haben, das die Ehe erfordert« (SB 174).
14 | DP IV 242–254. »(Ich) las (= hielt den Gottesdienst) und predigte Nr. 428 am Nachmittag in St. Marien« (LD V 374). In dieser Woche bereitete Newman die »Vorlesungen über das Prophetische Amt der Kirche« für die Drucklegung vor.

birgt es Leben im Tod und Ewigkeit in der Zeit.« Bei heiligen Menschen könne man die inkommensurable Differenz besonders deutlich wahrnehmen; denn »die Größe ihrer Gaben [steht] im Gegensatz zur Kürze der Zeit, die zu ihrem Gebrauch gewährt ist [und] zwingt dem Geist den Gedanken an ein anderes Leben auf [...] als etwas, das mit Sicherheit in dieses Leben hineingelegt ist, vorausgesetzt, dass es jenen gerechten Lenker der Welt gibt, der den Menschen nicht für nichts erschaffen hat.«

Newman macht die gewissermaßen ontologische Differenz zwischen irdischem Leben und unsterblicher Existenz an einigen Beispielen deutlich. Nicht als könne er damit »den Beweis erbringen, dass es einen künftigen Zustand gibt«, sondern um »eine Art sinnenfällige Überzeugung« hervorzurufen, dass die Unzulänglichkeit der gegenwärtigen Dinge in höchster Spannung steht zu der Aussicht auf das ewige Leben. »Also ist dieses Leben zugleich groß und klein, und wir haben das Recht, es zu verachten [weil es unzulänglich ist; Anm. G.B.], indem wir zu gleicher Zeit seine Bedeutsamkeit [als Vorausbild des Künftigen; Anm. G.B.] schätzen.«[15]

Newman denkt dabei meines Erachtens weniger platonisch als vielmehr sakramental und heilsgeschichtlich. Er betont, die Größe und Kleinheit, das Heilige und das Irdische komme in heiligen Menschen unter Umständen auf einmal, in einem einzigen Augenblick ihres Lebens zum Vorschein. Das lässt mich z. B. an die Stellvertretungsentscheidung von Maximilian Maria Kolbe in Auschwitz denken. Newman beschreibt »Menschen, die durch solch vorübergehendes Aufleuchten wie von Sonnenstrahlen und Blitzeszucken Zeichen ihrer Unsterblichkeit geben, Zeichen für uns, dass sie Engel in Verkleidung sind, Erwählte Gottes, besiegelt für das ewige Leben«.

Der Maßstab, den Newman anlegt, gibt dem menschlichen Leben die Realität eines Bühnenstücks, in dem wir eine Rolle spielen, oder eines Traumes, »der den Stoff für unser Gericht liefert«. Zusammenfassend sagt er: »So wollen wir über unseren gegenwärtigen Zustand denken: Er ist kostbar, weil er uns inmitten von Schatten und Bildern die Existenz und die Eigenschaften Gottes und seines auserwählten Volkes offenbart.« Das umfassende eschatologische Bild dieser Predigt steht am Ende: »Alles Sichtbare ist dazu bestimmt, eines Tages zu himmlischer

15 | DP IV 245.

Blüte aufzubrechen [...] Der Himmel ist im gegenwärtigen Zustand dem Blick entrückt; aber wie der dahinschmelzende Schnee den Boden aufdeckt, auf dem er liegt, so wird die sichtbare Schöpfung zu gegebener Zeit wegschmelzen vor den größeren Herrlichkeiten, die dahinter liegen und von denen sie jetzt getragen wird.«

Es ist unüberhörbar, dass Newman hier bleibende Code-Wörter seiner Lebens- und Glaubensgeschichte einführt, die in seinem Motto »ex umbris et imaginibus in veritatem« ihren endgültigen Stellenwert erhalten.

2. Vier Predigten von 1837

Die zentralen Reformanliegen der Traktarianer wurden im vierten Jahr der laufenden Publikationen von Tracts, Predigten, Artikeln und Monographien immer deutlicher wahrgenommen. Gerade die Liturgie der Gottesdienste und die Predigten wurden in den Dienst der kirchlichen Erneuerung gestellt. So begann Newman mit der Publikation seiner Parochial Sermons 1834; 1844 lag der erste Band bereits in fünfter Auflage vor; auch die übrigen Bände wurden entsprechend mehrfach aufgelegt. Im Frühjahr 1837 forderte Edward B. Pusey John Keble auf, ebenfalls einige von seinen Predigten zu veröffentlichen, »um nicht Newman die ganze Wucht des Angriffs allein tragen zu lassen, so als sei seine Theologie etwas nur für ihn Spezifisches oder eine, wie sie sagen, Newman-Manie [Newmania]«.[16]

a. Es war die Predigt vom ersten Sonntag nach Ostern, dem 2. April 1837, die Newman unter seine besonderen Predigten zählte. Lakonisch wie immer lautet der Eintrag in seinem Terminkalender: »Tat Dienst am Morgen und Nachmittag; predigte Nr. 451«;[17] gemeint ist die Predigt »Gehorsam ohne Liebe, veranschaulicht am Charakter des Bileam«[18] nach dem Schriftvers: »Ich kann nur sagen, was Gott mir in den Mund legt« (Num 22,38). Rätselhaft, ja geheimnisvoll

16 | LD VI 51, Anm. 2.
17 | LD VI 51.
18 | DP IV 28–48; Erstveröffentlichung 1839 in: PS IV, 21–42.

erscheint der Zusammenhang, dass ein zunächst gewissenhafter Mensch auf der Seite der Feinde Gottes, als ein Werkzeug des Teufels endet. Newman vermittelt die Warnung: Es könnte sein, »dass das Ziel der meisten Menschen, die man als gewissenhaft und religiös ansieht, [...] allem Anschein nach nicht darin besteht, Gott zu gefallen, sondern sich selbst [...] – Sie nehmen nicht Gottes Willen zur Richtschnur, sondern gewisse Maximen, Regeln oder Maßstäbe.« Der wirklich religiöse Mensch liebt Gott persönlich. Und »wer liebt, handelt nicht nach Berechnung oder Vernunftgründen«. In der schlimmen und jedenfalls dunklen Geschichte von Bileam zeigt sich zwar die Klugheit dieser Welt; z. B., dass die zweiten Gedanken oft die besseren seien. Aber das gilt nicht für den Umgang mit dem Gewissen: »In Sachen der Pflicht sind die ersten Gedanken gewöhnlich die besten. Sie haben mehr von der Stimme Gottes in sich.«[19] – In gewisser Hinsicht kann man in der Ausfaltung dieses Themas Newmans eigene Gotteserfahrung bei der Krankheit in Sizilien wiedererkennen. Die disparate Struktur zwischen uneingestandenem Eigenwillen und religiösem Gehorsam in extremer Lebenssituation war Newman dort ein für alle Mal aufgegangen. Er hatte einsehen gelernt, dass es nicht genügte, nach bestem Dafürhalten für die Sache Gottes zu kämpfen, sondern dass es der Hingabe des Herzens bedurfte, um Gott als Vorsehung zum Zug kommen zu lassen: »One step enough for me.«

b. Zu den maßgebenden Predigten des Jahres 1837 gehört »Die Strenge des Gesetzes Christi« vom 9. Juli, die das Wesen der Religion an einer Art Zwei-Wege-Lehre darstellt.[20] Der zeitgeschichtliche und theologische Hintergrund der Predigt ergibt sich aus dem Zusammenhang mit E. B. Puseys Abhandlung über den sakramentalen Charakter der Taufe in den Tracts 67, 68 und 69. Newman verteidigte E. B. Puseys Position in seiner neuen Reihe der Parochial Lectures vom 13. April bis 1. Juni. Es waren »Vorlesungen über die Rechtfertigung«, in denen er zu dem Schluss kam: »Solch rechtfertigender Glaube ist die Wirkung der [durch die Taufe in uns; Anm. G.B.] einwohnenden Kraft [des Heiligen Geistes; Anm. G.B.]. [...] Sie gießt

---

19 | Ebd. 40f. u. 48.
20 | DP IV 9–27.

sich in unseren Geist aus. Sie macht den ganzen Menschen zu ihrem Werkzeug und rechtfertigt ihn zu einem heiligen Dienst [...] Der Glaube ist die gemäße Antwort [...] zur Gnade und [...] gute Werke [sind] die Auswirkung des Glaubens.«[21] Religion ist also nach christlichem Verständnis ein notwendiger Dienst, in dem sich der Mensch entweder Gott oder dem Mammon, Gott oder der Welt unterstellt. Die »Religion der Welt«, so analysiert Newman mit Ironie, »würde sich gerne mit der wahren Religion verbrüdern, wäre diese [ihre; Anm. G.B.] Wahrheit nur nicht so streng, [...] so unbeugsam, ohne jede Anpassung an die Zeit und die Bedürfnisse der Menschen«. Die Religion der Welt betont den gesunden Menschenverstand und hält darüber hinausgehende Forderungen für übertrieben. Ihre Vertreter lieben die Religion »auf Abstand«, ohne sich verbindlich darauf einzulassen; sie verübeln ihr, dass sie absolute Verbindlichkeit fordert, also »dass sie überhaupt Religion ist«. Diese Tendenz zur liberalen Haltung ist jedoch uns Menschen als Menschen überhaupt eigen; so erweitert Newman den Blickwinkel: »Die Natur neigt zur Erde, Gott aber ist im Himmel. [...] Wenn ich nordwärts wandern will und alle Straßen laufen nach Osten, dann beklage ich mich natürlich über die Straßen. [...] Sie klagen die Religion an [...] Aber die Religion ist nur für jene eine Fessel, die sie nicht von Herzen lieben. [...] – Der Himmel kann sich nicht ändern [...] Wir müssen werden, was wir noch nicht sind.«[22]

c. Im Herbst des Jahres, am 29. Oktober, predigt Newman zu Mt 19,30: »Viele, die die ersten sind, werden die letzten sein und die die letzten sind, werden die ersten sein« und nennt die Predigt »Die Waffen der Heiligen«.[23] Jesus hat ein neues Reich errichtet, das auf einem eigenen Prinzip beruht. Im Magnificat Marias kommt dieses Prinzip zum Ausdruck: Es enthält »einen Aufriss, eine Skizze von jenem Reich des Geistes, das damals auf die Erde kam«: Die Niedrigen werden erhöht, die Mächtigen gestürzt; die Hungernden werden mit Gütern erfüllt, die Reichen gehen leer aus. Die Bergpredigt entfaltet dieses Prinzip von der Umwertung der Werte, und es ist vielfältig in der Heiligen Schrift belegt, dass Gott den Seinen auf unsichtbare

---

21 | Lectures on Justification, Uniform Edition 302f.
22 | DP IV 20 u. 23–25.
23 | Nr. 481: LD VI 156. – DP VI 338–351.

Weise zum Sieg verhilft. – Es gibt eine Anknüpfung für dieses Prinzip in unserem Verlangen nach Veränderung der bestehenden Verhältnisse, besonders die Jugend ist von diesem Verlangen erfüllt. Jesus hat mit dem Gestus der Fußwaschung persönlich exemplifiziert, um welche Grundhaltung es im Reich Gottes geht. Newman vergegenwärtigt den Appell Jesu in seiner Gemeinde: »Selig seid ihr, wenn ihr das Werk jener Fischer weiterführt; wenn ihr zu eurer Zeit ihnen nachfolgt [...] und über die Welt triumphiert und durch eine ähnliche Selbsterniedrigung über sie emporsteigt.«[24] Das Ziel der Oxfordbewegung wird deutlich hörbar: die Re-Apostolisierung der Kirche durch Verlebendigung, ja Realisierung der Lebensprinzipien der Apostel Jesu. An Konkretisierungen veranschaulicht Newman die Auswirkung der Handlungsprinzipien des Reiches Gottes: »Wie Gesundheit, Sport und regelmäßige Kost zur Stärkung des Leibes notwendig sind, so sind Schwächung und Zucht des natürlichen Menschen sowie Kasteiung und Zucht der Seele und des Leibes für die Stärkung der Seele notwendig«. Es geht darum, »als erlöste Gotteskinder unseren Platz verstehen zu lernen. [...] Wenn wir wahrhaftig zu uns selbst sind, kann uns nichts wirklich schaden. [...] Die Welt begreift nicht, welche unsere wirkliche Macht ist und wo sie liegt [...] Solange wir von Geduld, Sanftmut, Reinheit, Ergebung, Friedfertigkeit nicht ablassen, kann sie jener Wahrheit nichts anhaben, die unser Geburtsrecht ist. [...] Wir warten in dunkler Nacht [...] auf das Kommen dessen, der wiederkehren wird, dem wir ähnlich sein werden, heilig wie Er heilig ist«.[25]

d. Es ist, als ob die Weihnachtspredigt jenes Jahres direkt an diesen Schlussgedanken anknüpfe. Denn in der Predigt »Christus vor der Welt verborgen«[26] sagt Newman, nichts mache im Blick auf die Person Jesu mehr betroffen als das von ihm gehütete Geheimnis, Licht zu sein, das von der Finsternis nicht erkannt werde. Newman entfaltet diese Geheimnishaftigkeit der Inkarnation auf vierfache Weise.

– Die von den Kirchenvätern »sunkatabasis bzw. condescensio« genannte Menschwerdung des Gottessohnes hatte ihre Zuspitzung in

---

24 | DP VI 345.
25 | DP VI 347f. u. 350.
26 | LD VI 179: »Did duty morning and afternoon – Provost [E. Hawkins; Anm. G.B.] assisting in Chancel – preached Number 488«: DP IV 269–283.

der Armut der Verhältnisse, in denen er aufwuchs; und darin, dass er jahrzehntelang nichts Auffälliges zeigte und von den meisten als einer von ihnen betrachtet wurde. – Auch heute könnte Jesus Christus »als unser allernächster Nachbar leben und wir fänden es vielleicht nicht heraus [...], denn es gibt Menschen, die gehen den gleichen Alltagsweg wie die anderen, aber in Wirklichkeit strengen sie sich an, Heilige des Himmels zu sein«. Auf Gleichgesinnte wirken sie attraktiv, auf Weltmenschen haben sie keinen Einfluss. »Je heiliger einer ist, desto weniger wird er von den Weltmenschen verstanden. Alle [aber; Anm. G.B.], die noch einen Funken von lebendigem Glauben haben, werden ihn bis zu einem gewissen Grad verstehen.«

- Das führt Newman zu folgendem Test: »Wäre Jesus längere Zeit in unserer Nähe und wir würden gar nichts Wunderbares an ihm entdecken, dann müssten wir es als einen klaren Beweis dafür ansehen, dass wir nicht zu den Seinigen gehören.« Unsere sündigen Gewohnheiten wären es, »die uns daran gehindert hätten, ihn zu erkennen«. Als Umkehrschluss folgert Newman: Es ist »sehr wahrscheinlich, dass ein schlechter Mensch, käme er in den Himmel, gar nicht wüsste, dass er sich im Himmel befindet, [...] dass vielmehr die auf ihm lastende Unheiligkeit [...] ihm zur Qual würde und ein Höllenfeuer in ihm entzündete«.
- Jesus Christus ist auch heute auf Erden verborgen gegenwärtig: in der Kirche, seinem Leib, in ihren Amtsträgern und Gliedern, auch wenn sie nicht sündelos sind wie er. Zudem: »Er machte die Armen, Schwachen, Gebeugten zu Zeichen und Werkzeugen seiner Gegenwart«, wie die Gerichtsrede von Mt 25 zeigt. Erschreckend daran ist, dass »weder die Guten noch die Bösen wussten, was sie [und wem sie es; Anm. G.B.] getan hatten«. Newmans Weihnachtswunsch an seine Hörer lautet demgemäß: »ER möge uns das Auge der Erkenntnis erhellen [...], [denn] wer geistlich ist im Herzen, darf sich schon auf Erden Ihm nahen, Ihn besitzen, Ihn schauen.«[27]

---

27 | DP IV 273, 275ff., 283. – Im März 1843 schrieb Newman als geistlicher Berater: »Sie müssen warten, bis sich das Auge der Seele in Ihnen gebildet hat. Religiöse Wahrheiten erlangt man nicht durch Denken (reasoning), sondern durch innere Wahrnehmung. Denken kann jeder, aber nur der disziplinierte, gebildete, geformte Geist kann wahrnehmen« (A.M. II 409f.).

3. Fünf ausgewählte Predigten von 1838/39

Der 22. September 1838 war ein Samstag; Newman bezeichnet ihn in seinem Tagebuch als Littlemore Day und als »Fest der Kirchweihe« seiner Filialkirche. Im Vormittagsgottesdienst hielt Newman die Predigt »Dankbarkeit für frühere Erbarmungen« nach dem biblischen Motto von Gen 32,10, den Worten Jakobs: »Ich bin der geringsten all der Erbarmungen und all der Treue nicht wert, die du deinem Knecht erwiesen hast.«[28] »Jakob staunte über den Gegensatz zwischen dem, was er in sich war, und dem, was Gott ihm gewesen war.« Der Rückblick war ihm Anlass zur Dankbarkeit. »Die Tugend, die Jakob auszeichnete, war [...] ein beständiges, liebvolles Nachsinnen über die Wege, die die göttliche Vorsehung [...] ihn geführt hatte, und eine überfließende Dankbarkeit dafür.« Je nach dem Maß der Gnade entfalten die Heiligen eine je spezifische Tugend. So wie die Blumen zahllos und doch durch »ihre je besondere Schattierung, ihren Duft und ihre Form« einmalig sind, so ist es mit »den Seelen, die von Gottes geheimnisvoller Gnade erfüllt werden«. Newman wusste, wovon er sprach, als er von Jakob sagte: »Er gedachte der verschiedenen Zeiten, er beobachtete bestimmte Tage; seine Lebensgeschichte wusste er auswendig und sein vergangenes Leben stand gleichsam in seine Hand geschrieben«. – Die Konsequenz für seine Hörer bzw. Leser ist eindeutig: »Wie gut wäre es für uns, das Bewusstsein der Abhängigkeit von der göttlichen Vorsehung und die Dankbarkeit und die gewissenhafte Erinnerung an alles, was Er uns getan hat, [zu bewahren]. [...] Betrachten wir daher die Wege der göttlichen Vorsehung [in unserem Leben; Anm. G.B.] mit gläubigen Augen.«

Am Sonntag Quinquagesima, dem 10. Februar 1839, eine Woche vor Beginn der Fastenzeit, war Newmans Predigtthema »Liebe, das eine Notwendige.«[29] Im Duktus von 1 Kor 13 »Wenn ich die Sprachen der Menschen und der Engel hätte« verweist Newman auf die Unvergleichlichkeit und Unersetzbarkeit der Liebe beim Vollzug des Glaubens. Ohne Liebe bleibe die Frömmigkeit des Menschen halbherzig und hohl. Newman kannte den Unterschied; hatte er doch über sein Sizilienerlebnis geschrieben, er habe sich »[soweit der Vergleich trägt] sehr ähnlich einer

---

28 | »I preaching in morning Number 516« (LD VI 319): DP V 90–105.
29 | »Love, the One Thing needful« (LD VII 30): DP V 367–382.

Glasscheibe, die Hitze durchlässt, selbst aber kalt bleibt,« empfunden: »Denn ich glaube von mir selbst im Innersten, dass ich so gut wie hohl bin –, d. h. wenig Liebe habe, wenig Selbstverleugnung.«[30] Genau diesen Erfahrungstopos nimmt Newman in seiner Predigt auf, um auf die Halbherzigkeit in der zeitgenössischen Frömmigkeit aufmerksam zu machen. Ihren Ursprung diagnostiziert er als Insuffizienz von Gottesliebe. Lieblose Religiosität führt zu Verstellung und Heuchelei: Weil »die Vernunft sieht, was wir sein sollten, und das Gewissen gebietet, so zu sein, nur dass das Herz dem nicht gewachsen ist.« Umgekehrt: »Wer liebt, kümmert sich wenig um alles andere [...] Er ist in erster Linie darum besorgt, mit Gott zu gehen.« Also drängt Newman am Schluss seine Hörer: »Wenn wir Tempel Christi sind und sein Bild in uns aufgerichtet ist, kann uns die Welt nicht ablenken [...], Leid und Verzicht uns nicht erschrecken« und er lädt ein: »Wir suchen vierzig Tage lang durch Fasten nach Liebe.«[31] – In seiner Theorie der Glaubenszustimmung, der *Grammar of Assent* von 1870, greift Newman diese Einprägung des Christusbildes im Geist der Getauften auf als Prinzip, das sowohl die Evangelisierung der Individuen wie auch ihre Vergemeinschaftung zu dem »realen Bund« bewirkt, der Kirche heißt.[32]

»Im Frühling 1839 hatte meine Stellung in der Anglikanischen Kirche ihren Höhepunkt erreicht«, schrieb Newman bei der Abfassung der *Apologia* im Rückblick. »Ich hatte das größte Vertrauen in die grundlegenden Prinzipien meiner Polemik und einen großen, immer wachsenden Erfolg, wenn ich andere dafür zu gewinnen suchte [...] Es waren [...] die glücklichsten Jahre.«[33]

Im Hintergrund dieser Aussagen steht einerseits der Erfolg der Traktarianer, die im Jahr zuvor 60.000 Tracts verkauft hatten.[34] Anderseits hatte die Herausgabe der *Remains* von R. H. Froude an Mariä Lichtmess 1838 eine Welle der Ablehnung und eine Klärung der Fronten gebracht.

Am ersten Sonntag nach Dreifaltigkeit, dem 2. Juni 1839, hielt Newman eine Predigt, die den schroffen Titel »Unreal Words« – »Worte ohne wirklichen Gehalt« trägt.[35] Newman schärft die Aufmerksamkeit seiner

---

30 | »Meine Krankheit in Sizilien«: SB 157f.
31 | DP V 372f., 375ff., 381f.
32 | Z 325f.
33 | A 118f.
34 | Anm. in Brief an J. W. Bowden vom Juni 1839: LD VII 97.
35 | LD VII 88: DP V 41–59.

Hörer für die Differenz zwischen echtem und unechtem Glaubensvollzug. Gottes Offenbarung ist eindeutig; denn in Jesus Christus hat er ein für alle Mal und unrücknehmbar definitiv ja gesagt zur Erlösung des Menschen. Dem müsste unser Credo, unser Beten und Leben entsprechen. Es sollte real sein; die Wirklichkeit enthalten, die die Worte sagen. Aber in einer Zeit soviel inkompetenten Redens besteht die Gefahr, dass »immerfort Ansichten geäußert werden, die die Diskutierenden so wenig zu beurteilen befähigt sind wie Blinde zur Beurteilung von Farben«. Das gilt ganz allgemein: Man appelliert bei der Informierung der Massen mehr an das Gefühl als an den Verstand. Sowohl der politische wie der religiöse Bereich des Volkes werden hohl und ungesund. Ursprung der Schizophrenie ist das Verhalten derer, die die Macht haben. »Sie geben sich eine Pose, die das Amt angeblich erfordert, die aber ihr Können übersteigt. [...] Sie wollen mit Würde handeln und hören auf, sie selbst zu sein.« Unechtheit kennzeichnet bei vielen den Umgang mit religiösen Inhalten; ihre Sprache wird floskelhaft und gebraucht Gemeinplätze. Das betrifft nicht nur Individuen, sondern »in Zeiten, da die Liebe erkaltet ist und der Glaube versagt«, ganze kirchliche Gemeinschaften. Hat die Verweltlichung das innere göttliche Leben der Kirche aufgezehrt, fragt Newman ganz direkt die Anglikanische Kirche seiner Zeit, so dass nur noch hohle Riten übrig sind. Als Heilmittel oder Lackmusprobe fordert er: »Nimm es ernst und du wirst von Religion reden. [...] Es gibt nur eine richtige Art, die Welt zu sehen; die Art, wie Gott die Welt sieht. [...] Es ist nicht leicht, jene neue Sprache zu lernen, die [Jesus] Christus uns gebracht hat.« Aber sie ist die einzige Gott entsprechende. – Die Tatsache, dass etwas wahr bzw. richtig ist, ist kein Grund, darüber zu reden, sondern es zu tun. »Trachten wir danach, wirklich zu meinen, was wir sagen, und zu sagen, was wir meinen.«

Einen Monat nach dieser Predigt begann die tatsächlich schicksalhafte Zäsur im Leben Newmans. Er wandte sich seit Jahren erstmals wieder seinem »eigenen [Forschungs-]Gegenstand zu; den Lehren der Heiligen Dreifaltigkeit und der Inkarnation«, wie er an Isaac Williams vom Trinity College schrieb.[36] »Während dieses Studiums [im Juli und August 1839]«, so schreibt Newman später in der *Apologia*, »kam mir zum ersten Mal ein Zweifel an der Möglichkeit, am Anglikanismus

---

36 | Vgl. den Brief an Isaac Williams, Trinity College, vom 1. Juli 1839: LD VII 99.

festzuhalten.«[37] Newman erkannte in den großen Gruppen der Glaubenskontroverse des vierten Jahrhunderts dieselbe Struktur wie in seiner Gegenwart: Es gab die Vertreter Roms; es gab die extremen Abweichler und dazwischen eine Via Media: »Ich sah mein Gesicht in diesem Spiegel, und ich war Monophysit.« Als Folge dieser Verunsicherung orientierte er seine Verkündigung noch deutlicher an Leben und Lehre der Kirchenväter.

Zu den Schlüsselqualifikationen, die die Traktarianer in den Gemeinden der anglikanischen Kirche vermitteln wollten, gehörten eine eschatologische Glaubensfundierung und die zugehörige moralische Grundhaltung; beides fanden sie in den Zeugnissen der Kirche des Altertums vor. Einen Beitrag zu diesem Ziel enthält Newmans Adventspredigt »Equanimity« (Gleichmut) vom 22. Dezember 1839.[38] Das Motto aus der Heiligen Schrift zitiert den Philipperbrief: »Freut euch allezeit im Herrn [...] Der Herr ist nahe« (Phil 4,4-5). Die Auswirkung der aktiven Parusieerwartung in der frühen Kirche der ersten Jahrhunderte erläutert Newman auf dreifache Weise:

- Das eschatologische Bewusstsein, dass Jesus Christus bestimmt wieder kommen wird, relativierte die Bedeutsamkeit irdischer Ereignisse. »Wenn er schließlich gekommen ist, liegt nichts daran, wie viel Zeit vor seiner Ankunft verging.«
- Christen wissen, wie die Weltgeschichte endet. Deshalb können sie auch in schwierigen Situationen statt mit Angst und Gewalt mit Gelassenheit und Ausgewogenheit reagieren, Gleichmut bewahren und Freundlichkeit ihren Mitmenschen gegenüber.
- Der Friede des Christen ist nicht stoisch. Es gibt Freude und Furcht, Erregtheit und Stille. Aber selbst wenn auf der Oberfläche des Meeres Sturm herrscht, kann es in seiner Tiefe still bleiben. »So ist es in den Seelen der Heiligen. Sie haben einen Quell des Friedens, der in ihnen unergründlich sprudelt.«

Newman markiert abschließend eine sehr wichtige Differenz: Es gibt Gleichmut auch als Coolness beim Weltmenschen: »Die Menschen sind heutzutage mäßig und ausgeglichen, [aber; Anm. G.B.] nicht weil der Herr nahe ist, sondern weil sie nicht spüren, dass er am Kommen ist.«

---

37 | A 141.
38 | »preached Number 544« (LD VII 193): DP V 74–89.

4. Zwei bzw. drei Advents-Predigten von 1840

An seinem Geburtstag, dem 21. Februar 1840, schreibt Newman an seinen alten Freund aus Studientagen John William Bowden in London. Er schüttet ihm sein Herz aus in einer Art Situationsbericht, in dem er bekennt: »Ich bin in eine bedrückte Stimmung geraten angesichts des Standes der Dinge, und ich weiß eigentlich nicht weshalb.« Die wachsende Distanzierung der Kirchenoberen gegenüber der Reformbewegung bringt ihn in Bedrängnis. Umso mehr freut er sich über die geistliche Nähe der Kirchenväter. Über sie hat er gerade ein Buch geschrieben. »Meine ›Church of the Fathers‹ ist jetzt fertig und wird, so nehme ich an, im Lauf einer Woche herauskommen. [...] Es ist das schönste Buch, das ich gemacht habe –, was nicht verwundert, da es kaum mehr enthält als die Worte und Werke der Väter.«[39] In der Einleitung fragt Newman: »Was ist Kirchengeschichte anderes als ein Bericht über das immer zweifelhafte Kampfesglück, obgleich sein Ausgang keineswegs zweifelhaft ist? Kaum haben wir das Te Deum gesungen, müssen wir uns unserem Miserere zuwenden; kaum leben wir in Frieden, befinden wir uns unter Verfolgung; kaum haben wir einen Triumph errungen, geraten wir in einen Skandal. Ja, wir machen Fortschritte durch Rückschritte, unser Kummer wird zu unserem Trost; wir verlieren Stephanus, um Paulus zu gewinnen, und den Verräter Judas ersetzt Matthias. So ist es in jedem Zeitalter. Es ist so im 19. Jahrhundert und es war so im vierten [...]«[40]

Zu einem gewissen Teil haben, wie schon erwähnt, auch die Bände der *Remains* von R. H. Froude zur Distanzierung von den Traktarianern beigetragen. Am 26. Oktober des Jahres fragt darum Newman seinen engsten Vertrauten in geistlichen Dingen und Mitherausgeber der *Remains*, John Keble, ob er nicht ehrlicherweise von seinem Pfarramt in St. Mary's zurücktreten solle. Er nennt dafür als Gründe: Dass seine Gemeinde schon das Angebot der Parochial Lectures 1837 und 1838 so gut wie nicht angenommen habe, weshalb er letztere auch vorzeitig abgebrochen habe; dass seine Predigten nicht dazu beitrügen, das Religionssystem zu verteidigen, das in England seit drei Jahrhunderten existiere; schließlich dass seine Predigten, ob er es wolle oder nicht, die Leute eher

39 | LD VII 240f.
40 | HS II 1.

für die Kirche von Rom disponierten.[41] Aus der selben inneren Spannung heraus schrieb Newman im November an seinen Schwager John Mozley im Anschluss an mehrere Gespräche: »Ob Anglikanismus nach Rom führt oder nicht: soviel ist klar wie der Tag, dass Protestantismus zum Unglauben führt. Bei einem Menschen mit klarem Verstand und ohne Parteilichkeit oder bei einer Gruppe von Leuten wird es auf die Dauer kein Halten davor geben.«[42]

Im Dezember begann Newman mit der Abfassung des Tract 90, in dem er nachzuweisen suchte, dass die 39 Religionsartikel der Anglikanischen Kirche durchaus für eine katholische Interpretation offen seien. Zur gleichen Zeit, also in einer theologisch und emotional explosiven Lage, hielt er jene Adventspredigten, die er in seiner Auswahl als besonders aufzählte.

Die erste Adventspredigt »Harren auf Christus« schließt an den Text der Apokalypse an: »Ja, ich komme bald. Amen, komm Herr Jesus!« (Offb 22,20) und ruft die Gemeinde zu einem wachen eschatologischen Bewusstsein auf.[43] Die Welt erwartet den Untergang der Religion. Und in der Tat, der christliche Glaube ist so unweltlich, passt so wenig in die Welt, dass sein Untergang jederzeit nahe bevorzustehen scheint. Seine zentrale Dynamik setzt jedoch umgekehrt auf den Untergang der Welt und das Kommen des Erlösers. Zu dieser Verhältnisbestimmung zwischen Evangelium und »Welt« (im johanneischen Sinne) fügt Newman eine Längsschnittorientierung. Heilsgeschichtlich betrachtet ist das Kommen des Herrn allen Epochen gleich nahe. Denn »vor Christus« läuft das Zeitgefälle auf die Inkarnation zu und »n. Chr.« läuft es der Wirkungsgeschichte der Inkarnation entlang. Daraus folgt, dass es völlig legitim ist, alle Vorgänge der Welt religiös, genauer: eschatologisch zu deuten. Für gläubige Menschen – Newman nennt sie einfach religiöse Menschen – ist dieses Walten der Vorsehung spürbar. Sie erkennen das göttliche Wirken selbst in kleinen Dingen, weil sie dafür offen sind, d. h. eine Wahrnehmungsfähigkeit dafür entwickelt haben. Sie machen die Erfahrung, dass es hinter den alltäglichen Vorgängen einen übernatürlichen, heilsgeschichtlichen Plan gibt. Und selbst wenn sie sich in ihrer

---

41 | LD VII 416f.
42 | LD VII 454.
43 | Die Predigt wurde an den beiden ersten Adventssonntagen, am 29. November und 6. Dezember 1840 gehalten: Nr. 570–571 (LD VII 452 u. 456). DP VI 253–274.

eschatologischen Aufmerksamkeit in Einzelfällen irren: »Es ist besser, in unserem Wachen fehlzugehen, als überhaupt nicht zu wachen«. – Newman nimmt zur Entfaltung dieser Thematik auch den zweiten Adventssonntag, publiziert die beiden Predigten jedoch als einen Text. Die Predigt »Unterwerfung des Verstandes und der Gefühle unter das Wort der Offenbarung« scheint eine umfassenden Thematik zu behandeln. Ihren Ursprung aber hat die am dritten Adventssonntag, dem 13. Dezember 1840 und dieser Kontext ist auch deutlich.[44] – »Wie ist es möglich zu leben, als wäre die Wiederkunft Christi nicht mehr fern«, so beginnt Newman, »wenn uns doch der Verstand sagt, dass sie wahrscheinlich fern ist?« Und er antwortet, dass auch Phantasie und Verstand verschiedene Wege gehen können. An ihrer Differenz und ihrer Gemeinsamkeit zeigt Newman das mögliche Miteinander von Glaube und Vernunft auf. Während er sich dem Thema Glaube und Vernunft in seinen Universitätspredigten ausführlich widmet, konzentriert er sich hier in der Gemeindepredigt auf den existentiellen Zusammenhang. Der in seinem Glauben geübte Christ »lebt nach einem Gesetz, das andere nicht kennen [...], nach der Weisheit Christi und dem Urteil des [Heiligen; Anm. G.B.] Geistes [...], nach jener Wahrnehmung der Wahrheit [...], die das Ergebnis eines beharrlichen Gehorsams« ist. Im Zentrum der Predigt – und deshalb hat Newman sie wohl in seine Auswahl aufgenommen – steht der heiligmäßige Mensch, dessen Tugend es ist, sich seiner Besonderheit nicht bewusst zu sein. Der Mensch, der dadurch vor Eitelkeit geschützt ist, dass er seine geistige und geistliche Begabtheit nicht realisiert. Der Mensch reinen Herzens, der aus einer Unerfahrenheit der Welt kommt, hat eine andere Wahrnehmungsfähigkeit und Verstehensvoraussetzung für das Göttliche, als sich der Weltmensch überhaupt vorstellen kann. Newmans eigene Verunsichertheit in der Frage nach der wahren Kirche Jesu Christi, nach der »einen, heiligen, katholischen und apostolischen Kirche« konzentriert seine Suche für sich und seine Gemeinde auf das Heiligsein. Wenige Monate später, am Karfreitag desselben Kirchenjahres im April 1841, wird er als Auswirkung der adventlichen Haltung und Enthaltung sagen: »Nur die können wahrhaft diese Welt genießen, die mit der unsichtbaren beginnen. Nur jene genießen

---

44 | »Did duty morning and afternoon – preached Number 572« (LD VII 457); »Subjection of the Reason and Feelings to the Revealed Word« DP VI 275–292.

sie, die zuerst auf sie verzichtet haben. Nur jene können wahrhaft Feste feiern, die zuerst gefastet haben; nur jene können die Welt gebrauchen, die gelernt haben, sie nicht zu missbrauchen; nur jene erben sie, die sie als einen Schatten der kommenden Welt betrachten und um jener kommenden Welt willen loslassen.«[45] Diesen Ductus zur Parusie hatte Newman eben in seiner Adventspredigt bereits grundgelegt und dabei Mut zur Vorläufigkeit gefordert: Es ist »gleich, wann er kommt, er wird allem ein Ende setzen. [...] Er wird die Welt [...] plötzlich zu Ende bringen [...] Der Prüfstein unseres Glaubens liegt in der Fähigkeit aufzuhören, ohne enttäuscht zu sein.«[46]

Wir kommen zum 13. und damit letzten Text der newmanschen Auswahl. Obwohl die Predigt »Peace in Believing« (Friede im Glauben) bereits am Dreifaltigkeitssonntag 1839 gehalten worden war, platzierte sie Newman bei ihrer Publikation in seinen sechsten Band der Parochial Sermons und damit an deren Ende, wie er ursprünglich vorgesehen hatte.[47] Auch in der Aufzählung seiner sogenannten »besten« Predigten steht sie am Schluss. Und beides ist durch ihren Inhalt gerechtfertigt. Vielleicht ist für ihren inhaltlichen Stellenwert noch bedeutsam, dass sie am Sterbetag von Maria Catherine Pusey, der Gattin von E. B. Pusey, gehalten wurde. In seinem Kondolenzbrief schreibt Newman an den Freund: »Dies ist ein Tag, der in besonderer Weise dem Frieden heilig ist.« – Das Schriftmotto der Predigt ist das dreimalige Heilig der Engelscharen aus der Gottesvision der Berufung von Jesaja 6. Newman versetzt die Gemeinde in die Weite der Zeitlosigkeit des dreieinen Gottes. Darum greift er zurück vor den Anfang der Schöpfung. Aus der »ewigen Ruhe Gottes«, aus seiner unvordenklichen Herkunft beginnt die Erschaffung des Weltalls, die Erschaffung des Menschen und die Heilsgeschichte. In der Liturgie des Kirchenjahres feiert die Gemeinde diese geheimnisvolle Geschichte noch einmal von Advent bis Pfingsten. Und an den Sonntagen nach dem Fest Trinitatis werden »die unendlichen Vollkommenheiten des allmächtigen Gottes« gefeiert, in dessen ewige Ruhe wir nach all dem Getriebe dieses Lebens einzugehen hoffen. An

---

45 | »Das Kreuz Christi, das Maß der Welt«: DP VI 105.
46 | DP VI 290f.
47 | »Preached Number 536 [...] + Mrs. Pusey« (LD VII 83): DP VI 390–400. – In späteren Auflagen kamen noch die beiden Bände VII und VIII hinzu, die ursprünglich 1843 anonym als »Plain Sermons by Contributors to the Tracts for the Times« (Bd. V u. VI) erschienen waren.

dieser Stelle beschreibt der Prediger mit poetischer Dichte den Heimgang des Menschen zur *visio beatifica*: »Nach dem Fieber dieses Lebens, nach Erschlaffung und Krankheit, Kampf und Mutlosigkeit, Schwäche und Verdruss, Ringen und Versagen, Ringen und Gelingen, nach all dem Hinundher und der Hoffnung in diesem mühseligen, unheilbringenden Dasein kommt endlich der Tod, endlich der weiße Thron Gottes, endlich die selige Anschauung. Nach der Ruhelosigkeit kommt Ruhe, Friede, Freude; [...] der Anblick der gebenedeiten Drei, des einen Heiligen [...] im unzugänglichen Licht [...]« – Als Abschluss dieser relativ kurzen Predigt formuliert Newman die Grundaussagen des athanasianischen Glaubensbekenntnisses, des *Quicumque*. Er schließt mit einem Gebet, das testamentarische Züge trägt: »Bitten wir ihn, er möge uns ein einsichtiges Herz geben und jene Liebe zu ihm, die das Verlangen der neuen Schöpfung und der Atem des geistlichen Lebens ist. [...] Und wenn endlich die unausbleibliche Stunde kommt, werden wir imstande sein, [ihm] unsere Seele sanft zu übergeben, unsere sündige, jedoch erlöste Seele [...] Gott dem Vater, Gott dem Sohne und Gott dem Heiligen Geiste [...]«

5. Die Summe aus den »besten« Predigten: Newmans Elementarisierung des Glaubens

In der Didaktik bezeichnet man den Prozess der Analyse und Zubereitung eines Inhalts in seine wesentlichen Bestandteile als Elementarisierung. Eine Katechese oder eine Predigt kann didaktisch als Erschließung der Elemente der christlichen Botschaft verstanden werden, als Elementarisierung. Um das Besondere an Newmans Predigtauswahl zu erfassen, wollen wir die elementare Vielfalt aufweisen, mit der er bestimmt, was Glauben heißt und wie glauben geht. Wir folgen dabei – wie schon bisher – der Chronologie der Predigten.

1 Glaube enthält die Herausforderung, die eigene Existenz für das Evangelium zu wagen.
2 Dem Glaubenden geht die sichtbare Welt als Schatten und Bild, als Verheißung der unsichtbaren auf.
3 Pflichterfüllung ist Gott gegenüber nicht genug, erst Liebe ermöglicht das Vertrauen auf seine Vorsehung und des »myself to my Creator«.

4 Glaube duldet keine Kompromisse, kein Tun-als-ob, sondern verlangt radikale Entschiedenheit.
5 Glaubensleben folgt einer weltfremden Werteskala, ablesbar am Leben der Heiligen.
6 Erst Glaube schenkt die Augen des Herzens, um Jesus Christus in seiner verborgenen Nähe wahrzunehmen.
7 Glauben lässt über Gottes Huld im eigenen Lebenslauf staunen; Glauben führt zu Dankbarkeit.
8 Liebe zu Gott ist das einzig Notwendige, damit Glaube wirklich wird.
9 Nichts erscheint schwieriger, als vom Glauben an Gott wirklichkeitshaltig zu reden.
10 Ausgewogenheit des Geistes ist die Grundhaltung, die aus dem Parusieglauben folgt.
11 Glaube erkennt und bewertet die Welt im Licht des wiederkommenden Jesus Christus.
12 Glaube führt zur Distanziertheit gegenüber den Verlockungen der Welt; denn der heilige Mensch realisiert die Vorläufigkeit alles Weltlichen.
13 Nach dem Fieber des Lebens findet der Glaube seine Erfüllung und der Mensch seinen Frieden in der Herrlichkeit des dreieinen Gottes.

Wenn wir sagen, dass wir mit diesen besonderen Texten eine von Newman geschaffene elementare Einführung in das Wesen des christlichen Glaubens haben, dann gehen wir davon aus, dass er selbst diesen Glauben als eine in sich zusammenhängende Divine Philosophy verstanden hat, eine Auffassung, die er bereits in den »Arians of the Fourth Century« (1833) von den Kirchenvätern übernommen hatte. Und noch in seinem Brief an Joseph Flanagan vom 15. Februar 1868 schreibt er im Vorfeld des Ersten Vatikanischen Konzils über die Gestalt des Credos oder Depositum fidei – also die Gestalt der überlieferten Glaubensaussagen: »Was ist damit gemeint? Ist es eine Liste von Artikeln, die man zählen kann? Nein, es ist eine große Philosophie. Alle ihre Bestandteile stehen im Zusammenhang und beziehen sich in einem gewissen Sinne aufeinander. So kann man von dem, der einen Teil wirklich kennt, sagen, er kennt das Ganze, so wie man ex pede Herculem (Hercules am Fuß) erkennt.«[48] Diese newmansche Grundformel »Who really knows one part, may be said to know all« möchte ich auf den Charakter der elementaren Glaubenseinführung durch seine Predigten anwenden: Wer seine Predigten wirklich verstanden hat, hat verstanden, wie christliches Glauben geht und was Christsein heißt.

Ich schließe mit einem Gedanken Joseph Kardinal Ratzingers bei der Centenarfeier von Newmans Tod in Rom 1990, wo er Newmans Verständnis von Bekehrung als Lebensprozess aus dem Glauben darstellt: »Bekehrung ist iter – Weg eines ganzen Lebens. So ist Glaube immer development und gerade auf diese Weise Reifen der Seele zur Wahrheit, zu Gott, der uns innerlicher ist, als wir uns selbst sind. Newman hat in der Idee der Entwicklung die eigene Erfahrung einer nie abgeschlossenen Bekehrung ausgelegt und uns darin nicht nur den Weg der christlichen Doktrin, sondern den des christlichen Lebens interpretiert. [...] Newman gehört zu den großen Lehrern der Kirche, weil er zugleich unser Herz berührt und unser Denken erleuchtet.«[49] Dieser Gedanke wird in der erstveröffentlichten Predigt Newmans bestätigt: »Wie kein Unheiliger das Himmelsglück finden wird, so kann auch keiner die Heiligkeit in Kürze und nach Belieben erlernen. [...] Die Gabe der Heiligkeit zu erlangen, ist das Werk eines Lebens.«[50]

---

48 | Letter to Flanagan, 1868, in: J. Derek Holmes, ed., The Theological Papers of John Henry Newman on Biblical Inspiration and on Infallibility, Oxford 1979, 158, vgl. G. Biemer, Überlieferung und Offenbarung, Freiburg u. a. 1961, 114.
49 | J. Ratzinger, Newman gehört zu den großen Lehrern der Kirche, in: J. H. Newman – Lover of Truth, ed. M. K. Strolz u. a., Rom 1991, 141–146; 146.
50 | Predigt »Heiligkeit notwendig zur künftigen Seligkeit«, August 1826: DP I 1–16.

Einige Bemerkungen des Übersetzers

HANS STUMPF

Texte von John Henry Newman, gleich welchen Inhalts, verlangen dem Leser stets ein nicht geringes Maß an Konzentration einerseits und Einfühlungsvermögen andererseits ab – ein noch höheres Maß aber vielleicht dem Übersetzer. Nun stellen die vorliegenden Predigten für mich durchaus nicht die erste Berührung mit ihrem Autor dar. Vielmehr habe ich mich bereits vor über vierzig Jahren während des Studiums als Diplom-Übersetzer im Rahmen meiner auslandswissenschaftlichen Diplomarbeit »John Henry Newman und die Oxfordbewegung, 1833 – 1845« näher mit ihm beschäftigt. Als ich vor einiger Zeit im Internet auf die Internationale Deutsche Newman-Gesellschaft gestoßen bin, konnte ich der Versuchung, mich als Übersetzer zur Verfügung zu stellen und mich erneut an Newman zu erproben, dazu noch an den wichtigsten Predigten aus seiner anglikanischen Zeit, nicht widerstehen und habe nach einem E-Mail-Austausch und Telefonat mit Prof. Dr. Roman A. Siebenrock meine Unterstützung zugesagt.

Wagt man sich als Übersetzer an einen virtuosen Meister und brillanten Stilisten der englischen Sprache wie J. H. Newman heran, so fällt einem nicht von ungefähr ein italienisches geflügeltes Wort ein, das der Zunft der Sprachmittler nicht gerade zur Ehre gereicht: »traduttore – traditore« (Übersetzer – Verräter). Sprache ist eben nicht Mathematik, und so kann es kaum überraschen, dass es in allen Textkategorien gute und weniger gute Übersetzungen, gelungene und eher missratene gibt. Bei Übersetzungen, die durch mehrere Übersetzer unabhängig voneinander angefertigt werden, wird es zwangsläufig auch zu genauso vielen Übersetzungsversionen kommen, die sich idealerweise allerdings nicht so sehr voneinander unterscheiden sollten. Bei der übersetzerischen Bearbeitung der dreizehn Newman-Predigten konnte ich auf die von der Arbeitsgemeinschaft der Benediktiner von Weingarten in den 50er Jahren gefertigte Übertragung zurückgreifen, die in großen Teilen als sehr ordentlich bezeichnet werden muss, die aber zu erkennen gibt, dass die Einzelübersetzungen offenbar von unterschiedlichen Bearbeitern stammen; auch ist mir die Diktion (man möge mir die folgende Bemerkung nicht übel nehmen) »bisweilen zu fromm« und hier und da vielleicht etwas zu gewaltsam an die sprachlichen Formen und Formeln des damaligen deutschen Predigerstils angepasst. Ich habe meinerseits versucht, so nahe wie möglich an der englischen Originalfassung zu bleiben und J. H. Newmans stilistische Eigenheiten – mit den unendlich vielen Einschüben und Halbsätzen – beizubehalten, was mir sicherlich nicht immer gut gelungen ist: ich bin halt auch nur einer aus der oben erwähnten Zunft der »Verräter«!

J. H. Newman stellt alle seine Predigten unter ein einleitendes Bibelwort. Über dieses hinaus findet sich natürlich auch im weiteren Verlauf der Predigttexte eine Vielzahl von Schriftzitaten. In Bezug auf die Übersetzung sollten sie eigentlich keine Probleme bereiten, denn die Fundstelle ist ja stets angegeben, so dass man die Entsprechung nur aus einer deutschen Bibel abzuschreiben braucht. Im Prinzip richtig, doch die Bibelstellen in der von Newman verwendeten anglikanischen *King James Bible* (später auch als »*Authorized Version*« bezeichnet) und in der deutschen Einheitsübersetzung von 1980 (sowie drei weiteren deutschen Ausgaben, die ich mit herangezogen habe) sind nach meiner Wahrnehmung leider nicht immer in jeder Hinsicht deckungsgleich. Welcher Bibelwortlaut – der englische oder der deutsche bzw. einer der deutschen – nun der »richtigere« oder gar der »absolut richtige« ist, vermag ich als Übersetzer, der sich ausschließlich mit lebenden, d. h. modernen Sprachen beschäftigt und die Heilige Schrift im Urtext bzw. den Urtexten nicht lesen kann, leider nicht zu entscheiden. Als weiteres Handicap kommt der Zeitversatz in der Aktualität der Sprache hinzu, der zwischen der Herausgabe der *King James Bible* (Anfang 17. Jahrhundert) und unseren heutigen deutschen Fassungen besteht: erstere ist bekanntlich durch mehrere Auflagen hindurch bis zu J. H. Newmans Lebzeiten sprachlich nahezu unverändert geblieben. Wenn nun J. H. Newman im Verlauf einer Predigt auf ein Bibelwort sowie auf Wendungen oder einzelne Wörter daraus näher eingeht – und das tut er sehr oft –, müsste sich logischerweise die in der deutschen Fassung des Zitats gebrauchte Wendung bzw. das Wort auch in der anschließenden Erläuterung oder Erörterung unverändert wiederfinden. Die so zu wahrende sprachliche Stimmigkeit zwischen Bibelzitat und darauf Bezug nehmendem Text beeinflusst aus diesem Grunde gelegentlich auch die Übersetzung der Bibelstelle und macht die Eins-zu-Eins-Übernahme eines gegebenen deutschen Bibelwortlauts manchmal geradezu unmöglich. Zugegebenermaßen klingen die vorstehenden Ausführungen recht theoretisch, doch waren sie meines Erachtens notwendig, um den bibelkundigen Leser (und das sind vermutlich ausnahmslos alle!) nicht bei dem einen oder anderen Zitat vor den Kopf zu stoßen.

Aus Sicht des Sprachmittlers noch ein paar Bemerkungen zu drei kleinen Wörtern in J.H. Newmans Predigten, denen nicht nur wegen ihres häufigen Vorkommens, sondern allein schon auf Grund der Thematiken eine hohe Bedeutung zukommt; zunächst sind dies: *world* und *mind*. Während das erste kaum ein übersetzerisches Hindernis darstellt, bereitet das zweite manchmal durchaus Schwierigkeiten, weil es vielfältig und sehr variabel in seinem Sinngehalt ist. Dem Wort *world* wohnt wie der *Welt* im Deutschen in religiösen Zusammenhängen häufig eine negative Bedeutung inne: die diesseitige, irdische Welt, die materielle oder materialistische Welt, die Welt mit ihren Verlockungen, Unzulänglichkeiten und Ungerechtigkeiten, die Welt als lediglich vorübergehende Heimstätte des Menschen. Dieser Art Welt steht bei J.H. Newman natürlich oft *the next world* oder *the world to come* gegenüber, wobei wir im Deutschen in aller Regel beides als *die künftige Welt* wiedergeben, obwohl *the world to come* vom Sprachempfinden her sicherlich, schon wegen der für uns ungewohnten Wortstellung, größeres stilistisches Gewicht besitzt. – Bei der Übertragung des zweiten, scheinbar einfachen Wörtchens – *mind* – wird dem Übersetzer weitaus mehr an Sprachgefühl und Denkarbeit abverlangt, weil es stets kontextabhängig gesehen und interpretiert werden muss. So hat in die Übersetzung der Texte fast die ganze Palette der in den Standard-Wörterbüchern zu finden deutschen Entsprechungen von *mind* Eingang gefunden: Geist, geistige Anlagen, Verstand; Sinn, Gesinnung, Denkweise, Haltung; Ansicht, Meinung, Geschmack; Empfinden, Gemüt, Seele; Absicht, Wille; Gedächtnis, Erinnerung, Gedanken. In den englischen Originaltexten tauchen selbstverständlich auch viele Wortzusammensetzungen und Redewendungen auf, die das

Wortelement *mind* enthalten: *carnal-minded* (fleischlich [weltlich] gesinnt), *double-minded* (zwiespältig), *like-minded* (gleichgesinnt), *mind of man* (menschlicher Geist), *narrow-minded* (engstirnig), *noble-minded* (edel gesinnt, vornehm), *rightly-ordered mind* (der klar denkende Mensch), *single-minded* (aufrichtig); *agitation of mind* (geistige Erregung), *benevolence of mind* (Edelmut, Wohlwollen), *character of mind* (Gesinnung, Geisteshaltung), *frame of mind* (Gemütsverfassung), *gifts of mind* (geistige Talente, Geistesgaben), *heavenly-mindedness* (Frömmigkeit), *state of mind* (Geistesverfassung, geistige Verfassung), *struggle of mind* (innerer Kampf), *tone of mind* (geistige Haltung); *to be mindful of* (gedenken; achten auf); *to bear in mind* (im Auge behalten, nicht vergessen), *to call to mind* (ins Gedächtnis rufen).

Nach dieser kleinen Englisch-Lektion über das Wörtchen *mind* abschließend noch ein Gedanke zu einem dritten Schlüsselwort, das in J. H. Newmans Predigten nicht minder oft vorkommt: *heart*. Wie überaus wichtig J. H. Newman sein Leben lang alles war, was der gläubige Christ mit den Vorzügen und Fähigkeiten eines wahrhaft menschlichen Herzens verbindet, verdeutlicht vielleicht am treffendsten der Wahlspruch, den er rund vierzig Jahre später in sein Wappen als Kardinal der römisch-katholischen Kirche aufgenommen hat: *cor ad cor loquitur*. Dem Leser wird dieses Herzensanliegen des großen Menschen und Predigers zwischen den Zeilen dieses Bandes immer wieder begegnen, dessen bin ich sicher – auch in der Übersetzung!

John Henry Kardinal Newman

Predigten und Hinführungen

Einführung zu Predigt 1:
Im Dienst Christi –
»Die Strenge des Gesetzes Christi«

Frei in Christus –
Freiheit im Glaubensgehorsam

THOMAS MÖLLENBECK

John Henry Newman hat den vierten Band seiner *Parochial and Plain Sermons* im Jahr 1838 herausgegeben. Damals war er noch Rektor von St. Mary, der Universitätskirche von Oxford, also Geistlicher der *Church of England* und Mitglied der Oxford-Bewegung, die sich für die Erneuerung der Kirche einsetzte. Die erste Predigt darin hat den Titel *The Strictness of the Law of Christ*. Sie lenkt das Augenmerk allerdings weder auf die Institution Kirche noch auf die von ihr objektiv vorgetragene strenge Lehre Christi zu Glaube und Sitte. Vielmehr geht es um die subjektive Haltung, die der einzelne Christ im Glaubensleben einnimmt. Newman hat die Gläubigen im Blick und die Notwendigkeit, dass jeder Einzelne strikt das lebt, was er vom Evangelium Jesu Christi verstanden hat.

Das überrascht nicht, wenn wir die Grundüberzeugung Newmans teilen, die er in seinen *Lectures on the Doctrine of Justification* in demselben Jahr als Lehre der Bibel und der *Church of England* dargelegt hat: Glaube und Gehorsam können in der Rechtfertigung des Sünders nicht gegeneinander ausgespielt werden, wie dies einige Prediger in der *Church of England* seinerzeit taten. Newman nennt ›Protestants‹ die, die meinten, der Glaube allein rechtfertige, im Gegensatz zur römisch-katholischen Theologie, die er ebenfalls kritisiert, weil sie angeblich meine, der Christ werde allein durch Gehorsam gerechtfertigt. Newman stimmt weder dem einen noch dem anderen Exklusivismus zu, sondern schlägt die *Via Media* ein, den Mittelweg der *Church of England*: Glaube und Gehorsam bilden in der Rechtfertigung des Christen eine Einheit; man darf sie nicht voneinander trennen.

In seiner Predigt wird dies radikal auf die religiöse Haltung des Christen angewandt. Aus der Erfahrung seiner eigenen ersten und grundlegenden Bekehrung urteilt Newman über die religiöse Haltung des Christen so: Wenn einer wirklich religiös ist, dann weiß er sich absolut verpflichtet, seinem Gewissen zu folgen. Denn er steht im Gewissen Gott, seinem Schöpfer, gegenüber, vor dem er sein Leben verantworten muss: Der Mensch, der sich dessen bewusst ist, steht so vor der Alternative, Gott als Gott anzuerkennen oder sich dem Anspruch Gottes zu verweigern. Für die religiöse Haltung des Christen heißt das: Der Glaube an das Evangelium Jesu Christi gehört unauflöslich zusammen mit dem Gehorsam in der Nachfolge Christi. Es hört sich zunächst milder, weniger streng an, wenn es in Taizé heißt: Lies das Evangelium und lebe, was Du verstanden hast! Aber auch Newman unterstellt in dieser Predigt nicht, jeder Christ habe immer schon das ganze Evangelium verstanden und werde daher für sich selbst die höchsten Maßstäbe für das Leben aus dem Glauben anlegen müssen. Und doch ist seine Predigt radikal, weil er seine Hörer psychologisch an die Wurzel der religiösen Ur-Entscheidung führt: Sie sollen sich fragen, ob sie sich konkret – im Gehorsam – zu dem, was sie glauben, verstanden zu haben, wirklich absolut vor Gott verpflichten lassen wollen oder nicht. Newman hatte zu dieser Zeit bereits die Ohrenbeichte wiederentdeckt. Und so gibt er, damit seine Darstellung nicht so abstrakt daherkomme, viele konkrete Beispiele aus dem alltäglichen Leben. Die Gewissenserforschung zeigt: Als Christen stehen wir immerzu vor der Entscheidung, ob wir aus dem Glauben leben sollen oder uns selbst prinzipiell erlauben sollen, gelegentlich nicht aus dem Glauben heraus gehorsam zu sein.

Newmans »Entweder – Oder« könnte als religiöser Rigorismus erscheinen: Entweder Du bist religiös, dann handelst Du immer aus dem Glauben; oder Du bist nicht wahrhaft religiös, dann sagst Du Dich gelegentlich vom Glauben los! Ist das nicht eine Versklavung des Menschen unter das Gesetz Christi? Wie kann man so noch »Frei in Christus« sein? Aber Newman ist überzeugt: Je mehr und je besser der Christ das Evangelium versteht und glaubt und entsprechend lebt, desto freier wird er sein; desto mehr wird er den Gehorsam im Dienst Christi als Vorrecht verstehen. In Newmans Worten: »Der vollkommene Zustand als Christ ist der, in dem unsere Pflichten und Freuden ein und dasselbe sind; wenn das, was recht ist und wahr ist, uns natürlich erscheint und in dem der (Gottes-)›Dienst die vollkommene Freiheit ist‹.« Freiheit und Gehorsam gegenüber dem Evangelium, Pflicht und Freude schließen sich nicht gegenseitig aus – wie manche Zeitgenossen meinen. Um diesen Zusammenhang zu verdeutlichen, sollen zwei Verständnisschwierigkeiten von Newmans Predigt geklärt werden, die sich aus seiner evangelisch-theologischen Tradition heraus ergeben könnten: die Begriffe von der Natur und von der Freiheit des Menschen.

Newman will nicht sagen, dass nur starke Menschen, die immer ihrer Gewissensüberzeugung gemäß handeln, religiös und nur so überhaupt Christen sein können. Denn er hält jeden Menschen für schwach – »von Natur« aus. Deshalb bedarf ja jeder der Erlösung durch Jesus Christus. Newman benutzt das Wort »Natur« hier nicht in derselben begrifflichen Strenge, die neuscholastische Autoren seiner Zeit an den Tag legten, wenn sie präzisierten: Nicht die Natur, wie Gott sie ursprünglich erschaffen hat, sondern die gefallene Natur des Menschen ist schwach. Der Sache nach meint auch Newman die Natur des Menschen nach dem Sündenfall; die Natur des Menschen also, dem es nicht mehr leicht fällt, Gott in allem und immer gehorsam zu sein, weil er nicht mehr in der lebendigen Gegenwart Gottes lebt, sondern in Schatten und Finsternis, so dass er – um einige der im Neuen Testament gebräuchlichen Worte zu wählen – dem ›Fleisch‹, dem ›Satan‹, der ›Sünde‹ versklavt ist. Das will sagen, wie Paulus es an sich selbst beobachtet: »Denn das Gute, das ich will, das tue ich nicht; sondern das Böse, das ich nicht will, das tue ich« (Röm 7,19). Hier geht es um die unausweichliche Erfahrung der Willensschwäche, die auch als die Erfahrung der Notwendigkeit der Gnade beschrieben werden kann: »Denn Gott ist's, der in euch wirkt beides, das Wollen und das Vollbringen, nach seinem Wohlgefallen« (Phil 2,13). Erlöst durch Christus und durch die Taufe eingegliedert in ihn, soll der Christ den gefallenen Zustand der menschlichen Natur überwinden – im lebendigmachenden Geist durch Christus, mit ihm und in ihm zum Vater gelangen.

Da die Freiheit des Menschen jedoch nicht magisch entmachtet wird und da die lebendige Gegenwart Gottes sakramental im Modus der Verborgenheit gegeben ist, erfährt der Christ diesen grundsätzlichen Wandel seiner Natur weder plötzlich noch unwiderstehlich. Newman drückt dies so aus: »Wohl ist nach unserer Neugeburt [in der Taufe] eine Saat der Wahrheit und Heiligkeit in uns gelegt, ein neues Gesetz in unsere Natur eingeführt, doch nach wie vor müssen wir jene alte Macht bändigen [...] Dies bedeutet, wir müssen unser ganzes Leben lang an uns arbeiten, einen lebenslangen Konflikt durchstehen [...] bis wir im Willen, in unseren Neigungen und unserem Verstande nach ganz Christi sind«. Newman bestreitet also nicht die Schwachheit des Christen und die Notwendigkeit graduellen Wachstums in der Gnade. Er stimmt ganz mit Paulus überein: »Der Herr ist der Geist; wo aber der Geist des Herrn ist, da ist Freiheit. Wir alle aber spiegeln mit aufgedecktem Angesicht die Herrlichkeit des Herrn wider, und wir werden verwandelt in sein Bild von einer Herrlichkeit zur andern von dem Herrn, der der Geist

ist« (2 Kor 3,17-18). Rigoros ist Newman nicht, weil er einsieht: Die Schwäche der gefallenen Natur wird durch das Glaubensleben des Christen hindurch Schritt für Schritt gewandelt in Freiheit. Dazu muss der Mensch in seiner Freiheit jedoch prinzipiell bereit sein. Und Newman nimmt in seiner Predigt diese grundlegende Freiheit in den Blick, in der ein Christ sich prinzipiell für oder gegen die Umgestaltung in Christus entscheiden kann und muss, um wirklich ein religiöser Mensch zu sein. Was Newman rigoros erscheinen lässt, ist in Wirklichkeit sein Blick auf die Wurzel der Freiheit: die Gewissenserfahrung, die der Kern seiner ersten Konversion ist, wie er sie in der *Apologia pro vita sua* beschreibt. Wenn der Mensch zu dem Bewusstsein gelangt, dass er in seinem Gewissen vor Gott, seinem Schöpfer, steht, dann wird darin auch die Pflicht offenbar, die eigene Existenz als individuelle Antwort auf die Erfahrung zu vollziehen, das heißt sein Leben vor Gott zu verantworten: Der Mensch ist nicht sein eigener Herr. Vergleicht man Newmans Aussagen mit denen von Martin Luther und Immanuel Kant, dann erweisen sie sich zwar als radikal, aber nicht als rigoros. Luther spricht in seiner Schrift über den geknechteten Willen (*De servo arbitrio*) davon, der Mensch werde entweder von Gott oder vom Teufel geritten. Wenn er damit meint, was auch Newman predigt, dann besagt dies schlicht: Der Mensch kann immer nur entweder Gott oder dem Mammon dienen; doch ist er niemals frei, sein eigener Herr zu sein. Das scheint einem zeitgenössischen Autonomie-Verständnis zu widersprechen, das manchmal mit dem von Immanuel Kant verwechselt wird. Auch Kant geht von einer sittlichen Urerfahrung des Sollens aus, die dem Menschen gegeben ist, so dass er die Würde seiner eigenen Freiheit an dem Bewusstsein der moralischen Pflicht erkennt: Der Imperativ ›Du sollst‹ kann ja nur an ein freies Wesen gerichtet sein. Die Autonomie des Subjektes besteht nun darin, dass es sich die Pflicht in ihrer universalisierbaren Gestalt des kategorischen Imperativs zu eigen machen kann oder eben nicht: Ich muss mich selbst (*autos*) dem Gesetz (*nomos*) unterstellen, das ist Autonomie; unterstelle ich mein freies Handeln einem anderen (*heteros*) Gesetz (*nomos*), ist das Heteronomie. An der Stelle (in: *Die Religion in den Grenzen der bloßen Vernunft*), wo Kant in der Phänomenologie der Freiheit weitergegangen ist, hat Goethe ihm bekanntlich vorgeworfen, er habe seinen Philosophenmantel mit der Erbsünde beschlabbert. Kant spricht vom »radikal Bösen« im Menschen und meint, der Mensch sei von Natur aus böse, denn: »er ist sich des Gesetzes bewusst und hat doch die gelegentliche Abweichung von demselben in seine Maxime aufgenommen« (Akademieausgabe VI, 32). Newman unterscheidet just in diesem Sinn zwischen dem nur scheinbar und dem wahrhaft religiösen Menschen, nur dass er in seiner Gewissenserfahrung das »Du sollst« als Echo der Stimme einer Person wahrnimmt, während Kant als Philosoph es bei staunender Ehrfurcht belässt über »das moralische Gesetz in mir«. Wo Newman die Gewissheit der Existenz Gottes mit seiner eigenen Existenz im Gewissen verknüpft weiß, da spricht Kant nur vom moralischen Gesetz als Ausweis der Persönlichkeit: »ich sehe [es] vor mir und verknüpfe [es] unmittelbar mit dem Bewußtsein meiner Existenz. [Es] fängt von meinem unsichtbaren Selbst, meiner Persönlichkeit, an, und stellt mich in einer Welt dar, die wahre Unendlichkeit hat, aber nur dem Verstande spürbar ist, und mit welcher [... ich mich in] allgemeiner und notwendiger Verknüpfung erkenne. [... Das] erhebt [...] meinen Wert, als einer *Intelligenz*, unendlich, durch meine Persönlichkeit, in welcher das moralische Gesetz mir ein von der Tierheit und selbst von der ganzen Sinnenwelt unabhängiges Leben offenbart«. (Kritik der praktischen Vernunft, AA, 161).

Der springende Punkt ist: Die Radikalität der Predigt Newmans gründet in der Wahrnehmung der Autonomie des Menschen, seiner Freiheit, Gottes Willen zum Gesetz des eigenen Handelns prinzipiell zu wählen oder die gelegentliche Abweichung von demselben in die Maxime aufzunehmen und so der Heteronomie zu verfallen. Das ist die Strenge des Gesetzes Christi: Dem Christen wird ermöglicht, wahr und gut zu wählen – in Christus, durch ihn und mit ihm ist er frei.

Predigt 1

Die Strenge des Gesetzes Christi

»Frei von der Sünde,
seid ihr zu Sklaven der Gerechtigkeit geworden.«
(Röm 6,18)

In der Textstelle, der diese Worte entnommen sind, betont der heilige Paulus beharrlich die große Wahrheit, die sie kundtun: dass nämlich Christen nicht sich selbst gehören, sondern um einen Preis erkauft und folglich Diener oder vielmehr Sklaven Gottes und seiner Gerechtigkeit geworden sind, und dies, nachdem sie aus dem naturgegebenen Zustand entrissen wurden. Der große Apostel gibt sich nicht damit zufrieden, die halbe Wahrheit auszusprechen; er sagt nicht nur, dass wir von Schuld und Elend befreit sind, sondern fügt hinzu, dass wir die Diener Christi geworden sind; ja er gebraucht sogar ein Wort, das eigentlich *Sklaven* bedeutet. Sklaven werden gekauft und verkauft; von Natur aus waren wir Sklaven der Sünde und des Satans; wir sind durch das Blut Christi erkauft, doch gleichwohl weiterhin Sklaven. Allerdings gehören wir nicht mehr unserem alten Herrn, doch haben wir einen Herrn, es sei denn, Sklaven werden durch Kauf Freie. Wir sind nach wie vor Sklaven, aber die eines neuen Herrn, und dieser Herr ist Christus. Er hat uns nicht erkauft und anschließend in die Welt entlassen, sondern er hat für uns getan, was allein seine erste Wohltat vollenden konnte: uns erkauft, um seine Diener oder Sklaven zu sein. Er hat uns jene einzige Freiheit gegeben, die wahrlich Freiheit ist: seine Leibeigenen zu sein, damit wir, sofern uns selbst überlassen, nicht wieder – was wir sicher tun würden – zurückfallen in die grausame Leibeigenschaft, aus der er uns erlöst hat. Gleichwohl, welche Folgen dies mit sich bringen mag, welchen Nutzen oder welches Leid, wir haben nach der Befreiung aus der Hand Satans nicht aufgehört Sklaven zu sein, sondern wurden Untertanen eines neuen Herrn, Untertanen dessen, der uns erkauft hat.

Dies muss klargestellt werden, denn viele Menschen, die bereit sind, einzugestehen, dass sie von Natur aus Sklaven sind, gelangen aus dem einen oder anderen Grunde zu der Ansicht, dass sie überhaupt keiner echten Dienstbarkeit unterliegen, nachdem Christus sie befreit hat. Wenn nun mit dem Wort *Sklaverei* ein grausamer und elender Zustand des Leidens gemeint ist, wie ihn menschliche Herren ihren Sklaven oft auferlegen, dann sind Christen in diesem Sinn allerdings keine Sklaven, und es ist unangebracht, dieses Wort auf sie anzuwenden; wenn aber mit dem Sklavensein gemeint ist, dass wir unsere Dienstbarkeit nicht einfach abwerfen, nicht einfach weglaufen und tun können, was uns beliebt, dann ist im Sinne des Wortes buchstäblich wahr, dass wir mehr als Christi Diener sind, sondern – wie der Text es wörtlich besagt – Sklaven. Die Leute reden oft so, als liege die Vollkommenheit menschlichen Glücks in unserem Freisein, etwas zu tun oder lassen zu können, es zu erwählen oder von uns zu weisen. Diese Freiheit haben wir insofern in der Tat – wenn wir nicht die Diener Christi sein wollen, können wir uns in die alte Leibeigenschaft zurückbegeben, aus der er uns errettet hat, und erneut Sklaven der Mächte des Bösen sein. Aber obwohl es uns frei steht, unsere Lage zu verschlimmern, sind wir nicht frei, ohne jegliche Dienstbarkeit oder Anstellung zu sein. Es liegt nicht in der Natur des Menschen, außerhalb jedes Dienstes zu stehen und gänzlich unabhängig zu sein. Wir können unseren Herrn wählen, müssen aber Gott dienen oder dem Mammon. Es ist uns nicht möglich, einen neutralen oder mittleren Zustand einzunehmen. Einen solchen Zustand gibt es nicht. Wenn wir nicht die Diener Christi sein wollen, dann sind wir unvermittelt die des Satans; Christus hat uns jedoch nur vom Satan befreit, um uns zu seinen Dienern zu machen. Das Reich des Satans grenzt an das Reich Christi und die Welt an die Kirche; wir hören auf, Satans Eigentum zu sein, wenn wir Christi Eigentum werden. Wir können nicht ohne einen Herren sein, so will es das Naturgesetz; manche Menschen übersehen dies jedoch, wie ich schon gesagt habe, und meinen, ihre christliche Freiheit liege darin, von jedem Gesetz frei zu sein, selbst vom Gesetz Gottes. Solch ein Irrtum scheint schon zu Lebzeiten des heiligen Paulus obsiegt zu haben und wird in dem vor uns liegenden Kapitel erwähnt. Die Menschen scheinen gedacht zu haben, dass, seit das Gesetz der Sünde aufgehoben und die Schrecken des Naturgesetzes beseitigt wurden, sie somit überhaupt keinem Gesetz unterstanden; dass ihr eigener Wille ihr Gesetz und der Glaube an die Stelle des Gehorsams getreten sei. Der heilige Paulus erinnert seine Brüder in seinem Brief daran, dass, als sie »von der *Sünde* befreit«, sie »Diener der *Gerechtigkeit*« wurden. Und erneut, »die Sünde soll nicht über euch herrschen; denn ihr steht nicht unter dem Gesetz«, d.h. dem Naturgesetz, »sondern unter der Gnade« oder (wie er es an anderer Stelle sagt) »dem Gesetz des Glaubens« oder »dem Gesetz des Geistes des Lebens«. Sie waren nicht ohne einen Herrn, doch ihr Herr war gnädig und gütig.

In anderen Briefen sagt er dasselbe, zum Beispiel: »Wer als Freier (d.h. frei in Bezug auf diese Welt) berufen wurde, ist ein Diener (oder Sklave) Christi. Um einen Preis seid ihr erkauft: werdet nicht Sklaven von Menschen«, was aber bedeutet, werdet Sklaven Christi. Und weiter, nachdem er gesagt hat: »Ihr Sklaven, gehorcht in allem euren irdischen Herren«, fügt er hinzu: »denn der Herr, dessen Sklaven ihr seid, ist Christus«. An anderer Stelle spricht er von sich als »Paulus, Knecht Christi Jesu«; und wiederum als »nicht gesetzlos vor Gott, sondern unter dem Gesetz Christi« (1 Kor 7,22-23; Kol 3,22-24; Röm 1,1; 1 Kor 9,21).

Religion ist also ein notwendiger Dienst; natürlich ist sie auch ein Vorrecht und wird zunehmend ein solches, je mehr wir uns darin üben. Der vollkommene Zustand als Christ ist der, in dem unsere Pflichten und Freuden ein und dasselbe sind; wenn das, was recht und wahr ist, uns natürlich erscheint und in dem der (Gottes-)»Dienst die vollkommene Freiheit ist«. Dies ist der Zustand, nach dem alle wahren Christen streben; der Zustand, in dem die Engel stehen; die völlige Unterwerfung unter Gott in Gedanken und Tun ist ihr Glück; eine totale und absolute Gefangenschaft ihres Willens unter seinem ist ihre Fülle der Freude und des immerwährenden Lebens. Es verhält sich jedoch nicht so bei den Besten von uns, allenfalls teilweise. Wohl ist nach unserer Neugeburt eine Saat der Wahrheit und Heiligkeit in uns gelegt, ein neues Gesetz in unsere Natur eingeführt, doch nach wie vor müssen wir jene alte Macht bändigen, »den alten Menschen, der durch seine trügerischen Gelüste verderbt ist« (Eph 4,22). Dies bedeutet, wir müssen unser ganzes Leben lang an uns arbeiten, einen lebenslangen Konflikt durchstehen. Wir müssen alles, was wir sind und tun, beherrschen und bezwingen, jedes Übel und jede Widersetzlichkeit austreiben und jeden Teil von uns, Leib und Seele, über seinen rechten Platz und seine Pflichten belehren und sie ihm einschärfen, bis wir im Willen, in unseren Neigungen und unserem Verstande nach ganz Christi sind, so wie wir es bekennen; mit den Worten des heiligen Paulus »alle Vernunftgebilde und alles Hochfahrende einreißen, das sich erhebt gegen die Erkenntnis Gottes, und jeden Gedanken einfangen zum gehorsamen Dienst an Christus« (2 Kor 10,5).

Nun habe ich anscheinend etwas gesagt, dem jeder sofort zustimmt. Und doch ist letztlich unter denen, die sich zu Christus bekennen, vielleicht nichts so selten wie eine praktizierte Zustimmung zu der Lehre, dass sie einem Gesetz unterstehen; nichts ist so selten wie absoluter Gehorsam, vorbehaltlose Unterwerfung unter den Willen Gottes, gleichbleibendes Pflichtbewusstsein – wie einige Beispiele sogleich zeigen werden.

Die meisten Christen räumen generell ein, dass sie unter einem Gesetz stehen, aber sie gestehen es unter einem Vorbehalt; sie beanspruchen für sich eine Art Dispens in ihrer Einhaltung des Gesetzes. Was ich sage, ist ganz unabhängig von der Frage, welches die *Norm* des Gehorsams ist, die sich jeder Mensch selbst setzt. Der eine legt die Messlatte seiner Pflichten höher als der andere; einige haben nur eine niedrige Meinung davon und engen es auf die rein persönliche Moral ein; einige beschränken es auf ihre Pflichten der Gesellschaft gegenüber; andere ziehen die Grenze anhand eines überkommenen Gesetzes, das in bestimmten Schichten oder Kreisen Annahme findet; wieder andere schließen die Einhaltung religiöser Bräuche ein. Ganz gleich aber, ob die Menschen das Gesetz des Gewissens hoch oder gering schätzen, es weit oder eng auslegen, sind es doch nur wenige, die es sich als Regel vorgeben; wenige nur, die sich ihre wie immer geartete Meinung darüber bilden, die sie bindet; wenige, die gar eingestehen, dass sie durchgängig und beständig danach handeln. Fragt die Masse der Menschen, denen ihr in der Welt begegnet, und ihr werdet feststellen, dass einer und alle es zuweilen für zulässig halten, sich über das Gesetz zu stellen, sogar nach ihrer eigengesetzten Norm; dass sie Ausnahmen und Vorbehalte machen, als wären sie die absoluten Herrscher über ihr Gewissen und könnten sich gelegentlich davon dispensieren.

Was ist das für ein Mensch, von hohem oder niedrigerem Rang, den die Welt als ehrbar und fromm ansieht? Bestenfalls ist er folgendermaßen beschaffen: er besitzt eine Reihe charakterlicher Vorzüge, mit denen ihn zum Teil schon die Natur ausgestattet hat; und wenn er sich andere mit Mühe angeeignet hat, dann, weil ihn die äußeren Umstände dazu gezwungen haben oder weil von Natur aus eine Art aktives Element in ihm ist, das sich gegen andere Elemente durchgesetzt hat und ihn beherrscht. Er hat sich eine gewisse Selbstbeherrschung angeeignet, weil niemand ohne sie Achtung genießt. Er hat sich gezwungenermaßen Fleiß, Pünktlichkeit, Genauigkeit und Ehrlichkeit angewöhnt. Er ist höflich und zuvorkommend und hat gelernt, nicht alles zu sagen, was er denkt und fühlt, oder all das zu tun, was er tun möchte, und zwar bei jeder Gelegenheit. Die große Masse der Menschen ist natürlich bei weitem nicht mit so wahrlich lobenswerten Eigenschaften ausgestattet; ich denke aber, die besten wohl. Ich gehe davon aus, dass Charakter und Stand eines Menschen so angelegt sind, dass er hier und da eine Neigung oder ein Interesse verspürt, seinen Pflichten zuwider zu handeln. Solche Momente stellen ihn auf die Probe; es gibt nichts, was ihn unter normalen Umständen daran hindern könnte, Gott zu dienen, doch der Beweis seiner Aufrichtigkeit zeigt sich in seinem Verhalten in diesen außergewöhnlichen Momenten. Nun bin ich an dem Punkt, auf den ich die Aufmerksamkeit lenken möchte; denn eben diese Momente, die alleinigen Zeiten seiner Prüfung, sind genau die Zeitpunkte, in denen er zu der Überlegung neigt, dass es ihm erlaubt sei, sich vom Gesetz zu dispensieren. Er erteilt sich die Dispens just dann, wenn es nur um Gottes Gebot geht, ohne dass dieses gleichzeitig sein eigenes Gesetz und das der Welt wäre. Er tut, was recht ist, solange der Weg der Religion den Weg der Welt entlang führt; wenn die Wege sich trennen, wählt er den der Welt und bezeichnet seine Wahl als Ausnahme. Neunundneunzig Tage handelt er recht, aber am hundertsten wissentlich und vorsätzlich unrecht; und wenn er sich auch nicht rechtfertigt, so spricht er sich wenigstens von diesem Handeln frei.

Ein Beispiel hierfür: *im Allgemeinen* geht er zur Kirche, er ist es so *gewohnt*; aber eine dringliche Angelegenheit zu einem bestimmten Zeitpunkt setzt ihn unter Druck oder irgendeine Vergnügung verlockt ihn: er lässt den Kirchenbesuch ausfallen. Er weiß, dass dies nicht richtig ist, und sagt es auch, aber es kommt ja nur ab und zu einmal vor.

Noch ein Beispiel: er ist grundehrlich im Umgang mit anderen; er sagt die Wahrheit, d. h., er hat es sich zur Regel gemacht; wenn er in die Enge gerät, erlaubt er sich hier und da die Unwahrheit, besonders wenn diese ohne große Bedeutung ist. Er weiß, er sollte nicht lügen; er räumt dies ein; doch er denkt, ich kann es nun einmal nicht ändern; die Umstände haben es unvermeidbar gemacht, denn es ist die einzige Möglichkeit, einer großen Schwierigkeit aus dem Weg zu gehen. In *solch* einem Fall ist es, wie er sagt, durchaus akzeptabel, und auf diese Weise kommt er darüber hinweg, d. h. in einem Fall, in dem er ungehorsam gegen Gott sein oder einen weltlichen Nachteil in Kauf nehmen muss.

Ein weiteres Beispiel: er hat gelernt, sein Temperament zu zügeln und seine Zunge im Zaum zu halten; aber bei einer ungewöhnlichen Provokation überkommt es ihn. Er wird zornig, sagt, was er besser nicht sagen sollte, er schimpft und flucht vielleicht. Ist nicht jeder dafür anfällig, von Ärger oder übler Laune überwältigt zu werden? Darum geht es nicht; es geht darum, dass er danach keine Gewissensbisse empfindet; er glaubt nicht, etwas getan zu haben, das verziehen werden müsste. Im Gegenteil, er verteidigt sich gegenüber sich selbst mit der Begründung, dass eine solche Ausdrucksweise bei ihm sehr *ungewöhnlich* sei; er begreift nicht, dass er einem Gesetz unterliegt, über das er sich nicht stellen darf, von dem er sich einfach nicht dispensieren kann.

Und noch ein Beispiel: er ist im Allgemeinen nüchtern und maßvoll; doch dann feiert er mit Freunden und vergnügt sich; er lässt sich zum Übermaß verleiten. Am darauffolgenden Tag beteuert er, dass ihm so etwas schon lange nicht mehr passiert sei; das sei überhaupt nicht seine Art; normalerweise rühre er Wein oder Ähnliches kaum an. Er begreift nicht, dass er eine Sünde bereuen müsste, denn es geschehe ja nur ab und zu einmal.

Nun, glaube ich, ihr versteht ganz gut, was ich meine, und ich brauche zur Erläuterung nichts weiter zu sagen. Solche Menschen, so nachsichtig mit sich selbst, sind auch nachsichtig gegeneinander; sie machen Zugeständnisse gegenüber allen um sie herum und nehmen das hin, was sie sich selbst großzügig genehmigen. Darin besteht das Geheimnis, mit der Welt Freund zu sein, Verständnis für ihre Sünden und Anteil an ihnen zu haben. Diejenigen, die streng mit sich selbst sind, sind streng gegenüber der Welt; doch wo sich die Menschen eine gewisse Konzession zum Ungehorsam zubilligen, ziehen sie die Grenzen in Bezug auf andere nicht sehr genau. Da sie sich dessen bewusst sind, was gegen sie selbst gesagt werden könnte, sind sie entsprechend zurückhaltend mit dem, was sie gegen andere sagen; und sie begegnen ihnen unter dem Einvernehmen der gegenseitigen Duldung. Sie gewöhnen sich an zu sagen, dass sie sich um das Privatleben ihrer Nachbarn nicht kümmern; und sie verkehren mit ihnen nur als Persönlichkeiten des öffentlichen Lebens oder als Mitglieder der Gesellschaft oder in geschäftlichen Dingen, ganz und gar nicht als mit verantwortlichen Wesen, die eine unsterbliche Seele besitzen. Sie wollen nur das sehen und wissen, was an der Oberfläche ist, und sie erklären das Vorleben eines Menschen für heilig, weil es sündhaft ist. In ihren Augen besteht die einzige Pflicht gegenüber ihrem Nachbarn darin, ihn nicht zu verletzen; was auch immer, seine Moral, sein Glaube bedeuten ihnen nichts. So sind sie im reifen und fortgeschrittenen Alter; in der Jugend sind sie ebenso fügsam wie nachgiebig und folgen bereitwillig dem Lauf der Dinge, so wie sie ihnen begegnen. Sie sind – und werden gelobt als – angenehm, gut gelaunt und umgänglich. Sie vertreten keine niederen Grundsätze, sind nicht übel gesinnt oder offenkundig unehrlich, aber sie nehmen es nicht so genau. Sie leben in keiner Weise nach festen Regeln. Sie sind temperamentvoll und besitzen die ganze Liebenswürdigkeit, welche die Jugend aufzubieten hat, und sie gehen im Allgemeinen den richtigen Weg; da sie aber in sich nicht verwurzelt sind, lässt sie ein Missgeschick von innen oder von außen, eine hochkommende Leidenschaft oder die Anstiftung durch einen Freund sofort ins Schwanken geraten. Sie schwanken und machen sich später wenig Gewissensbisse; sie vergessen es einfach. Sie scheuen sich vor der Vorstellung, einem Gesetz zu unterstehen und halten die Religion, die ein solches auferlegt, für bedrückend. Sie gehen gerne ihren eigenen Weg und folgen ihm ohne jegliches Übermaß an Sünde oder zumindest ohne sündige Gewohnheiten. Sie sind gesittet und benehmen sich unter wohlerzogenen Leuten tadellos, zum Beispiel zu Hause; aber außer Haus sind sie nachsichtig mit sich selbst, wenn die Versuchung ihnen begegnet. Sie genießen die Welt nach Lust und Laune; sie sind frei; ach! – was für eine traurige Freiheit! – gleichwohl in gewisser Hinsicht eine Freiheit. Ein religiöser Mensch muss seinen Blick von Dingen abwenden, die sein Innerstes erregen, und sich an die Warnung unseres Erlösers erinnern; doch für einen Mann von Welt bedeutet es nichts Böses, dorthin zu sehen, wo er nicht hinsehen sollte, denn weiter geht er ja nicht. Ein religiöser Mensch achtet auf seine Worte; der andere jedoch sagt, was ihm sein Herz eingibt und entschuldigt sich für seine lästerliche Sprache mit der Ausrede, dass er es nicht so meine. Ein religiöser Mensch sucht sich seine Gesellschaft mit Bedacht aus; der andere aber beteiligt sich an Spöttereien und Ausschweifungen, wiewohl er sie trotz seiner Beteiligung verurteilt; doch er verurteilt nicht sich als Beteiligten, verachtet aber diejenigen, die sich mit ihm beteiligen. Er genießt das Leben, wie man so sagt. Er kann sich unter alle möglichen Leute begeben, denn er kennt keine lästigen Förmlichkeiten und keine hemmenden religiösen Gebote. Vielleicht geht er ins Ausland und sieht sich dann eine Zeitlang als unter Menschen lebend, als unbekannte Person in einem unbekannten Land, die bei allem, was kommt, mitmachen darf, ob böse oder gut. Ferner kann es passieren, dass er sich, ungeachtet seiner Position, auf dem Feld der so genannten Politik engagiert; er wird dann meinen, dass, obwohl Wahrheit und Religion sicherlich höchst verbindlich und außerordentlich wichtig sind, die Welt aber nicht weiterbestehen könnte, die geschäftlichen Aktivitäten zum Stillstand kommen, die politischen Parteien handlungsunfähig würden, und all das, was er wirklich liebt und verehrt, zweitrangig würde, wenn sich die Religion immerzu weigern würde, auch nur einen Fingerbreit nachzugeben. Und weiter: ein religiöser Mensch nimmt seine Religion den ganzen Tag lang mit in sein Verhalten hinein; nachlässige Personen jedoch tun vieles, das sie nicht bekannt werden lassen möchten, im Geheimen. Sie tun alles, um damit kein Aufsehen zu erregen. Sie brechen einem Tieferstehenden gegebene Versprechen. Oder wenn die Zeit es ihnen erlaubt, sind sie neugierig und aufdringlich; sie kritisieren andere und verbreiten Skandalgeschichten. Sie stecken ihre Nase in Angelegenheiten, die sie entsprechend ihrer gesellschaftlichen Stellung nichts angehen. Sie hören zu, wo sie kein Recht zum Zuhören haben; sie lesen, was sie nicht zu lesen berechtigt sind. Oder sie erlauben sich kleine Dieberein und glauben, nichts Unrechtes zu tun; sie entschuldigen sich mit der Ausrede, das von ihnen Entwendete werde ohnehin nie vermisst. Im Geschäftsleben halten sie gewisse Arten und Ausmaße von Betrügerei für zulässig und betrachten sie nicht als Unredlichkeit. Sie reden sich damit heraus, es sei nicht ihre Sache, aufrichtig und gerecht zu handeln, sondern die Aufgabe anderer, die Betrügereien aufzudecken; und als bedeute Schwindel und Betrug nicht Sünde auf Seiten der einen Partei, sondern vielmehr Dummheit auf Seiten der anderen. Falls sie in bescheidenen Verhältnissen leben, halten sie Angeberei für nichts Unrechtes; das kundzutun, was nicht wirklich wahr ist, sofern ihnen ein Nutzen daraus erwächst; eine Geschichte aufzubauschen oder eine tiefere Religiosität vorzutäuschen, als sie ihnen tatsächlich eigen ist; oder so zu tun, als gingen sie in religiösen Dingen einig mit Personen, von denen sie sich etwas erhoffen; oder eine Religion anzunehmen, wenn es zu ihrem Vorteil ist; oder sich gleichzeitig zu zwei oder drei Religionen zu bekennen, wenn Almosen oder anderweitig Spenden zu geben sind.

Dies sind einige aus einer Fülle von Wesenszügen, die eine bequeme Religion kennzeichnen – die Religion der Welt, die sich auf die Seite der christlichen Wahrheit stellen würde, wäre diese Wahrheit nur nicht so überaus streng, genauso wie Auseinandersetzungen mit ihr und ihren Befürwortern; nicht als ob sie nicht gut und richtig wäre, sondern weil sie so unbeugsam ist – weil sie sich nicht den Zeiten und Nöten, ebenso wenig wie den Vorlieben und Geschmäcken Einzelner anpasst. Dies ist die Art Religion, vor der der heilige Paulus grundsätzlich warnt, so oft er vom Wesen des Evangeliums als wahres Gesetz und wahre Knechtschaft redet. In der Tat ist er stolz auf dieses Wesen, denn wie das Glück aller Geschöpfe in der gelungenen Verrichtung ihrer Aufgaben liegt, wo immer Gott sie hingestellt hat, so liegt des Menschen größtes Gut im Gehorsam gegen Gottes Gesetz und in der Nachahmung der göttlichen Vollkommenheit. Der Apostel wusste aber, dass die Welt nicht so denkt, und gerade deshalb besteht er darauf. Darum besteht der Apostel auf der Notwendigkeit, dass die Christen »die Gerechtigkeit des Gesetzes *erfüllen*«; sie erfüllen, denn solange wir nicht nach vollkommenem, vorbehaltlosem Gehorsam in allen Dingen streben, sind wir in der Tat nicht wirklich Christen. Folglich sagt der heilige Jakobus: »Wer das ganze Gesetz erfüllt, aber in einem einzigen Punkt fehlt, der hat sich am Ganzen schuldig gemacht« (Jak 2,10). Und unser Erlöser versichert uns: »Wer eines von diesen kleinsten Geboten übertritt und so die Menschen lehrt, der wird als Kleinster gelten im Himmelreich« und »Wenn eure Gerechtigkeit nicht größer ist als die der Schriftgelehrten und Pharisäer«, die derart voreingenommen und eingeschränkt war, »werdet ihr nicht hineinkommen in das Himmelreich« (Mt 5,19–20). Und als der junge Mann zu ihm kam, ihm sagte, dass er alle Gebote gehalten habe und die Frage stellte, was ihm noch fehle, wies Jesus auf »das Eine« hin; und als er seinen Gehorsam nicht um jenes Eine vervollständigen wollte, sondern betrübt davonging, fügte Jesus, als nütze der ganze Gehorsam in allen anderen Punkten nichts, hinzu: »Kinder, wie schwer ist es doch, dass solche, die auf Reichtum bauen, in das Reich Gottes eingehen!« (Mk 10,21–24). Täuschen wir uns also nicht; was Gott von uns verlangt, ist, dass wir sein Gesetz erfüllen oder zumindest danach streben, es zu erfüllen; uns mit nichts weniger zufrieden geben als vollkommenem Gehorsam – alles zu versuchen, die uns gegebenen Hilfen zunutze zu machen und uns, nicht zuerst, sondern hinterher wegen unserer Unzulänglichkeiten auf die Gnade Gottes zu werfen. Ich weiß, dass dies, wenn wir es zum ersten Mal hören, eine erschreckende Lehre ist; unsere Herzen haben eine solche Abneigung dagegen, dass manche Menschen sogar zu behaupten versuchen, dies sei eine unchristliche Lehre. Freilich ein hoffnungsloses Unterfangen, angesichts der Bibel als Referenz und ihrer

Aussagen von der Pforte, die eng, und dem Weg, der schmal ist. Dennoch würden die Menschen sich seiner gern bedienen, wenn sie könnten; sie argumentieren, jede Geltendmachung der Religion als Dienst oder Pflicht sei falsch, weil unter Zwang geschehend, und nur jene Zustimmung aus einem Impuls heraus richtig, weil von Herzen kommend. Sie möchten beweisen, dass das Gesetz uns nicht bindet, weil Christus es erfüllt hat; oder weil, wie es der Fall ist, der Glaube anstelle des Gehorsams bei denen akzeptiert würde, die bislang noch keine Zeit hatten, mit seiner Erfüllung zu beginnen.

Derartige Personen berufen sich auf die Schrift und müssen, was nicht schwer ist, durch die Schrift widerlegt werden; die überwiegende Mehrheit der Menschen gibt sich in dieser Hinsicht nicht so viel Mühe. Anstatt auch nur vorzugeben, das herausfinden zu wollen, was Gott gesagt hat, nehmen sie dazu – wie sie es nennen – eine Auffassung auf der Grundlage des gesunden Menschenverstandes ein. Sie behaupten, es sei unmöglich, dass die Religion gemäß Gottes Plan wirklich so streng sein könne. Sie missbilligen diese Vorstellung als überzogen und verdrießlich. Sie erklären, die Religion als Ganzes zu verehren und Freude an ihr zu haben, aber meinen, dass sie nicht unnötigerweise in Nebensächlichkeiten gezwängt werden oder, wie sie es ausdrücken, nicht zu weit getrieben werden sollte. Sie beschweren sich nur über ihre Eigenheiten, wenn ich das Wort gebrauchen darf, oder ihren Mangel an Nachsicht und Rücksichtnahme in kleinen Dingen; mit anderen Worten, sie mögen die Religion, ehe sie diese erfahren haben – in der Voraussicht –, auf Distanz, *bis* sie religiös sein müssen. Sie reden gerne über sie und sehen es gerne, wenn die Menschen religiös sind; sie halten die Religion für löblich und höchst wichtig; sobald sie aber in irgendwelchen konkreten Einzelheiten damit näher konfrontiert werden, mögen sie sie nicht mehr. Es genügt ihnen, sie wahrgenommen und gelobt zu haben; sie spüren sie als eine Last, wann immer sie sie überhaupt spüren, wann immer sie sie auffordert, das zu tun, was sie sonst nicht tun würden. Mit einem Wort, die Befindlichkeit der meisten Menschen ist folgende: ihre Herzen gehen den falschen Weg; ihr eigentliches Problem mit der Religion, wenn sie selbst es wissen, besteht nicht darin, dass sie streng oder einnehmend oder herrisch ist und zu weit geht, sondern dass es Religion *ist*. Es ist die Religion an sich, die wir von Natur aus alle nicht mögen, nicht nur ihr

Übermaß. Die Natur strebt zur Erde hin, und Gott ist im Himmel. Wenn ich nach Norden reisen will und alle Straßen führen nach Osten, werde ich mich natürlich über die Straßen beschweren. Ich werde nichts als Hindernisse finden; ich werde Mauern überwinden, Flüsse durchqueren und Umwege machen müssen und am Ende doch mein Ziel verfehlen. So verhalten sich jene, die nicht mutig genug sind, ein Bekenntnis zur Religion aufzugeben, aber der Welt dienen wollen. Sie versuchen, Babylon auf Straßen zu erreichen, die zum Berg Sion führen. Seht ihr nicht, dass sie notwendigerweise auf Hindernisse, Kreuzungen, Enttäuschungen und Misserfolge treffen müssen? Sie gehen Meile um Meile und halten vergeblich Ausschau nach den Türmen der Stadt der Eitelkeit, denn sie befinden sich auf der falschen Straße; nicht willens zuzugeben, was sie wirklich suchen, nörgeln sie, die Straße sei zu weitläufig und ermüdend. Sie bezichtigen die Religion der Einmischung in das, was sie als ihre harmlosen Vergnügungen und Wünsche ansehen. Doch die Religion bedeutet nur für diejenigen eine Unterjochung, die sich nicht in deren Form gießen lassen. Dementsprechend dankt in unserem einleitenden Vers der heilige Paulus Gott, dass seine Brüder »von *Herzen* gehorsam wurden auf das Bekenntnis der Lehre hin, aufgrund dessen sie übereignet wurden« (Röm 6,17). Wir Christen sind in eine bestimmte Form gegossen. Solange wir in dieser Form verbleiben, empfinden wir sie nicht als Form oder Hülle. Erst wenn unsere Herzen in einer böse gearteten Weise überfließen, entdecken wir, dass wir eingeengt sind, und meinen, wir befänden uns im Gefängnis. Das Gesetz in den Gliedern unseres Leibes kämpft gegen das Gesetz des Geistes, und dies versetzt uns in eine bedrückende Knechtschaft. Lasst uns also sehen, wo wir stehen und was wir tun müssen. Der Himmel kann sich nicht ändern; Gott ist »ohne Wechsel und ohne einen Schatten von Veränderung« (Jak 1,17). Sein »Wort steht für immer am Himmel« (Ps 118,89). Sein Gesetz währt von Ewigkeit zu Ewigkeit. *Wir* müssen uns ändern. Wir müssen auf die Seite des Himmels überwechseln. Niemals hat eine Seele das wahre Glück gefunden außer in Übereinstimmung mit Gott, im Gehorsam gegen seinen Willen. Wir müssen das werden, was wir nicht sind. Wir müssen das lieben lernen, was wir nicht lieben, und uns in dem üben, was schwer ist. Das Gesetz des Geistes des Lebens muss in unsere Herzen eingeschrieben und in ihnen aufgerichtet werden, so dass die Gerechtigkeit des Gesetzes in uns erfüllt werde und wir lernen mögen, Gott zu gefallen und zu lieben.

Schließlich gibt es einige, die ihren Mangel an Strenge mit dem verteidigen, was sie als Autorität der Heiligen Schrift betrachten, und andere, und dies ist die Mehrheit, die sich selbst damit zu überzeugen versuchen, dass Religion nicht wirklich streng sein kann, was immer an starken Worten oder Aussagen in der Schrift zu finden sein mag; und wiederum gibt es andere, die einen ehrlicheren, aber auch gewagteren Weg einschlagen. Anstatt nach Ausreden zu suchen, wie ich es dargelegt habe, geben sie die Realität freimütig zu und bringen sie dann als Argument gegen die Religion insgesamt vor. Anstatt zuzugeben, dass sie die Religion mögen, *ausgenommen* den Gottesdienst, wenden sie unverfroren ein, die Religion sei insgesamt widernatürlich und könne deshalb nicht als Pflicht auferlegt werden. Sie meinen, dass es Geistlichen und Lehrern sehr wohl gezieme, eine erhabene Lehre aufzustellen, aber Menschen seien eben Menschen und die Welt sei die Welt; das Leben solle keine Bürde sein, und Gott habe uns erschaffen, damit uns dieses Leben Freude bereite, und er werde uns nach diesem Leben niemals dafür bestrafen, dass wir dem Gesetz der Natur gefolgt sind. Ich erwidere darauf: zweifellos soll uns dieses Leben Freude bereiten; aber warum sollten wir uns nicht im Herrn freuen? Wir sollten das Gesetz der Natur befolgen; aber warum das unserer alten und nicht das unserer neuen Natur? Befänden wir uns tatsächlich im Zustand unserer ersten Natur, unter der Schuld und Schande der Erbsünde, dann könnte dieses Argument scheinbar einleuchtend vorgebracht werden, obgleich auch dann selbstverständlich nicht überzeugend; doch in welcher Weise betrifft es Christen? Nun, da Gott die Tore unseres Gefängnisses geöffnet und uns in das Königreich seines Sohnes hineingenommen hat, wenn Menschen weiterhin Menschen des Fleisches sind, die Welt eine sündige Welt ist, das Leben der Engel eine Bürde und das Gesetz der Natur nicht das Gesetz Gottes ist, wer ist schuld daran?

In der Tat unterstehen wir Christen wie andere Menschen dem Gesetz, aber wie ich schon gesagt habe, ist es das neue Gesetz, das Gesetz des Geistes Christi. Wir leben unter der Gnade. Jenes Gesetz, welches für die Natur eine niederdrückende Knechtschaft bedeutet, ist für diejenigen, die unter der Kraft der Gegenwart Gottes leben, das, als was es gedacht war, eine Freude. Wenn es uns nun widerstrebt, Gott zu dienen, wenn in uns der Gedanke hochkommt, er sei ein strenger Meister und seine Versprechen seien nicht reizvoll genug, die Strenge seiner Gebote aufzuwiegen, lasst uns daran erinnern, dass wir – als Christen – nicht im Fleisch, sondern im Geist leben, und lasst uns nach dieser Überzeugung handeln. Lasst uns ihn um Gnade bitten. Lasst uns sein Angesicht suchen. Lasst uns dorthin kommen, wo er Gnade schenkt. Lasst uns die Gnadenmittel nutzen, in denen uns Christus seinen Heiligen Geist verleiht, um uns zu befähigen, das zu tun, was wir von Natur aus nicht tun können, und »Diener der Gerechtigkeit« sein. Diejenigen, die um seine rettende Hilfe zum Ändern ihrer Neigungen und Abneigungen, ihres Geschmacks, ihrer Ansichten, ihres Willens und ihres Herzens beten, erhalten wohl nicht sofort das, was sie suchen; sie erhalten es nicht auf einmaliges Bitten hin; sie *nehmen* nicht *wahr*, dass sie es erhalten, während sie es erhalten – doch wenn sie fortwährend Tag für Tag zu ihm kommen, – wenn sie in Demut kommen, – wenn sie im Glauben kommen, – wenn sie nicht kommen um auszuprobieren, wie ihnen der Gottesdienst gefällt, sondern (soweit möglich) ihr ganzes Herz und ihre ganze Seele in ihren Dienst als Opfer für ihn einbringen, – wenn sie kommen, nicht um ein Zeichen zu suchen, sondern entschlossen, ihn weiter zu suchen, ihn zu ehren, ihm zu dienen, ihm zu vertrauen, ob sie Licht sehen oder Trost verspüren oder ihr Wachsen erkennen oder nicht, – solche Menschen *werden* es erhalten, auch wenn sie es nicht wissen; sie werden finden, selbst wenn sie noch auf der Suche sind; ehe sie rufen, wird er ihnen antworten, und sie werden sich schließlich selbst auf wunderbare Weise, zu ihrer eigenen Überraschung und ohne zu wissen wie, gerettet finden, zu einem Zeitpunkt, da ihr Lohn in weiter Ferne schien. »Die auf den Herrn vertrauen«, sagt der Prophet, »schöpfen neue Kraft, empfangen Schwingen gleich dem Adler. Sie laufen und werden nicht müde, sie gehen und werden nicht matt« (Jes 40,41).

Einführung zu Predigt 2:
Die Gefahren des Kompromisses –
»Gehorsam ohne Liebe,
veranschaulicht am Charakter Bileams«

Die schwierige Gewissenhaftigkeit

BERND TROCHOLEPCZY

Die Analyse des Charakters Bileams, näherhin die Frage nach den Grenzen eines durch das Gewissen geleiteten Handelns einer alttestamentarischen Prophetengestalt, steht im Zentrum dieser Predigt (vgl. Num 22–24). Die Auseinandersetzung mit dem Gewissen berührt im wahrsten Sinne des Wortes das »Herzstück« der Theologie John Henry Newmans.

Im Gewissen, im »Pflichtsinn«, wird für den Menschen, den das »Gewissenhaben-wollen« ausmacht, das Echo der Stimme Gottes vernehmbar. Untrennbar und doch unterscheidbar verbunden ist mit dem »Pflichtsinn« – wie er in der ausgearbeiteten Gewissensanalyse Newmans bezeichnet wird – der sogenannte »moralische Sinn«. Mit seiner Hilfe antwortet der Mensch entsprechend eigener Möglichkeiten auf die an ihn ergangene Gottesrede. Dieses Antworten kann nun mehr oder weniger gemäß sein und schließt die Möglichkeit der Verfehlung und des Irrtums nicht aus. Die Sicherheit, mit Gott im Gewissensgeschehen verbunden und angeredet zu sein, entspricht Newmans eigener biographisch bekundeter Erfahrung: »Ich selbst und mein Schöpfer«. Diese unbedingte Grunderfahrung überragt und bestimmt sein Welt- und Selbstverständnis.

Am Beispiel des Propheten Bileam spielt Newman theologische Grundfragen im Verhältnis von Gott und Mensch durch. Bibelhermeneutisch gibt es im Blick auf die von ihm vorgenommene Existenzanalyse keinen Unterschied zwischen Altem und Neuem Testament. Ja, das Alte Testament behält besonders mit solchen exemplarischen Geschichten die Würde einer dauerhaften Unterweisung der Kirche. Vielleicht liegt der unausgesprochene Grund für diese bleibende Bedeutung dieses Teils der Bibel darin, dass sich in diesen Texten eine längere und oftmals abgründigere Glaubenserfahrung widerspiegelt. Bileam erscheint in der Predigt höchst ambivalent: auf der einen Seite zeichnet ihn eine große Unmittelbarkeit durch die Wahrnehmung der Gottespräsenz in der unmittelbaren Anrede aus. Ein solches Privileg unterstellt Newman sich und seinen Hörerinnen und Hörern nicht. Ja, in Bileams Erkenntnis des Willens Gottes und der darauf beruhenden Einsicht in die sittlichen Wahrheiten werden auch die Christgläubigen ihn nicht übertreffen. Auf der anderen Seite erweist sich Bileam aber auch als das krasse Gegenteil: jemand, der nicht auf Gott hört, sondern in seiner scheinbaren Frömmigkeit deshalb nur um sich selber kreist, weil er den ersten klaren Ruf immer mit eigenen Wünschen und »guten Gründen« dekonstruiert. Auch wenn Newman zunächst die knifflige Frage nach Vorsehung und Vorherbestimmung beiseite schieben wollte, bleibt sie ihm gerade in der Auslegung dieser Geschichte aufgegeben. Er scheint hier eine Theologie der absoluten Souveränität Gottes zu vertreten, die deshalb unhinterfragt bleibt, weil der Mensch grundsätzlich als Sünder gesehen wird, der vor der absoluten Gerechtigkeit Gottes zu kapitulieren hat. In dieser Frage hat Newman noch einen klärenden Weg vor sich.

Der Zielgedanke der Predigt ist jedoch eindeutig: Er fordert auf, dem ersten »Gedanken« des Gewissens zu folgen: »In Sachen der Pflicht ist der erste Gedanke gewöhnlich der beste – in ihm wird die Stimme Gottes stärker vernehmbar.« Der moralische Sinn zielt auf das rationale Erwägen und Abwägen, wie der Impuls des Pflichtsinnes umzusetzen ist. Der Pflichtsinn wird dabei gegenüber der Erwägung zum eigentlichen Ort der Gottesanrede. Daher findet alles Abwägen im Pflichtsinn sein unbedingtes Maß, dem alle »Liebe und Furcht« gilt.

Die Versuchung Gottes, wie sie Newman dem Propheten Bileam unterstellt, besteht darin, dass der erste Impuls des Pflichtsinnes, Gott unbedingt zu folgen, hinter die eigenen Erwägungen zurückgestellt wird. Daher überformt das Fragen des Angeredeten den Auftrag Gottes: Wie kann ich dem Gebot Gottes entsprechen, ohne selbst Schaden zu nehmen? Dieses Prozedere erscheint aber als fauler Kompromiss. Letztlich ist dies die »Versuchung Gottes«, die im Kern darin besteht, den eigenen Willen gegenüber seinem durchzusetzen. Deshalb mag uns die Schrift heute als unverständlich erscheinen, weil wir unempfänglich geworden sind für die Bedeutung und die Macht göttlicher Herrschaft in unserem Zeitalter.

Dennoch muss die Frage heute gestellt werden, ob die dunklen Stellen der Schrift nur auf uns zurückgeführt werden können. Könnte es nicht auch daran liegen, dass die Vorstellungen von Gott und dem Lauf der Welt, die sich in der Schrift als weltanschauliche Grundierungen auch finden, heute überholt sind, nicht nur wissenschaftlich, sondern auch durch die Botschaft des Evangeliums von der unbedingten Liebe Gottes zur Schöpfung?

Predigt 2

Gehorsam ohne Liebe – veranschaulicht am Charakter des Bileam

»Nur das, was Gott mir in den Mund legt, kann ich reden!«
(Num 22,38)

Wenn wir das Alte Testament als durch göttliche Inspiration niedergeschrieben und als über die Zeit seiner eigenen Heilsordnung hinaus für uns Christen bewahrt betrachten – durch Christus selbst bekräftigt und an uns weitergegeben, und vom heiligen Paulus als »nützlich zur Belehrung, zur Widerlegung, zur Besserung und zur Erziehung in der Gerechtigkeit« (2 Tim 3,16) bezeichnet –, dann dürfen wir zweifellos nicht einen Teil daraus mit Gleichgültigkeit, ja nicht ohne große und gespannte Aufmerksamkeit lesen. »Herr, was willst du, dass ich tun soll?«, lautet gleichsam die Frage, die sich hier jedem ernstmeinenden Menschen spontan stellt. Christus und sein Apostel können das Gesetz und die Propheten nicht umsonst in unsere Hände gelegt haben. Ich wünschte, dieser Gedanke würde mit mehr Sorgfalt erwogen, als dies gemeinhin der Fall ist. Wir bekunden zwar unsere Ehrerbietung ihm gegenüber, doch wird aus dem einen oder anderen Grunde ein beträchtlicher Teil des Alten Testamentes, nämlich der geschichtliche, vom Großteil der Menschen, selbst von solchen, die sich Gedanken über die Religion machen, als rein historisch angesehen, als eine Schilderung von Tatsachen, als etwas Altertümliches, nicht jedoch wahrgenommen in seinem göttlichen Charakter, nicht in seiner praktischen Tragweite und nicht in der Beziehung zu ihnen selbst. Der Gedanke, dass Gott sie in ihm persönlich anspricht, die Frage »Was sagt Er, was muss ich *tun*?« kommt ihnen nicht in den Sinn. Sie meinen, das Alte Testament betreffe sie nur insofern, als es Vorbild gebend sein kann für die eine oder andere der großen Lehren des Christentums; obwohl der heilige Paulus ausdrücklich sagt, dass es »nützlich zur Erziehung in der Gerechtigkeit« ist, sehen sie es nicht in seiner Fülle, in seinem wörtlichen Sinngehalt als eine Sammlung tiefsinniger sittlicher Lehren, wie sie uns das Neue Testament so nicht bietet.

Wenn die alttestamentliche Geschichte als dauerhafte Unterweisung der Kirche angelegt ist, dann müssen es, so würde man meinen, solch herausragende und bemerkenswerte Passagen wie die Geschichte des Bileam noch viel mehr sein. Ich vermute aber, eine große Zahl von Lesern gewinnt ihr wenig mehr ab als den Eindruck des sich in dieser Geschichte zutragenden Wunders von Bileams sprechendem Esel. Und nicht selten äußern sie sich darüber mit größerer Geringschätzung als der Sache angemessen. Doch ich glaube, aus dieser Geschichte können einige sehr ernste und aufrüttelnde Lehren gezogen werden, die ich zum Teil im Folgenden darzulegen versuche.

Was zeigen uns die betreffenden Kapitel? Die ersten und allgemeinsten Aussagen über Bileam lauten etwa: er war zu seiner Zeit und in seinem Land eine sehr bedeutende Person; er wurde von den Feinden Israels umgarnt und gewonnen und er betrieb eine schlimme Sache auf sehr schlimme Art und Weise; als er dafür nichts mehr tun konnte, gab er den Moabitern den Rat, ihre Frauen dazu zu benutzen, um das auserwählte Volk zum Götzendienst zu verführen; in dem darauf folgenden Krieg wurde er im Kampf getötet. Aus der Ferne betrachtet sind dies die wichtigsten Fakten, die auffälligsten Besonderheiten seiner Geschichte – und als solche in der Tat abstoßend. Er machte sich das Geschäft eines Versuchers zu eigen, was ja das ureigenste Geschäft des Teufels ist. Aber selbst der Satan scheint aus der Nähe nicht so abscheulich zu sein als aus der Ferne. Wenn wir die Geschichte Bileams näher betrachten, stoßen wir auf Charaktermerkmale, die für diejenigen, die sich über seinen Anfang und sein Ende keine Gedanken machen, durchaus von Interesse sein können. Wollen wir ihn uns also aus der Nähe ansehen und die Kurzbeschreibung, die ich soeben gegeben habe, für einen Augenblick vergessen.

Ja, zuerst war er mit Gottes Gunst in besonderem Maße gesegnet. Ihr werdet sofort fragen: »Wie kann ein so schlechter Mensch in Gottes

Gunst stehen?«, doch ich möchte, dass ihr logisches Denken beiseite lasst und nur die Fakten betrachtet. Ich sage, er stand in Gottes besonderer Gunst; Gott hält in seiner Schatzkammer eine Fülle von Gunsterweisen unterschiedlicher Art bereit – manche auf Zeit, manche für immer – manche, die seine Billigung genießen, manche nicht. Er gießt seine Gunst selbst über die Schlechten aus. Er lässt seine Sonne aufgehen über die Ungerechten wie die Gerechten. Er will nicht den Tod des Sünders. Es heißt, er habe den reichen Jüngling geliebt, wiewohl dessen Herz der Welt verhaftet war. Sein liebendes Erbarmen erweist sich in all seinen Werken. Wie er in seinem eigenen göttlichen Denken Güte von Billigung und Zeit von Ewigkeit trennt und das, was er tut, von dem, was er vorhersieht, scheidet, wissen wir nicht und brauchen wir nicht zu ergründen. Im Jetzt zeigt er sich liebevoll gegen alle Menschen, als würde er nicht voraussehen, dass manche Heilige sein werden und andere für alle Ewigkeit Verdammte. Er verteilt seine Gunsterweise unterschiedlich – als Gaben, Gnaden, Belohnungen und Fähigkeiten, unter einer unendlichen Vielfalt von Umständen und ohne der Urteilskraft oder Zählweise unsererseits Raum zu geben. Bileam, so behaupte ich, stand in Gottes Gunst; freilich nicht aufgrund seiner Heiligkeit und nicht für immer; aber in gewisser Hinsicht, gemäß Seinem unerforschlichen Ratschluss – der erwählt, wen er erwählen will, und erhöht, den er erhöhen will, ohne dabei die verborgene Verantwortlichkeit des Menschen aufzuheben oder letztlich seine eigene Herrschaft, den Triumph von Wahrheit und Heiligkeit sowie seine strikte Unparteilichkeit preiszugeben. Bileam war ein über das Maß des bloßen Heiden hinaus Begünstigter. Er besaß nicht nur die Gabe der göttlichen Eingebung, die Erkenntnis des Willens Gottes, die Einsicht in die sittlichen Wahrheiten, die so klar und tief war, dass nicht einmal wir Christen sie übertreffen könnten; er genoss sogar eine bewusste Beziehung zu Gott, wie wir Christen sie nicht besitzen. Ihr werdet euch erinnern, dass wir in unseren Sonntagsgottesdiensten die Kapitel lesen, die von dieser Beziehung handeln; und wir lesen ja nicht jene, welche die dunkleren Abschnitte der Geschichte dieser Beziehung schildern. Seid Ihr nun nicht der Meinung, dass sich die meisten Leute, die von Bileam nur so viel wissen, wie in unseren sonntäglichen Lesungen über ihn steht, ein sehr mildes Urteil über ihn bilden? Freilich sehen sie ihn auf der falschen Seite stehend, doch betrachten sie ihn als Propheten Gottes. Ein solches Urteil ist so weit nicht falsch, und ich berufe mich darauf, wenn es das ist, für das ich es halte, als ein Zeugnis dafür, wie hoch Bileam in Gottes Gunst stand.

Bileam war auch, im üblichen und allgemeinen Sinn, ohne die Bedeutung des Wortes zu überstrapazieren, ein sehr *gewissenhafter* Mann. Dass dies so ist, geht klar aus Teilen seines Verhaltens und einigen seiner Äüßerungen hervor, die ich Euch im Folgenden ins Gedächtnis rufen will und die außerdem seine erleuchtete und bewundernswerte Auffassung von sittlicher und religiöser Pflicht aufzeigen. Als Balak nach ihm rufen ließ, damit er Israel verfluche, traf er die Entscheidung nicht allein für sich, wie es manch einer tun würde, oder gemäß den Einflüsterungen von Habsucht und Ehrgeiz. Nein, er brachte die Angelegenheit im Gebet vor Gott. Er *betete*, ehe er handelte, wie es einem religiösen Menschen geziemt. Als Gott ihm dann zu gehen verbot, weigerte er sich unverzüglich und unmissverständlich zu gehen, wie er es sollte. »Reist ab in euer Land!«, sagte er, »denn der Herr hat mir die Erlaubnis verweigert, mit euch zu ziehen.« Daraufhin sandte ihm Balak eine noch drängendere Botschaft und machte ihm noch verlockendere Angebote, und Bileam zeigte sich noch entschlossener als zuvor. »Gäbe mir Balak auch an Silber und Gold so viel, als sein Haus zu fassen vermag, so könnte ich mich doch nicht über den Befehl des Herrn, meines Gottes, hinwegsetzen, weder im Kleinen noch im Großen.« Später gestattete Gott ihm zu gehen. »Sind die Männer wiedergekommen, um dich zu rufen? Mach dich doch auf und reise mit ihnen!« (Num 22). Jetzt, erst jetzt, ging er mit ihnen.

Gott, der Allmächtige, fügte hinzu: »Du darfst aber nur das tun, was ich dir sage!« Achtet nun darauf, wie strikt er diesem Befehl gehorchte. Als er zum ersten Mal mit Balak zusammentraf, sagte er, unter Verwendung der Worte des Vorspruchs: »Ich bin ja jetzt zu dir gekommen! Aber werde ich wirklich etwas mit dir reden können? Nur das, was Gott mir in den Mund legt, kann ich reden!« Und wiederum, als er im Begriff war, eine Weissagung zu machen, sprach er: »Was er mich schauen lässt, will ich dir kundtun« (Num 23), und so handelte er, trotz Balaks Enttäuschung und Verärgerung, als dieser den Segensspruch über Israel hörte. Als Balak seiner Ungeduld Luft machte, antwortete er ganz ruhig: »Muss ich mich beim Reden nicht genau an das halten, was der Herr mir in den Mund legt?« Er weissagte erneut, und wieder war es ein Segensspruch;

Balak wurde wiederum ärgerlich, und wieder antwortete der Seher fest und gelassen: »Habe ich dir nicht angekündigt: Alles was der Herr redet, habe ich zu tun?« Ein drittes Mal war seine Weissagung ein Segensspruch. Nun geriet Balak in Zorn, er schlug seine Hände zusammen und hieß ihn in seine Heimat abzureisen. Bileam jedoch ließ sich dadurch nicht von seiner Pflicht abbringen. »Der Zorn eines Königs gleicht Todesboten« (Spr 16,14). Balak hätte sich auf der Stelle am Seher rächen können, doch Bileam, sich mit dem Segensspruch über Israel nicht begnügend, fuhr fort, wie es ein Seher sollte, sich des Restes seiner prophetischen Bürde zu entledigen, indem er deutlicher als zuvor die Vernichtung Moabs und der anderen Feinde des auserwählten Volkes vorhersagte. Seiner Prophezeiung schickte er die folgenden unangenehmen Worte voraus: »Habe ich nicht schon deinen Boten, die du zu mir geschickt hast, erklärt: Gäbe mir auch Balak an Silber und Gold so viel, als sein Haus zu fassen vermag, so könnte ich mich doch nicht über den Befehl des Herrn hinwegsetzen, um von mir aus etwas zu unternehmen, sei es Gutes oder Böses; nur was der Herr redet, das darf ich verkünden. Siehe, ich bin jetzt dabei, zu meinem Volk heimzureisen. Wohlan, so will ich dir noch verraten, was dieses Volk deinem Volk am Ende der Tage antun wird.« Nachdem er sein Gewissen erleichtert hatte, »brach er auf und kehrte in seine Heimat zurück«.

All dies ist sicher Ausdruck des Verhaltens und Empfindens eines ehrenwerten, gewissenhaften Mannes von edlen Grundsätzen. Bileam, sage ich, war gewiss solch ein Mann, genau in dem Sinne, wie wir diese Worte gemeinhin gebrauchen. Er redete und er handelte; er tat Äußerungen und richtete sich in seinem Handeln danach. Zwischen Wort und Tat besteht kein Widerspruch. Er übt Gehorsam und er spricht über Religion; von daher werden wir den Wert der folgenden edlen Gefühlsäußerungen, die ihm dann und wann über die Lippen kommen, tiefer verstehen; hätte er weniger Festigkeit in seinem Verhalten an den Tag gelegt, wären sie als bloße Worte genommen worden, Worte eines Schwätzers, eines Sophisten, Moralisten oder Rhetorikers. »Stürbe ich doch den Tod der Gerechten, und wäre doch mein Ende dem ihrigen gleich!« »Gott ist kein Mensch, der lügt, kein Menschenkind, das etwas bereut! [...] Siehe, zu segnen habe ich übernommen; so will ich segnen und nichts davon zurücknehmen!« »Ich sehe ihn, doch nicht jetzt, ich schaue ihn, doch nicht nahe.« Es ist bemerkenswert, wie groß und erhaben im Ausdruck diese Worte sind, und sein Ausspruch, der sich beim Propheten Micha findet, ist es in gleicher Weise. Balak fragt ihn, welche Opfer Gott wohlgefällig seien, und Bileam antwortet: »Es ist dir gesagt, Mensch, was gut ist und was der Herr von dir fordert: Nichts als Recht tun und Güte lieben und in Demut wandeln mit deinem Gott« (Mi 6,8).

Wenn wir also die inspirierten Aussagen über Bileam in allen ihren Teilen betrachten, können wir ihm das Lob, das diese Aussagen fraglos vermitteln, sofern sie eine klare Bedeutung haben, nicht versagen: dass er nämlich ein ehrenwerter und religiöser Mensch war und sehr viel Großes und Edles ihn umgab; ein Mann, dem jeder von uns auf den ersten Blick vertraut hätte, der in unseren Schwierigkeiten oft um Rat gefragt, vielleicht zum Führer einer Partei erkoren und auf jeden Fall große Achtung genießen würde. Freilich können wir, mit Verlaub, sagen, dass all diese Vorzüge später von ihm abfielen, – wenngleich eine derartige Vorstellung letztlich etwas Schockierendes in sich birgt. Nein, es ist eher unnatürlich, dass sich normalerweise ehrenhafte Menschen plötzlich ändern; dies *kann* man jedoch sagen – man kann sagen, dass er abtrünnig wurde; ich glaube jedoch, man *kann nicht* sagen, er sei etwas anderes gewesen als ein Mensch von edlen Grundsätzen (nach weltlichen Maßstäben), *als* er dementsprechend redete und handelte.

Das Befremdliche ist nun aber, dass eben zu der Zeit, *während* er so redete und handelte, er in einem Sinne in Gottes Gunst zu stehen, aber in einem anderen und höheren, sein Missfallen zu erregen scheint. Wenn dies so ist, dann trifft die Vermutung, dass er abtrünnig wurde, nicht zu; die Schwierigkeit, die sie aufzulösen beabsichtigt, bleibt bestehen; denn es stellt sich heraus, dass er Gott bei all seinen Vorzügen missfiel. Die Textstelle, die ich im Sinn habe, ist, wie Ihr euch leicht denken könnt, folgende: »Da entbrannte der Zorn des Herrn, weil jener [mit den Fürsten Moabs] dahinzog, und der Engel des Herrn stellte sich ihm in den Weg.« Später, als Gott ihm die Augen öffnete, »sah er den Engel des Herrn, das gezückte Schwert in seiner Hand, auf dem Weg stehen. [...] Da sprach Bileam: Ich habe *gesündigt*. Ich wusste ja nicht, dass du es warst, der mir auf dem Weg gegenüberstand. Nun aber will ich umkehren, wenn mein Vorhaben in deinen Augen Unrecht ist.« Beachtet bitte, dass Bileam sagte: »Ich habe gesündigt«, *obwohl* er beteuert, er habe nicht gewusst, dass Gott sein Gegner gewesen sei. Was aber das ganze Geschehnis noch befremdlicher macht, ist, dass Gott, der Allmächtige, zuvor zu ihm gesagt hatte: »Wenn die Männer kommen, dich zu rufen, mach dich auf und zieh mit ihnen«; und dass, als Bileam sich erbot umzukehren, der Engel wiederholte: »Zieh mit den Männern!«. Und später finden wir inmitten seines heidnischen Zaubers die Worte: »Da begegnete der Herr Bileam« und »legte ihm ein Wort in den Mund«, und weiter: »Der Geist Gottes kam über ihn«.

Fassen wir das Gesagte zusammen, so scheint es, dass wir in Bileams Geschichte den folgenden merkwürdigen Fall vor uns haben – merkwürdig jedenfalls im Lichte unserer üblichen Urteilsweise: ein Mann in Gottes Gunst, von ihm heimgesucht; beeinflusst, geführt, beschützt, in hohem Ansehen, erleuchtet; ein Mann, erfüllt von einem lauteren Pflichtgefühl, mit moralischen und religiösen Qualitäten, gebildet, großherzig, gewissenhaft, ehrenwert, fest; und doch auf der Seite der Feinde Gottes, persönlich unter göttlichem Missfallen und schließlich (um darauf zu kommen) direktes Werkzeug Satans und Genosse der Ungläubigen. Ich glaube nicht, dass ich diese Charakterisierung in irgendeinem Teil grundlegend überzeichnet habe; aber auch wenn sie nur im Wesentlichen stimmt, ist sie äußerst erschreckend, selbst wenn man eine gelegentliche Übertreibung einräumt – äußerst erschreckend für einen jeden von uns, umso erschreckender, je mehr wir uns im Großen und Ganzen der lauteren Absicht bei unserem Tun und des gewissenhaften Festhaltens an unserem Pflichtgefühl bewusst sind.

Nun erhebt sich natürlich die Frage nach dem *Sinn* dieser bestürzenden Entblößung der Wege Gottes. Ist es tatsächlich möglich, dass sich ein gewissenhafter und religiöser Mensch unter den Feinden Gottes findet, ja ihm sogar persönlich missfällt, und dass gleichzeitig Gott ihn mit außergewöhnlicher Gunst heimgesucht hat? Welch ein Geheimnis ist dies! Fürwahr, wenn dem so ist, dann hat die Offenbarung unsere Unverständigkeit vermehrt und nicht verringert! Welche Weisung, welcher Nutzen, welche Strafe, welche Lehre steckt in solchen Teilen der inspirierten Schrift?

Bei der Beantwortung dieser schwierigen Frage möchte ich zuerst bemerken, dass es gewiss, ganz gewiss unmöglich ist, dass ein wirklich gewissenhafter Mensch Gottes Missfallen erregt; gleichzeitig ist es möglich, *im Allgemeinen* gewissenhaft zu sein oder was die Welt ehrenhaft und von edlen Grundsätzen erfüllt nennt, und doch jener Furcht und Strenge zu ermangeln, die Gott Gewissenhaftigkeit nennt, die Welt aber als Aberglaube und Engstirnigkeit bezeichnet. Wenn wir dies im Auge behalten, kommen wir vielleicht zu einer Lösung für unsere Unverständigkeit in Bezug auf Bileam.

An diesem Punkt möchte ich etwas bemerken: Wenn eine Stelle in der Schrift, die Gottes Handeln an den Menschen schildert, rätselhaft oder verwirrend erscheint, dann wohl auch, damit wir uns selbst fragen, ob dies nicht von einer beträchtlichen Unempfänglichkeit – in uns oder unserem Zeitalter – für bestimmte, darin eingeschlossene Eigentümlichkeiten des göttlichen Gesetzes oder der göttlichen Herrschaft herrührt. So ist für diejenigen, die Wesen und Geschichte der religiösen Wahrheit nicht verstehen, die Aussage des Herrn, er sei gekommen, das Schwert auf die Erde zu bringen, ein Rätsel. Diejenigen, die die Sünde als ein geringfügiges Übel betrachten, tun sich schwer mit der Lehre von der ewigen Verdammnis. In gleicher Weise können die Geschichten von der Sündflut, der Berufung Abrahams, der Plagen Ägyptens, der Wanderung in der Wüste, des Gerichtes über Korach, Datan und Abiram und eine Vielzahl anderer Geschehnisse unüberwindliche Schwierigkeiten bereiten, freilich nicht jenen, denen sie aufgrund ihrer geistigen Veranlagung und Verfassung als ganz natürlich und einleuchtend erscheinen. Ich denke, die Geschichte Bileams ist ein eindrucksvolles Beispiel für meine Bemerkung. Diejenigen, deren Herzen, wie das Joschijas, »weich«, gewissenhaft und empfindsam in religiösen Dingen sind, werden klar und sicher erkennen, wie es wirklich um ihn stand; auf der anderen Seite legen unsere etwaigen Schwierigkeiten mit Bileams Geschichte die Vermutung nahe, dass das Zeitalter, in dem wir leben, keinen Schlüssel zu bestimmten Formen der göttlichen Vorsehung besitzt und es ihm an einer Art religiöser Grundsätze, Ideen und Empfindsamkeiten mangelt. Wollen wir also sehen, ob die folgenden Bemerkungen unserer Unverständigkeit nicht ein wenig aufhelfen können.

Bileam gehorchte Gott aus einem Gefühl heraus, dass es richtig sei, dies zu tun, aber nicht aus einem *Verlangen, Gott zu gefallen*, nicht aus *Furcht und Liebe*. Er hatte andere Absichten und Ziele, eigene Wünsche, verschieden von Gottes Willen und Ratschluss, und er hätte diese, wenn er es vermocht hätte, verwirklicht. Sein Bestreben war nicht, Gott zu gefallen, sondern zu tun, was ihm gefiel, ohne Gott zu missfallen; seine eigenen Ziele zu verfolgen, *sofern* dies mit seinen Pflichten vereinbar war. Mit einem Wort, er schenkte Gott nicht sein Herz, sondern er gehorchte ihm, wie ein Mann staatlichen Gesetzen gehorcht oder sich an die Sitten und Gebräuche der Gesellschaft oder seines Landes hält, als etwas außerhalb von ihm Liegendes, weil er weiß, dass er das tun sollte, aus einer Art praktischer Vernunft heraus, einer Überzeugung, dass es angemessen, ratsam oder bequem sei, wie auch immer.

Ihr werdet feststellen, dass er mit Balaks Gesandten zu gehen *wünschte*, jedoch fühlte, dass er dies *nicht sollte*; das Problem, das er zu lösen versuchte, lag darin, *wie* er gehen könnte, ohne Gott zu erzürnen. Er war fest entschlossen, auf jeden Fall religiös und gewissenhaft handeln zu *wollen*; er war ein zu ehrenhafter Mann, um irgendwelchen Verpflichtungen nicht nachzukommen; hatte er sein Wort gegeben, dann war es ihm heilig; hatte er Pflichten, so waren sie zwingend; er hatte einen Charakter zu wahren und einem inneren Gefühl des Anstands zu genügen; doch er hätte wer weiß was darum gegeben, seine Pflichten loszuwerden; die Frage war nur, *wie* dies ohne Gewalt zu bewerkstelligen wäre; und er machte sich nichts daraus, sich am Rande des Abgrunds zur Verfehlung zu bewegen, solange er sich vor dem Absturz bewahren konnte. Folglich genügte es ihm nicht, Gottes Willen zu *ergründen*, nein, er versuchte ihn zu *ändern*. Er fragte ihn nach einem *zweiten Mal*, und das hieß, ihn zu versuchen. So entbrannte, wiewohl er Bileam gehen hieß, Gottes Zorn gegen Bileam, weil dieser tatsächlich ging.

Dies ist gewiss kein ungewöhnlicher Charakter; es ist der übliche Fall, selbst beim respektableren und lobenswerteren Teil der Gesellschaft. Ich sage es frei heraus und ohne Angst vor Widerspruch, wenngleich dies eine schwerwiegende Behauptung ist, dass das Ziel der meisten als gewissenhaft und religiös eingeschätzten oder als ehrenwert und aufrecht bezeichneten Menschen allem Anschein nach nicht darin besteht, Gott zu gefallen, sondern sich selbst, ohne Gott zu missfallen. Ich bin davon überzeugt – das heißt, sofern wir die Menschen im Allgemeinen nach dem beurteilen dürfen, was wir sehen, dass sie diese Welt zum obersten Ziel ihres Denkens machen und die Religion lediglich als Korrektiv, als Einhalt gegen eine *zu große* Zuneigung zur Welt gebrauchen. Sie meinen, die Religion sei etwas Negatives, eine Art gemäßigte Liebe zur Welt, ein gemäßigter Luxus, ein gemäßigter Geiz, ein gemäßigter Ehrgeiz und eine gemäßigte Selbstsucht. Man kann dies bei zahllosen Gelegenheiten beobachten: in Handel und Gewerbe, im öffentlichen Leben, in der Literatur und in allen Bereichen, in denen Menschen Ziele verfolgen. Man sieht es selbst in der Ausübung der Religion, wo es nur allzu oft geschieht, dass der Hauptzweck darin besteht, *auf welche Art immer* ein festes, bestimmtes Ziel zu erreichen, ein religiöses Ziel freilich, doch nach eigener menschlicher Wahl; nicht, Gott zu gefallen, und das Ziel *danach* möglichst zu erreichen; nicht, es entweder auf religiöse Art zu erreichen oder aber gar nicht.

Dies ist sicherlich so klar, dass es kaum notwendig ist, weiter darauf einzugehen. Die Menschen halten sich für das Ziel, auf das sie hinarbeiten, nicht an den Willen Gottes, sondern an bestimmte Maxime, Regeln oder Maßnahmen; aus ihrer Sicht vielleicht zu Recht, aber auf unzulängliche Weise, weil sie damit zugeben, bestimmten anderen höchsten Zielen unterworfen zu sein, die nicht religiöser Natur sind. Die Menschen sind gerecht, ehrlich, aufrecht, vertrauenswürdig; all dies jedoch nicht aus Liebe zu und Furcht vor Gott, sondern aus einem bloßen Gefühl heraus, so sein zu müssen, und aufgrund der Unterwerfung unter bestimmte weltliche Ziele. Damit sind sie, wie man gemeinhin sagt, moralisch, ohne religiös zu sein. So verhielt es sich auch mit Bileam. Er war im landläufigen Sinne ein streng moralischer, ehrenwerter, gewissenhafter Mensch; dass er dies nicht im himmlischen oder wahren Sinn war, ist offenkundig, wenn nicht aus den hier vorgebrachten Erwägungen, dann zumindest aus seiner späteren Geschichte, die (wie wir annehmen dürfen) seine verborgenen Fehler, worin immer sie bestanden haben mögen, ans Licht brachte.

An dieser Stelle erkennen wir, warum er so viel und so prahlerisch von seinem Entschluss sprach, Gottes Weisung zu folgen. Er machte viel

Aufhebens darum, sie zu befolgen; es ging ihm nicht darum, Gott zu gefallen, sondern es sich mit ihm nicht zu verderben. Wer liebt, handelt nicht aus Berechnung oder aus Vernunftgründen; in ruhigen Augenblicken denkt er nicht darüber nach oder redet nicht darüber, was er tut, als handele es sich um ein großes Opfer. Viel weniger noch brüstet er sich damit; genau dies aber scheint Bileam getan zu haben.

Ich habe bemerkt, dass sein Fehler darin lag, dass er sich nicht im Mindesten um den Willen Gottes kümmerte, sondern sich von anderen Dingen leiten ließ. Überdies jedoch zeigte sich dieses sündige Herz des Unglaubens auf eine besondere Weise, auf die ich eure Aufmerksamkeit lenken muss und auf die ich soeben mit der Aussage angespielt habe, dass die Schwierigkeiten mit der Heiligen Schrift häufig vom mangelhaften sittlichen Zustand unserer Herzen herrühren.

Warum gab der allmächtige Gott Bileam die Erlaubnis, zu Balak zu gehen, und war dann zornig auf ihn, als er ging? Ich glaube, weil sein zweimaliges Fragen bedeutete, Gott zu versuchen. Gott ist ein eifersüchtiger Gott. Als Sünder, die wir sind, ja als Geschöpfe seiner Hände, dürfen wir uns ihm nicht unbedacht aufdrängen und uns ihm gegenüber Freiheiten herausnehmen. Wir dürfen nicht wagen, das zu tun, was wir einem weltlichen Oberen gegenüber nicht tun sollten und wofür wir bestraft würden, wie etwa für einen Anschlag auf einen König oder einen Mann von Adel. Ihn bestürmen, ihn im Umgangston anreden, ihn drängen, unsere Pflichten in eine Richtung verlagern wollen, wenn sie in einer anderen liegen, mit seinem heiligen Wort gröblich umgehen und es sich für eigene Zwecke zunutze machen, mit der Wahrheit scherzen, es mit dem Gewissen nicht so ernst nehmen, sich sozusagen gegenüber allem Göttlichen Freiheiten erlauben: jegliche Unehrerbietigkeit, Lästerung, Gewissenlosigkeit, Leichtfertigkeit wird in der Schrift nicht nur als Sünde hingestellt, sondern als etwas, das vonseiten Gottes wahrgenommen, vermerkt und unverzüglich vergolten wird (wenn ich es wagen darf, dem allmächtigen und allheiligen Gott solch menschliche Worte zuzuschreiben, ohne die Regel zu verletzen, die ich hier selbst aufstelle – doch er lässt sich ja in der Heiligen Schrift dazu herab, sich uns auf die einzig mögliche Art darzustellen, auf die wir von ihm Kenntnis erlangen können). Ich sage also, jegliche Unehrerbietigkeit gegen Gott wird hingestellt als etwas, das eifersüchtig wahrgenommen und unverzüglich und schrecklich geahndet wird, genauso wie im menschlichen Bereich eine ihm zugefügte Beleidigung von einem Freund wie von einem Fremden übel genommen wird. Dies sollte sorgfältig bedacht werden; wir verhalten uns Gott und dem Göttlichen gegenüber gerne wie gegenüber einem bloßen System, einem Gesetz, einem Namen, einer Religion, einem Prinzip und nicht wie einer Person mit Augen und Armen, die lebendig, wachsam, gegenwärtig, schnell und mächtig sind. Dass all dies einen großen Irrtum bedeutet, ist allen sorgsamen Lesern der Heiligen Schrift klar: es erweist sich hinlänglich am Tod der vielen, weil sie in die Bundeslade hineingeschaut hatten; – an der Tötung durch einen Löwen, als der Prophet von Juda zu Jerobeam gesandt wurde und die ihm erteilten Weisungen nicht genau befolgte; – an der Tötung der Knaben von Betel durch Bären, weil die Knaben Elisäus verspotteten; – an dem Ausschluss des Mose aus dem Gelobten Land, weil Mose zweimal an den Felsen geschlagen hatte; – und an dem Urteil über Ananias und Sapphira. Bileams Vergehen scheint ähnlicher Art gewesen zu sein. Gott hatte ihm ausdrücklich gesagt, nicht zu Balak zu gehen. Bileam jedoch war unbesonnen genug, ein zweites Mal zu fragen, und Gott bestrafte ihn damit, dass er ihn gehen ließ, um sich mit Seinen Feinden zu verbünden und gegen Sein Volk Partei zu ergreifen. Angesichts dieser Vermessenheit und Eigenliebe in seinem innersten Herzen nützten ihm seine Klugheit, Festigkeit, Weisheit, Erleuchtung und stete Gewissenhaftigkeit gar nichts.

Bei der Rückschau auf diese schlimme Geschichte, als die ich sie durchaus bezeichnen möchte, bestürmen uns zahlreiche Überlegungen; auf einige von ihnen möchte ich abschließend kurz eingehen:

1. Zuerst stellen wir fest, wie wenig wir uns bei der Beurteilung von Recht und Unrecht auf die offensichtliche Vortrefflichkeit und den vornehmen Charakter Einzelner verlassen können. Im menschlichen Verhalten *gibt* es ein Recht und ein Unrecht, ohne Rücksicht auf die Welt; es liegt aber in der Absicht der Welt und der des Satans, unser Sinnen von der nicht ungeschehen zu machenden Unterscheidung der Dinge abzulenken und unsere Gedanken auf einen Menschen zu fixieren, uns zu seinen Sklaven zu machen, uns von seiner Meinung, seinem Wohlwollen, seiner Ehre, seinem Lächeln und seinem Stirnrunzeln abhängig zu ma-

chen. Wenn aber die Schrift uns Führung sein soll, dann ist es offenkundig, dass die gewissenhaftesten, religiösesten, von edlen Grundsätzen erfülltesten, ehrenhaftesten Menschen (ich gebrauche diese Attribute in ihrer üblichen Bedeutung, nicht im Sinne der Schrift) auf der Seite des Bösen und Werkzeuge Satans sein können, indem sie, sofern das möglich wäre, auf das Volk Gottes einen Fluch legen, es zumindest jedoch verführen und schwächen. Denn im Urteil der Welt, selbst im differenziertesten, gilt ein Mensch als gewissenhaft und konsequent, der nach seinen Maßstäben handelt, *welche auch immer es sein mögen*, und nicht allein jener, der sich die höchsten Maßstäbe setzt. Dies ist die Welt von ihrer besten Seite; in ihrem alltäglichen Urteil jedoch gilt ein Mensch als gewissenhaft und konsequent, der nur in einer Notlage inkonsequent ist und gegen sein Gewissen handelt, wenn er hart bedrängt wird und wenn er entweder den Knoten durchhauen oder in seinen augenblicklichen Schwierigkeiten ausharren muss. Das heißt, *derjenige* wird als seinem Gewissen gehorchend angesehen, der ihm nur dann nicht gehorcht, wenn ihm gehorchen Lob und Verdienst bedeutet. Leider ist dies die Art manch höchst ehrenwerter reiner Weltmenschen, ja der Masse der meisten (so genannten) Anständigen. Niemals sagen sie die Unwahrheit oder brechen ihr Wort, entweihen den Tag des Herrn oder sind in Geschäften unehrlich, werden ihren Grundsätzen untreu oder spotten über die Religion, außer wenn sie in der Klemme sitzen oder sich in einer akuten Notlage befinden – wenn sie in die Enge getrieben werden; und dann tun sie sich vielleicht Gewalt an, wie Saul, als er an Stelle von Samuel das Opfer darbrachte; – sie tun sich Gewalt an und durchleiden ihre Sünde gleichsam als eine Art unangenehmer Selbstverleugnung oder Buße, schämen sich ihrer fortwährend, gehen schnellstmöglich darüber hinweg, schließen ihre Augen und agieren blindlings; und schließlich vergessen sie es als etwas, über das man nur mit Bitterkeit zurückdenkt. Und sollte ihr Gedächtnis wachgerüttelt werden und sie behelligen, trösten sie sich damit, dass sie sich schließlich nur ab und zu gegen ihr Gewissen vergangen haben. So sehen sie sich, im besten Falle, selbst und untereinander; und begegnet ihnen jemand, der mehr außerhalb der Welt lebt als sie und ein echteres Gespür für Recht und Unrecht hat und an einem bestimmten Punkt ihres Wesens haften bleibt, den er für sich als Zeichen der Warnung vor ihnen empfindet, so erscheint ihnen ein solcher Mensch natürlich als engstirnig und übertrieben streng in seinen

Ansichten. Angenommen, ein solcher Mensch wäre Bileam zufällig begegnet und hätte von der Geschichte seines Gottversuchens Kenntnis gehabt, dann hätten, soviel ist klar, Bileams generelle Korrektheit, sein vornehmes Benehmen und sein waches Pflichtbewusstsein nicht das kleinste bisschen geholfen, die Abneigung dieses Menschen gegen ihn zu überwinden. Er hätte sich erschrocken und beunruhigt und wäre auf Distanz geblieben, und folglich hätte ihn die Welt unfreundlich und scheinheilig genannt.

2. Eine zweite Überlegung, die einem in den Sinn kommt, steht in Beziehung zur wunderbaren und geheimnisvollen göttlichen Vorsehung, wenngleich alles gemäß dem Lauf der Welt zu gehen scheint. Bileam hat den Engel nicht gesehen, doch der Engel stellte sich ihm auf dem Weg feindlich entgegen. Es gab für Bileam kein offenkundiges Anzeichen dafür, dass sich der Zorn Gottes gegen ihn gerichtet hatte. Er hatte gesündigt und nach außenhin war nichts geschehen, doch der Zorn machte sich breit und versperrte ihm den Weg. *Dies* ist wiederum ein ernst zu nehmender und schrecklicher Gedanke. Der Arm Gottes ist nicht kürzer geworden. Was dem Bileam widerfahren ist, erscheint, als sei es erst gestern geschehen. Gott ist der, der er immer war; wir sündigen, wie die Menschen von jeher gesündigt haben. Wir sündigen, ohne uns dessen bewusst zu sein. Gott ist unser Feind, und wir sind uns dessen nicht bewusst; und wenn sein Schlag uns trifft, dann richten wir unser Denken auf die Kreatur, wir misshandeln unseren Esel, wir schieben die Schuld auf die Umstände dieser Welt, anstatt uns ihm zuzuwenden. »O Herr, erhoben ist deine Hand, sie sehen es aber nicht! So sollen sie«, wenn nicht hier, dann in der künftigen Welt, »deinen Eifer für dieses Volk sehen und beschämt sein; das Feuer, das für deine Feinde bereitet ist, wird sie fressen« (Jes 26,11).

3. Hier erhebt sich abermals ein ernsthafter Gedanke, dem wir – ließe die Zeit es zu – nachgehen sollten, nämlich: Haben wir einmal einen üblen Weg eingeschlagen, so können wir nicht denselben Weg zurückgehen. Bileam musste mit den Abgesandten gehen; er erbot sich umzukehren – er durfte es nicht – und doch verfolgte ihn der Zorn Gottes. Dies kommt dabei heraus, wenn wir uns einer schlechten Lebensführung überlassen; Beispiele dafür erfahren wir in unserem Leben Tag für Tag.

Menschen geraten in Verstrickung und sind auf ihren unbedachten Pfaden an Händen und Füßen gebunden. Sie gehen unüberlegte Heiraten oder Verbindungen ein; sie begeben sich in gefährliche Situationen; sie lassen sich ein auf unvorteilhafte oder schädliche Unternehmungen. Nur allzu oft verkennen sie ihre schlimme Lage; und wenn sie sie erkennen, können sie nicht mehr umkehren. Gott scheint ihnen zu sagen: »Geh mit den Abgesandten!« Ihnen sind Fesseln angelegt, und sie müssen sehen, wie sie sich daraus befreien; sie sind Sklaven der Schöpfung und dennoch weiterhin verantwortliche Diener Gottes; sie haben sich sein Missfallen zugezogen und müssen zwangsläufig doch so handeln, als könnten sie sein Gefallen finden. All dies ist sehr schlimm!

4. Abschließend, um das noch anzufügen: Gott warnt uns hin und wieder, aber er wiederholt die Warnung nicht. Bileams Sünde lag darin, dass er sich nicht nach dem richtete, was ihm *ein für alle Mal* gesagt wurde. In gleicher Weise, Brüder, hört ihr hier und heute, was ihr vielleicht nie wieder hören werdet und was in seinem Kern vielleicht das Wort Gottes ist. Möglicherweise hört ihr es nie wieder, auch wenn es euer Ohr äußerlich hundertmal hören wird, denn jetzt mögt ihr davon beeindruckt sein, danach aber vielleicht nie wieder. Jetzt mögt ihr davon beeindruckt sein, und der Eindruck mag verblassen, und irgendwann, wenn ihr jemals daran zurückdenkt, werdet ihr euch vielleicht Folgendes sagen: die Lehre hat euch damals beeindruckt, aber je mehr ihr aus irgendeinem Grunde darüber nachgedacht habt, desto weniger habt ihr sie gemocht oder geschätzt. Dies *mag* zugegebenermaßen so sein und es *mag,* wie ihr meint, daher kommen, dass die Lehre, die ich euch dargelegt habe, unwahr und nicht schriftgemäß sei; es *mag* aber auch daher kommen, dass ihr die Stimme Gottes vernommen habt, ihr aber nicht gefolgt seid. Es mag sein, dass ihr blind geworden seid und die Lehre nicht widerlegt worden ist. Hütet euch davor, mit eurem Gewissen zu scherzen. Es heißt oft, der zweite Gedanke sei der bessere; bei Urteilen vor Gericht ist dies sicherlich so, nicht aber in Fragen des Gewissens. In Sachen der Pflicht ist der erste Gedanke gewöhnlich der beste – in ihm wird die Stimme Gottes stärker vernehmbar. Möge er euch die Gnade schenken, das Gesagte so zu hören, wie ihr es am Ende eures Lebens gehört zu haben wünscht; verständig zu hören, von dem Wunsch geleitet, daraus Nutzen zu ziehen, den Willen Gottes zu erkennen und ihn zu tun.

Einführung zu Predigt 3:
Der Primat der Liebe –
»Liebe – das eine Notwendige«

Unersetzbare (Gottes-)Liebe

Lothar Kuld

Newman hält die Predigt *Liebe – das eine Notwendige* am 10. Februar 1839, einem Sonntagnachmittag, in der Marienkirche in Oxford. Er ist zu dieser Zeit neben seiner Tätigkeit als Tutor, vergleichbar der Funktion eines Privatdozenten, am Oriel-College Oxford auch Vikar (»Vicar«) mit den Rechten eines Pfarrers an der Marienkirche Oxford, die dem Oriel-College inkorporiert ist. Die Marienkirche ist sowohl Universitätskirche als auch Pfarrkirche. Für die Pfarrangehörigen wurden die Gottesdienste in der Kirche gehalten, für die Akademiker fanden die Gottesdienste und Andachten in den Kapellen ihrer Colleges statt. Während der Semesterzeiten hielt Newman für die Universitätsangehörigen in der Marienkirche einen zusätzlichen freiwilligen sonntäglichen Predigt-Gottesdienst. Diese Predigten waren für ein vorab akademisches Publikum bestimmt und das erklärt vielleicht den Anspruch dieser Predigten für die Zuhörer/Innen bzw. Leser/Innen. Newman nannte diese Texte gleichwohl nicht Universitätspredigten – unter diesem Titel publizierte er auch herausragende Predigten –, sondern schlicht Pfarrpredigten (»Parochial Sermons«), weil er sie in seiner Rolle als Pfarrer der Marienkirche Oxford gehalten hatte.[1] Zu dieser Gruppe von Predigten gehört vorliegende Predigt.

Ihr liegt der Text aus dem Ersten Korintherbrief 13,1 zugrunde: »Wenn ich mit Menschen-, ja mit Engelszungen redete, aber die Liebe nicht hätte, so wäre ich tönendes Erz oder eine klingende Schelle« (1 Kor 13,1). Dieser Einwurf ist zur Zeit des Paulus ebenso wie heute ein Schlag ins Kontor all jener, die sich für religiöse

---

1 | Vgl. Einleitung zu: John Henry Newman, Predigten I. Pfarr- und Volkspredigten. Eingeleitet und übertragen von der Newman-Arbeitsgemeinschaft der Benediktiner von Weingarten, Erster Band, Stuttgart 1948, XV.

Virtuosen halten und mit besonderem Geltungsbedürfnis und Geltungsanspruch in der Gemeinde auftreten. Und er fordert auch jeden ernsthaft gläubigen Menschen heraus, der, wenn er sich prüft, wohl weiß, dass er seine berufliche Arbeit, seinen Glauben und seine guten Werke selten rein nur aus »Liebe zu Gott und den Menschen um seinetwillen« (18) tut, sondern oft auch aus ganz ›irdischen‹ Motiven heraus. Das ist das Problem. Der Verstand strebt zum Himmel, das Herz zur Erde, formuliert Newman. Woher rührt dieser Mangel an Gottesliebe? Wie kann man diesen »Fehler«, wie Newman sagt, beheben? Das ist Thema der Predigt.

Vielleicht ist es hilfreich, bevor wir Newmans Predigt nachvollziehen, sich den Kontext des Verses 1 Kor 13,1 anzuschauen und sich das Konzept von Liebe, das hier vorausgesetzt wird, bewusst zu machen.

Wie aus Kapitel 12 und 14 hervorgeht, treten in der Gemeinde von Korinth Menschen auf, die sich mit »Zungenreden« wichtig tun und damit in der Gemeinde offensichtlich große Resonanz finden. Und in der Gemeinde von Korinth bestehen offensichtlich unerträgliche Ungleichheiten zwischen arm und reich, die sich bis in die Abendmahlsfeiern hinein skandalös bemerkbar machen. In diese Situation hinein schreibt Paulus seinen kritischen Brief. Freilich gibt es Menschen, die viel tun, auch für die Gemeinde, räumt Paulus ein, aber sie tun es nicht aus Liebe zu Gott, sondern um sich damit zu brüsten. Paulus hat nichts gegen Zungenreden, und er räumt ein, dass viele nach »noch höheren Geistesgaben« streben, alles gut und schön, aber »ich zeige euch einen Weg noch darüber hinaus«, der von »euch« begangen werden kann, schreibt Paulus (im Vers 1 Kor 12,31 b, der zu dem Vers des Predigttextes hinführt). Dieser Weg führt nicht in noch größere Höhen oder Tiefen, er ist auch nicht theologisch oder emotional spektakulärer – zu dieser Annahme könnte die Rede von »Engelszungen« im Anschluss an »Zungenreden« (1 Kor 13,1) verleiten –, sondern er führt in den Alltag, in dem Menschen mit ihren Charismen auf ihre Art und mit ihrem Können wirken. Der Weg, den Paulus vorschlägt, führt nicht zu ›besseren‹ Charismen, sondern zu mehr Bescheidenheit, Rücknahme und einer Spiritualität, die eine christliche Praxis aus Liebe zu Gott und um der Menschen willen in den Mittelpunkt stellt. Diese am Wohlergehen der anderen orientierte Liebe nennt Paulus »Agape« (1 Kor 13,1). Und sie ist Christen aufgetragen.

Die Frage, die sich hier sogleich stellt, ist, ob Liebe – als »Agape« – ein Gebot sein kann. Liebe im alltagssprachlichen Sinn kann man ja nicht befehlen oder einfach verlangen. Oder doch? Hier hilft es, sich das Verständnis von »Agape« zu vergegenwärtigen, das die frühen Christen entwickelt haben und das sich von anderen Liebeskonzepten unterscheidet. Es geht weder um erotische Liebe noch um die Liebe zu Freunden bzw. Freundinnen oder zwischen Eheleuten. Beide Konzepte von Liebe: die erotische Liebe und Liebe als Freundschaft sind der Antike bekannt.[2] Exemplarisch spricht von der erotischen Liebe (»eros«) Platon im »Gastmahl«, das Konzept von Liebe als Freundschaft (»philia«) entwickelt Aristoteles in der »Nikomachischen Ethik«. Schauen wir kurz in diese Texte. In Platons »Gastmahl« reden nacheinander verschiedene kluge Köpfe, u. a. Alkibiades und Sokrates. Sie bilden einen Gegensatz. Alkibiades, der Poet, kann reden und schwärmen und er erklärt die Liebe so, wie man sie gern hätte: groß, leidenschaftlich, ewig. Er bringt den Mythos von Aristophanes ein, wonach die Menschen ursprünglich zwei in einem gewesen seien, Mann und Frau oder Frau und Frau oder Mann und Mann, von den Göttern jedoch geteilt wurden, damit sie, die Menschen, nicht zu mächtig würden und dank ihrer Kräfte den Himmel erklimmen. Auf Bitten der Götter hat Zeus die Menschen geteilt und seitdem suchen die Menschen unter den anderen Menschen die ihnen fehlende Seite. Die Liebe, verstanden als Begehren der verlorenen anderen Hälfte, macht aus zwei getrennten wieder einen Menschen und aus einem unvollständigen einen vollständigen und ganzen. In der Liebe verschmelzen die Menschen, sagt Alkibiades, so dass aus zweien einer wird. Die Liebe beendet nach Alkibiades die Trennung und Einsamkeit. Sie sei exklusiv, d. h. ausschließlich auf einen Mann oder eine Frau gerichtet und endgültig, sobald man nur die andere Hälfte, die zu einem gehört, gefunden hat. Dann ist alles perfekt. Die Liebe macht den Menschen also ganz, sie macht ihn heil.

Hat Alkibiades Recht? Ein wenig Nachdenken und Beobachten der Lebenswirklichkeit zeigt, dass Alkibiades leider nicht Recht hat. Die Liebe kann man leider nicht garantieren. Man kann sich immer wieder verlieben und eine Flaute erleben und die Liebe kann auch aufhören, wenn wir von der Liebe als einem Gefühl sprechen. Da kann man nichts machen. Es ist dann so. Leider. Was Alkibiades also von der Liebe erzählt, ist wohl eine Illusion.

Und nun tritt Sokrates auf den Plan, der erzählt, was er von seiner Lehrmeisterin in Liebesdingen, Diotima, von einer Frau also, erfahren hat. Liebe, sagt Sokrates, ist Begehren und Begehren ist immer ein Ausdruck von Mangel. Wer liebt, begehrt, was er nicht hat. Sokrates hält deshalb den Liebenden nicht für einen glücklichen Menschen. Er stellt sich einen Liebenden als einen Menschen vor, der sich nach dem Objekt seiner Liebe verzehrt, der krank ist vor Liebe, der bedürftig ist und sich nach dem Menschen sehnt, der nicht anwesend ist und den er nicht ständig bei sich hat. Die Liebe sei also, anders als Alkibiades gesagt hat, nicht

2 | Zum Folgenden vgl. Comte-Sponville 2014.

Verschmelzung, sondern Suche. Man liebe, was man begehrt, und man begehre, was man sucht. Sokrates geht laut Platon also von der Liebe als einem Begehren aus und er empfindet dieses Begehren als einen Ausdruck von Mangel. Was aber aus Mangel komme, könne kein Glück sein. Es gebe deshalb, folgert Sokrates, keine glückliche Liebe.

Nehmen wir an, Sokrates hat Recht, können Liebende dann trotzdem glücklich sein? Das erklärt Platon nicht. Hier zeigt das andere Konzept von Liebe als Freundschaft (»philia«) möglicherweise einen Ausweg. Aristoteles, der zweimal glücklich verheiratet war, versteht die Liebe zwischen Eheleuten nicht als Begehren, sondern als Philia, Freundschaft (Nikomachische Ethik VIII, 14,1162a). Das ist auf den ersten Blick aus heutiger Sicht merkwürdig und ungewöhnlich. Denn wenn heute jemand von seiner Freundin oder seinem Freund spricht, dann meint er jemanden, den er liebt und der ihn ebenfalls liebt, in den er aber nicht verliebt ist und der ihm auch nicht fehlt, den er vielmehr immer treffen kann, wenn er mag. In diesem Sinne meint Philia eine Liebe, die liebt, was da ist, also eine im Kontrast zum begehrenden Eros eher vernünftige Liebe.

Von diesen Liebeskonzepten zu unterscheiden ist nun die christliche »Agape«, die gebende Liebe. Sie nimmt nicht und sie meint auch nicht die Freundschaft unter Gleichgestellten. Agape ist eine Liebe, die sich zurücknimmt. Die Liebe bläht sich nicht auf, scheibt Paulus (1 Kor 13,4). Sie lässt dem andern Raum und zieht sich zurück, bevor sie den Raum des Geliebten beschränkt. Man denke dabei an die ideale Elternliebe. Kinder sind manchmal ja wie ein Sturm, der ins Haus fegt. Sie belegen alles. Überall tragen sie ihre Spielsachen hin. An allen Scheiben finden sich ihre Fingerabdrücke. Das Freudengeschrei dringt durch die ganze Wohnung. Wenn man dann ins Kinderzimmer geht, mit der Absicht, mal ein ganz klein wenig für Ruhe zu sorgen, und dann die Kinder einfach nur spielen sieht und sieht, wie sie sich freuen und hüpfen, dann werden Eltern sich wohl zurückziehen und nichts sagen und sich einfach darüber freuen, wie glücklich die Kleinen doch sind. Es ist ein Mitfreuen an der Freude der Kinder. So ist im christlichen Verständnis Gott, eine gebende Liebe, die ihre Macht nicht ausspielt. Gott ist ein Gebender.

Von Agape sprechen die Christen auch, wenn sie von Nächstenliebe sprechen. Neben dem Gebot der Gottesliebe steht auf gleicher Höhe das Gebot der Nächstenliebe: »Das andere aber ist dem [Gebot der Gottesliebe] gleich: Du sollst deinen Nächsten lieben (agapäseis) wie dich selbst« (Mt 22,39). Der Nächste? In der Antike war der Nächste der mir Ebenbürtige. In den Zehn Geboten wird man aufgefordert, nicht zu begehren seines Nächsten Hab und Gut, noch seiner Sklaven, noch Frau usw. Der Nächste ist der mir gesellschaftlich und ökonomisch Gleichgestellte. Dieser Nächste wurde geachtet. Alle anderen Menschen nicht. Die Christen haben das anders gesehen. Der Nächste ist in christlicher Sicht jeder Mensch. Es gibt keine Grenzen. Christliche Nächstenliebe ist grenzenlos, in Jesu Auslegung ist auch der Feind mein Nächster (Mt 7,44). Das scheint das Schwerste zu sein: zu geben, ohne zu wissen, was man davon hat. Eine solche gebende Liebe ist riskant, aber eine solche Liebe wird am Ende alles überragen, ist Paulus überzeugt.

Gehen wir mit diesen Auskünften zurück zu Newmans Predigt. Sie geht von der Beobachtung einer gewissen Unzufriedenheit religiöser Menschen aus, die viel tun und unter Umständen sogar viel leiden, aber all dies nicht aus Liebe tun können. Ihnen sagt Newman gleich zu Beginn der Predigt: Die Liebe besteht »nicht bloß aus großen Opfern« (18). Spiritualität, Glauben, »selbstloses Almosengeben«, ja selbst das »Martyrium« sind für sich genommen »kein Beweis für die Liebe« (19). Wäre es anders, müssten religiöse Menschen mit sich zufriedener sein, sie sind es aber nicht. Sie fühlten sich vielmehr »innerlich hohl« und wie »ein gefälliges Äußeres ohne geistigen Inhalt« (19). Was ist die Ursache?

Newman sieht den Grund in einer Verkehrung der Liebe in Furcht. Viele gläubige Menschen gehorchen den Geboten Gottes, sie erfüllen das »Gesetz«, beobachtet Newman, aber sie tun es nicht aus Liebe zu Gott, sondern aus Furcht vor ihm. Ihre Religion sei eine Religion der Furcht, die ihnen ihre Vergnügungen vergällt. Eine solche Religion, sagt Newman, ist in der Tat gegen die Natur des Menschen, sie sei »unnatürlich« und sie produziere eine schlechte Religion. Sie mache unfähig zu echter Reue, wenn mit Reue Hinwendung zu Gott gemeint ist, und unfähig zum Gebet und zu Andacht, weil beides eine liebende Gottesbeziehung voraussetzt. Stattdessen sei man besetzt von allerlei anderem, von »Nichtigkeiten«, die einen in Anspruch nehmen und von Gott ablenken. An dieser Stelle setzt Newman nun an. Woher kommt dieser Mangel an Gottesliebe? Könnte es sein, dass die Suche nach einem angenehmen und bequemen Leben den Menschen von der Liebe zu Gott fernhält? Ist es das? Wenn es das ist, dann wäre ein wenigstens zeitweise anderer Lebensstil, gibt Newman zu bedenken, möglicherweise ein erster Schritt, um die beschriebene spirituelle Unzufriedenheit zu überwinden. Aber das ist nicht alles. Auch ein bloß anderer bescheidenerer Lebensstil ist nicht einfach frei von »Grobheit und Gefühllosigkeit, Geziertheit, Weichlichkeit, Anmaßung, Hohlheit [... und] Heuchelei« (22f), wenn er nicht aus Liebe zu Gott, christologisch gewendet: aus Liebe zu Christus gesucht und realisiert werde. Das Bild Christi ist für Newman schließlich der große Lehrmeister und dieses Bild eröffnet jenen neuen Horizont, von dem aus Newman am Ende seiner Predigt das Zitat aus dem Korintherbrief noch einmal aufgreift. Die Gegenwart Christi ist, sagt Newman hier, nicht in »überwältigender Beredsamkeit« (1 Kor 2,1) und nicht in »gewinnenden Worten« (1 Kor 2,4), sondern in den »Armen und Niedrigen« zu sehen. In den Armen »ist der gegenwärtig, der unsichtbar ist« (unten 92). In den »Armen und Niedrigen« öffnet sich die Spur Gottes und wird Gott sichtbar. Diesen Gedanken einer »Theologie mit dem Gesicht zur Welt« (Johann B. Metz) hat die Newmanforschung bislang bei Newman nicht beschrieben, vielleicht auch nicht vermutet. Die Formel stammt von Johann Baptist Metz. Er hat ohne jeden Bezug zu Newman die Lehre des Christentums sicher in extremer Abkürzung der Argumentation, aber treffend so zusammengefasst: »Das Christentum ist kein blinder Seelenzauber. Es lehrt nicht eine Mystik der geschlossenen, sondern eine Mystik der offenen Augen. Im Entdecken, im Sehen von Menschen, die im alltäglichen Gesichtskreis unsichtbar bleiben, beginnt die Sichtbarkeit Gottes, öffnet sich seine Spur.«[3] Newman hätte ihm sicher zugestimmt. Am Schluss vorliegender Predigt fordert er nachdrücklich dazu auf, sich »den Armen und Niedrigen« zuzuwenden. Solches Engagement ist für einen Gentleman in der ersten Hälfte des 19. Jahrhunderts und angesichts krasser Klassenunterschiede nicht leicht, aber es ist das eine Notwendige, wenn es um Gott und die Liebe zu Gott geht. Aus Liebe zu Gott, sagt Newman seinem akademischen Publikum, das vor solcher Zumutung vielleicht zurückzuckt, könnt ihr das, denn in »den Armen und Niedrigen [...] ist der gegenwärtig, der unsichtbar ist«: Gott (24). Ihr könnt es aus Gottesliebe.

Literatur:
Comte-Sponville, André: Liebe. Eine kleine Philosophie, Zürich 2014.
Metz, Johann Baptist: Die Autorität der Leidenden. Compassion – Vorschlag zu einem Weltprogramm des Christentums, in: Süddeutsche Zeitung 14./25./26. Dezember 1997, Nr. 296, 57.
Metz, Johann Baptist: Compassion. Zu einem Weltprogramm des Christentums im Zeitalter des Pluralismus der Religionen und Kulturen, in: Metz, Johann Baptist u. a. (Hg.): Compassion. Weltprogramm des Christentums. Soziale Verantwortung lernen, Freiburg 2000, 9–18.

---

3 | Metz (2006), 57; Metz (2000), 17.

Newman, John Henry: Predigten I. Pfarr- und Volkspredigten. Eingeleitet und übertragen von der Newman-Arbeitsgemeinschaft der Benediktiner von Weingarten, Erster Band, Stuttgart 1948.

Schrage, Wolfgang: Der Erste Brief an die Korinther (1 Kor 11,17–14,40), EKK – Evangelisch-Katholischer Kommentar zum Neuen Testament VII/3, Zürich / Düsseldorf 1999.

Predigt 3

Liebe – das eine Notwendige

»Wenn ich mit Menschen-, ja mit Engelszungen redete, aber die Liebe nicht hätte, so wäre ich tönendes Erz oder eine klingende Schelle.«
(1 Kor 13,1)

Ich vermute, die Mehrzahl derer, die ein christliches Leben zu führen versuchen und sich sorgfältig beobachten, sind diesbezüglich mit ihrer Situation unzufrieden, weil sie nämlich, egal welche religiösen Fortschritte sie erzielt haben mögen, fühlen, dass ihr zugrunde liegendes Motiv nicht das edelste ist, – dass die Liebe zu Gott und zu den Menschen um seinetwillen nicht ihr oberster Grundsatz ist. Sie mögen viel tun, ja, sie mögen unter Umständen viel leiden, doch sie haben wenig Grund zu der Annahme, dass sie viel lieben – dass sie handeln und leiden aus Liebe. Ich denke nicht, dass sie sich genauso ausdrücken würden, aber dass sie mit sich unzufrieden sind und dass es bei näherer Prüfung dieser Unzufriedenheit letztlich auf dasselbe hinausläuft, auch wenn sie sich unterschiedlich äußern würden. Sie mögen sich als kalt, hartherzig, wankelmütig, zwiespältig, zweiflerisch, kurzsichtig oder unentschlossen bezeichnen, doch sie meinen so ziemlich dasselbe, dass sie nämlich ihr Herz nicht an den allmächtigen Gott als ihr oberstes Ziel hängen. Und wir werden sehen, dass religiöse Menschen unter uns daran leiden, nicht weniger als andere; Verstand und Herz gehen nicht zusammen – der Verstand strebt himmelwärts, das Herz zu irdischen Dingen.

Ich möchte nun auf den soeben dargestellten Fehler etwas näher eingehen, weil ich glaube, dass das gründliche Nachdenken darüber als ein Schritt zu seiner Behebung dienen kann.

Liebe, und Liebe allein, ist die Erfüllung des Gesetzes, und nur jene stehen in Gottes Gunst, in denen die Gerechtigkeit des Gesetzes erfüllt ist. Dies wissen wir durchaus; aber ach! – gleichzeitig können wir nicht leugnen, dass bei all dem Guten, das wir vorzuweisen haben, sei es unsere berufliche Tätigkeit, unsere Geduld, unser Glaube oder die Fruchtbarkeit an guten Werken, die Liebe zu Gott und zu den Menschen nicht unsere Sache ist oder allenfalls in sehr spärlichem Maß, keinesfalls in angemessenem Verhältnis zu unseren scheinbaren Fortschritten. Darüber will ich nun sprechen.

Zunächst besteht die Liebe nicht bloß in großen Opfern. Wir können uns nicht damit trösten, dass wir Gottes Eigen sind, nur weil wir Großes getan oder erlitten haben. Die größten, ohne Liebe vollbrachten Opfer sind nichts wert, und ihre Größe beweist nicht unbedingt, dass sie in Liebe getan sind. Der heilige Paulus versichert uns nachdrücklich, dass sein Wohlgefallen bei Gott keineswegs auf den hohen Gaben beruhte, die uns auf den ersten Blick an ihm auffallen und uns, würden wir ihm tatsächlich begegnen, zweifellos sehr stark zu ihm hinziehen würden. Eine seiner höchsten Gaben war beispielsweise seine geistige Erkenntnis. Er hatte teil an der Sündhaftigkeit und Gebrechlichkeit der menschlichen Natur und spürte beide; er hatte eine tiefe Einsicht in die Herrlichkeit der göttlichen Gnade, wie sie kein Mensch von Natur aus haben kann. Er hatte einen erhabenen Sinn für die Wirklichkeit des Himmels und die geoffenbarten Geheimnisse. Er hätte tausende von Fragen zu theologischen Themen beantworten können – Fragen zu allen Punkten, über welche die Kirche seit seiner Zeit gestritten hat und die wir ihm heute gern stellen würden. Er war ein Mensch, dem sich keiner nähern konnte, ohne dass er klüger wieder ging; ein Quell der Erkenntnis und der Weisheit, stets gefüllt, stets zugänglich und stets überströmend, von dem alle, die gläubig zu ihm kamen, Anteil an den Gaben erlangten, mit denen Gott ihn ausgestattet hatte. Seine Gegenwart flößte Entschlossenheit, Vertrauen und Eifer ein, wie durch einen, der der Hüter von Geheimnissen und der Offenbarer des gesamten göttlichen Ratschlusses war; der durch seinen Blick, sein Wort und seine Tat seine Brüder gleichsam mit göttlichen Erbarmungen und Strafgerichten umgab; der die göttliche Ordnung der Glaubens- und Sittenlehre verbreitete und errichtete und sich selbst und ihnen mitten darin einen sicheren Platz zuwies. So war dieser große Diener Christi und Lehrer der Heiden, und doch sagt er: »Wenn ich mit Menschen-, ja mit Engelszungen redete, wenn ich die Prophetengabe hätte und alle Geheimnisse wüsste und alle Erkenntnis besäße, aber die Liebe nicht hätte, so wäre ich tönendes Erz oder eine klingende Schelle [...] dann wäre ich nichts«. Geistige Erkenntnis und Einsicht in die Botschaft des Neuen Bundes sind kein Beweis für die Liebe.

Ein anderes ihn auszeichnendes Charaktermerkmal ist nach den Worten der Schrift sein Glaube, die bereitwillige, entschiedene, schlichte Zustimmung zum Wort Gottes, die Unempfänglichkeit für irdische Beweggründe, das starke Festhalten an den Wahrheiten der unsichtbaren Welt und der Eifer, ihnen nachzuspüren; dennoch sagt er auch von seinem Glauben: »Und wenn ich allen Glauben hätte, so dass ich Berge versetzen könnte, hätte aber die Liebe nicht, so wäre ich nichts«. Der Glaube ist kein unbedingter Beweis für die Liebe.

Die liebevolle Besorgnis um die irdischen Bedürfnisse seiner Brüder ist ein weiteres hervorragendes Merkmal seines Charakters, wie sie ein besonderes Kennzeichen eines jeden wahren Christen darstellt; gleichwohl sagt er: »Und wenn ich alle meine Habe zur Speisung der Armen hinschenkte, hätte aber die Liebe nicht, so nützte es mir nichts«. Selbstloses Almosengeben ist kein unbedingter Beweis für die Liebe.

Und weiter. Wenn überhaupt jemand, dann hatte er den Geist eines Märtyrers; doch gibt er zu verstehen, dass selbst das Martyrium an sich kein Schlüssel zum Himmelreich ist. »Wenn ich meinen Leib zum Verbrennen hingäbe, hätte aber die Liebe nicht, so nützte es mir nichts«. Das Martyrium ist kein unbedingter Beweis für die Liebe.

Ich will nicht sagen, dass wir heutzutage viele Beispiele für oder Gelegenheiten zu solch hehren Taten und Leistungen hätten, aber nach unserem Maß können auch wir dem heiligen Paulus hierin sicherlich folgen:

in geistiger Erkenntnis, im Glauben, in Werken der Barmherzigkeit und im Bekennertum. Wir können und wir sollten ihm folgen. Aber auch wenn wir es tun, kann es immer noch sein, dass wir von dem einen Notwendigen, dem Geist der Liebe, nicht erfüllt sind oder nur in sehr geringem Maße; und genau das empfinden ernsthafte Menschen in eigener Sache.

Verlassen wir nun diese erhabeneren Dinge und wenden wir uns den bescheideneren und ständigen Pflichten des täglichen Lebens zu, um festzustellen, ob nicht auch sie mit einem beträchtlichen Maß an Genauigkeit erfüllt werden können, aber auch mit einem Mangel an Liebe. Sicherlich können sie es; und viele ernsthafte Menschen beklagen sich dabei über sich selbst, mehr sogar, als wenn sie größere Dinge zu bewältigen haben. Unser Herr sagt: »Wenn ihr mich liebt, werdet ihr meine Gebote halten«; aber sie spüren, dass, obwohl sie Gottes Gebote bis zu einem gewissen Grad halten, die Liebe nicht im entsprechenden Maß beteiligt ist, mit ihrem Gehorsam nicht Schritt hält; dass der Gehorsam aus einer anderen Quelle gespeist wird als der Liebe. Dies ist ihre Wahrnehmung; sie fühlen sich innerlich hohl; ein gefälliges Äußeres ohne geistigen Inhalt.

Ich will damit Folgendes sagen: Man kann gehorchen, nicht aus Liebe zu Gott und zu den Menschen, sondern aus einer Art Gewissenhaftigkeit, die hinter der Liebe zurückbleibt; aus einer Vorstellung heraus, einem *Gesetz* Genüge zu tun, das heißt, mehr aus Furcht vor Gott als aus Liebe zu ihm. Zweifellos ist es das, was wir in der einen oder anderen Form täglich rings um uns sehen; die Angelegenheit von Menschen, die der Welt leben, jedoch nicht ohne ein bestimmtes religiöses Empfinden, das ihnen gleichsam Zügel anlegt. Sie verfolgen weltliche Ziele, aber nicht gänzlich; sie werden zurückgehalten, sie gehen nur ein Stück weit, weil sie sich nicht weiter trauen. Dieses Hemmnis von außerhalb wirkt auf verschiedene Menschen unterschiedlich stark. Sie alle leben dieser Welt und handeln aus Liebe zu ihr; sie alle lassen ihrer Liebe zur Welt einen gewissen Raum, doch an einem bestimmten Punkt, der oft ganz willkürlich erscheint, hält dieser und hält jener ein. Jeder hält an einem anderen Punkt auf dem Weg der Welt ein und betrachtet jeden, der weiter geht, als gottlos, und jeden, der nicht so weit geht, als abergläubisch – er lacht über den zweiten und entrüstet sich über den ersten. Und folglich schauen die wenigen, die elend genug sind und sich von allen Skrupeln befreit haben, mit großer Verachtung auf diejenigen ihrer Weggefährten, die vielleicht von größeren oder kleineren Skrupeln geplagt werden, und halten sie für inkonsequent und lächerlich. Sie verhöhnen den Grundsatz der bloßen Furcht als launenhaft und abstrus, ohne jegliche Regeln und ohne Nachweis seiner Berechtigung, ohne Anspruch auf unsere Achtung; eher als eine Schwäche denn einen der wesentlichen Bestandteile unserer Natur, gesehen in ihrer Vollkommenheit und Ganzheit. Da dies die ganze Vorstellung ist, die ihnen ihre Erfahrung von Religion vermittelt und sie keinen wirklich religiösen Menschen kennen, halten sie die Religion nur für ein Prinzip, das ihre Vergnügungen unverständlich und vernunftwidrig beeinträchtigt. Der Mensch ist zum Lieben geschaffen; soviel ist klar. Das sehen sie eindeutig und richtig; aber die Religion, soweit sie sie begreifen, ist eine Welt, der es an Liebenswertem mangelt, eine Welt der Furcht. Sie stößt ab und schafft Verbote und scheint damit die eigentliche Aufgabe des Menschen zunichte zu machen oder, mit anderen Worten, sich unnatürlich zu verhalten. Und es ist wahr, diese Art der Gottesfurcht oder vielmehr der sklavischen Angst, wie man sie richtiger bezeichnen sollte, *ist* unnatürlich; dann aber ist es eben nicht Religion, die ja in Wirklichkeit nicht in der bloßen Furcht vor Gott, sondern in seiner Liebe besteht; ist es dennoch Religion, dann nur die von Teufeln, die glauben und vor Angst zittern; oder die von Götzendienern, die von Teufeln verführt worden sind und deren Gottesverehrung Aberglaube ist – der Versuch, Wesen, die sie nicht lieben, sanft zu stimmen; mit einem Wort, die Religion der Kinder dieser Welt, die, wenn es möglich wäre, Gott und dem Mammon dienen würden und, weil Religion aus Liebe *und* Furcht besteht, Gott fürchten und den Mammon lieben würden.

Und was so allgemein in der Welt im Großen geschieht, dies spüren und erleben, so meine ich, ernsthafte Menschen in einem gewissen Maße an sich selbst. Sie sehen ein, dass noch so strenger Gehorsam kein Beweis für inbrünstige Liebe, und führen Klage darüber, dass sie nach ihrem Empfinden Gott weitaus mehr fürchten als lieben. Sie erinnern sich an das Beispiel des Bileam, der einen geradezu mustergültigen Gehorsam übte, aber die Liebe nicht hatte; und ihnen kommt der bestürzende Gedanke, welchen Beweis sie dafür haben, dass sie letztlich keiner Selbsttäuschung unterliegen und sich für religiös halten, es aber nicht sind. Sie sind sich wohl bewusst, dass sie ihre Wünsche und Pläne dem Willen Gottes zum Opfer bringen; sie sind sich aber auch bewusst, dass sie dieses Opfer bringen, weil sie wissen, dass sie so handeln *sollten*, nicht einfach aus Liebe zu Gott. Und sie fragen in einer Art von Verzweiflung: wie sollen wir lernen, nicht nur zu gehorchen, sondern zu lieben?

Sie fragen, wie sollen wir das Wort des heiligen Paulus erfüllen: »Soweit ich jetzt noch in der Welt lebe, lebe ich im Glauben an den Sohn Gottes, der mich geliebt und sich für mich hingegeben hat« (Gal 2,20). Und dies scheint insbesondere jenen Schwierigkeiten zu bereiten, die unter Menschen leben, deren Pflichten inmitten der Wahrnehmung weltlicher Geschäfte liegen; deren Gedanken, Neigungen und Anstrengungen auf Dinge gerichtet sind, die sie sehen, gegenwärtige und irdische Dinge. Für sie scheint es ein großes Problem darzustellen, selbst wenn ihre Lebens*regel* himmlisch bestimmt ist, wenn sie nach Gottes Willen handeln; wie aber können sie hoffen, dass himmlische Ziele ihr Herz erfüllen, wenn kein Platz für sie übrig bleibt? Wie sollen abwesende Dinge gegenwärtige verdrängen, unsichtbare Dinge sichtbare? So scheinen sie gleichsam notwendigerweise auf jenen Zustand reduziert zu werden, den ich soeben als den Zustand von Menschen dieser Welt beschrieben habe, deren Herz an der Welt hängt und denen durch religiöse Vorschriften nur äußerlich Einhalt geboten wird.

Fahren wir fort. Im Allgemeinen sind die Menschen imstande, eindeutige Anklagen mangelnder Liebe gegen die eigene Person vorzubringen, was noch unerfreulicher ist. Ich vermute, die meisten Menschen oder zumindest sehr viele müssen Klage über ihre Herzenshärte führen, die sich bei näherer Prüfung als nichts anderes herausstellt denn als Mangel an Liebe. Ich meine jene Härte, die uns zum Beispiel unfähig macht zu bereuen, wie wir es möchten. Keine Reue ist echt ohne Liebe; es ist die Liebe, die unsere Reue in Gottes Augen wirksam werden lässt. Ohne Liebe mag es Zerknirschung, Bedauern, Selbstvorwürfe und Selbstverurteilung geben, aber keine rettende Reue. Es mag eine Schuldigerklärung des Verstandes geben, aber keine Bekehrung des Herzens. Nun, ich habe gesagt, dass sehr viele Menschen diesen Mangel an liebender Reue beklagen; sie sind hartherzig; sie sind sich ihrer Sünden zutiefst bewusst; sie verabscheuen sie; und doch können sie sich für das, was um sie herum vorgeht, so lebhaft interessieren, als ginge ihnen dieses Bewusstsein ab; sie sind einen Augenblick traurig und schon im nächsten völlig empfindungslos. Oder sie fürchten zwar, wie sie denken und glauben, Gottes Zorn und sind voller Beschämung über sich selbst, stellen aber (zu ihrer Überraschung, möchte ich sagen) fest, dass sie sich keines noch so geringen Lasters enthalten können, was (wie die Vernunft ihnen sagt) ein natürlicher Weg wäre, Betroffenheit zu zeigen. Sie essen und trinken nach Herzenslust, als bedrücke sie kein Kummer; sie haben keine Probleme, sich an jeder Art Vergnügen oder profaner Beschäftigung, die ihnen in den Weg kommt, zu beteiligen. Sie schlafen unverändert gut; und trotz ihres Kummers tun sie sich vielleicht äußerst schwer, sich zu überwinden, früh aufzustehen, um im Gebet um Vergebung zu bitten. Dies sind Zeichen mangelnder Liebe.

Ungeachtet der Frage der Reue haben sie auch eine allgemeine Abneigung gegen das Gebet und andere Formen der Andacht. Sie finden es sehr schwer, sich zum Beten durchzuringen, und nicht minder schwer, wachen Sinnes zu sein und sich auf ihr Beten zu konzentrieren. Sie finden allenfalls Befriedigung bei ihrer Andacht, *solange* sie sie verrichten. Dann finden sie vielleicht sogar ein wahres Vergnügen daran und wundern sich, dass sie es je als Last empfinden konnten; wenn sie jedoch durch irgendeinen Zufall aus ihrer regelmäßigen Übung herausgerissen werden, finden sie es sehr schwer, zu ihr zurückzukehren. Sie mögen sie nicht genug, um ihr nachzugehen, *weil* sie sie mögen. Sie sind aus Gewohnheit an sie gebunden, durch die Regelmäßigkeit ihrer Befolgung; nicht aus Liebe. Wenn die Regelmäßigkeit durchbrochen ist, verfügen sie über kein inneres Prinzip, das sofort in Funktion tritt, um den Schaden zu beheben. Bei körperlichen Wunden wirkt die Natur auf die Heilung hin, sie heilen gleichsam von alleine; wir haben aber kein geistiges Prinzip in uns, das stark und gesund genug ist, die religiösen Dinge in uns wieder in Ordnung zu bringen, wenn sie in Unordnung geraten sind, und damit unserem Mangel an Regel und Gewohnheit abzuhelfen. Hier begegnet uns wiederum ein Gehorsam, der mehr oder weniger mechanisch in Aktion tritt – ohne Liebe.

Und weiter: ein ähnlicher Mangel an Liebe zeigt sich in unserer Neigung, uns durch Nichtigkeiten einfangen und in Anspruch nehmen zu lassen. Warum sind wir so empfänglich für den Reiz des Aufregenden? Warum halten wir Ausschau nach Neuigkeiten? Warum beklagen wir uns über den Mangel an Abwechslung im religiösen Leben? Warum können wir es nicht leiden, uns Jahr für Jahr in einem gewohnten Kreis von Pflichten zu bewegen? Warum sind uns einfache Pflichten, wie etwa das Sich-Herablassen zu Leuten niederen Standes, zuwider und lästig? Warum braucht es eine mitreißende Predigt oder ein interessantes und ergreifendes Buch, um unsere Gedanken und Gefühle bei Gott verweilen zu lassen? Warum wird unser Glaube so mutlos und schwach, wenn wir hin und wieder Einwände gegen die Lehre Christi vernehmen? Warum sind wir so ungeduldig, wenn diesen Einwänden keine Entgegnung folgt? Warum haben wir soviel Angst vor weltlichen Ereignissen oder der Meinung der Menschen? Warum fürchten wir uns so vor ihrer Kritik oder ihrem Spott? – Offensichtlich, weil es uns an Liebe mangelt. Wer liebt, kümmert sich um alles andere wenig. In der Welt mag es gehen wie es will; er sieht und hört es nicht, denn seine Gedanken werden woandershin gezogen; er ist in erster Linie besorgt, mit Gott zu gehen und bei Gott gefunden zu werden; er lebt in vollkommenem Frieden, weil er seinen Halt in Gott hat.

Und hier haben wir einen weiteren Beweis dafür, wie schwach unsere Liebe ist; wenn wir nämlich bedenken, als wie wenig zureichend sich unsere erklärten Prinzipien herausstellen, uns in Bedrängnis zu helfen. Ich vermute, dass die Menschen dies oft gerade dann empfinden, wenn sie ein Rückschlag oder eine unerwartete Notlage trifft. Natürlich werden es in der Tat diejenigen am meisten verspüren, die mit ihren Worten, ja ihren Gedanken ihrem Herzen weit vorausgeeilt sind; doch auch viele andere, die versucht haben, Vernunft und Gefühle in Gleichschritt zu halten, werden es ebenso empfinden. Vom Gerechten heißt es: »Vor böser Kunde muss er nicht bangen; stark ist sein Mut, denn er hofft auf den Herrn. Sein Herz ist getrost, er kennt keine Furcht« (Ps 112,7–8). So muss es bei jedem sein, der sich klar ist über seine eigenen Worte, wenn er von der Kürze des Lebens, der Mühsal der Welt und der Gewissheit des Himmels spricht. Doch wie kalt und trostlos erweisen sich all diese Floskeln, wenn ein Mensch in eine missliche Lage gerät? Und warum, wenn man davon absieht, dass er letztlich sichtbare Dinge im Sinn hatte und nicht Gott, während er von unsichtbaren Dingen sprach? Es waren reichlich Lippenbekenntnisse, aber wenig Liebe.

Dies sind einige Beweise für unseren Mangel an Gottesliebe, die uns bei aufmerksamer Selbstbeobachtung ständig vor Augen geführt werden; und sie weisen uns sogleich auf noch andere hin. Wenn ich, bevor ich zu Ende komme, mich dazu äußern soll, wie das Übel zu überwinden ist, so muss ich offen sagen, dass – mag diese Aussage auf den ersten Blick auch verwunderlich erscheinen – die Annehmlichkeiten des Lebens die Hauptschuld daran tragen; und so sehr wir uns darüber beklagen und dagegen ankämpfen mögen, wir werden das Übel nicht überwinden, solange wir nicht lernen, auf einen Gutteil von ihnen zu verzichten. Solange wir uns in gewisser Hinsicht nicht von unserem Körper freimachen, wird unser Geist nicht in der Lage sein, göttliche Eindrücke aufzunehmen und nach himmlischen Zielen zu streben. Ein leichtes und unbeschwertes Leben, ein ständiger Genuss der Güter, die uns die Vorsehung schenkt, ein reich gedeckter Tisch, ein seidenweiches Gewand, ein bequem eingerichtetes Zuhause, Sinnesfreuden, das Gefühl der Sicherheit, das Bewusstsein der Wohlhabenheit – diese und ähnliche Dinge versperren, wenn wir nicht achtsam sind, alle Zugänge der Seele, durch die das Licht und der Atem des Himmels zu uns dringen können. Ein hartes Leben ist leider kein sicherer Weg zur Geistigkeit, aber es ist eines der Mittel, durch die uns der allmächtige Gott dorthin führt. Wir müssen uns wenigstens zeitweise unserer Natur berauben, wenn wir nicht der Gnade beraubt werden wollen. Wenn wir versuchen, unseren Geist ohne diese Vorbereitung in eine Haltung der Liebe und Hingabe hineinzuzwängen, ist es nur allzu offensichtlich, was die Folge davon sein wird: Grobheit und Gefühllosigkeit, Geziertheit, Weichlichkeit, Unnatürlichkeit, Anmaßung, Hohlheit (gestattet mir, meine Brüder, wenn ich offen, aber mit vollem Ernst sage, was ich meine), mit einem Wort das, was die Schrift Heuchelei nennt, die wir ringsum beobachten; jene Geisteshaltung, in der die Vernunft sieht, was wir sein sollten, das Gewissen eindringlich dazu mahnt, es zu sein, weil das Herz damit aber überfordert ist, als Kompromiss dieser oder jener Vorwand erhoben wird, so dass die Menschen sagen können: »Heil! Heil! Aber es gibt kein Heil!« (Jer 6,14).

Nachdem ich euch zu dieser ständigen Bereitung des Herzens gemahnt habe, möchte ich euch auffordern, was sonst ein ungehöriges Unterfangen wäre, um eine fortwährende Gesinnung der Liebe zu eurem Herrn und Erlöser, der für euch am Kreuz gestorben ist, besorgt zu sein. »Die Liebe Christi«, sagt der Apostel, »drängt uns« (2 Kor 5,14); nicht dass Dankbarkeit zur Liebe führt, wo kein Mitgefühl ist (denn, wie wir alle wissen, tadeln wir uns oft selbst deswegen, weil wir Menschen, die uns dennoch lieben, keine Liebe entgegenbringen), doch wo die Herzen in ihrem jeweiligen Maße nach dem Bild Christi erneuert sind, wird – durch seine Gnade – die Dankbarkeit ihm gegenüber die Liebe zu ihm mehren und wir werden uns jener Güte erfreuen, die so gut zu uns ist. Hier wird wiederum Selbstdisziplin notwendig sein. Sie macht das Herz ebenso sanft wie ehrerbietig. Christus hat seine Liebe in Taten, nicht in Worten gezeigt, und ihr werdet von dem Gedanken an sein Kreuz, das ihr ihm nachtragt, weitaus stärker berührt als durch glühende Berichte über es. Die Art und Weise, wie ihr es euch bewusst macht, muss einfach und nüchtern sein; »überwältigende Beredsamkeit« (1 Kor 2,1) oder »gewinnende Worte« (1 Kor 2,4), um die Sprache des heiligen Paulus zu gebrauchen, sind die denkbar schlechtesten Mittel. Denkt an das Kreuz, wenn ihr aufsteht und wenn ihr euch schlafen legt, wenn ihr fortgeht und wenn ihr nach Hause kommt, wenn ihr esst, geht und euch unterhaltet, wenn ihr kauft und wenn ihr verkauft, wenn ihr arbeitet und wenn ihr ruht; so weiht und besiegelt ihr all euer Tun mit dieser einen geistigen Tätigkeit, dem Gedanken an den Gekreuzigten. Sprecht vor anderen nicht darüber; schweigt wie die reuige Sünderin, die ihre Liebe in tiefer Demut zeigte. Sie »trat weinend von hinten an ihn heran und begann, seine Füße mit ihren Tränen zu benetzen. Sie trocknete seine Füße mit ihrem Haar, küsste sie und salbte sie mit dem Öl«. Und Christus sagte von ihr: »Ihre vielen Sünden sind ihr vergeben, weil sie viel geliebt hat; wem aber nur wenig vergeben wird, der liebt auch wenig« (Lk 7,38.47).

Lasst uns ferner häufig nachdenken über sein mannigfaltiges Erbarmen mit uns und unseren Brüdern als Folge seiner Menschwerdung; seine anbetungswürdigen Ratschlüsse, wie sie sich in unserer Erwählung offenbaren, – warum sind wir berufen und andere nicht; die Wunder seiner Gnade an uns, von unserer Kindheit an bis auf den heutigen Tag; die Gaben, die er uns schenkt; die Hilfe, die er uns gewährt; das Erhören, das er unseren Gebeten verleiht. Lasst uns außerdem, soweit wir dazu Gelegenheit haben, nachsinnen über sein Walten in der Kirche durch die Zeiten; die Treue, mit der er zu seinen Verheißungen steht, und die geheimnisvollen Wege ihrer Erfüllung; wie er sein Volk im Ganzen inmitten so vieler Feinde stets sicher und glücklich leitet; welch unerwartete Ereignisse seine Pläne Wirklichkeit werden lassen; wie Böses in Gutes verwandelt wird; wie seine heilige Wahrheit sich stets unversehrt erhält; wie die Heiligen auch in dunkelsten Zeiten zur Vollkommenheit geführt werden. Und lasst uns des weiteren die verborgenen Gaben und Kräfte bedenken, die der Kirche anvertraut sind: welche Gedanken werden durch seine Sakramente im gläubigen Geist geweckt! – welches Erstaunen, welche Ehrfurcht und welches Entzücken, wenn dies in rechter Weise bedacht wird!

Durch solche Taten und Gedanken wird unser Gottesdienst, unsere Reue, unser Gebet, unser Umgang mit den Menschen vom Geist der Liebe durchdrungen. Dann tun wir alles dankbar und freudig, wenn wir Tempel Christi sind und sein Bildnis in uns aufgerichtet ist. Dann können wir mit der Welt auskommen, ohne sie zu lieben, denn unsere liebenden Gefühle gehören einem anderen. Wir können es uns erlauben, die Schönheit der Welt zu betrachten, denn wir hängen unser Herz nicht an sie. Ihr Stirnrunzeln stört uns nicht, denn wir leben nicht von ihrem Lächeln. Wir freuen uns im Haus des Gebets, denn dort ist der, »den meine Seele liebt« (Hld 1,7). Wir können uns herablassen zu den Armen und Niedrigen, denn in ihnen ist der gegenwärtig, der unsichtbar ist. Wir sind geduldig in schmerzlichem Verlust, im Unglück und im Leid, denn sie sind Zeichen Christi.

Lasst uns so eintreten in die vierzigtägige Fastenzeit, die vor uns liegt. Vierzig Tage lang spüren wir durch Fasten der Liebe nach. Mögen wir sie mehr und mehr finden, je älter wir werden, bis der Tod kommt und uns die Schau dessen gewährt, der zugleich ihr Ziel und Urheber ist.

Einführung zu Predigt 4:
Volles Engagement –
»Die Wagnisse des Glaubens«

Glaube realisieren –
John Henry Newman im
Spannungsfeld heutiger Pastoral

WILHELM TOLKSDORF

»The Ventures of Faith«[1], so lautet der Titel einer frühen Predigt von John Henry Newman, die Sie, liebe Leserinnen und Leser, hier abgedruckt finden. Der Text ist so etwas wie ein Klassiker. Die Übersetzung ins Deutsche findet sich gleich zweimal – im vierten Band der Pfarr- und Volkspredigten der Weingartener Newman-Arbeitsgemeinschaft von 1952[2] sowie im sechsten Band der Ausgewählten Werke von 1964, in denen die Oxforder Universitätspredigten versammelt sind[3]. Hier erfährt der Leser auch, wann J. H. Newman seine Predigt über »Die Wagnisse des Glaubens« gehalten hat: am 21. Februar 1836, seinem 35. Geburtstag. Auf diesem Tag liegt schmerzlich ein großer Schatten – Newman ahnt, dass sein Freund Richard Hurell Froude (1803–1836) sehr bald sterben muß. Seiner Schwester Jemima bekennt er, dass ihm des Freundes unausweichlicher Tod als Prüfung gilt, die ihm auferlegt ist und die zu bestehen er sich allein in der Kraft des Glaubens zutraut[4]. Das Redemanuskript ist kurz, die Sprache bündig, der Gedankengang

---

[1] Newman, John Henry, The Ventures of Faith, in: PPS IV 295–306 (= Sermon XX).
[2] Newman, John Henry, Die Wagnisse des Glaubens, in: J. H. Newman, Pfarr- und Volkspredigten. Eingeleitet und übertragen von der Newman-Arbeitsgemeinschaft der Benediktiner von Weingarten, Bd. 4 (=DP 4), 2. Aufl., Stuttgart 1961, 329–341.
[3] Newman, John Henry, Die Wagnisse des Glaubens. 21. Februar 1836, in: J. H. Newman, Zur Philosophie und Theologie des Glaubens. Oxforder Universitätspredigten. Übersetzt von Max Hofmann und Werner Becker. Mit einem Kommentar von Werner Becker, Mainz 1964 (= VI. Band der Ausgewählten Werke von John Henry Kardinal Newman), 288–296 (= AW VI).
[4] Zum Hintergrund der Predigt vgl. AW VI 532–533, Anm. 496. Zu R. H. Froude vgl. J. Artz, Art. Froude, Richard Hurrell (1803 bis 36), in: J. Artz, Newman-Lexikon, Mainz 1975 (= IX. Band

schlüssig und zielgenau – die Überlegungen zu den Wagnissen des Glaubens fokussieren, bringen auf den Punkt, sie appellieren an ihre Zuhörer, existentiell einen Schritt zu tun, dem Worte nur schwer gerecht werden können. Der Prediger wendet sich an seine Hörer, indem er sie nach ihrer Persönlichkeit, ihrem Mut und ihrer Bereitschaft, sich voll und ganz auf Jesus Christus und seine Frohbotschaft einzulassen, befragt. Formal wie inhaltlich setzt der Text kein Milieu, keine gesellschaftliche Konstellation, kein konkretes Hier und Heute voraus. Politische und soziale Bezüge sind ihm fremd – die Predigt redet nur vom Einzelnen, der gefragt ist, sich in seinen Kräften und Möglichkeiten zu positionieren. Darin liegt die Aktualität einer Predigt, der an der Nachfolge im Glauben gelegen ist, die jedoch keine Empfehlung dafür gibt, wie Leben gelingen kann. Dass ein solcher Schritt allerdings nicht ins Fromm-Unverbindliche weist, sondern konkrete Auswirkungen hat – davon spricht der Predigttext, der vom Gedanken der Kreuzesnachfolge geprägt ist, sehr deutlich. Die Einladung, sich gerade mit J. H. Newmans Predigt über die Wagnisse des Glaubens zu beschäftigen, ist daher verlockend: Gerade dieser Text lädt ein, hier und heute vom christlichen Glauben angemessen zu reden. Mit J. H. Newman von den Wagnissen des Glaubens zu sprechen, bedeutet, die real existierende Vielfalt wahrzunehmen, in der sich Lebensbiographien ereignen[5], heißt aber auch, Wende- und Knotenpunkte anzuschauen, an denen eine Lebensgeschichte gewollt oder ungewollt verbindlich geworden ist[6]. Der Glaube ist kein schmuckes Ausstellungsstück, das man sich leistet oder auch nicht. Er ist Prägekraft, durch die der Mensch sein Leben neu auszurichten vermag. Und in alledem ist er, so J. H. Newman, ein stetes Wagen, das bestanden sein will: Gelebte Nachfolge in all ihrer Riskiertheit. So verstanden, gewinnt der Begriff des Glaubens einen Ernst, der jedem Einzelnen zur Herausforderung wird – im Jahr 1836 genauso wie im Heute unserer Gegenwart. Der Rahmen, sich dem Text verstehend zu nähern, ist damit abgesteckt. Vor dem Hintergrund der aktuellen Befindlichkeit heutiger Religiosität (1) wird J. H. Newmans Text vorgestellt (2.1.), kommentiert (2.2.) und abschließend auf Anregungen befragt, die dazu einladen, das Wagnis der Glaubensentscheidung auf sich zu nehmen (3).

der Ausgewählten Werke von John Henry Kardinal Newman/NL), 361–363. »Die intensive Freundschaft von Newman und Froude dauerte nur sieben Jahre bis zum vorzeitigen Tod Froudes. Hurrell Froude war in vielfältiger Hinsicht die ideale Ergänzung zu Newman; denn seine Vorliebe galt dem Mittelalter wie die Newmans dem kirchlichen Altertum; seine Grundeinstellung war kritisch und sogar ablehnend gegenüber den Reformatoren, hingegen positiv zum römisch-katholischen System« (Biemer, Günter, John Henry Newman. 1801–1890. Leben und Werk, Mainz 1989, 31).

5 | Vgl. AW VI 292.
6 | Vgl. ebd., 296.

1. Glaubenswagnisse heute

Um J. H. Newmans Predigt über die Wagnisse des Glaubens in ihrer Bedeutung für die Gegenwart recht verstehen zu können, ist es notwendig, den Horizont heutiger Religiosität näher zu erfassen. Die Sozialgestalt von Glaube und Kirche, die sich dabei erschließt, schärft den Blick für aktuelle Erfordernisse in der Verkündigung. Vor allem aber kann geklärt werden, ob der Zugang zum Glauben, wie Newman ihn in seiner Predigt wählt, berechtigt und für heutige seelsorgliche Belange inspirierend ist.

Um dazu einen ersten Eindruck zu gewinnen, empfiehlt sich der bündige Beitrag des Essener Generalvikars Klaus Pfeffer, in dem dieser aus seiner Erfahrung als Jugendpfarrer bereits im Jahre 2005 zu Fragen der Jugendpastoral Stellung nimmt. Seine damaligen Überlegungen können noch immer Gültigkeit beanspruchen, wie die KMU 6 (Kirchenmitgliedsuntersuchung der EKD aus dem Jahre 2023) deutlich zeigt.[7]. Ausgangspunkt seiner Darlegungen ist die Feststellung, dass die junge Generation getreues Spiegelbild der Gesellschaft ist. Dieser aber, allen voran der jungen Generation, so K. Pfeffer, sei nicht mehr zu vermitteln, dass Glaube und Kirche unmittelbar zusammengehören. Es ergibt sich ein eigenartiges Bild. Nahm die Gesellschaft in früheren Zeiten unhinterfragt sowohl die Existenz einer transzendenten Wirklichkeit an und akzeptierte sie auch einen organisierten und von amtlich bestallten Spezialisten verwalteten Kultus, so dominiert heute ein *funktionaler Begriff von Religion*, der jenseits der etablierten Gestalten religiösen Bekennens alle Formen menschlicher Sinnsuche und Sinnfindung unter den Begriff der Religiosität faßt[8]. Es ist nicht mehr notwendig, sich »für das eigene Lebenskonzept auf ein einziges Deutemuster zu beschränken«[9] – dem Einzelnen steht es frei, aus unterschiedlichen Angeboten zu wählen und sich eine eigene Patchwork-Religion zusammenzustellen. K. Pfeffer verzeichnet dies als Diffusion der Religion in der gegenwärtigen Gesellschaft[10]. Konsequenz einer diffundierten Religiosität ist der Tatbestand, dass die Kommunikation zwischen den Denk- und Lebensweisen der Generationen »äußerst schwierig«[11] ist. Die Religion erscheint in Zeichen und Vollzügen von Pluralisierung, Synkretisierung,

---

7 | Pfeffer, Klaus, Jugend und Kirche. Driftet auseinander, was nicht mehr zueinander passt?, in: Pastoralblatt 9 (2005), 259–266.
8 | Vgl. Pfeffer, Jugend, 260
9 | Ebd.
10 | Vgl. ebd.
11 | Ebd., 262.

Verszenung, Methodisierung und Technisierung[12]. Die heutige Jugendgeneration, so K. Pfeffer, ist geprägt durch Social Media im digitalen Netz. Sie nimmt die Wirklichkeit »›ästhetisch und multiversal‹ wahr, sie entdecke Werte wie ›Multioptionalität, Akzeptanz von Komplexität, Simulation, Virtualität und Inszenierung‹«[13]. So ist die expressive Dramatik religiöser Inszenierungen auch in religionsfremden Bereichen der Gesellschaft deutlich wahrnehmbar, ein hauptsächlich kognitiver Zugang zur Religion findet wenig Sympathie. Events, große Partys, persönliche emotionale Erfahrungen, die Geborgenheit und Heimat vermitteln: Religion hat bei Jugendlichen nur dann eine Chance, wenn sie fühlbar und erfahrbar ist. Jugendliche folgen hier einer eigenen, persönlichen Ästhetik, die dem individuellen Lebensentwurf Gestalt gibt. Ihm entspricht die Religion, nicht umgekehrt[14].

So hat die Kirche auf religiösem Gebiet ihre Deutungshoheit verloren. Naturgemäß verliert somit auch die herkömmliche Kirchengemeinde an Bedeutung: Sie wirkt auf die Jugendlichen als »Kirche unter sich« einer hochüberzeugten Gruppe von Christen, die selbstgenügsam Öffnung und Veränderung vermeiden. Kirche erscheint als weltfremdes Nischenphänomen einiger weniger. Im Gegensatz dazu führt ihr eigener Lebensweg die Jugendlichen an ganz unterschiedliche Stationen heran und fordert von ihnen eine hohe Mobilität. Langfristige Bindungen werden vermieden, rascher Standortwechsel ist angesagt[15]. So bestehen in der Gesellschaft weiterhin wirkkräftige religiöse Bedürfnisse, denen die Kirche sich zu stellen hat, auch wenn sie ihrem bisherigem Eigenleben widersprechen. Sie ist herausgefordert, sich eine »Pluralitätsfähigkeit« anzueignen, die sie in den Stand setzt, von Menschen zu lernen, die nicht kernkirchlich denken und handeln. Sie muß sich darauf einlassen, mit »Differenzen umgehen zu können, ohne in fundamentalistische oder indifferente Extreme zu flüchten«[16]. K. Pfeffer plädiert für eine Religiosität, die sich als Angebot versteht und die von ihren Rezipienten in eigener Verantwortung angeeignet werden kann. Soll dies gelingen, ist es notwendig, Jugendliche mit Projekten zu konfrontieren, über die sie mit Themen des Glaubens in Berührung kommen. Zeichen und Symbole, die dazu gebraucht werden, haben dem zu entsprechen. Nur dort, wo geeignete Zeichen und Symbole zum Gebrauch kommen, ist es möglich, den Glauben ansprechend zu vermitteln.

12 | Vgl. ebd., 260–261.
13 | Ebd., 262.
14 | Vgl. ebd., 262–263.
15 | Vgl. ebd., 263–264.
16 | Ebd., 264.

Das fordert von denen, die in der Verkündigung stehen, einiges ein, wie K. Pfeffer betont – Seelsorger sollten in persönlicher Reife ihren eigenen Standort im Glauben haben und sich mit ihrer Kirche identifizieren können. In der Seelsorge Tätige brauchen einen Zugang zur Welt der Gefühle, um in der Lage zu sein, ihre Religiosität gefühlvoll-emotional zum Ausdruck zu bringen. Und sie sollten sich mit ihrer eigenen religiös-spirituellen Biographie auseinandergesetzt haben, um mit den Jugendlichen glaubwürdig über persönliche Lebensthemen zu sprechen[17]. Am Beispiel der Lebenskultur von Jugendlichen zeichnet K. Pfeffer das Panorama einer öffentlichen Religiosität, die in Form und Gestalt eine eigene Ästhetik entwickelt und sich eventuellen Interessenten zum zunächst freien Angebot macht. Damit wird auch das Dilemma der Kirche deutlich. Ob Pastoral für Kinder, Jugendliche oder Erwachsene: Ihre Herausforderung ist es einerseits, sich in neuen Lebensumfeldern angemessen zu artikulieren, damit ihr Glaubenszeugnis auch verstanden wird. Andererseits aber darf die Kirche nicht die Frohe Botschaft dem gerade dominierenden Zeitgeist unterordnen. Diese Spannung ist das Leben der Kirche, wie Hj. Verweyen ausführt[18]. Der, der sich in ihr weitersagt, liefert sich dem Zwielicht unübersichtlicher Lebenszusammenhänge aus: Et Verbum caro factum est (Joh 1,14). Lebt die Kirche in der Spannung, das ihr anvertraute Glaubensgut der Gesellschaft in zeitgemäßer Gestalt zuzurufen[19], so steht der Zeitgenosse in der aktuellen Herausforderung, Spuren des Religiösen in seinem Umfeld daraufhin zu bewerten, ob sie ihm zum Anruf und darin zur tragfähigen Grundlage für sein weiteres Leben werden können[20]. Dies ist der Schritt von der Religion in den Glauben. Ein Schritt, der Wagnis ist, weil er von der Unverbindlichkeit möglicher Lebensentwürfe in die Gewagtheit des persönlichen Bekenntnisses führt. Dieser Art von Wagnis stellt sich J.H. Newman in seiner Predigt, die ihrer Intention nach auch auf die religiösen Herausforderungen und Bedürfnisse der Gegenwart zielt.

---

17 | Vgl. ebd., 264–265.
18 | Zum Begriff der Überlieferung vgl. Verweyen, Hansjürgen, Gottes letztes Wort. Grundriß der Fundamentaltheologie, 3. vollst. überarb. Aufl., Regensburg 2000, 51–56.
19 | Zum Begriff einer Rufgemeinschaft vgl. Sloterdijk, Peter, Der starke Grund, zusammen zu sein. Erinnerungen an die Erfindung des Volkes. Sonderdruck, Frankfurt 1998, 41–42.
20 | Vgl. Pfeffer, Jugend, 262–263.

2. Die Wagnisse des Glaubens – eine Predigt im Querschnitt

J.H. Newmans Predigt über die Wagnisse des Glaubens ist exemplarisch für die Redegabe ihres Verfassers. Durch ihn wird die Predigtkanzel von St. Mary the Virgin, die Universitätskirche Oxfords, erst zu dem Ort, an dem sich jene Öffentlichkeit ereignet, in die J.H. Newman Zeit seines Lebens den Glauben gestellt wissen möchte. *Cor ad cor loquitur*: Gerade im öffentlichen Diskurs erweist sich der Glaube als Kraft des Herzens und der Vernunft. Dass J.H. Newman in seiner frühen Predigt über die Glaubenswagnisse von 1836 bereits dem Programm verpflichtet ist, für das sein späterer Wahlspruch steht, wird durch die Klarheit des Aufbaus und der gewählten Begrifflichkeit eindrucksvoll dokumentiert.

2.1. Die Wagnisse des Glaubens – Aufriß und Inhalt der Predigt vom 21. Februar 1836

Die Predigt von den »Wagnissen des Glaubens« ist verhältnismäßig kurz, sie umfasst im sechsten Band der Ausgewählten Werke achteinhalb Druckseiten. Refrainartig wiederholt sich im durchlaufenden Text der Evangelienvers »Wir können es« (Mt 20,22)[21]. J.H. Newman zitiert hier aus dem Matthäus-Evangelium, das im 20. Kapitel von der Frau des Zebedäus erzählt (vgl. Mt 20,20–28). Diese erbittet vom Herrn Ehrenplätze für ihre Söhne. Die Antwort auf die Bitte der Frau ist eine Gegenfrage, die Jesus auch an die Söhne richtet: »Könnt ihr den Kelch trinken, den ich trinken werde?« (Mt 20,22b). Darauf erfolgt die besagte Antwort der Söhne. Die Gegenfrage Jesu nach dem Leidenskelch wird für J.H. Newman zum Ausgangspunkt seiner Darlegungen, die er bereits hier unter das Motiv des Wagnisses stellt. Ihm zufolge besteht die Christenpflicht darin, für das ewige Leben etwas zu wagen, und dies »ohne die absolute Gewissheit des Erfolges«[22]. Das notwendige Wagnis wird – die Wahl der Matthäus-Stelle bezeugt es – unmittelbar mit dem »Kelch« des Kreuzesopfers verbunden: Von Anfang an argumentiert J.H. Newman christozentrisch, bestimmt aber die Christozentrik vom Kreuz her. Das Wagen Jesu am Kreuz ist die Quelle des ewigen Lebens, für das »Angst, Risiko, Gefahr, Befürchtung, Ungewissheit«[23] auf sich zu nehmen lohnt. Denn: Der Herr »gibt uns weit mehr zurück als wir ihm leihen, und das unfehlbar gewiß«[24].

---

21 | Vgl. AW VI, 288, 289, 290, 295.
22 | Ebd., 288.
23 | Ebd.
24 | Ebd.

Fraglich ist jedoch, ob der Einzelne, der sich auf das Wagen einlässt, seiner Wahl bis an sein Ende treu zu bleiben vermag. Mit dem Begriff des Wagens verknüpft J. H. Newman nicht nur die Wirklichkeit des Kreuzes, sondern auch den Begriff des Glaubens, dessen »Adel« gerade das Wagen ist[25]. Wenn nun Newman das »Wir können es« der Zebedäus-Söhne im Predigtverlauf refrainartig wiederholt, verweist er nicht nur auf den Glauben der Apostel, sondern auch auf die Bereitschaft »edelmütiger Herzen«[26], sich für Christus einzusetzen. Edelmut ist keine notwendige Voraussetzung für ein Wagen im Glauben: Newman ist hier Realist. Mitunter sind es die »Zeitumstände«, die Menschen nötigen, »um der Religion willen diesen oder jenen Weg zu wählen«[27].

Die Predigt über die Wagnisse des Glaubens folgt einem klaren Gedankenverlauf. Auf die Zebedäus-Episode, in der mit dem Wagen das Hauptthema angeschlagen ist, folgt eine Grundüberlegung, die den Glauben mit dem Begriff »to realize«[28] in die Dynamik der Heilsgeschichte verweist und ihn zugleich als »Herzensgeheimnis«[29] deutet. Der Glaube, so zeigt es Abraham, ist ein Weg; der Mut, gegenwärtiges Glück für ein zukünftiges auf die Waagschale zu legen. Vor allem aber ist er Herzensgeheimnis: Auch wenn sie ihn stolz und hochgemut bekennen, ist der Glaube in seiner Tragweite selbst für die Apostel nicht durchschaubar – Petrus etwa wird auf eigene Art vom Herrn beim Wort genommen, obgleich er im Letzten wohl nicht versteht, was er selbst kurz zuvor energisch beteuert hat (vgl. Joh 21,18–19)[30]. J. H. Newman weiß hier um eine Sicherheit im Herzen, die sich ihrer selbst noch nicht bewusst geworden ist und in der individuellen Lebenspraxis erst verwirklicht werden will, von Gott aber unmittelbar in den Dienst genommen wird[31]. Der Abschnitt endet mit einer prägnanten Sicht auf den Glaubensvollzug, der im Spannungsfeld von Vernunft und Vertrauen gesehen wird: Gemäß Lk 14,28–32 erfordert der Glaubensweg die *prüfende ratio*, der es an der Vorbehaltlosigkeit des Glaubensschrittes gelegen sein sollte; er ist aber zugleich auch Ausdruck einer großherzigen *Noblesse*, die darauf vertraut, dass Gott »uns zur Einlösung unseres Versprechens befähige«[32].

25 | Vgl. ebd., 288–289.
26 | Ebd., 294.
27 | Ebd.
28 | Ebd., 289.
29 | Ebd.
30 | Vgl. ebd., 290.
31 | Vgl. ebd.
32 | Ebd., 291.

J. H. Newman misst im darauffolgenden Abschnitt diese Überlegungen an der Realität gelebter Gläubigkeit. Das Ergebnis kann den Prediger nicht überzeugen: Die Bereitschaft, sich im Glauben zu wagen, ist unter seinen Zeitgenossen offensichtlich nicht groß. Es gibt nichts, so die nüchterne Einsicht, »was wir nicht täten, nicht unterließen, vermieden, wählten, aufgäben und unternähmen, wenn Christus nicht gestorben und der Himmel uns nicht verheißen wäre«[33]. Ist in den Situationen des Alltags vielfach persönlicher Einsatz auch auf die Gefahr großer Verluste die Regel, meiden die Christen für ihren Teil die Konsequenzen, die ihnen aus einer beherzten Annahme der Glaubensbotschaft erwachsen – sie »wagen nichts, riskieren nichts, opfern nichts, geben nichts auf um des Glaubens willen an Christi Wort«[34]. J. H. Newman sieht natürlich, dass das Wagnis des Glaubens Härte und Entbehrung einfordert: Beispiele dafür finden sich in der Kirchengeschichte. Newman erinnert in seiner Predigt an den Hlg. Barnabas, der das, was er besaß, den Armen gegeben hat. J. H. Newman erinnert aber auch an Menschen, die sich in ihrer Lebenspraxis sehr bewusst für Gott entscheiden, die entschlossen sind, ihn in Gebet, Buße, Umkehr und in einem lauteren Herzen zu suchen. Und die bereit sind, dafür einen Preis zu bezahlen: Sie opfern ihre Bequemlichkeit, ihren Reichtum, ihr Ansehen.[35] Die Entscheidung, den Glauben bewusst zu leben, hat zur Folge, die eigene Lebenswirklichkeit entschieden auszurichten und sie damit fragmentarisch zu gestalten. In dieser Haltung wird der Glaubende zur eschatologischen Existenz in der »Gewissheit der kommenden Welt«[36], sein Glaube ist »ein Innewerden der zu erhoffenden Dinge«[37].

Im letzten Abschnitt seiner Predigt findet J. H. Newman zum Gedanken des »Herzensgeheimnisses« zurück, das er als inneren Beweggrund für jedes Wagen im Glauben ausmacht. Noch einmal werden die Söhne des Zebedäus, die Apostel Jakobus und Johannes, den Zuhörern in Erinnerung gebracht. Für ihre Lauterkeit, so J. H. Newman, werden die Apostel beim Wort genommen, »obwohl sie erst noch erfahren müssen, wie ernst dieses Wort ist«[38]. Das Motiv des Wagnisses wird hier geschickt mit dem Motiv des Weges verbunden. Der Glaubende gibt Gott ein Versprechen – »wir können es«. Und darin ist er auf einem Weg, dessen Ende er nicht absieht. Zugleich weiß er aber, dass der Weg richtig ist. Er verlässt sich dar-

---

33 | Ebd., 292.
34 | Ebd., 293.
35 | Vgl. ebd.
36 | Ebd.
37 | Ebd.
38 | Ebd., 294.

auf, dass »Gott es schrittweise offenbaren«[39] und ihm dazu Kraft in dem Maße geben wird, wie es der Tag erfordert. Das Wagnis des Glaubens aber hat nicht nur seinen Preis, es hat auch seinen direkten Lohn: Fasten, Gebet, Werke der Liebe werden dem, der sich auf den Weg des Glaubens begibt, in der unsichtbaren Welt hinterlegt und einst in der Seligkeit wieder zuteil[40]. Angesichts dieser Vision wächst in J.H. Newman das Unverständnis über die menschliche Trägheit und Lustlosigkeit, für Jesus Christus das eigene Leben zu wagen[41]. Dabei müssten die es doch eigentlich besser wissen: »Und wer immer Häuser oder Brüder oder Schwestern oder Vater oder Mutter oder Weib oder Kind oder Äcker um meines Namens willen verlässt, wird Hundertfältiges dafür erhalten und das ewige Leben besitzen« (Mt 19,29).

Damit ist rhetorisch wie inhaltlich der Bogen gespannt: Von ihrem Anfang an ist die Predigt von den Wagnissen des Glaubens ein Appell an die Zuhörer, die eigene Lebenspraxis kritisch zu hinterfragen und sich auf die Botschaft des Glaubens einzulassen. Alles hat seinen Preis, so auch der Glaube: Wer sich auf dessen Pfade begibt, gerät auf den Weg des Kreuzes, verliert an Ruhe und Bequemlichkeit, setzt aber auf einen Himmel, der ihn einst als Heimat umfangen wird. Die Begriffe des Herzens und des Herzensgeheimnisses verweisen auf die innere Dynamik dieses Weges, in dessen Verlauf sich die innere Gestimmtheit des Herzens, den Glauben zu wagen, rechtfertigt, indem sich dem Glaubenden Gott, der ihn führt und leitet, Schritt um Schritt enthüllt. Die Gedankenwelt, in der J.H. Newman 1871 seine Grammar of Assent abschließen wird, kündigt sich an. Zur Sprache kommt das Thema von äußerer und innerer Welt, beständig präsent ist der Hinweis auf das Zueinander von Herz und Gewissheit. Der starke Akzent, den J.H. Newman auf das individuelle Entscheiden und Wagen legt, führt die Predigt – trotz ihrer großen zeitlichen Distanz zur Gegenwart – zu einem tieferen Verstehen der aktuellen Situation nicht nur der Jugendpastoral. Dies überrascht nicht: In einem Lebensumfeld, das von Vielfalt und religiöser Indifferenz geprägt ist, sind die Menschen auch hinsichtlich ihres Glaubens gefordert, sehr bewusst eine verantwortete Entscheidung zu treffen.

---

39 | Ebd.
40 | Vgl. ebd., 295.
41 | Vgl. ebd., 295–296.

2.2. Die Wagnisse des Glaubens – eine Predigt und ihre Gedankenwelt

In der prägnanten Klarheit, in der J. H. Newman seine Hörer darauf drängt, nach dem status quo ihrer eigenen Lebensverhältnisse zu fragen, um sich beherzt auf das Wagnis des Glaubens einlassen zu können, entfaltet sich programmatisch das Profil seiner Vorstellung von einer authentisch gelebten Gläubigkeit. Das, was er in seinen späteren Werken entfalten wird, ist im Kern bereits vorhanden: Die Grundthematik des venture[42], des Wagnisses, verweist auf die Dynamik des Glaubens, der als Wahrheitsgeschehen gedeutet wird. Dafür spricht auch die Reihe der Beispiele, die von Glaubenden erzählen, deren Glaubenswagen aus einer vernunftgetragenen Entscheidung erwächst[43]. Im Wagen des Glaubens ist der Einzelne auf dem Weg und er ist in der Tiefe seiner Existenz von der Richtigkeit seines Tuns überzeugt[44]. J. H. Newman zielt auf die Wesensmitte des Menschen, auf das Herz, dessen Geheimnisse sich nach Art und Gelegenheit verwirklichen – das Verbum *to realize* steht hier nicht zufällig an zentraler Stelle. Der Glaube, so Newman mit Blick auf Hebr 11,1, ist ein Realisieren dessen, was man erhofft. Erst wenn er in einer Lebensgeschichte konkret wird, ist der Glaube als Wirklichkeit erfasst[45]. H. P. Siller verweist darauf, dass *to realize* nicht die *poiesis*, sondern die *praxis* kennzeichnet. Ihm zufolge geht es also dann, wenn J. H. Newman vom Realisieren redet, um ein »Fußfassen in einer zuverlässigen, Existenz tragenden Wirklichkeit, die in der Glaubenssprache eröffnet wird«[46]. Nicht ohne Grund zeichnet die Predigt eine Vielzahl von Worten aus, deren Wurzelstamm die Gewissheit im Glauben umschreibt[47]. Diese Gewissheit meint eine Haltung des Wartens und Vertrauens, in der sich die Verheißung Gottes für das Leben des Gläubigen ent-

---

42 | Der Begriff »venture« bedeutet substantivisch »Unternehmen«, »Unterfangen« und meint als Verbum zugleich »wagen«, »sich wagen«, kann folglich gleichermaßen ein Abenteuer oder auch eine nüchterne finanzielle Transaktion meinen, rührt also gleichermaßen an Gefühl und Verstand (vgl. Pons Collins, Deutsch-Englisch/ Englisch-Deutsch. Neubearbeitung 1991, Großwörterbuch – Ernst Klett, 776).
43 | Vgl. AW VI, 290 mit Hinweis auf Lk 14,28–33.
44 | Vgl. ebd., 289.
45 | J. H. Newman zitiert und erläutert in Parenthese ausgiebig Hebr 11,1 »Der Glaube ist die Substanz‹, das heißt das Realisieren, ›dessen, was man hofft, ein Überzeugtsein‹« (AW VI, 289).
46 | Siller, Hermann Pius, Newmans Zustimmungslehre. Ein Monitum für eine theologische Handlungstheorie, in: Biemer, Günter / Kuld, Lothar / Siebenrock, Roman A. (Hg.), Sinnsuche und Lebenswenden. Gewissen als Praxis nach John Henry Newman, Frankfurt 1998 (= NSt XVI), 229–239, 234.
47 | Hier einige Beispiele: »[…] in making ventures for eternal life without the absolute certainty of success« (PPS IV 296) / »Such were the ventures made in faith, and in uncertainty, by Apostles« (PPS IV 298) / »[…] uncertain about our reward, uncertain about our extent of sacrifice, in all respects leaning, waiting upon Him, trusting in Him to enable us to fulfil our own vows…« (PPS IV 299).

hüllt und erfüllt[48]. J. H. Newman wird diesen Gedanken in seiner *Grammar of Assent* näher ausführen[49], setzt sich aber mit dem subtilem Zueinander von offenbarter Glaubensbotschaft, vernunftgeleitetem Glaubwürdigkeitsurteil und existenziellem Wagnis bereits in seinen *Theses de fide* von 1847 kenntnisreich auseinander[50]. Die Rede von den Wagnissen, die dem Glaube vorausgehen, sowie der Hinweis auf die Herzensgeheimnisse, in denen sich der Glaube entscheidet, wird in den *Theses de fide* zur Rede von der Dunkelheit, in die sich der Glaubende hineinbegibt. In der Dunkelheit des Glaubensweges aber ist es Sache der Vernunft, vorliegende Beweisgründe auf das primäre Glaubensmotiv, Gott selbst, zu befragen. J. H. Newman betont: Der Glaube kann nicht ohne Gründe bestehen. Beweise, die für das Christentum sprechen, sind ihm Stütze, Zuflucht und Ermutigung[51]. Das Gleichnis vom Turmbau, dem die Abschätzung der vorhandenen Mittel voraufgeht, kommt in Erinnerung[52]. Der Glaube aber bleibt aller Tätigkeit der ratio zum Trotz eigenständige Konklusion, hinsichtlich der Glaubwürdigkeitserkenntnis »be quite as strong without it was as with it«[53]. J. H. Newman denkt damit bereits in seiner frühen Predigt das Christsein als vitale Lebensgestalt, die in einer beherzten Entscheidung gründet und ihren Ort in den Möglichkeiten wie auch Alltäglichkeiten der eigenen Existenz hat. Jene Entscheidung aber, die im Wagnis des Glaubens ihren Ausdruck findet, enthüllt das Wesen des in die Entscheidung gerufenen Menschen. Für I. F. Görres (1901–1971)[54] gehört Newman zu den »merkwürdigerweise so seltenen Menschen«[55], denen das Finden, Besitzen, Verkünden und Verteidigen der Wahrheit das zentrale Anliegen des Lebens ist. Der Wahrheit gegenüber gibt es bei Newman, so I. F. Görres, nur eine einzige Haltung, nämlich »die absolute Bereitschaft zum Gehorsam um jeden Preis«[56]. Hier zeige sich die feste Überzeugung, dass in jeder Wahrheitserkenntnis sich Gott bezeuge, sein

---

48 | Vgl. AW VI, 291.
49 | Vgl. Tolksdorf, Wilhelm, Analysis fidei. John Henry Newmans Beitrag zur Entdeckung des Subjektes beim Glaubensakt im theologiegeschichtlichen Kontext, Frankfurt 2000 (= NST 18), 467–482.
50 | Zu den Theses de fide von 1847 s. Tolksdorf, Analysis, 114–128.
51 | Vgl. Tolksdorf, Analysis, 123.
52 | Vgl. AW VI, 290.
53 | OUS XII 225. Deutsch: J. H. Newman, Die Liebe als Schutzwache des Glaubens gegen den Aberglauben (21. Mai 1839), in: AW VI, 168–187, 170.
54 | Görres, Ida Friederike, Der Geopferte. Ein anderer Blick auf John Henry Newman. Mit einem Vorwort hg. von Hanna-Barbara Gerl-Falkowitz, Vallendar / Schönstatt 2004. Zur Entdeckung des Manuskripts und näher zu I. F. Görres siehe Gerl-Falkowitz, Hanna-Barbara, »Weltüberwindung«. Eine Neuentdeckung: Ida Friedericke Görres über Newman. Vorwort, in: Görres, Der Geopferte, 5–37.
55 | Görres, Der Geopferte, 93.
56 | Ebd.

»An-spruch« aber verlange »gebieterisch Anerkennung, Annahme und Unterwerfung«[57]. Gegen die einmal erkannte Wahrheit gibt es keine Berufung, vor ihr ist kein Ausweichen, sie anzunehmen bedeutet ein »Lassen, ein Sichlassen, Sich-Überlassen, Sich-Ergreifen- und Führenlassen«[58]. Wer die Wahrheit erkannt hat, muß sich »im erschreckenden Doppelsinn des Wortes«[59] nach ihr richten. Wer so denkt, ist dem »Abenteuer ausgeliefert – sein Weg ist nicht vorgezeichnet, sondern im Gegenteil dem immer nur schrittweise führenden Licht ausgeliefert«[60]. I. F. Görres entdeckt hier einen gleichermaßen männlichen wie weiblichen Zug individueller Gläubigkeit – »mehr empfangend als zeugend, und das einmal Empfangene getreulich und gehorsam allen Schmerzen und Gefahren zum Trotz austragend«[61]. Das Wegmotiv, das Newman in seiner Predigt von 1836 skizziert, erhält darin seine Tiefe, die Frage nach dem Gewissen ihre außerordentliche Bedeutung. Der Mensch wird hier konsequent geschichtlich gedacht: Im Verlauf seiner Lebensbahn ist eine dynamische Entwicklung der Fähigkeit zu beobachten, den Anspruch der Wahrheit zu vernehmen und sich unter ihr Maß zu stellen[62]. Wie in seiner Predigt von 1836 ist auch in der Grammar of Assent aus dem Jahr 1871 Wahrheit ausschließlich christologisch bestimmt. Der Mensch entscheidet sich im Glauben für die Lebensgemeinschaft mit dem Gekreuzigten[63], dessen Bild er im Herzen trägt[64]. Das Christentum, das J. H. Newman entfaltet,, ist also in guter Weise ein Christentum aus Einsicht und Entscheidung: Es erfordert Mut und Wagnis, lebt aus den Kräften der eigenen Biographie, läßt den Entschiedenen aber nicht alleine, sondern stellt ihn in die Gemeinschaft der Glaubenden, die ihn trägt, motiviert und herausfordert.

3. Wagnisse des Glaubens im Heute einer pluralen Gesellschaft

Von J. H. Newmans Predigt über die »Wagnisse des Glaubens« zurück in die Gegenwart heutiger Verkündigung: Wenn K. Pfeffer in seinem Beitrag Perspektiven für

---

57 | Ebd., 93–94.
58 | Ebd., 97.
59 | Ebd., 98.
60 | Ebd., 113.
61 | Ebd., 113.
62 | Vgl. Tolksdorf, Analysis, 320.
63 | Vgl. AW VI, 288.
64 | »Das image of Christ, jeweils erfasst und verehrt in den einzelnen Geistern, prägt deren sittliches Leben, es schafft den Glauben und belohnt ihn zugleich« (Tolksdorf, Analysis, 527).

eine künftige Jugendpastoral entwickelt, erinnert er zunächst an die Eigenwelt der Jugendlichen, die zu respektieren ist, soll die Verkündigung bei ihnen überhaupt gelingen. Zum anderen benennt K. Pfeffer bereits im Jahr 2005 Bedingungen, unter denen sich Verkündigung heute zu bewähren hat. Die Jugendpastoral ist ein sehr griffiges Beispiel dafür, dass eine Pastoral – will sie denn bei ihren Zeitgenossen ankommen – dem Einzelnen nur als Einladung vorgetragen werden kann, sich aus freiem Willen für das Christentum und seine Botschaft zu entscheiden. Dass es dabei unbedingt darauf ankäme, sich an eine Gemeinde zu binden, davon ist ganz offensichtlich nicht die Rede. Auch bei J. H. Newman nicht, der aber in seiner Predigt den Zusammenklang von Herz und Verstand als unerlässliche Voraussetzung für einen Glauben, der gelingen soll, einfordert. Eben das ist für ihn Herausforderung und Wagnis, denn die Glaubensentscheidung hat sich in einer gesellschaftlichen Öffentlichkeit zu bewähren, in der zunächst ohne große Unterscheidung all das begrüßt und mit Wohlwollen betrachtet wird, was ein gelingendes und erfolgreiches Leben verspricht. Zur Zeit Newmans wie aber auch heute gilt: Sich in einem solchen Umfeld für das Christentum zu entscheiden, bedeutet für den Einzelnen, sich auf eine Lebensorientierung einzulassen, deren Inhalte der allgemeinen Öffentlichkeit teils unbekannt, teils nicht nachvollziehbar sind. Hier das Wagnis des Glaubens einzugehen, bedeutet, für etwas einzustehen, das mit Gewißheit nicht den Beifall aller findet. Ein solches Wagen, davon ist J. H. Newman überzeugt, erwächst aus einer Entscheidung, die in der Wesensmitte des Menschen ihren Grund hat. Eine solche Entscheidung aber ist kein rein äußerlicher Willensakt. Sie ist immer schon Akt der Liebe, Antwort auf den, der in die Nachfolge ruft: Jesus Christus. J.H. Newman konzipiert seine Sicht auf Jesus Christus im Glaubensakt als eine Christologie der Einwohnung. Er verweist auf die Gemeinschaft des Leidens, in der der Glaubende am Gekreuzigten teilhat. Auf klassische Weise spricht J. H. Newman in seinen *Theses de Fide* von der *prima veritas*, auf die hin sich der Mensch im Glaubensakt ausrichtet. In der *Grammar of Assent* bindet J. H. Newman zudem den Zustimmungsakt, der für ihn der Glaube immer ist, an das Maß, das der urteilenden Vernunft durch das *image of Christ* gesetzt ist. Hierin steht ihm J. Ratzinger inhaltlich nahe, wie ein kleiner Aufsatz aus dem Jahr 1992 verdeutlicht[65]. In der sakramentalen »Einkörperung in Christus«[66], so J. Ratzinger, ist dem Gläubigen eine »Anamnese des Glaubens«[67] eingesenkt, die sich im stän-

---

65 | Ratzinger, Joseph, Wenn Du den Frieden willst ... Gewissen und Wahrheit, in: ders., Werte in Zeiten des Umbruchs. Die Herausforderungen der Zukunft bestehen, Freiburg 2005, 100–122.
66 | Ratzinger, Gewissen, 117.
67 | Ebd.

digen Dialog von Innen und Außen entfaltet. Die dem Sein eingesenkte Anamnesis bedarf dieser Nachhilfe von außen, die ihr zugeordnet ist und »ihre eigene innere Eröffnetheit für die Wahrheit zum Vollzug«[68] bringt. Hier sieht J. Ratzinger denn auch den »wahren Sinn der Lehrgewalt des Papstes«: Dieser ist »Anwalt des christlichen Gedächtnisses«[69]. Mit J.H. Newman begreift J. Ratzinger den Menschen als ein Geschöpf, dessen wahres Glück in einer begnadeten Innerlichkeit und darin Wahrheitsfähigkeit gründet. Den Menschen in der Wahrheit gefordert zu wissen, ist somit bleibender Auftrag einer Seelsorge, die ihn begleitet, anleitet, vielleicht sogar auf originelle Art inspiriert, das zu suchen, was ihm Erlösung verheißt. Eine zeitgemäße Gestalt der Verkündigung wäre demnach also *cor ad cor*, ein beständiges Erinnern und Erzählen, das sich von der Hoffnung getragen weiß, Menschen zu sich, den Nächsten und letztendlich vor Gott selbst zu führen. Auf welche Weise und mit welchen Mittel dies geschieht, darüber hat die Kirche nach Erfordernis und Bedarf je neu zu befinden – begleitet vom freudigen Erschrecken, dass alles Glauben ein einziges Wagen ist.

Predigt 4

Die Wagnisse des Glaubens

»Sie sagten zu ihm: Wir können es.«
(Mt 20,22)

Mit diesen Worten antworteten die heiligen Apostel Jakobus und Johannes auf eine sehr ernste Frage, die ihnen ihr göttlicher Meister gestellt hatte. Aus edlem Ehrgeiz, der bislang freilich noch nicht eingeführt war in die höchste Weisheit und noch nicht unterwiesen in der heiligsten Wahrheit, begehrten sie, auf dem Thron seiner Herrlichkeit an seiner Seite zu sitzen. Sie wollten sich mit nichts Geringerem zufrieden geben als mit jenem besonderen Geschenk, das er seinen Erwählten zu gewähren gekommen war, bald darauf durch sein Sterben für sie erkauft hat und auch uns anbietet. Sie baten um das Geschenk des ewigen Lebens,

---

68 | Ebd.
69 | Ebd., 118.

und in Beantwortung ihrer Frage sagte er ihnen nicht, dass sie es erhalten würden (obgleich es ihnen zugedacht war), sondern erinnerte sie daran, was *sie dafür wagen müssten*. »Könnt ihr den Kelch trinken, den ich trinke oder die Taufe empfangen, mit der ich getauft wurde? Sie antworteten ihm: Wir können es« (Mk 10,38). Damit wird uns an dieser Stelle eine große Lehre eingeschärft, dass nämlich unsere Pflicht als Christen darin besteht, für das ewige Leben Wagnisse einzugehen ohne die absolute Gewissheit auf Erfolg.

Erfolg und immerwährender Lohn werden denen zuteil werden, die ausharren bis ans Ende. Wir können nicht daran zweifeln, dass die Wagnisse aller Diener Christi ihnen am Jüngsten Tag in überreichem Maße vergolten werden. Dies ist ein wahres Wort: er gibt uns weit mehr zurück, als wir ihm schenken, und das ganz bestimmt. Ich spreche jedoch von Individuen, von jedem Einzelnen von uns. Keiner von uns weiß mit Sicherheit, dass er ausharren wird; aber jeder von uns muss, um sich überhaupt eine Chance auf Erfolg ausrechnen zu können, etwas wagen. Auf den Einzelnen gesehen verhält es sich demnach wirklich so, dass wir alle für den Himmel sicherlich Wagnisse eingehen müssen, ohne die Gewissheit zu erlangen, damit Erfolg zu haben. Gerade dies liegt ja im Wort »Wagnis«; es wäre ein seltsames Wagnis, das mit Angst, Risiko, Gefahr, Besorgnis und Ungewissheit nichts zu tun hat. Ja, so ist es zweifellos, und darin bestehen die Vortrefflichkeit und die Vornehmheit des *Glaubens*; eben dies ist der Grund, weshalb sich der *Glaube* aus anderen Tugenden heraushebt und als das besondere Mittel unserer Rechtfertigung gerühmt wird, weil sein Vorhandensein dafür steht, dass wir das Herz haben, ein Wagnis einzugehen.

Der heilige Paulus stellt uns dies im elften Kapitel seines Briefes an die Hebräer hinreichend vor Augen; es beginnt mit einer Begriffsbestimmung des Glaubens und führt im Anschluss daran Vorbilder im Glauben auf, gleichsam um uns vor jeder Möglichkeit des Irrtums zu bewahren. Nach dem Schriftzitat »Mein Gerechter wird aus dem Glauben leben«, womit er klar aufzeigt, dass er von dem redet, was er in seinem Brief an die Römer als *rechtfertigenden* Glauben darlegt, fährt er fort: »Glaube ist die feste Zuversicht«, das heißt das Bewusstwerden »dessen, was wir erhoffen, die Überzeugung«, das heißt die Grundlage des Beweises »von dem, was wir nicht sehen« (Hebr 11,1). Es ist in seinem innersten Wesen die Vergegenwärtigung des Unsichtbaren; das Handeln auf die bloße Aussicht hin, so als hätte man es bereits zu eigen; das Wagnis des Sich-Einlassens, der Einsatz des gegenwärtigen Wohlseins, Glücks oder eines anderen Gutes auf die Chance der Zukunft. Folglich sagt er in einem anderen Brief sehr deutlich: »Wenn wir weiter nichts sind als Leute, die nur in diesem Leben ihre Hoffnung auf Christus gesetzt haben, sind wir die bedauernswertesten unter allen Menschen« (1 Kor 15,19). Wenn die Toten nicht auferweckt werden, dann haben wir bei der Wahl unseres Lebens in der Tat eine außerordentliche Fehlentscheidung getroffen und befinden uns ganz und gar im Irrtum. Und was für die Lehre im Ganzen gilt, das gilt auch für unseren je eigenen Anteil daran. Dies macht er uns in seinem Brief an die Hebräer am Beispiel der Heiligen des Alten Bundes klar, die ihr gegenwärtiges Glück für die Chance der Zukunft aufs Spiel setzten. Abraham »zog weg, ohne zu wissen, wohin es ging« (Hebr 11,8). Er und die Seinen starben, »ohne die Verheißung erlangt zu haben; sie haben sie von fern gesehen und begrüßt und haben bekannt, dass sie Fremde und Gäste auf der Erde sind« (Hebr 11,13). So stark war der Glaube der Patriarchen. Im Kontext des Vorspruchs erheben nun die jugendlichen Apostel in ihrer unwissenden, aber großmütigen Einfalt Anspruch auf dasselbe. So wenig sie sich dessen, was sie sagten, in seiner ganzen Tragweite bewusst waren, so waren ihre Worte doch Ausdruck ihrer geheimen Herzenswünsche und in Bezug auf ihr späteres Verhalten prophetisch. Sie sagten zu ihm: »Wir können es«. Sie verbürgen sich gleichsam aus Versehen und werden von einem, der mächtiger ist als sie, beim Wort genommen und gewissermaßen durch eine List seine Gefangenen. In Wirklichkeit aber kam ihr arglos eingegangenes Versprechen letztlich von Herzen, wenngleich sie nicht wussten, was sie versprachen; und so wurde dieses Versprechen angenommen. »Könnt ihr den Kelch trinken, den ich trinke, oder die Taufe empfangen, mit der ich getauft werde? Sie antworteten ihm: Wir können es.« Ohne ihnen den Himmel zu versprechen, entgegnete er ihnen gnädiglich: »Den Kelch, den ich trinke, *werdet* ihr trinken, und die Taufe empfangen, mit der ich getauft werde« (Mk 10,38–39).

Dem heiligen Petrus gegenüber scheint unser Herr auf dieselbe Art und Weise zu handeln. Er nahm seine Beflissenheit an, bedeutete ihm aber, wie wenig er seine eigenen Worte zu begreifen imstande war. Der von

Eifer beseelte Apostel wollte seinem Herrn unmittelbar folgen, doch der gab ihm zur Antwort: »Wohin ich gehe, dorthin kannst du mir jetzt nicht folgen. Du wirst mir aber später folgen« (Joh 13,36). Ein andermal forderte Jesus das ihm bereits gegebene Versprechen ein; er sagte: »Folge mir!« und gab ihm dafür zugleich die Erklärung: »Amen, amen, ich sage dir: Als du jung warst, hast du dich selbst gegürtet und bist gegangen, wohin du wolltest. Wenn du aber alt geworden bist, wirst du deine Hände ausstrecken und ein anderer wird dich gürten und dich führen, wohin du nicht willst« (Joh 21,18).

Dies waren die Wagnisse, welche die Apostel im Glauben und in der Ungewissheit eingegangen sind. Unser Erlöser verpflichtet uns in einem Abschnitt des Lukas-Evangeliums alle auf die Notwendigkeit, freiwillig das Gleiche zu tun. »Wer von euch, der einen Turm bauen will, setzt sich nicht zuerst hin und berechnet die Kosten, ob er genug hat, um fertig zu bauen, damit nicht etwa, nachdem er den Grund gelegt hat und nicht fertig bauen kann, alle, die es sehen, über ihn zu spotten beginnen und sagen: Dieser Mann hat angefangen zu bauen und konnte es nicht fertig bekommen.« Und unmittelbar darauf fügt er hinzu: »So kann auch keiner von euch, der sich nicht von allem, was er hat, lossagt, mein Jünger sein« (Lk 14,28–33). Damit lässt er uns wissen, dass unser Opfer ein vollständiges sein müsse. Wir geben ihm all das Unsrige hin; er seinerseits fordert dieses oder jenes von uns oder überlässt uns eine Zeit lang etwas davon, ganz nach seinem Wohlwollen. Auf der anderen Seite haben wir in der Geschichte des reichen Jünglings, der traurig davonging, als unser Herr ihn hieß, alles aufzugeben und ihm zu folgen, ein Beispiel für jemanden, der *nicht* den Glauben hatte, auf sein Wort hin diese Welt für die künftige zu wagen.

Wenn nun der Glaube das Wesentliche eines christlichen Lebens ist und wenn er dem entspricht, was ich soeben beschrieben habe, dann folgt daraus, dass unsere Pflicht darin liegt, auf Christi Wort hin das, was wir haben, zu wagen für das, was wir nicht haben, und zwar auf eine noble und großherzige Art und Weise, nicht etwa unbesonnen oder leichtfertig, wenn auch ohne genaue Kenntnis dessen, was wir tun; weder wissend, was wir aufgegeben haben, noch, was wir gewinnen werden; im Ungewissen über unseren Lohn, über das Ausmaß unseres Opfers, in jeder Hinsicht uns auf ihn verlassend, ihn erwartend und darauf vertrauend, dass er sein Versprechen einlösen werde, dass er uns befähige, unsere eigenen Versprechen zu erfüllen und so in jeder Hinsicht ohne Sorge und Angst um die Zukunft voranzuschreiten.

Ich darf wohl davon ausgehen, dass das bisher Gesagte den meisten Zuhörern klar und nicht zu beanstanden erscheint; wenn ich nun aber daran gehe, die sich unmittelbar daraus ergebende praktische Konsequenz zu ziehen, wird es sicherlich welche geben, die insgeheim im Herzen, wenn nicht offen eingestehend einen Rückzieher machen. Die Menschen gestatten es uns Geistlichen zu predigen, solange wir uns auf allgemeine Wahrheiten beschränken – bis sie erkennen, dass sie von diesen selbst betroffen sind und sich nach ihnen zu richten haben; dann halten sie plötzlich inne; sie besinnen sich und ziehen sich zurück, indem sie sagen, sie sähen *dies* nicht ein oder könnten *jenem* nicht zustimmen – und obwohl sie durchaus nicht sagen können, *warum* das nicht aus demjenigen folgen soll, was sie bereits akzeptiert haben und was gemäß unseren Darlegungen folgen *muss*, beharren sie darauf, nicht einzusehen, dass es folgt; und sie suchen nach Entschuldigungen und behaupten, wir trieben die Dinge zu weit, wir seien extravagant und sollten uns in dem, was wir sagen, beschränken und mäßigen; wir würden die Zeiten und Umstände nicht in Betracht ziehen und dergleichen mehr. Dies nehmen sie zum Vorwand; nicht zu Unrecht heißt es »Wo ein Wille ist, ist auch ein Weg!«; denn es gibt keine Wahrheit, mag sie noch so überwältigend klar sein, welcher die Menschen nicht davonlaufen könnten, indem sie die Augen vor ihr verschließen; es gibt keine Pflicht, mag sie noch so dringlich sein, gegen die sie in eigener Sache nicht zehntausend gute Gründe erfinden würden. Und sie sind sich ihrer Sache sicher, wenn sie sagen, wir würden die Dinge zu weit treiben, wenn wir sie ihnen klarlegen.

Diese traurige Schwachheit von Menschen, die sich Christen nennen, wird an dem uns unmittelbar vorliegenden Thema veranschaulicht. Wer würde dem nicht auf der Stelle zustimmen, dass der Glaube darin besteht, auf Christi Wort hin nicht sehend ein Wagnis einzugehen? Darf aber nicht trotzdem ernsthaft in Zweifel gezogen werden, dass die Menschen im Allgemeinen, selbst die besseren, auf seine Wahrheit hin überhaupt etwas wagen?

Überlegen wir einen Augenblick. Jeder möge sich die Frage stellen, welchen Einsatz *er* auf die Wahrheit der Verheißung Christi gewagt hat. Wäre er auch nur eine Spur schlechter dran, wenn dieser Einsatz (was nicht möglich ist) – doch nehmen wir es an –, wenn dieser Einsatz verspielt wäre? Wir wissen, was es heißt, einen Einsatz auf eine beliebige Unternehmung dieser Welt zu wagen. Wir setzen unser Vermögen auf erfolgversprechende Pläne – auf Pläne, denen wir vertrauen, an die wir glauben. Was riskieren wir für Christus? Was geben wir ihm im Hinblick auf den Glauben an seine Verheißung? Der Apostel hat gesagt, dass er und seine Brüder die bedauernswertesten unter allen Menschen wären, wenn die Toten nicht auferweckt würden. Können wir dies in gewissem Maße auch auf uns beziehen? Vielleicht denken wir im Moment, wir könnten uns einige Hoffnung auf den Himmel machen; na ja, *diese* müssten wir natürlich fahren lassen; doch inwiefern sollten wir letzten Endes, was unsere *gegenwärtige* Lage anbetrifft, schlechter dran sein? Ein Kaufmann, der mit beträchtlichem Vermögen in ein Spekulationsgeschäft eingestiegen ist, das scheitert, verliert nicht nur seine Aussicht auf Gewinn, sondern etwas von sich selbst, das er mit der *Hoffnung* auf den Gewinn investiert hat. Die Frage an uns lautet: Was haben wir gewagt? Ich fürchte in der Tat, wenn wir dieser Frage nachgehen, wird sich herausstellen, dass es nichts gibt, wozu wir uns entschließen; nichts, was wir tun; nichts, was wir unterlassen; nichts, was wir meiden; nichts, was wir erwählen; nichts, was wir aufgeben; nichts, was wir verfolgen; nichts, wozu wir uns nicht entschließen würden; was wir nicht täten; nicht unterließen; mieden, erwählten, aufgäben und verfolgten, wenn Christus nicht gestorben und der Himmel uns nicht verheißen wäre. Ich fürchte in der Tat, dass die meisten Menschen, die sich Christen nennen, wozu immer sie sich bekennen, was immer sie denken und fühlen mögen, was immer sie an Wärme und Erleuchtung und Liebe für sich in Anspruch nehmen mögen, gleichwohl fast genauso weitermachen würden wie bisher, weder viel besser noch viel schlechter, wenn sie das Christentum für ein Märchen hielten. In der Jugend frönen sie ihrer Lust oder jagen zumindest den Eitelkeiten der Welt nach; später treten sie in ein aussichtsreiches Geschäftsleben ein oder beschreiten einen anderen Weg des Geldverdienens; dann heiraten sie und lassen sich häuslich nieder; und da bei ihnen Neigung und Pflicht zusammenfallen, scheinen sie, auch nach ihrem eigenen Dafürhalten, ehrbare und religiöse Menschen zu sein; sie gewinnen die Dinge lieb wie sie sind; sie fangen an, einen Eifer gegen Untugenden und Fehler zu entwickeln, und sie sind bestrebt, mit jedermann friedlich auszukommen. Solch ein Verhalten ist zunächst einmal sicherlich recht und lobenswert. Nur, meine ich, hat es nicht notwendigerweise etwas mit Religion zu tun. Es hat nichts an sich, das als Beweis für das Vorhandensein religiöser Grundsätze bei denen angesehen werden könnte, die sich dieses Verhalten zu eigen gemacht haben. Es gibt nichts, was sie nicht noch täten, wenngleich sie nichts dabei zu gewinnen hätten, ausgenommen das, was sie jetzt ohnehin schon gewinnen; und sie gewinnen jetzt in der Tat etwas: sie erfüllen sich ihre gegenwärtigen Wünsche, sie führen ein ruhiges und geregeltes Leben, weil es in ihrem Interesse liegt und nach ihrem Geschmack ist; aber sie *wagen* nichts, sie riskieren nichts, sie opfern nichts, sie geben nichts auf um des Glaubens an Christi Wort willen.

Der heilige Barnabas, zum Beispiel, hatte in Zypern Landbesitz; er gab ihn hin für die Armen Christi. Hier haben wir ein klar verständliches Opfer. Barnabas tat etwas, das er nicht getan hätte, wenn nicht das Evangelium wahr wäre. Es ist ganz einfach: hätte sich das Evangelium als Märchen herausgestellt – Gott bewahre!, gesetzt jedoch den Fall, dies wäre so eingetreten, dann hätte er eine höchst ungeschickte Wahl getroffen; er wäre einem großen Irrtum erlegen und hätte materiellen Schaden erlitten. Er gliche einem Kaufmann, dessen Schiffe untergegangen sind oder dessen Geschäftspartner Bankrott gemacht haben. Der Mensch vertraut seinen Mitmenschen, er setzt sein Vertrauen auf die Verlässlichkeit seines Nachbarn; die Christen hingegen gehen größtenteils kein großes Wagnis auf das Wort ihres Erlösers hin ein; und dies gerade ist es, was sie tun müssen. Christus selbst sagt uns: »Macht euch Freunde mit dem ungerechten Mammon, damit man euch, wenn es zu Ende geht, in die ewigen Wohnungen aufnimmt« (Lk 16,9); das heißt, erkauft euch einen Anteil an der künftigen Welt mit dem Reichtum, den die hiesige Welt so ungerecht nutzt; speist die Hungrigen, kleidet die Nackten, tröstet die Kranken, und es wird euch zu »Beuteln, die nicht veralten, einem Schatz im Himmel, der nicht versiegt« (Lk 12,33). So, meine ich, sind Almosen ein verständliches *Wagnis* und ein Zeugnis für den Glauben.

Und wiederum, wenn es um die Aussichten eines Mannes in der Welt gut bestellt ist und er die Hoffnung auf Reichtum oder Ansehen aufgibt, um Christus näher zu sein und einen Platz in seinem Tempel zu erwerben, mehr Gelegenheit für Gebet und Lobpreis zu finden, dann bringt dieser Mensch ein Opfer.

Oder derjenige, der in edlem Streben nach Vollkommenheit das Verlangen nach weltlichen Annehmlichkeiten ablegt und wie Daniel oder Paulus viel Arbeit und Mühsal, und dies mit ganzem Herzen, auf sich nimmt, auch der wagt etwas auf die Gewissheit der künftigen Welt.

Oder der, der sündig geworden ist, in Wort und Tat bereut, sich ein Joch auf die Schultern lädt, sich der Strafe unterwirft, streng ist gegen sein Fleisch, sich unschuldige Vergnügungen versagt oder sich der öffentlichen Schande aussetzt, – auch er zeigt, dass sein Glaube die Vergegenwärtigung des zu Erhoffenden, die Bürgschaft für das Unsichtbare ist.

Und weiter: wer nur zum Beten findet gegen das, was von vielen begehrt wird, und sich das zu eigen macht, wovor das Herz von Natur aus zurückschreckt; wer, wenn Gottes Wille zeitliches Übel zu verheißen scheint, und er, wiewohl er dieses Übel weit von sich weist, es über sich bringt und von Herzen sagt: »Dein Wille geschehe!«, selbst der ist nicht ohne sein Opfer. Oder wer bei Aussicht auf Reichtum Gott ehrlich bittet, er möge ihn niemals reich werden lassen; wer bei Aussicht auf eine hohe gesellschaftliche Stellung ernsthaft bittet, er möge sie nie erlangen; wer Freunde und Verwandte hat und sich von ganzem Herzen in die Trennung von ihnen fügt, solange diese noch ungewiss ist, und sagen kann: »Nimm sie mir, wenn es dein Wille ist, dir übergebe ich sie, dir vertraue ich sie an«, der bereit ist, beim Wort genommen zu werden, – auch der wagt etwas und findet Anerkennung.

Solch einer wird beim Wort genommen, obgleich er vielleicht nicht versteht, was er sagt; aber er findet Anerkennung, weil er zu etwas entschlossen ist und viel wagt. Großmütige Herzen wie Jakobus und Johannes oder Petrus sprechen oft im Voraus mit großen Worten und zuversichtlich von dem, was sie für Christus tun wollen, und sie sagen dies nicht in unlauterer Absicht, jedoch unwissend; und wegen ihrer Lauterkeit werden sie zum Lohn beim Wort genommen, auch wenn sie erst noch erfahren werden müssen, wie ernst jenes Wort ist: »Sie sprachen zu ihm: Wir können es« – und ihr Gelöbnis wird im Himmel vermerkt. Wir alle befinden uns bei vielen Gelegenheiten in der gleichen Lage. Zuerst bei der Firmung; da versprechen wir, was andere für uns bei der Taufe versprochen haben, ohne dass wir in der Lage sind, die Tragweite unseres Versprechens zu verstehen, sondern vielmehr darauf vertrauen, dass Gott uns dies nach und nach offenbaren und uns zu gegebener Zeit die dafür erforderliche Kraft verleihen wird. Auch diejenigen, die in den geistlichen Stand treten, legen ein Versprechen ab und wissen nicht, was sie versprechen; sie gehen eine Verpflichtung ein und wissen nicht, wie tief diese reicht; sie trennen sich von den Wegen dieser Welt und wissen nicht wie grundlegend; sie meinen vielleicht, sie müssten sich die rechte Hand abhacken, die Begierde ihrer Augen und die Regung ihres Herzens am Fuß des Kreuzes zum Opfer bringen, wohingegen sie in ihrer Einfalt dachten, sie hätten das ruhige und unbesorgte Leben von »Männern, die bei den Zelten bleiben« (Gen 25,27) erwählt. Und so veranlassen die jeweiligen Verhältnisse die Menschen auf unterschiedliche Art und zu unterschiedlichen Zeitpunkten, diesen oder jenen Weg um der Religion willen einzuschlagen. Sie wissen nicht, wohin es sie treibt; sie sehen das Ende des Weges nicht; sie wissen nur, dass das, was sie jetzt tun, richtig ist; und sie vernehmen im Inneren ein Flüstern, das ihnen gleich dem Apostelbrüderpaar versichert, dass sie allem, was immer sich aus ihrem derzeitigen Verhalten in der Zukunft ergibt, mit Gottes Gnade gewachsen sein werden. Die heiligen Apostel sagten: »Wir können es«; und wahrhaftig, sie wurden befähigt, zu handeln und zu leiden, wie sie gesagt hatten. Dem heiligen Jakobus wurde die Kraft gegeben, bis zum Tode, dem Tod des Martyriums, standhaft zu bleiben; er wurde in Jerusalem durch das Schwert hingerichtet. Der heilige Johannes, sein Bruder, musste noch mehr ertragen, denn er starb als Letzter der Apostel, während Jakobus der Erste war. Zuerst musste er den Verlust seines Bruders hinnehmen, dann der der übrigen Apostel. Er hatte lange Jahre in Einsamkeit, in der Verbannung und bei schwächlicher Gesundheit zu ertragen. Er musste die Trübsal des Alleinseins erfahren, nachdem jene, die er liebte, abberufen worden waren. Er musste seinen eigenen Gedanken nachhängen, ohne einen vertrauten Freund, nur umgeben von Menschen einer jüngeren Generation. Von ihm forderte sein gütiger Herr als Zeichen seines Glaubens alles, was sein Auge liebte und woran sein Herz hing. Er glich einem, der sein Hab und Gut in ein fernes Land bringt, der es nach und nach und in Teilen vorausschickt, bis seine gegenwärtige Wohnstätte nahezu leergeräumt ist. Er sandte seine Freunde auf ihre Reise voraus, während er selbst zurück blieb, damit jene im Himmel seiner gedächten, nach ihm Ausschau hielten und ihn in Empfang nähmen, wenn der Herr ihn riefe. Er sandte auch andere, noch freiwilliger gegebene Unterpfänder und Wagnisse seines Glaubens voraus – einen Wandel in Selbstverleugnung, einen Eifer für die Wahrung des Glaubens, Fasten und Gebet, Werke der Liebe, ein jungfräuliches Leben, Schläge von den Heiden, Verfolgung und Verbannung. Ein so großer Heiliger mag am Ende seiner Tage wohl sagen: »Komm, Herr Jesus!«, gleich einem, der der Nacht überdrüssig ist und auf den Morgen wartet. All seine Gedanken, all sein Sinnen, seine Wünsche und Hoffnungen wurden in der unsichtbaren Welt hinterlegt; und als der Tod kam, brachte er ihm den Anblick dessen zurück, was er in längst vergangenen Jahren verehrt, geliebt und an Umgang hatte. Als ihm schließlich das, was er verloren hatte, wieder gegenwärtig gemacht wurde, wie durften dann die Erinnerungen aufleben und vertraute, längst begrabene Gedanken neu zum Leben erwachen! Wer vermag die Seligkeit derer zu beschreiben, die all ihre Pfänder unversehrt zurückerhalten und all ihre Wagnisse reichlich und über die Maßen belohnt sehen?

Wie bedauerlich, meine Brüder, dass wir nicht mehr von diesem hohen und überirdischen Geist besitzen! Wie kommt es, dass wir uns mit den Dingen, so wie sie sind, zufrieden geben, – dass wir so gerne in Ruhe gelassen werden und dieses Leben genießen wollen, – dass wir so viele Entschuldigungen vorzubringen haben, wenn uns jemand die Notwendigkeit von etwas Höherem begreiflich machen will, die Pflicht, unser Kreuz zu tragen, wenn wir die Krone unseres Herrn Jesus Christus gewinnen wollen?

Ich wiederhole es noch einmal: Welches sind unsere Wagnisse und Einsätze auf die Wahrheit seines Wortes hin, der ja ausdrücklich sagt: »Und jeder, der Häuser, Brüder, Schwestern, Vater, Mutter, Frau, Kinder oder Äcker um meines Namens willen verlassen hat, wird es hundertfach wieder empfangen und das ewige Leben gewinnen. Viele aber, die die Ersten sind, werden die Letzten sein und die Letzten die Ersten« (Mt 19,29–30).

Einführung zu Predigt 5: Die Waffen der Heiligkeit – »Die Waffen der Heiligen«

Umkehrung der Werte – Ein großes Prinzip christlichen Lebens

CARLOS GUTIÉRREZ LOZANO

Die vorliegende Predigt entstand in einer sehr beschäftigten Zeit im Leben J. H. Newmans. Im Herbst 1837 (genau am 31. August, zwei Monate vor unserer Homilie) schrieb J. H. Newman an seinen Freund Frederick Rogers: »Ich habe noch nie so viele bedeutende Dinge zumal zu tun gehabt wie gerade jetzt. Die Bibliothek der Kirchenväter, mein Buch über Rechtfertigung, einige Tracts und jetzt Froudes Papiere«[1]. Und noch dazu der regelmäßige Predigtdienst. Auch wenn J. H. Newman viel zu tun hatte, verlor er nie aus den Augen, seine Gemeinde mystagogisch (zelebrierend, erklärend) in das Mysterium des Christlichen einzuführen.

Es ist allgemein bekannt, J. H. Newman sei der geistliche Vater des Zweiten Vatikanischen Konzils. Nach der Lektüre und Meditation dieser Predigt wird man eine klare Ahnung bekommen, wieso diese Zuschreibung voll berechtigt ist. Denn diese Homilie ist ein wunderbares Stück bester katholischen Pneumatologie und Ekklesiologie (da sich die beiden zutiefst aufeinander beziehen), wie sie eben erst im Zweiten Vatikanischen Konzil erneut verkündet wurde. Verwunderlich ist, dass J. H. Newman dies noch als anglikanischer Priester geleistet hat! Deswegen ist diese Predigt auch ein Zeichen der Kontinuität zwischen dem anglikanischen und dem katholischen J. H. Newman. Ich versuche diese Aussagen im Folgenden zu entfalten und zu verdeutlichen.

Im Christentum ist es seltsam, von Prinzipien zu sprechen. Wenn man trotzdem nach den Prinzipien fragt, die das Christentum bestimmen, man wird wohl an

---

1 | John Henry Newman, *LD*, VI, 121.

die Nächsten- und Feindesliebe, vielleicht an die Vergebung (siebzigmal sieben) denken. J.H. Newman aber überrascht uns in dieser Pfingstpredigt »Die Waffen der Heiligen« mit einem weiteren Prinzip, das, in seinen Worten, »wir alle wohl anerkennen, aber nur unzulänglich befolgen«. Ein solches Prinzip lautet: »Viele aber, die die Ersten sind, werden die Letzten sein und die Letzten die Ersten« (Mt 19,30). Der Hauptgedanke J.H. Newmans, der dieses Schriftwort mit Sinn erfüllt, ist es, dass »unter der Heilsordnung des Geistes alles neu werden und sich umkehren sollte«. Für den späteren Kardinal gibt es kein christliches Leben, ohne »unter der Heilsordnung des Geistes« zu stehen. Daniel Iglesias meint, dass J.H. Newman hier eine sehr wichtige Lehre der Väter wieder aufgreift, die eine Zeitlang vergessen und dann vom Zweiten Vatikanischen Konzil erneut rezipiert und verkündet wurde.

»Einer der hervorragenden Aspekte der Predigten Newmans war sein Beharren auf der Lehre von der Einwohnung des Heiligen Geistes in der Seele und durch ihn die Einwohnung des Vaters und des Sohnes […]. Diese Einwohnung ist das Fundament des neuen Lebens der Vereinigung mit Gott, das die christliche Religion der Menschheit bietet […]. Die Lehre von der göttlichen Einwohnung, in der Vätertheologie stark hervorgehoben, die die Vergöttlichung des Menschen durch die Gnade Gottes betonte, war von der Scholastik sehr vernachlässigt […]. Dieses Versehen war eine der Ursachen der Unterentwicklung der Pneumatologie und der Knappheit der Hinweise auf den Heiligen Geist in der herkömmlichen katholischen Frömmigkeit. Die Theologie des 20. Jahrhunderts auf den Spuren von Newman setzte die Weiterentwicklung der Lehre von der ungeschaffenen Gnade fort und reflektierte über die Beziehung der Christen zu jeder der drei göttlichen Personen. Das Zweite Vatikanische Konzil, solche Reflexionen aufnehmend, hob den trinitarischen Ursprung der Kirche (LG 2–4) und ihre Missionstätigkeit (vgl. AG 2–4) hervor und lehrte, dass sich der Sohn Gottes durch seine Menschwerdung in irgendeiner Weise mit jedem Menschen vereinigt hat (vgl. GS 22)«.[2]

Diese Heilsordnung fordert aber Umkehr und Neuheit. Was für eine Umkehr hat J.H. Newman im Kopf? Friedrich Nietzsche vorgreifend, aber eben im umgekehrten Sinn, spricht er von Umwertung der Werte: nicht Reichtum, Beredsamkeit oder Schlauheit (das sind die irdischen Mittel, mit denen der Mensch die Erde gewinnt), sondern Armut, Schwachheit, Kleinheit. Ein Widerspruch (oder gar eine Torheit) für jene Menschen, die eben nicht unter der Heilsordnung des Geistes

---

2 | Daniel Iglesias, John Henry Newman, precursor del Concilio Vaticano II, in: http://infocatolica.com/blog/razones.php/1006091153-john-henry-newman-precursor-d-1. Zuletzt abgerufen am 19. Oktober 2018; Übersetzung des Autors.

stehen. Deswegen spricht die Schrift von einem »neuen Königreich«. Man könnte hier manche Fragen aufwerfen: Warum bedürfen die Menschen einer Umwertung der bisherigen Werte? Wieso reichen diese menschlichen Werte nicht, um in das neue Königreich Gottes zu gelangen? Die Antwort bringt uns zu den Ursprüngen der Menschheits- und Heilsgeschichte zurück, als Gott dem Menschen seinen Heilsplan anbot und dieser ihn abgelehnt hat. Der Sündenfall hat eine erste Umkehrung der Werte mit sich gebracht, die durch Jesus Christus mit der Macht des Geistes zur originalen Form wieder hergestellt worden ist. Zuvor war das Prinzip selbstverständlich, dass die Letzten die Ersten sein werden und die Ersten die Letzten.

Für J. H. Newman findet sich nun dieses »große« Prinzip christlichen Lebens immer wieder verkörpert in der Heiligen Schrift, und immer ist es allein vom Heiligen Geist getragen. Die Beispiele, die J. H. Newman hierfür anführt, sind viele und überzeugend:

1) Der Lobgesang Mariens, wo diese Umkehrung am klarsten zum Ausdruck kommt, da Gott eine einfache Frau aus dem Volk auserwählt, um die Mutter seines Sohnes zu werden. Der anglikanische Newman stimmt hier übrigens völlig überein mit der katholischen Lehre von Maria als Zeichen der Kirche. In unserer Predigt heißt es: »Was Gott in ihr begann, war gleichsam ein Sinnbild für sein Handeln an der Kirche«. Die dogmatische Konstitution des Zweiten Vatikanischen Konzils sagt ihrerseits: »Die selige Jungfrau ist aber durch das Geschenk und die Aufgabe der göttlichen Mutterschaft, durch die sie mit ihrem Sohn und Erlöser vereint ist, und durch ihre einzigartigen Gnaden und Gaben auch mit der Kirche auf das innigste verbunden. Die Gottesmutter ist, wie schon der heilige Ambrosius lehrte, der Typus der Kirche unter der Rücksicht des Glaubens, der Liebe und der vollkommenen Einheit mit Christus« (LG 63).

2) Bergpredigt. Newman betont, wie Jesus die Armen im Geist, die Weinenden, die Gerechtigkeit Suchenden seligpreist, weil sie eben die Ersten vor Gott sind. Newman erinnert uns noch einmal, was wir hin und wieder vergessen: die Bergpredigt ist keine allegorische Rede, sondern eine zentrale und jeden Tag zu realisierende Lehre Jesu Christi.

3) Der heilige Paulus, der Lehre Christi treu, hat den Unwissenden, den Heiden gepredigt und ihnen keine großen Worte philosophischer Art, sondern die Torheit des Kreuzes mitgeteilt.

4) Die Psalmen. Newman erinnert uns, dass die in den Psalmen Betenden meist arme, sündige, kleine Leute sind, die voll Vertrauen zu Gott sprechen, weil sie

Bescheid wissen, dass er sie hört. All diese Beispiele sprechen auf ihre Art und Weise davon, dass Gott ein neues Königreich errichtet hat, wo die üblichen Verhaltensweisen des Menschen nicht mehr akzeptiert werden: Gewalt, Herrschaft, Krieg, Lüge, usw. Stattdessen sind neue menschliche Haltungen zu erwarten: Demut, Dienst, Armut im Vertrauen auf Gott.

J.H. Newman greift auf die ursprüngliche Benennung der Christen zurück und nennt sie Heilige. Christ sein bedeutet für den englischen Konvertiten heilig sein müssen. Diese Vorstellung hatte sich J.H. Newman sehr früh in seinem Leben eingeprägt. Wenn wir in die Apologia hineinschauen, finden wir den großen Einfluss, den Thomas Scott auf J.H. Newman gehabt hat: »Jahrelang gebrauchte ich die Grundsätze, die ich als Endziel und Kernpunkt seiner Lehre ansah, fast sprichwörtlich: ›Heiligkeit geht vor dem Frieden‹ und ›Wachstum ist der einzige Beweis des Lebens‹« (A 33). Heiligkeit vor dem Frieden: Hatte J.H. Newman damals schon erfahren (was heute eine massive Erscheinung ist), dass die meisten Personen Religion um des Friedens willen suchen? Dann ist Religion eine Sache, die keine Spannungen im Leben bereiten soll, keine Bemühung erfordert oder keiner Anstrengung bedarf. J.H. Newman sah ganz klar, dass das christliche Leben, die Heiligkeit, keine übermenschliche Leistung, sondern eine das ganze Leben andauernde Aufgabe unter der Führung des Geistes ist. Diese Auffassung der Heiligkeit stimmt übrigens mit dem Evangelium überein: »Seit den Tagen Johannes des Täufers bis heute wird dem Himmelreich Gewalt angetan; die Gewalttätigen reißen es an sich« (Mt 11,12). Solches Verständnis des christlichen Lebens als Heiligkeit wurde vom Zweiten Vatikanischen Konzil unter dem Titel »die allgemeine Berufung zur Heiligkeit« wieder ins Leben gerufen.

Daher sind in der Kirche alle, mögen sie zur Hierarchie gehören oder von ihr geleitet werden, zur Heiligkeit berufen gemäß dem Apostelwort: »Das ist der Wille Gottes, eure Heiligung« (1 Thess 4,3; vgl. Eph 1,4). Diese Heiligkeit der Kirche tut sich aber in den Gnadenfrüchten, die der Heilige Geist in den Gläubigen hervorbringt, unaufhörlich kund und muss das tun. Sie drückt sich vielgestaltig in den Einzelnen aus, die in ihrer Lebensgestaltung zur Vollkommenheit der Liebe in der Erbauung anderer streben. In eigener Weise erscheint sie in der Übung der sogenannten evangelischen Räte. Diese von vielen Christen auf Antrieb des Heiligen Geistes privat oder in einer von der Kirche anerkannten Lebensform, einem Stand, übernommene Übung der Räte gibt in der Welt ein hervorragendes Zeugnis und Beispiel dieser Heiligkeit und muß es geben« (LG 39).

So wie die Menschen die Welt mit weltlichen Waffen gewinnen, so gewinnen die Heiligen mit himmlischen, nach J. H. Newman nämlich: »Wahrheit, Sanftmut und Gerechtigkeit«.

Nach der Ausführung des großen Prinzips christlichen Lebens lädt J. H. Newman seine Zuhörer dazu ein, es im Leben umzusetzen. Denn viele mögen irreführend meinen, dies gilt nur für die in der Kirche stark engagierten Personen. Der anglikanische Newman aber weiß genau, dass die Kirche alle Gläubigen umfasst und braucht. Er sagt: »Wir [alle] sind die Kinder Gottes, wir sind die Streiter Christi«: Wir alle sind aktive Teilnehmer und Teilhaber des Reiches Gottes, nicht passive Zuschauer eines uns fernen Geschehens.

Wenn wir nun wirklich Teil dieses Reiches sind, dann gilt: »die Ersten werden die Letzten sein und die Letzten die Ersten«. Dies ist für Newman »das charakteristische Merkmal der Kirche Christi«. Wie war das damals in Zeiten Newmans und wie ist das heute für uns realisierbar? Der Pfarrer von St. Mary bemüht sich, uns dies nahe zu bringen.

Auch wenn die christliche Umwertung der weltlichen Werte nahezu als unmenschliche Überforderung empfunden wird, gibt es etliche Erfahrungen, die dieser Empfindung entgegenwirken. Die Jugend, zum Beispiel, gibt sich nicht mit dem zufrieden, was ihr die Welt bietet, und sucht nach dem, was sie wirklich zu erfüllen vermag. Die Welt versucht immer wieder, diese »höheren« Sehnsüchte der jungen Menschen zu manipulieren, und oftmals gelingt es ihr. Doch auch Christus kommt zur Jugend und verspricht ihr, »ihr heftiges Verlangen, diesen quälenden Hunger und Durst, zu stillen«. Was ist hier der Unterschied? Jesus fügt hinzu: »Ihr verlangt danach, groß zu sein, ich werde euch groß machen; doch achtet darauf, wie – genau auf die umgekehrte Art, als ihr es erwartet«. Das Prinzip wandelt sich nun in eine konkrete mitmenschliche Handlungsregel um: dienen, speisen, pflegen, beistehen, Geduld haben, Böses mit Gutem vergelten, usw. J. H. Newman ermuntert seine Zuhörer zur Praxis mit den beinahe naiven Worten: »[...] dann gewinnt ihr, wie durch ein göttliches Zaubermittel, Macht über die Welt und steigt unter den Geschöpfen empor«. Ich meine, J. H. Newman will noch einmal klar machen, dass die Praktik der Umwertung der menschlichen Werte allein eine Wirkung des Geistes ist, allerdings zusammen mit unserer tagtäglichen Anstrengung.

Sowie J. H. Newman das Prinzip mit etlichen Beispielen verdeutlicht hatte, so gibt er nun zur Verdeutlichung dieser Praxis andere Anspielungen.

1) Die Fußwaschung. J. H. Newman gibt nicht nur die Worte Jesu an seine Apostel aus dem Evangelium wieder, sondern lässt ihn zu seinen Zuhörern (und

heute zu uns) sagen: »Selig seid ihr, wenn *ihr* das Werk jener Fischer fortführt; wenn ihr in eurer Zeit ihnen nachfolgt, wie sie mir nachgefolgt sind«.
2) Den letzten Platz nehmen. J. H. Newman spricht hier von »einer Regel, die für unser gesamtes Tun gilt«. Diese Regel besteht darin: »uns hier auf Erden in jeglicher Art kleiner Selbst-Demütigungen zu üben«. Dies predigte J. H. Newman als anglikanischer Priester, als er gerade am Höhepunkt seiner Karriere stand. Viele Jahre später aber, als katholische Priester, hatte er wörtlich alles durchgemacht, was er hier auflistete, und in einer erstaunlichen Weise gerade so reagiert, wie er es empfohlen hat. Alle Misserfolge: Das Achilli-Verfahren, die Rambler-Affäre, seine Kampagne in Irland, die Fehlversuche der Bibelübersetzung und des Oxforder Oratoriums, usw. hat J. H. Newman mit viel Geduld, Gehorsam und Demut durchlebt, auch wenn ihm all das sehr zu schaffen gemacht hat.
3) Böses mit Gutem vergelten. J. H. Newman sagt, dass man sich nicht rächen soll, außer indem man Böses mit Gutem vergilt. Und lieber schweigen als sprechen, außer wenn man im Gewissen dazu verpflichtet ist. Noch einmal finden wir im Leben J. H. Newmans selbst eine klare Umsetzung seiner eigenen Worte. Ich denke hier an den Ursprung der *Apologia*. Hermann Geissler sagt dazu: »Die Vorwürfe, die jetzt gegen ihn erhoben wurden, waren jedoch anderer Art: Nun ging es nicht mehr bloß um seine Person, sondern um den ganzen katholischen Klerus. Deshalb drängte ihn sein Gewissen, rasch und entschieden zu handeln.«[3] In eigenen Worten J. H. Newmans heißt es: »Selbst wenn ich es mit meiner Pflicht gegenüber meinem guten Namen für vereinbar gehalten hätte, solch eine vollständige Infragestellung meiner Moral ohne Antwort zu lassen, so hätte mir dies die Pflicht gegenüber meinen Mitbrüdern in der katholischen Priesterschaft verboten« (A Vorwort).
4) Die Rache Gott überlassen. In seinem Eifer kommt J. H. Newman hier fast zu widersprüchlichen Aussagen: »Dies ist die Rache eines *Christen* [...] nämlich, indem er Böses mit Gutem vergilt.« Die Rache kann nicht eine Option für einen Christen sein, es sei denn, er versteht sie so, wie J. H. Newman sie ausgelegt hat: »Ich will ihn [meinen Feind] durch Liebe überwältigen«. Was für eine Aussage: die einzig mögliche Rache eines Christen ist die Liebe!
5) Die Armut. Man könnte hier meinen, dass J. H. Newman viel zu naiv eine Apologie der wirtschaftlichen Armut unternimmt, auch wenn er viele Beispiele

---

3 | Geissler, Hermann, »Einführung«, in: John Henry Kardinal Newman, Apologia pro vita sua. Geschichte meiner religiösen Überzeugungen. Mit einem Beitrag von Joseph Kardinal Ratzinger, Illertissen ²2013, 19.

aus der Schrift als Beleg dafür anführt. Die Armut als solche ist ja, wie es auch in der Bergpredigt klar gemacht worden ist, kein umgekehrter Wert, wenn sie den Menschen nicht auf Gott hin offen macht. Deswegen ergänzt J. H. Newman schnell: »[…]der Himmel [ist] durch Armut, Schmach und Leiden erworben worden. Nicht durch diese Attribute an sich, wohl aber durch den Glauben, der in ihnen und durch sie wirkt.«

Unser Prediger kommt zum Ende mit der Mahnung: »Lasst uns denn, meine Brüder [und Schwestern], unseren Platz als erlöste Kinder Gottes begreifen lernen.« Dabei fasst er die Entfaltung seiner Gedanken so zusammen: »Wir führen unseren Kampf nicht mit Waffen des Fleisches, sondern mit solchen des Himmels […]. Solange wir von der Geduld, der Demut, Reinheit, Entsagung und Friedfertigkeit nicht ablassen, kann die Welt nichts gegen jene Wahrheit bewirken, die unser Geburtsrecht ist, jene Sache, die unsere ist, wie sie die Sache aller Heiligen vor uns war«. Es steht außer Zweifel, dass das Leben J. H. Newmans selbst eine wunderbare und beispielhafte Realisierung dieses Prinzips darstellt. Er selber hat es so ausgedrückt, als er zum Kardinal ernannt wurde: »All das Gerede, das über mich umgegangen war, ich sei nur ein halber Katholik, ein liberaler Katholik, verdächtig, nicht vertrauenswürdig, ist nun zu Ende« (B 314). In Worten von Günter Biemer heißt es: »Fragt man nach dem wichtigsten Beitrag J. H. Newmans überhaupt, so lautet die Antwort: seine eigene Persönlichkeit mit der außergewöhnlichen Biographie, die in Erfolg und Leiden, in Frömmigkeit, in Treue und Kritik während neun Jahrzehnten den Glanz eines insgesamt doch gelungenen Lebens ausstrahlt«[4]. Die Ausstrahlung eines gelungenen Lebens: das ist Heiligkeit!

Zum Schluss noch eine spitzfindige Anmerkung: Manchen sehr sensiblen Menschen kann die Rede von »Waffen« der Heiligen, von »Streiter« Christi einfach abstoßend klingen, da die Botschaft Jesu Christi jede Form von Gewalt ausschließt. Auch wenn wir in J. H. Newmans Lehre überhaupt keine Spur von Gewalt finden, ist es gut und recht, die Worte umzuschreiben. Wir sind nicht Streiter Christi, sondern das »wandernde Volk Gottes« (LG 68), und wir haben keine Waffen, sondern, »mit so reichen Mitteln zum Heile ausgerüstet, sind alle Christgläubigen in allen Verhältnissen und in jedem Stand je auf ihrem Wege vom Herrn berufen zu der Vollkommenheit in Heiligkeit, in der der Vater selbst vollkommen ist« (LG 11).

---

4 | Biemer, G. / Holmes, J.D. / Siebenrock, R.A., Vorwort, in: ders., Leben als Ringen um die Wahrheit. Ein Newman Lesebuch. 2019, 9-11, hier 9.

Predigt 5

Die Waffen der Heiligen

*»Viele aber, die die Ersten sind,
werden die Letzten sein und die Letzten die Ersten.«
(Mt 19,30)*

Diese Worte sind im Sinne des Evangeliums auf mannigfache Weise in Erfüllung gegangen. Unser Erlöser wendet sie an einer Stelle auf die Verwerfung der Juden und die Berufung der Heiden an; aber in dem Zusammenhang, aus dem heraus ich sie zitiert habe, scheinen sie noch eine weitere Bedeutung zu haben und ein großes Prinzip zu verkörpern, das wir alle wohl anerkennen, aber nur unzulänglich befolgen. Unter der Heilsordnung des Geistes sollte alles neu werden und sich umkehren. Stärke, Zahlen, Reichtum, Philosophie, Beredsamkeit, Schlauheit, Lebenserfahrung, Kenntnis der menschlichen Natur, dies sind die Mittel, mit denen weltlich gesinnte Menschen von jeher in der Welt obsiegt haben. In dem Reich aber, das Christus errichtet hat, verkehrt sich alles ins Gegenteil. »Die Waffen unseres Kampfes sind nicht irdisch, wenngleich sie durch Gott die Macht haben, Festungen niederzureißen« (2 Kor 10,4). Was zuvor in Ehren war, ist entehrt; was zuvor in Unehre war, ist zu Ehren gekommen; was zuvor erfolgreich war, hat versagt; was zuvor versagte, hat Erfolg. Was vorher groß war, ist klein geworden; was vorher klein war, ist groß geworden. Die Schwachheit hat die Stärke besiegt, denn die verborgene Kraft Gottes »wird in der Schwachheit vollendet« (2 Kor 12,9). Der Geist hat das Fleisch bezwungen, denn dieser Geist ist Eingebung von oben. Ein neues Königreich ist errichtet, das sich nicht nur von allen früheren Reichen unterscheidet, sondern ganz ihr Gegenteil ist; ein Widerspruch in den Augen der Menschen – die sichtbare Herrschaft des unsichtbaren Erlösers.

Dieser große Wandel in der Weltgeschichte wird an sehr vielen Stellen der Schrift vorhergesagt und beschrieben. Betrachten wir zum Beispiel den Lobgesang Mariens, den wir allabendlich beten; sie war keine Frau von hohem Stand, nicht der Liebling der Paläste und der Stolz eines Volkes, doch sie wurde auserkoren für einen glorreichen Platz im Himmelreich. Was Gott in ihr begann, war gleichsam ein Sinnbild für sein Handeln an der Kirche. So sprach Maria davon, dass er die, »die im Herzen voll Hochmut sind, zerstreut; Gewaltige vom Thron stürzt; Niedrige erhöht; Hungrige mit Gütern erfüllt und Reiche leer davonschickt«. Dies war ein Schattenbild oder ein Umriss jenes Reiches des Geistes, das damals auf die Erde kam.

Als ferner unser Herr am Anfang seines öffentlichen Wirkens die großen Prinzipien und Gebote seines Reiches verkündete, welcher Redeweise bediente er sich dabei? Betrachten wir die Bergpredigt: »Er öffnete seinen Mund und sagte: Selig die Armen im Geist; selig die Trauernden; selig die Sanftmütigen; selig, die verfolgt werden um der Gerechtigkeit willen« (Mt 5,2–10). Armut sollte die Reichtümer der Heiden in die Kirche bringen; Sanftmut sollte die Welt erobern; Leiden sollte »Könige in Ketten legen und Fürsten in eiserne Fesseln« (Ps 149,8).

Bei anderer Gelegenheit schob er das Gegenstück nach: »Weh euch, ihr Reichen; denn ihr habt eueren Trost empfangen. Weh euch, ihr Satten; denn ihr werdet hungern. Weh euch, die ihr jetzt lacht; denn ihr werdet klagen und weinen. Weh, wenn euch alle Leute schmeicheln; denn ebenso haben es ihre Väter mit den falschen Propheten gemacht« (Lk 6,24–26).

Der heilige Paulus wendet sich im gleichen Ton an die Korinther: »Schaut doch nur auf euere Berufung, Brüder! Da sind nicht viele Weise nach irdischer Auffassung, nicht viele Mächtige, nicht viele Hochgeborene. Nein, was die Welt für töricht hält, hat Gott erwählt, um die Weisen zu beschämen; was die Welt für schwach hält, hat Gott erwählt, um das Starke zu beschämen; und das Geringste in der Welt und das Verachtete hat Gott erwählt und das, was nichts ist, um das, was etwas ist, zunichte zu machen, damit kein Mensch sich rühmen kann vor Gott« (1 Kor 1,26-29).

Ein Weiteres: nehmen wir das Buch der Psalmen, das, wenn überhaupt ein Teil des Alten Testamentes, unmittelbar in die Zeit des Evangeliums gehört und die Stimme der Kirche ist. Welches ist der eine Gedanke in diesem heiligen Andachtsbuch vom Anfang bis zum Ende? Der, dass die Schwachen, die Unterdrückten, die Wehrlosen erhöht werden und die Welt beherrschen sollen, trotz deren Aufgebot an Macht, ihren Drohungen und ihren Schrecken – dass »die Ersten die Letzten sein werden und die Letzten die Ersten«.

Solcher Art ist das Reich der Kinder Gottes; und solange es besteht, ist ein übernatürliches Werk im Gang, das alles, was der Mensch für groß hält, überwältigt, und alles, was er gering schätzt, obsiegen lässt.

Ja, so ist es; seitdem Christus Gaben aus der Höhe herabgesandt hat, nehmen die Heiligen das Reich ständig in Besitz – mit den Waffen der Heiligen. Die unsichtbaren Mächte des Himmels – Wahrheit, Sanftmut und Gerechtigkeit – kommen allezeit auf die Erde herab, fortwährend sich ergießend, sammelnd, drängend, kämpfend und triumphierend, unter der Führung dessen, der »lebt und tot war, lebendig ist in alle Ewigkeit« (Offb 1,18). Der Lieblingsjünger sah ihn auf einem weißen Pferd sitzen, als »Sieger ausziehend, um zu siegen« (Offb 6,2). »Ihm folgten auf weißen Pferden, in weißes, reines Leinen gekleidet, die Heerscharen im Himmel. Aus seinem Mund kam ein scharfes Schwert, um damit die Völker zu schlagen. Und er herrscht über sie mit eisernem Zepter« (Offb 19,14–15).

Lasst uns nun diese große Wahrheit auf uns selbst anwenden; denn wir sollten uns stets daran erinnern, *wir* sind die Kinder Gottes, *wir* sind die Streiter Christi. Das Reich ist in uns, unter uns und um uns herum. Wir neigen dazu, von ihm wie von einer Sache der Vergangenheit zu reden; wir sprechen von ihm wie aus der Ferne; in Wirklichkeit aber sind wir ein Teil von ihm oder sollten es wenigstens sein; und da wir ein lebendiger Teil von ihm sein wollen, was unsere einzige Hoffnung auf Rettung ist, müssen wir sein Wesen kennen lernen. Das charakteristische Merkmal der Kirche Christi ist, dass die Ersten die Letzten sein werden und die Letzten die Ersten; sind wir uns dieser wunderbaren göttlichen Bestimmung bewusst und haben wir Anteil an ihr?

Lasst mich erklären, was ich meine: – Die meisten von uns haben von Natur aus mehr oder weniger ein Verlangen und eine Sehnsucht nach etwas Höherem, als die Welt uns zu geben vermag. Besonders die Jugend besitzt eine natürliche Liebe zu allem, was edel und heldenmütig ist. Wir hören gerne Fabelgeschichten, die uns der realen Welt entreißen und uns in eine Welt führen, die es nicht gibt. Wir lieben die Vorstellung des

Unsichtbaren so sehr, dass wir uns Luftschlösser bauen, als wäre uns die himmlische Wahrheit nicht gewährt. Wir stellen uns gerne vor, in gefährliche Situationen oder in Prüfungen zu geraten und diese trefflich zu meistern. Oder wir ersinnen etwas Vollkommenes, wie es die Welt nicht besitzt, dem wir folgen, dem wir huldigen und unser Herz schenken. Dies entspricht mehr oder weniger der Befindlichkeit junger Menschen, ehe die Welt sie verändert, ehe die Welt auf sie hereinbricht, wie sie es oft sehr bald tut, mit ihrem beschmutzenden, zersetzenden, erniedrigenden, lebensraubenden Einfluss; ehe die Erde sie befleckt und ihr grünes Laub mit Krankheit befällt, ausdörrt und herunterreißt und sie zurücklässt wie Bäume in der Dürre und im Winter, ohne Saft oder Süße. Doch in früher Jugend stehen wir in Laub und in Früchte verheißender Blüte; wir verweilen an stillen Gewässern, mit hoch schlagenden Herzen, mit einer Sehnsucht nach unserem unbekannten Gut und mit einer Art Verachtung für das unstete Gehabe dieser Welt; mit einer Verachtung für die Welt, obwohl wir uns auf sie einlassen. Auch wenn wir uns erlauben, ihr in Maßen Gehör zu schenken und uns an ihren belanglosen Lustbarkeiten und Vergnügungen zu beteiligen, fühlen wir derweilen doch, dass unser Glück nicht dort liegt; und noch sind wir in unserem Denken nicht an dem Punkt angelangt, obgleich wir auf dem Weg dahin sind, wo alles, was jenseits dieser Welt liegt, ein eitler Traum ist. Wir sind auf dem Weg, so zu denken, denn niemand bleibt stehen, wo er stand; sein Verlangen nach dem, was er nicht besitzt, sein ernst gemeintes Nachdenken über unsichtbare Dinge greift, wenn es nicht auf die wahren Ziele gerichtet ist, nach etwas, das er sieht, etwas Irdischem und Vergänglichem, und führt ihn weg von Gott. Ich spreche jedoch von Menschen *vor* diesem Zeitpunkt, ehe sie ihr Herz an die Welt verschenkt haben, die ihnen das wahre Gut verspricht, sie dann betrügt und glauben lässt, dass es die Wahrheit nirgendwo gibt und dass sie Narren waren, etwas anderes zu glauben. Vor diesem Zeitpunkt jedoch spüren sie ein Verlangen nach überweltlichen Dingen, die sie in weltliche Formen kleiden, weil sie gar keine andere Möglichkeit haben, sie sonst zu begreifen. Wenn sie in bescheidenen Verhältnissen leben, träumen sie davon, ihr eigener Herr zu sein, in der Welt vorwärts zu kommen und unabhängig zu werden; sind sie besser gestellt, treibt sie der Ehrgeiz, sich einen Namen zu machen und Macht auszuüben. In dieser Unruhe ihres Herzens kommt Christus zu ihnen, wenn sie bereit sind, ihn zu sich hereinzulassen, und verspricht ihnen, ihr heftiges Verlangen, diesen quälenden Hunger und Durst, zu stillen. Er wartet nicht, bis sie gelernt haben, große Gefühle als bloße romantische Träume zu verlachen. Er kommt zu den jungen Menschen; er hat sie beizeiten getauft und verspricht ihnen nun auf höhere Art und Weise jene unbekannten Segnungen, nach denen sie verlangen. Er scheint mit den Worten des Apostels zu sagen: »Was ihr verehrt, ohne es zu kennen, das verkünde ich euch« (Apg 17,23). Ihr sucht, was ihr nicht seht, ich gebe es euch; ihr verlangt danach, groß zu sein, ich werde euch groß machen; doch achtet darauf, wie – genau auf die umgekehrte Art, als ihr es erwartet; der Weg zu wahrem Ruhm ist der, unbekannt und verachtet zu werden.

So sagt er beispielsweise zu den Ehrgeizigen wie seinen beiden Aposteln: »Wer unter euch der Größte sein will, soll euer Diener sein, und wer unter euch der Erste sein will, soll euer Knecht sein. Denn auch der Menschensohn ist nicht gekommen, sich bedienen zu lassen, sondern zu dienen« (Mt 20,26–28). Dies ist unsere Regel. Der Weg nach oben verlangt das Hinabsteigen. Jeder Schritt, den wir abwärts gehen, bringt uns im Himmelreich weiter nach oben. Wollt ihr groß sein? – Dann macht euch klein! Zwischen echtem Aufstieg und Selbsterniedrigung besteht ein geheimnisvoller Zusammenhang. Wenn ihr den Niedrigen und Verachteten dient, wenn ihr die Hungrigen speist, die Kranken pflegt, den Notleidenden beisteht; wenn ihr mit den Widerspenstigen Geduld habt, Beleidigungen hinnehmt, Undankbarkeit ertragt, Böses mit Gutem vergeltet, dann gewinnt ihr, wie durch ein göttliches Zaubermittel, Macht über die Welt und steigt unter den Geschöpfen empor. Gott hat dieses Gesetz erlassen. So vollbringt er seine wunderbaren Werke. Seine Werkzeuge sind arm und verachtet; die Welt kennt ihre Namen kaum oder gar nicht. Sie beschäftigen sich mit Dingen, welche die Welt für Belanglosigkeiten hält, und niemand beachtet sie. Sie arbeiten offensichtlich an keinen großen Unternehmungen; Ergebnisse ihrer Tätigkeit sind nicht zu sehen; sie scheinen zu scheitern. Ja, selbst in Bezug auf ihre religiösen Ziele, die sie nach eigenem Bekunden anstreben, besteht kein natürlicher und sichtbarer Zusammenhang zwischen ihrem Tun und diesen angestrebten Zielen; doch es besteht ein unsichtbarer Zusammenhang im Reich Gottes. Sie steigen auf, indem sie fallen. Ganz klar, denn keine *Selbst*-Erniedrigung *kann* so groß sein wie die unseres Herrn. Je mehr sie sich also erniedrigen, desto mehr *gleichen* sie ihm; und je mehr sie ihm gleichen, desto mächtiger muss ihr Einfluss bei ihm sein.

Wenn wir einmal dieses Gesetz der göttlichen Vorsehung erkannt haben, werden wir die Lehren unseres Herrn besser verstehen und stärker danach verlangen, sie uns zum Vorbild zu nehmen, wie etwa die folgende:

»Ihr sagt zu mir Meister und Herr, und mit Recht tut ihr das; denn ich bin es. Wenn nun ich, der Herr und Meister, euch die Füße gewaschen habe, müsst auch ihr einander die Füße waschen. Denn ich habe euch ein Beispiel gegeben, damit auch ihr tut, wie ich an euch getan habe. Amen, amen, ich sage euch: Der Knecht ist nicht größer als sein Herr und der Abgesandte nicht größer als der, der ihn gesandt hat.« Und dann fügt unser Herr hinzu: »Wenn ihr das wisst – selig seid ihr, wenn ihr danach handelt« (Joh 13,13–17). Als ob er heutzutage zu uns sagen würde: Ihr wisst gut, dass das Evangelium zuerst von den Armen und Niedrigen gegen die Mächte der Welt gepredigt und verbreitet wurde; ihr wisst, dass Fischer und Zöllner die Welt besiegt haben. Ihr wisst es; ihr führt es gerne als Beweis für die Wahrheit des Evangeliums an und verbreitet euch gerne darüber als etwas Erstaunliches und ein Thema für viele Worte; selig seid ihr, wenn ihr es in euch verwirklicht; selig seid ihr, wenn *ihr* das Werk jener Fischer fortführt; wenn ihr in eurer Zeit ihnen nachfolgt, wie sie mir nachgefolgt sind, und durch eine ähnliche Selbsterniedrigung über die Welt triumphiert und emporsteigt.

Ferner sagt er: »Wenn du von jemand zu einem Hochzeitsmahl eingeladen bist, dann setze dich nicht auf den ersten Platz; [...] nein, wenn du eingeladen bist, geh und setze dich auf den letzten Platz, damit, wenn der kommt, der dich eingeladen hat, er zu dir sagt: Freund, rück weiter hinauf! Dann wird es dir zur Ehre sein vor allen deinen Tischgenossen. Denn jeder, der sich selbst erhöht, wird erniedrigt, und wer sich selbst erniedrigt, wird erhöht werden« (Lk 14,8.10-11). Hier haben wir eine Regel, die für unser gesamtes Tun gilt. Es ist klar, dass der Geist dieses Gebotes uns anleitet, uns hier auf Erden in jeglicher Art kleiner Selbst-Demütigungen zu üben als eine Voraussetzung für unsere Erhöhung nach diesem Leben; statt großzutun, sich in den Vordergrund zu drängen, nach Beachtung zu suchen, laut oder eifernd zu reden und erpicht darauf zu sein, seinen Kopf durchzusetzen; sich damit zufrieden geben, nein vielmehr sich darüber freuen, wenig beachtet zu werden, das zu tun, was für das Fleisch niedrige Dienste sind, sich damit zu begnügen, von den Menschen allenfalls geduldet zu werden, nachsichtig gegenüber Verleumdungen zu sein; nicht zu streiten, nicht zu richten, keinen Tadel auszusprechen, es sei denn, die Pflicht gebietet es; und all dies, weil unser Herr gesagt hat, dass solch eine Haltung der wahre Weg ist, vor ihm erhöht zu werden.

Ein Weiteres: »Ich aber sage euch: Widersteht dem, der euch Böses tut, nicht, sondern wer dich auf die rechte Wange schlägt, dem halt auch die andere hin« (Mt 5,39). Was für eine Verhaltensregel! Warum diese freiwillige Erniedrigung? Wozu soll das gut sein? Ist das nicht überspannt? Dem, der einem Böses tut, nicht zu *widerstehen*, geht schon ziemlich weit; ihm, dem Angreifer, aber auch noch einladend die linke Wange hinzuhalten und sich für Beleidigungen herzugeben? Was für ein großartiges Gebot! Wie – müssen wir uns über Beleidigungen freuen? Sicher müssen wir das, wie schwer es auch zu verstehen sein mag, wie schwierig und peinlich, es zu tun. Hören wir die Worte des heiligen Paulus, die eine persönliche Anmerkung zu den Worten Christi darstellen: »*Darum habe ich Gefallen* an meinen Schwachheiten, an Schmähungen, Notlagen, Verfolgungen und Bedrängnissen um Christi willen«, und als Grund fügt er hinzu: »*denn wenn ich schwach bin, dann* bin ich stark« (2 Kor 12,10). Wie Gesundheit, körperliche Ertüchtigung und eine geregelte Ernährung für die Stärkung des Leibes notwendig sind, so sind die Schwächung und Heimsuchung des natürlichen Menschen, die Züchtigung und Bedrängnis von Seele und Leib für die Erhöhung der Seele notwendig.

Der heilige Paulus sagt auch: »Rächt euch nicht selber, sondern gebt dem Zorn Gottes Raum! Es steht ja geschrieben: Mein ist die Rache, ich will vergelten, spricht der Herr. Vielmehr, wenn dein Feind hungert, gib ihm zu essen; wenn er Durst hat, gib ihm zu trinken. Wenn du dies tust, wirst du glühende Kohlen auf sein Haupt sammeln« (Röm 12,19-20). Als wollte er sagen: *dies* ist die Rache eines *Christen; so* häuft ein *Christ* Strafe und Leiden auf das Haupt seines Feindes; nämlich, indem er Böses mit Gutem vergilt. Bereitet es euch Vergnügen, einen Verletzenden und Bedrücker zu euren Füßen zu sehen? Hat euch jemand Unrecht getan, verleumdet, tyrannisiert, euer Vertrauen missbraucht, ist jemand undankbar gegen euch gewesen? Oder nehmen wir das Alltäglichere: ist jemand unverschämt gegen euch gewesen, hat er euch mit Verachtung gestraft, euch einen Strich durch die Rechnung gemacht, euch hinters Licht geführt, ist jemand gemein gegen euch gewesen und ihr ärgert euch darüber – und euer Empfinden sagt: »Ich wünsche ihm ja nichts Schlimmes, aber ich hätte nichts dagegen, wenn er dafür wenigstens mal zur Ordnung gerufen würde und mir Abbitte leisten müsste.« Sagt statt dessen lieber, wie schwer es auch sein mag: »Ich will ihn durch Liebe überwältigen; sofern Strenge nicht geboten ist, werde ich nichts sagen und nichts tun; ich will still sein; ich will versuchen, ihm einen Dienst zu erweisen; ich schulde ihm meinen Beistand, keinen Groll; und ich will freundlich, liebenswürdig, gütig und gelassen sein; und wenn ich vor ihm nicht verbergen kann, dass ich wohl weiß, wo er steht und wo ich stehe, dann soll dies gleichwohl in aller Friedfertigkeit und echter Zuneigung geschehen.« Oh schwere, aber über die Maßen segensreiche Pflicht! Denn selbst wenn man das *Vergnügen* an der Rache ins Auge fasst, wenn man dies so nennen darf, liegt nicht darin eine größere Genugtuung, das stolze und verletzende Herz zu erweichen, als nach außen hin über es zu triumphieren, ohne es innerlich zu unterjochen? Liegt darin nicht mehr wahre Freude, zu Gott aufzuschauen und ihn (sozusagen) als Zeugen des Geschehens anzurufen und seine Engel als wissende Zuschauer eures Triumphes zu haben, auch wenn keine Menschenseele etwas davon weiß, als wenn euer bloßes weltliches Vergelten des Bösen mit Bösem bekannt gemacht und beredet wird, in Gegenwart all jener, und mehr als all jener, welche die Kränkung miterlebt oder von dem Unrecht gehört haben?

Mit der Armut verhält es sich ebenso: in den Augen der Welt wird sie nicht nur als das größte Übel angesehen, sondern auch als die größte *Schande*. Die Menschen betrachten sie als Schande, weil sie sicherlich oft von Sorglosigkeit, Faulheit, Unvorsichtigkeit und anderen Fehlern herrührt. In vielen Fällen ist sie aber nichts anderes als genau die Lebenslage, in die hinein Gott jemanden versetzt hat; trotzdem wird sie auch dann von der Welt in gleicher Weise verachtet. Wenn nun in der Bibel eines klar ausgesprochen wird, dann sind es die Worte: »Selig die Armen!« Unser Erlöser war das große Beispiel der Armut; er war ein armer Mann. Der heilige Paulus sagt: »Ihr kennt ja die Gnade unseres Herrn

Jesus Christus und wisst, dass er, obschon er reich war, um euretwillen arm geworden ist, damit ihr durch seine Armut reich würdet« (2 Kor 8,9). Oder betrachtet die sehr ernsten Paulus-Worte über die Gefahr des Reichtums: »Denn Wurzel aller Übel ist die Geldgier; so manche, die sich ihr hingaben, sind vom Glauben abgeirrt und haben sich selbst viel Leid bereitet« (1 Tim 6,10). Können wir bezweifeln, dass gemäß dem Evangelium die Armut *besser* ist als Reichtümer? Ich sage, *gemäß* dem Evangelium und *bei* den Wiedergeborenen und *bei* den wahren Dienern Gottes. Natürlich ist es abseits des Evangeliums, bei den nicht Wiedergeborenen, bei den Anhängern dieser Welt nicht von Belang, ob jemand reich oder arm ist; der Mensch ist sowieso nicht gerechtfertigt und da gibt es kein Besser oder Schlechter in seinem äußerlichen Befinden. Doch ich sage, *in* Christus befindet sich der Arme in einer gesegneteren Lage als der Wohlhabende. Seit der ewige Sohn Gottes in einem Stall geboren wurde, nicht einmal einen Platz hatte, wohin er sein Haupt legen konnte und als Ausgestoßener und Missetäter starb, ist der Himmel durch Armut, Schmach und Leiden erworben worden. Nicht durch diese Attribute an sich, wohl aber durch den Glauben, der in ihnen und durch sie wirkt.

Dies sind nur einige aus einer Vielzahl von Gedanken, die man zu diesem äußerst tiefreichenden und ernsten Thema äußern könnte. Es klingt seltsam, doch es ist eine Wahrheit, die unsere eigene Beobachtung und Erfahrung bestätigen wird: wenn jemand in sich zutiefst Sündhaftes entdeckt und sich dafür sehr demütigt, wenn seine Anmut ihm zu schwinden und seine Tugenden dahinzuwelken scheinen, wenn er Ekel vor sich selbst empfindet und beim Nachdenken über sein Ich Auflehnung verspürt – sich vorkommt wie Staub und Asche, von Fäulnis und Widerlichkeit durchsetzt, dies ist der Augenblick, in dem er im Reich Gottes wirklich aufsteigt; so wie es von Daniel heißt: »Schon vom ersten Tag, da du dich mühtest, Erkenntnis zu erlangen und dich vor deinem Gott zu demütigen, sind deine Bitten erhört worden, und ich hatte mich deiner Bitten wegen auf den Weg zu dir gemacht« (Dan 10,12).

Lasst uns denn, meine Brüder, unseren Platz als erlöste Kinder Gottes begreifen lernen. Einige *müssen* groß sein in der Welt, aber wehe jenen, die sich selbst groß machen; wehe denen, die mit diesem Ziel vor Augen einen Schritt von ihrem Weg abkommen. Natürlich ist niemand gefeit gegen die Zudringlichkeit verderbter Beweggründe; ich rede jedoch von Menschen, die einem solchen Beweggrund *aus freien Stücken nachgeben* und in erster Linie aus solch einem Beweggrund handeln. Dies muss die entschiedene Auffassung aller sein, die Christi Sache auf Erden fördern wollen. Wenn wir uns selbst treu bleiben, kann nichts uns wirklich aufhalten. Wir führen unseren Kampf nicht mit Waffen des Fleisches, sondern mit solchen des Himmels. Die Welt begreift nicht, was unsere wirkliche Kraft ist und wo sie liegt. Und solange wir uns nicht willentlich in ihre Hände begeben, kann sie uns nichts anhaben. Solange wir von der Geduld, der Demut, Reinheit, Entsagung und Friedfertigkeit nicht ablassen, kann die Welt nichts gegen jene Wahrheit bewirken, die unser Geburtsrecht ist, jener Sache, die unsere ist, wie sie die Sache aller Heiligen vor uns war. Alle aber, die sich in einer dunklen Zeit immer wieder um Gott mühen, mögen sich vor all dem hüten, was Verärgerung und Aufregung stiftet und sie in irgendeiner Weise von der Liebe zu Gott und zu Christus und dem schlichten Gehorsam ihm gegenüber abbringt.

Dies soll unsere Pflicht sein in dunkler Nacht, wenn wir auf den Tag warten; wenn wir auf ihn warten, der unser Tag ist; wenn wir auf das Kommen dessen warten, der weggegangen ist, der wiederkehren wird und vor dem alle Geschlechter der Erde wehklagen, die Kinder Gottes aber in Freude ausbrechen werden. »Noch ist nicht offenbar geworden, was wir sein werden. Wir wissen aber, dass wir, wenn es offenbar sein wird, ihm ähnlich sein werden; denn wir werden ihn sehen, wie er ist. Jeder, der diese Hoffnung auf ihn setzt, heiligt sich, so wie auch er heilig ist« (1 Joh 3,2–3). Es ist unsere Seligkeit, dem allheiligen, allbarmherzigen, geduldigen und gnädigen Gott ähnlich gemacht zu werden; ihm, der uns erschaffen und erlöst hat; in dessen Gegenwart vollkommene Ruhe und vollkommener Friede herrschen; den die Seraphim einträchtig loben, die Cherubim still betrachten, die Engel schweigend dienen und die Kirche dankbar anbetet. Im Himmel ist alles Ordnung, Ruhe, Liebe und Heiligkeit. Da gibt es keine Angst, keinen Ehrgeiz, keinen Groll, keine Unzufriedenheit, keine Bitterkeit, keine Zerknirschung, keinen Aufruhr. »Du wirst in vollkommenem Frieden den erhalten, der sein Herz auf dich gesetzt hat, denn er vertraut auf dich. Vertraut auf den Herrn für immer, denn der Herr ist ein ewiger Fels« (Jes 26,3–4).

Einführung zu Predigt 6:
Christliche Lauterkeit – »Worte ohne Wirklichkeit«

Unsichtbare Wirklichkeit – Newman in der benediktinischen Schule

JAKOB GEIER

1. Höre … und du wirst ankommen

Eine tiefe Einsicht von der Bezogenheit zwischen Stille und Wort hat die Spiritualität des heiligen Benedikt von Nursia geprägt. Dazu ein Blick in die ihm zugeschriebene Ordensregel: Mit den Worten »Höre, mein Sohn …«[1] beginnt die Regel des heiligen Benedikt. Das Hören ist für den Mönch die beste Voraussetzung für ein geistliches Leben. Dazu gehören das Hören auf Gott in den Worten der Heiligen Schrift, das Hören auf sein Inneres und schließlich das Hören auf die Mitmenschen, das in der kirchlichen Tradition besonders im Gehorsam seinen Ausdruck findet. Auf diesem Weg des Hörens wird der suchende Mensch sein Ziel erreichen und ankommen[2], wie es am Ende des Regelwerkes heißt.

Im zweiten Kapitel schreibt Benedikt weiter über den Abt des Klosters: »Er mache alles Gute und Heilige mehr durch sein Leben als durch seine Reden sichtbar« (RB 2,12). Hier wird also die Vorbildwirkung des Klostervorstehers aufgezeigt – eine Eigenschaft, die in den oberen Führungsschichten sehr wichtig ist, nicht nur in der damaligen Zeit. Dem Verfasser der Regel ist es ein großes Anlie-

---

[1] Zitiert nach: Die Regel des heiligen Benedikt, herausgegeben im Auftrag der Salzburger Äbtekonferenz, Beuron ⁴2013, Prolog, 1. Im Folgenden mit RB abgekürzt; dazu werden Kapitel und Vers angegeben.

[2] Im lateinischen Original ist das letzte Wort der RB (73,9) »pervenies«, das meist mit »gelangen« übersetzt wird, aber auch als »ankommen« gedeutet werden kann.

gen, den ersten unter den gottsuchenden Mönchen als einen Menschen vorzustellen, der sich nicht durch fromme Ansprachen (»unwirkliche Worte«) auszeichnet, sondern das Leben vorlebt, wie es dem Leben seiner ihm Anvertrauten entsprechen soll: gut und heilig. Das gute und heilige Leben soll den Mönchen als Ideal in der Person ihres Vorstehers aufscheinen.

Eine weitere Hilfestellung bietet Benedikt im vierten Kapitel seiner Regel. Dort stellt er die Werkzeuge der geistlichen Kunst vor. Unter anderem soll der Mönch »seinen Mund vor bösem und verkehrtem Reden hüten« (RB 4,51). Eine Ermahnung zur Wahrheit im Reden, aber auch im Tun und Denken. Generell bevorzugt Benedikt für die Mönche im Zweifelsfall das Schweigen vor dem Reden, wenn er aus dem Buch der Sprichwörter zitiert: »Das viele Reden nicht lieben« (RB 4,52) und er die Brüder im Sinne des Matthäusevangeliums (Mt 12,36) anhält, »leere oder zum Gelächter reizende Worte [zu] meiden« (RB 4,53).

2. Benedikt als Patriarch der Antike und Vorbild Philipp Neris

Als »die drei ehrwürdigen Patriarchen, deren Orden die Hauptphasen der Geschichte des Christentums verkörpern«[3], hat John Henry Newman die heiligen Benedikt, Dominikus und Ignatius bezeichnet und ihnen die Antike, das Mittelalter und die Neuzeit patronatsmäßig zugeordnet. Benedikt (ca. 480–547) als Patriarch der frühchristlichen antiken Zeit war für Newman also eine Leitfigur, von der er sich inspirieren ließ, wie es auch der Gründer seines Oratoriums, der heilige Philipp Neri, tat. In einer Predigt über die Mission des heiligen Philipp Neri legt Newman die oben entfalteten benediktinischen Züge des Heiligen offen: »Das Geheimnis seiner Erfolge lag in der Wahrheit seiner Worte«[4] und weiter: »Ein Werk, das Bestand haben soll, darf nicht auf der schwankenden Volksgunst, auf

---

3 | Newman, John Henry, Die Mission des heiligen Philippus Neri, übersetzt von Franz Zimmer, in: Newman, John Henry, Briefe und Tagebuchaufzeichnungen aus der katholischen Zeit seines Lebens, übersetzt von Maria Knoepfler, herausgegeben von Matthias Laros und Werner Becker als II. und III. Band der ausgewählten Werke von John Henry Kardinal Newman, Mainz ²1957, 761–791, 775. Auch in seinem Artikel »The Mission of St. Benedict« in der von ihm neu gegründeten Universitätszeitschrift »Atlantis« (s. Biemer, Günter, Die Wahrheit wird stärker sein. Das Leben und Werk Kardinal Newmans, Frankfurt am Main u. a. ³2009, 285) hat Newman dieses Bild im Jänner 1858 aufgenommen und vergleicht die drei Patriarchen des Alten Testaments Abraham, Isaak und Jakob mit den Patriarchen Benedikt, Dominikus und Ignatius: »St. Benedict, then, like the great Hebrew Patriarch, was the ›Father of many nations.‹« (Newman, John Henry, Historical Sketches, Vol. II., London 1881, 362–430, 370).
4 | Newman, Philippus Neri, 770.

leidenschaftlichen Entschlüssen und Kundgebungen, auf bizarren Einfällen und auf Augenblickserfolgen aufgebaut werden.«[5] Newman sieht das Leben seines Ordensgründers Philipp durch und durch von der monastischen Spiritualität geprägt: »Den Grundgedanken, der ihn bei all dem leitete, möchte ich benediktinisch nennen.«[6] In diesem Sinne schreibt Newman über Philipps Zeit bei Benediktinern in Rom: »Ihn umgibt nicht mehr die erhabene Größe des Mittelalters, sondern der Geist der Heiligen und der Genossenschaften der Frühzeit; […] So führt alles, was Philippus umgibt, in die Zeiten der Einfachheit, Armut, Verfolgung, des Martyriums, in die Zeiten geduldiger, verborgener und doch freudiger Arbeit und demütigen, selbstlosen Dienens, wo das Christentum noch keine Literatur besaß, die Theologie noch keine Wissenschaft war und nur Heilige auf dem Stuhle Petri saßen, während das Buch der Natur und das Buch der Gnade die Hauptquellen des Wissens und der Liebe waren. Das war die Schule des hl. Benedikt […].«[7] Ebenso steht auch Newman selbst der Spiritualität Benedikts nahe. Aber was hat Newman an Benedikt so fasziniert? War es die Ausgewogenheit, das rechte Maß, das es zu halten gilt, die stabilitas, also die Ortsverbundenheit, das Gemeinschaftsleben oder die Spiritualität des Aushaltens, Durchtragens und Mitragens der Gemeinschaft sowie der einzelnen Brüder? All das sind plausible Perspektiven. Besonders aber war es wohl die Besinnung auf das Wesentliche, die ihren besonderen Ausdruck in der Kontemplation fand, dem schweigsamen Reifen in der Stille, die allem großen Denken und Reden vorausgehen soll.

3. Wider unwirkliche Worte

3.1 Ein aktuelles Problem
Die Predigt mit dem Titel »Unwirkliche Worte« hat Newman am Sonntag nach dem Fest der heiligen Dreifaltigkeit, dem 2. Juni 1839 gehalten, also knappe sechs Jahre, bevor er zur Katholischen Kirche konvertierte. Ein aktuelles gesellschaftliches Problem scheint die Neigung zur Pseudowissenschaftlichkeit gewesen zu sein. Dabei spielt die Entwicklung der Medien im England des 19 Jahrhunderts eine wesentliche Rolle. »Nun kommt es auf allen Gebieten, nicht nur in der Religion, sehr häufig vor, dass auf unwirkliche Weise gesprochen wird, nämlich dann,

---

5 | Ebd., 774.
6 | Ebd., 780.
7 | Ebd., 777–778.

wenn wir uns zu einer Thematik äußern, mit der wir nicht so vertraut sind.«[8] In einem weiteren Schritt geht Newman scharf auf beobachtbare Verhaltensmuster seiner Zeitgenossen ein: Unaufrichtigkeit in der Kirche, Lügen im sozialen Gemeinschaftsleben, falsche Moral, unaufrichtige Politik, Unehrlichkeit im Miteinander, vorgetäuschte religiöse Gefühle, unehrliche Beileidsbekundungen, heuchlerisches Gebet. Das Feld ist weit und der Prediger versucht mit ausführlichen Beispielen seine Hörerinnen und Hörer zu sensibilisieren, welch enorme Maße die »Unwirklichkeit« schon angenommen hat und wo sie überall zu beobachten ist. Nachdem er das Feld so weit geöffnet hat, um das Bewusstsein zu schärfen, konkretisiert er die Problematik wiederum auf den religiösen Bereich. Er ermutigt zu einer ehrlichen und verantworteten Annahme des Glaubens und ruft zum Bekenntnis auf, das von Herzen kommt, auch wenn es noch nicht vollständig die Ausmaße des Bekenntnisses begreift. »Es braucht lange Zeit, die Dinge wirklich so zu empfinden und zu begreifen, wie sie sind.«[9] Somit stellt er sich gegen Ideologien, die auf schroffe und unreflektierte Weise vertreten werden. Wirklichkeit im Bekenntnis des Glaubens war Newman ein tiefes Anliegen, das er sich und allen Christgläubigen abverlangt.

3.2 Mit Gottes Augen sehen und handeln

Man könnte sagen, Newman hat das Hören des Ordensvaters Benedikt weitergedacht und konkretisiert. Wahrnehmen und feststellen (»to realize«), sich inspirieren (»begeistern«) lassen wird zum Paradigma, das für ein verantwortetes Glaubensleben unverzichtbar ist. Die Inspiration durch Gottes liebenden Blick auf seine Schöpfung ist für Newman die Methode, der Wirklichkeit näher zu kommen: »Bemühe dich darum, die Dinge so zu sehen, wie Gott sie sieht. Bemühe dich darum, dir ein Urteil über Menschen, Ereignisse, Rangordnungen, Schicksale, Veränderungen und Ziele zu bilden, wie Gott es tut. Bemühe dich, dieses Leben so zu sehen, wie Gott es sieht. Bemühe dich, das künftige Leben und die unsichtbare Welt anzuschauen wie Gott.«[10] Eine Ahnung, wie das funktionieren kann, leuchtet den Menschen in Jesus Christus auf. Dieser hat sich selbst als die Wahrheit bezeichnet (vgl. Joh 14,6). Er soll immer mehr zur prägenden Gestalt für das christliche Leben werden: »Unser Bekenntnis, unser Glaube, unser Gebet, unser Tun, unser Umgang, unsere Thesen und unsere Lehren müssen nunmehr aufrichtig oder, um ein aussagekräftiges Wort zu gebrauchen, *wirklich* sein.«[11]

---

8 | Übersetzung Stumpf (unten): 138.
9 | Ebd., 141.
10 | Ebd., 148.
11 | Ebd., 149.

Predigt 6

Unwirkliche Worte

»Deine Augen werden den König in seiner Herrlichkeit erblicken; sie überschauen ein weites Land.«
(Jes 33,17)

Der Prophet sagt uns, dass unter dem Neuen Bund die Diener Gottes das Vorrecht genießen werden, jene himmlischen Dinge zu schauen, die unter dem Gesetz nur schattenhaft angedeutet waren. Die Zeit, ehe Christus kam, war die Zeit der Schatten; als er aber kam, brachte er die Wahrheit und auch die Gnade; und weil er, der die Wahrheit ist, zu uns gekommen ist, fordert er als Gegenleistung von uns, dass wir im Umgang mit ihm wahrhaftig und aufrichtig sind. Wahrhaftig und aufrichtig zu sein heißt, im Geist wirklich jene großen Wunder zu sehen, die er gewirkt hat, auf dass wir sie sehen. Als Gott die Augen der Eselin öffnete, auf der Bileam ritt, sah diese den Engel und reagierte auf dessen Anblick entsprechend. Als er dem jungen Mann, dem Diener des Elischa, die Augen öffnete, sah jener auch die feurigen Wagen und Pferde und fasste Mut. Und in gleicher Weise stehen wir Christen jetzt unter dem Schutz der göttlichen Gegenwart, die wunderbarer ist als alles, was in alter Zeit an Wunderbarem zuteil geworden ist. Gott offenbarte sich sichtbar dem Jakob, Job, Moses, Josua und Jesaia; uns offenbart er sich nicht sichtbar, aber weit wunderbarer und wahrhaftiger; nicht ohne unser Mitwirken aus freiem Willen, doch auf unseren Glauben hin, und eben aus diesem Grunde wahrhaftiger; denn der Glaube ist das besondere Mittel zum Erwerb geistiger Segnungen. Daher betet Paulus für die Epheser, »dass Christus durch den Glauben in eueren Herzen wohne« und dass »er die Augen eueres Herzens erleuchte« (Eph 3,17; 1,18). Und Johannes tut kund, dass „der Sohn Gottes uns die Einsicht verliehen hat, den Wahrhaftigen zu erkennen; und wir in dem Wahrhaftigen sind, in seinem Sohn Jesus Christus (1 Joh 5,20).

Wir leben also nicht mehr im Bereich der Schatten; uns wurde der wahre Erlöser vor Augen gestellt, der wahre Lohn und das wahre Mittel zur geistigen Erneuerung. Wir kennen den wahren Zustand der Seele, den naturgemäßen und den aufgrund der Gnade, wir kennen das Übel der Sünde, die Folgen sündhaften Tuns, die Art und Weise, Gott zu gefallen und die Beweggründe, danach zu handeln. Gott hat sich uns deutlich geoffenbart; er hat »die Hülle weggenommen, die auf allen Völkern liegt, und die Decke, die über allen Nationen ausgebreitet ist« (Jes 25,7). »Die Finsternis weicht, und das wahre Licht leuchtet bereits« (1 Joh 2,8). Und darum meine ich, dass wiederum er uns auffordert, »im Licht zu leben, wie er selbst im Licht ist« (1 Joh 1,7). Die Pharisäer hätten in ihrer Heuchelei die Entschuldigung vorbringen können, dass ihnen die volle Wahrheit noch nicht geoffenbart worden sei; wir haben nicht einmal diese untaugliche Begründung, unaufrichtig zu sein. Uns bleibt keine Möglichkeit, die Dinge zu verwechseln; uns ist ausdrücklich das Versprechen gegeben: »Euer Lehrmeister verbirgt sich fürderhin nicht mehr, und eure Augen werden eure Lehrer schauen« (Jes 30,20) und »Da sind die Augen der Sehenden nicht mehr verklebt« (Jes 32,3); und jedes Ding soll bei seinem rechten Namen genannt werden; »Den Toren wird man nicht mehr einen Edlen heißen, noch wird der Betrüger ein ehrlicher Mann genannt« (Jes 32,5); mit einem Wort werden, gemäß dem vorangestellten Bibelwort, »unsere Augen den König in seiner Herrlichkeit erblicken; sie überschauen ein weites Land« (Jes 33,17). Unser Bekenntnis, unser Glaube, unser Gebet, unser Tun, unser Umgang, unsere Thesen und unsere Lehren müssen nunmehr aufrichtig oder, um ein aussagekräftiges Wort zu gebrauchen, *wirklich* sein. Was Paulus von sich und seinen Mitarbeitern sagt, dass sie wahrhaftig seien, weil Christus wahrhaftig ist, gilt für alle Christen: »Denn das ist ja unser frohes Bewusstsein, das Zeugnis unseres Gewissens, dass wir in Gottes Heiligkeit und Lauterkeit, nicht in der Weisheit des Fleisches, sondern in Gottes Gnade gewandelt sind in dieser Welt, vornehmlich aber bei euch. [..] oder fasse ich meine Entschlüsse nach Art des Fleisches, so dass das Ja bei mir auch Nein heißen kann? Aber so wahr Gott treu ist: Unser Wort an euch ist nicht Ja und Nein zugleich. Denn der Sohn Gottes, Jesus Christus, [...] war nicht Ja und Nein zugleich, sondern in ihm ist das Ja Wirklichkeit geworden. So viele Verheißungen Gottes es auch gibt, in ihm ist das Ja; deshalb erklingt auch durch ihn das Amen zur Verherrlichung Gottes aus unserem Mund« (2 Kor 1,12–20).

Und doch bedarf es kaum der Erwähnung, dass nichts so selten ist wie Ehrlichkeit und Aufrichtigkeit, und zwar so selten, dass ein wirklich aufrichtiger Mensch bereits vollkommen ist. Unaufrichtigkeit war ein Übel, das innerhalb der Kirche von Anfang an auftrat; Ananias und Simon der Zauberer waren keine offenen Widersacher der Apostel, aber falsche Brüder. Und da unser Erlöser, das was kommen sollte, vorhersah, ist in seinem öffentlichen Auftreten nichts so bezeichnend wie der Ernst seiner Warnungen an diejenigen, die zu ihm kamen, den Glauben leichtfertig anzunehmen oder Versprechen einzugehen, die sie wahrscheinlich brechen würden.

So sagte er, »das wahre Licht, das jeden Menschen erleuchtet, der in die Welt kommt« (Joh 1,9), »das Amen, der treue und zuverlässige Zeuge, der Anfang der Schöpfung Gottes« (Offb 3,14), zu dem reichen jungen Mann, der ihn leichtfertig mit »guter Meister« anredete, »Warum nennst du mich gut?«, ihn gleichsam heißend, seine Worte abzuwägen, um dann unvermittelt anzufügen: »Eines fehlt dir noch« (Mk 10,17–21). Als ein Schriftgelehrter erklärte, ihm folgen zu wollen, wohin er auch gehe, gab er ihm darauf keine Antwort, sondern sagte: »Die Füchse haben Höhlen und die Vögel des Himmels Nester. Der Menschensohn aber hat nichts, wohin er sein Haupt legen kann« (Mt 8,20). Als Petrus von ganzem Herzen in eigenem und der Brüder Namen sagte: »Zu wem sollen wir gehen? Du hast Worte des ewigen Lebens«, erwiderte er in scharfem Ton: »Habe ich nicht euch, die Zwölf, erwählt? Und doch ist einer von euch ein Teufel« (Joh 6,68–70), so als wollte er sagen: »Beantworte du dir die Frage selbst!« Als die beiden Apostel das Verlangen äußerten, ihr Los mit ihm zu teilen, fragte er sie, ob sie »seinen Kelch trinken oder seine Taufe empfangen könnten« (Mk 10,38). Und als »eine große Volksmenge ihn begleitete«, wandte er sich an sie und sagte, wenn jemand nicht seine Verwandten, Freunde und sein eigenes Leben hasse, könne er nicht sein Jünger sein. Dann fuhr er mit der Ermahnung an alle fort, »die Kosten zu berechnen«, ehe sie ihm folgten (Lk 14,25–28). Solcherart ist seine barmherzige Strenge, mit der er uns zurückweist, damit er uns umso wahrhaftiger gewinnen kann. Und was er von denen hält, die ihm zunächst folgen, um dann in ein hohles und heuchlerisches Bekenntnis zurückzufallen, erfahren wir aus seinen Worten an die Laodizeer: »Ich weiß um deine Werke. Du bist weder kalt noch heiß. Wärest du doch kalt oder heiß! Weil du aber lau bist und weder heiß noch kalt, will ich dich aus meinem Mund ausspeien« (Offb 3,15–16).

Wir haben ein bemerkenswertes Beispiel für dasselbe Verhalten in Gestalt jenes Heiligen aus dem Alten Bund, der unserem Herrn nach Namen und Auftrag vorausging, – in Josua, dem Heerführer des auserwählten Volkes beim Einzug nach Kanaan. Als sie endlich Besitz ergriffen hatten von dem Land, das Moses und ihre Väter als »weites Land« gesehen hatten, sagten sie zu Josua: »Das sei uns fern, den Herrn zu verlassen, um anderen Göttern zu dienen! [...] Wir wollen dem Herrn dienen, denn er ist unser Gott.« Josua gab ihnen zur Antwort: »Ihr könnt nicht dem Herrn dienen, denn er ist ein heiliger Gott, er ist ein eifersüchtiger Gott, der euch euere Vergehen und euere Sünden nicht vergeben wird« (Jos 24,16–19). Nicht als wollte er sie davon abhalten zu gehorchen, sondern sie vielmehr in ihrem Bekenntnis zur Besonnenheit mahnen. Wie sehr erinnert uns seine Antwort an die noch furchtbareren Worte des heiligen Paulus über die Unmöglichkeit einer neuen Umkehr nach gänzlich vollzogenem Abfall!

Und was zum Bekenntnis der *Jüngerschaft* gesagt worden ist, trifft in entsprechendem Maße zweifelsohne auf *jedes* Bekenntnis zu. Ein Bekenntnis für etwas abzulegen, heißt mit scharfen Werkzeugen hantieren, wenn wir nicht darauf Acht geben, was wir sagen. Worte haben eine Bedeutung, ob wir diese unserer Äußerung beimessen oder nicht; sie werden uns nach ihrer wirklichen Bedeutung zugerechnet, und wenn wir diese nicht im Sinn hatten, müssen wir uns die Schuld selbst zuschreiben. Wer Gottes Namen unnütz im Munde führt, wird nicht schuldlos befunden, weil er damit keine Meinung verbindet – er kann sich keine eigene Sprache bilden; und wer ein Bekenntnis ablegt, gleich welcher Art, wird im Sinne dieses Bekenntnisses verstanden und nicht dadurch entschuldigt, dass er selbst diesem Bekenntnis keinen Sinn beimisst. »Denn nach deinen Worten wirst du gerecht gesprochen und nach deinen Worten wirst du verurteilt werden« (Mt 12,37).

Diese Überlegung muss uns Christen gerade in heutiger Zeit nahegelegt werden, denn sie ist in besonderem Maße eine Zeit für Bekenntnisse. Ihr werdet mir in meinen eigenen Worten antworten, alle Zeitalter seien Zeiten des Bekenntnisses gewesen. Das waren sie auch, auf die eine oder andere Art, aber unsere Zeit ist es in ihrem ureigenen Sinn – sie ist vor allem eine Zeit des persönlichen Bekenntnisses. Es ist eine Zeit, in der es (zu Recht oder Unrecht) so viel privates Urteilen gibt, so viel des Auseinanderhaltens und Unterscheidens, so viel des Predigens und Lehrens, so viel an Autorenschaft, dass das persönliche Bekenntnis, die persönliche Verantwortung und die persönliche Belohnung damit auf ganz eigentümliche Weise verbunden sind. Es ist daher nicht unangebracht, wenn wir in Zusammenhang mit dem vorangestellten Bibelwort einige der mannigfachen Arten und Möglichkeiten betrachten, wie Einzelne, ob in unserem oder einem anderen Zeitalter, unwirkliche Bekenntnisse ablegen bzw. abgelegt haben, d. h. sehend und doch nicht sehend, hörend und doch nicht hörend, und reden, ohne Herr ihrer Worte zu sein oder dies zu sein versuchen. Ich möchte das in einiger Ausführlichkeit tun und auf Einzelheiten eingehen, die zwar verschwindend klein, deswegen aber nicht weniger bedeutungsvoll sind.

Nun kommt es auf allen Gebieten, nicht nur dem der Religion, sehr häufig vor, dass auf unwirkliche Weise gesprochen wird, nämlich dann, wenn wir uns zu einer Thematik äußern, mit der wir nicht so vertraut sind. Angenommen, ihr hört, wie jemand, der nichts von militärischen Angelegenheiten versteht, Weisungen erteilt, wie sich Soldaten im Dienst zu verhalten haben, wie ihre Verpflegung und Unterkunft richtig zu handhaben oder wie ihre Marschbewegung zu planen sei, dann wärt ihr sicher, dass seine Fehler unter Männern mit Erfahrung im Kriegshandwerk Spott und Verachtung hervorrufen würden. Oder käme ein Ausländer in eine unserer Städte und legte sofort Pläne vor, wie unsere Märkte zu versorgen oder unsere Polizei zu führen sei, dann würde er sich mit Sicherheit bloßstellen, und allein sein Ansinnen würde einen großen Mangel an gesundem Menschenverstand und an Bescheidenheit erkennen lassen. Wir würden merken, dass er uns nicht versteht und dass er, wenn er über uns redet, nichtssagende Worte gebraucht. Wenn ein Schwachsichtiger versuchte, über Fragen von Proportion und Farbe zu entscheiden, oder ein Gehörloser über musikalische Kompositionen urteilen wollte, würden wir gewahr, dass er über Grundsätzliches und aus einer grundsätzlichen Einstellung heraus spricht, aus seiner Phantasie oder aufgrund von Schlussfolgerungen und Argumenten, aber nicht aufgrund des wirklichen Erfassens der erörterten Materie. Seine Ausführungen wären theoretisch und gingen an der Wirklichkeit vorbei.

Ein Beispiel für diese unwirkliche Art des Redens bieten Menschen, die in einen neuen Personenkreis geraten, unter fremde Gesichter und hinein in neue Ereignisse. Manchmal urteilen sie liebenswürdig über Personen und Sachen, manchmal auch nicht – aber wie immer ihr Urteil ausfällt, es erscheint jenen, welche die Personen und Sachen kennen, seltsam unwirklich und verzerrt. Sie empfinden Ehrfurcht, wo sie es nicht sollten; sie erkennen Geringschätzung, wo keine beabsichtigt war; sie entdecken eine Bedeutung in Geschehnissen, die keine Bedeutung haben; sie malen sich Beweggründe aus; sie missdeuten das Benehmen; sie verkennen den Charakter; sie kommen zu Verallgemeinerungen und sehen Zusammenhänge, die nur in ihrer Vorstellung existieren.

Ein Weiteres: Leute, die sich nicht mit Fragen von Sitte und Moral, mit Politik, kirchlichen Angelegenheiten oder Theologie befasst haben, wissen nicht um die relative Bedeutung von Fragen, denen sie auf diesen Wissensgebieten begegnen. Sie verstehen nicht den Unterschied zwischen dem einen Argument und einem anderen. Das eine wie das andere sind für sie ein und dasselbe. Sie betrachten sie, wie kleine Kinder Dinge bestaunen, die ihnen in die Augen fallen, unentschlossen und ohne zu verstehen, als wüssten sie nicht, ob etwas hundert Meilen entfernt oder zum Greifen nahe ist, ob es groß oder klein, hart oder weich ist. Sie besitzen kein Urteilsvermögen, keinen Maßstab, den sie anlegen können – und so urteilen sie aufs Geradewohl, sagen ja oder nein zu tiefgreifenden Fragen, ganz nach Lust und Laune oder weil ihnen zufällig ein kluges oder bestechendes Argument einfällt. Dementsprechend inkonsequent ist ihr Verhalten: heute sagen sie so, morgen anders; – und wenn sie handeln müssen, dann tun sie dies in Unwissenheit; können sie es sich ersparen, so handeln sie nicht; handeln sie ungezwungen, dann aus einem anderen, nicht eingestandenen Grund. All dies kann nur unwirklich sein.

Wiederum kann es kein treffenderes Beispiel unwirklichen Verhaltens geben als die Art und Weise, auf die sich der überwiegende Teil der Allgemeinheit gewöhnlich sein Urteil in bedeutsamen Fragen bildet. Ständig werden in der Welt Meinungen zu Dingen geäußert, die zu beurteilen die Betreffenden ebensowenig befähigt sind wie Blinde in Bezug auf Farben, und zwar deshalb, weil sie sich mit einschlägigen Fragen niemals auseinandergesetzt haben. Heutzutage sieht sich jedermann verpflichtet, eine Meinung über jederlei Fragen zu haben, seien sie politischer, gesellschaftlicher oder religiöser Natur, weil sie auf die eine oder andere Art die Entscheidung beeinflussen; aber die große Mehrheit ist meistenteils absolut unfähig, ihr Teil dazu beizutragen. Wenn ich dies so sage, bin ich weit davon entfernt zu behaupten, es müsste so sein – weit davon entfernt zu leugnen, dass es so etwas wie den gesunden Menschenverstand gibt oder (was besser ist) ein gutes religiöses Empfinden, der bzw. das seinen Weg durch sehr komplizierte Sachverhalte findet, oder dass von ihm in bestimmten bedeutenden Fragen manchmal tatsächlich durch die große Allgemeinheit Gebrauch gemacht wird. Gleichzeitig jedoch ist dieses praktische Denken ganz und gar nicht vorhanden in Bezug auf die ungeheure Menge von Fragen, die sich heute in der Öffentlichkeit auftun, so dass (wie all jene wohl wissen, die versuchen, den Einfluss der Leute auf ihre Seite zu gewinnen) deren Meinungen erkauft werden müssen durch Ausnutzung ihrer Vorurteile oder Ängste – nicht etwa durch Vorlegen einer Frage in ihrem wirklichen und wahren Sinngehalt, sondern in geschickter Verbrämung oder durch Herausgreifen eines einzelnen Punktes, der gegebenenfalls übertrieben und verkleidet und als Mittel zum manipulativen Einwirken auf das gesunde Volksempfinden genutzt wird. Und somit wird das Regieren und die Kunst des Regierens, genauso wie die Religion des Volkes, hohl und verderbt.

Und deshalb ist des Volkes Stimme so launisch. Ein Mensch oder ein Maßstab ist heute das Idol der Leute, morgen ist es ein anderer. Sie sind nie darüber hinausgekommen, Schatten für konkrete Dinge zu nehmen.

Was sich in der Masse beispielhaft zeigt, das zeigt sich je unterschiedlich auch bei Einzelpersonen sowie in Bezug auf Einzelheiten. Manche sind beispielsweise darauf erpicht, sich als wortgewandte Redner zu geben. Sie bedienen sich großer Worte und ahmen die Redeweise anderer nach; und sie meinen, jene, die sie nachahmen, hätten damit ebenso wenig Sinn verbunden wie sie selbst, oder sie bringen es möglicherweise fertig zu denken, sie selber hätten eine Meinung, die ihren Worten entspricht.

Eine andere Art der Unwirklichkeit oder des willentlichen Bekundens zu etwas, was über unseren Verstand geht, zeigt sich im Verhalten jener, die unerwartet zu Macht und Ansehen gelangen. Sie befleißigen sich eines

Benehmens, wie es ihrer Meinung nach ihr Amt von ihnen verlangt, das aber ihr Maß übersteigt und infolgedessen unziemlich ist. Sie möchten sich würdevoll geben und hören auf, sie selbst zu sein.

Viele wiederum, um einen anderen Fall herauszugreifen, bekunden, wenn sie Menschen in Not begegnen und ihr Mitgefühl zum Ausdruck bringen wollen, ihre Anteilnahme oft auf sehr wirklichkeitsfremde Weise. Ich rechne ihnen dies durchaus nicht als Fehler an, denn es ist sehr schwer zu erkennen, was zu tun ist, weil wir uns einerseits nicht in den Kummer der Betroffenen hineinversetzen können, andererseits aber zu denen, die ihn fühlen, freundlich sein möchten. Ein Ton des Bedauerns scheint angebracht, kann aber (wenn die Dinge so liegen) in unserem Fall nicht echt sein. Doch selbst hier gibt es sicher einen wahrhaftigen Weg, könnten wir ihn nur finden, durch den der Schein vermieden, aber Achtung und Rücksichtnahme sehr wohl bekundet werden können.

Mit religiösen Gefühlen verhält es sich ähnlich. Die Menschen sind sich allein von der Kraft der dem Evangelium innewohnenden Lehren her bewusst, dass sie aufgrund dieser Lehren auf vielfältige Weise, zudem tief und ernsthaft, berührt sein sollten. Die Lehren von der Erbsünde und der persönlichen Sünde, von der Gottheit und dem Sühneopfer Christi sowie von der heiligen Taufe sind so gewaltig, dass niemand sie ohne sehr vielschichtige und tiefe Gefühle zu begreifen vermag. Die natürliche Vernunft sagt das dem Menschen und dass, sofern er schlicht und aufrichtig an diese Lehren glaubt, er diese Gefühle haben muss; und so bekundet er seinen absoluten Glauben an die Lehren und bekennt sich deshalb zu den entsprechenden Gefühlen. In Wahrheit aber glaubt er vielleicht *nicht* wirklich und absolut an sie, weil es zu einem solch absoluten Glauben lange Zeit braucht, und darum übertrifft sein Bekenntnis zu den Gefühlen die innerlich tatsächlich vorhandenen Gefühle, was heißt, dass er sich von der Wirklichkeit entfernt. Lasst uns zwei Wahrheiten niemals aus den Augen verlieren: dass unsere Herzen von der Liebe Christi durchdrungen und voller Selbstentäußerung sein sollten; – dass aber, wenn sie es nicht sind, das Bekunden, sie seien es, dieses So-Sein nicht bewirkt.

Um ein anderes, gravierenderes Beispiel für denselben Fehler anzuführen: manche beten – nicht wie Sünder, die sich an ihren Gott wenden, auch nicht wie der Zöllner, der sich an die Brust schlägt und spricht: »Gott, sei mir Sünder gnädig!«, sondern in einer Weise, wie es sich ihrer Meinung nach *im* Zustand der Schuld geziemt – so, wie es einer solchen Zwangslage angemessen ist. Sie sind gehemmt und denken darüber nach, wie es um sie steht, und anstatt sich (sozusagen) doch dem Thron der Gnaden zu nähern, sind sie von dem Gedanken erfüllt, dass Gott groß und der Mensch sein Geschöpf ist, Gott droben im Himmel und der Mensch auf der Erde, und dass sie zu einem hohen und feierlichen Dienst bestellt sind, zu dessen erhabenem und bedeutsamem Wesen sie sich emporschwingen sollten.

147

Eine andere, noch weiter verbreitete Form des nämlichen Fehlers, doch ohne eindeutige Heuchelei oder Mühe, ist die Art, in der manche Leute von der Kürze und Eitelkeit des menschlichen Lebens, von der Gewissheit des Todes und den Freuden des Himmels reden. Sie führen Gemeinplätze im Mund, die sie bei sich bietender Gelegenheit zum Besten anderer oder um sie zu trösten oder auch als besonderes und angemessenes Zeichen der Aufmerksamkeit ihnen gegenüber von sich geben. So sprechen sie mit Geistlichen erklärtermaßen ernst, sie machen wahre und vernünftige Aussagen, die an sich tiefgründig sind, aus ihrem Munde jedoch nichtssagend klingen; sie geben Kindern und jungen Leuten wohlmeinende Ratschläge; bei Niedergeschlagenheit oder Krankheit etwa fühlen sie sich veranlasst, betont religiös zu reden, wie aus einem inneren Antrieb heraus. Geraten sie in Sünde, so reden sie von der menschlichen Schwachheit, von der Falschheit des menschlichen Herzens, von Gottes Barmherzigkeit und dergleichen: alle diese großen Worte – Himmel, Hölle, Gericht, Barmherzigkeit, Reue, Werke, die gegenwärtige und die zukünftige Welt – sind in ihrem Mund und in ihren Ohren kaum mehr als »undeutliche Töne, von denen man nicht weiß, ob sie auf der Flöte oder auf der Harfe gespielt werden« (nach 1 Kor 14,7), wie ein »wunderschönes Lied von einem, der eine angenehme Stimme hat und sich auf sein Instrumentenspiel versteht« (nach Ez 33,32) – wie die Schicklichkeit der gepflegten Konversation oder die höflichen Umgangsformen einer guten Erziehung.

Ich spreche vom Verhalten der Allgemeinheit der sogenannten christlichen Welt; doch was ich gesagt habe, trifft unbedingt auch auf viele wohlgesinnte oder sogar religiöse Menschen zu. Ich glaube, solange die Menschen ihre Erfahrungen mit den Realitäten des Lebens nicht gemacht haben, kann es nicht verwundern, dass ihre Vorstellung von Religion unwirklich ist. Jungen Leuten, die niemals Kummer und Leid gekannt haben, noch die Opfer, welche das Gewissen ihnen abverlangt, mangelt es gewöhnlich an jener Tiefe und Ernsthaftigkeit des Charakters, die nur Kummer und Leid sowie Selbsthingabe bewirken können. Ich stelle dies nicht als Fehler hin, sondern als schlichte Tatsache, die man häufig beobachten kann und sehr wohl im Auge behalten sollte. Der echte Nutzen dieser Welt besteht ja darin, dass wir veranlasst werden, nach einer anderen Welt zu suchen. Sie erfüllt ihre Aufgabe, wenn sie uns zurückstößt, uns anwidert und irgendwo anders hintreibt. Die daraus gewonnene Erfahrung beschert dem religiösen Geist das Erlebnis dessen, was ihr Gegenmittel ist; und so wird unsere Anschauung des Geistigen echt durch die Berührung mit dem Zeitlichen und Irdischen. Viel unwirklicher sind dagegen die Menschen, wenn ein geheimer Beweggrund in ihrem Inneren sie auf einen von der Religion abweichenden Weg drängt und ihre Äußerungen folglich in eine unnatürliche Richtung gelenkt werden, um ihrem geheimen Beweggrund dienlich zu sein. Wenn Menschen die Schlussfolgerungen, zu denen ihre Grundsätze sie führen, oder die Weisungen, die in der Heiligen Schrift enthalten sind, nicht mögen, mangelt es ihnen nicht an Einfallsreichtum, beide zu entkräften. Zu ihrer Rechtfertigung entwickeln sie möglicherweise eine Theorie oder legen sich irgendwelche Einwände zurecht; eine Theorie beziehungsweise Einwände, die vielleicht schwer zu widerlegen sind, die aber jeder klar denkende Mensch, ja selbst jeder unbeteiligte Umstehende als unnatürlich und unaufrichtig empfindet.

Was hier über Einzelne gesagt wurde, geschieht in Zeiten, da die Liebe erkaltet und der Glaube schwindet, sogar mit ganzen kirchlichen Gemeinschaften. Das ganze System der Kirche, ihre Disziplin und ihr Ritual, sind in ihrem Ursprung durchweg die spontane und üppige Frucht des wirklichen Grundgedankens der geistigen Religion in den Herzen ihrer Glieder. Die unsichtbare Kirche hat sich zur sichtbaren Kirche entwickelt, und ihre äußeren Riten und Formen werden genährt und beseelt von der lebendigen Kraft, die ihr innewohnt. So verkörpert jeder Teil von ihr etwas Wirkliches, bis hinunter ins Kleinste. Wenn aber die Verführungen der Welt und die Lust des Fleisches dieses göttliche innere Leben aufgezehrt haben, was bleibt dann von der äußeren Kirche mehr als Hohlheit und Gespött, vergleichbar den übertünchten Gräbern, von denen unser Herr spricht, ein Denkmal dessen, was war und nicht mehr ist? Wir vertrauen zwar darauf, dass die Kirche nirgendwo so gänzlich vom Geist der Wahrheit verlassen wird, zumindest gemäß der allzeit waltenden Vorsehung Gottes; – dürfen wir aber nicht sagen, dass in dem Maße, wie sie sich diesem Zustand der Leblosigkeit nähert, die Gnade ihrer Sakramente, wenn nicht verwirkt ist, so doch zumindest nur als dürftiges oder unsicheres Rinnsal fließt?

Und schließlich, wenn sich diese Unwirklichkeit in die Kirche selbst einschleichen kann, die letztlich eine praktische Einrichtung ist, um wieviel mehr findet sie sich dann in der Philosophie und in der Literatur. Die Literatur ist schon ihrem Wesen nach fast unwirklich; denn sie besteht in der vom praktischen Leben losgelösten Entfaltung von Gedanken. Muße und Zurückgezogenheit gelten als ihr wahres Zuhause; und wenn sie mehr tut als reden oder schreiben, wird sie des Überschreitens ihrer Grenzen bezichtigt. Dies nämlich macht in der Tat das aus, was als ihre wahre Würde und Ehre angesehen wird: ihr Abstrahieren von den tatsächlichen Geschehnissen des Lebens; ihr Sichersein vor den Strömungen und Wechselfällen der Welt; ihr Reden ohne Handeln. Ein Literat wird als seine Würde wahrend betrachtet, wenn er tatenlos bleibt; und schreitet er zur Tat, dann gilt er als einer, der seine Position aufgibt, wie wenn er seiner Berufung durch Begeisterung schaden und zum Politiker oder Anhänger einer Partei würde. Von daher können sich bloße Literaten in scharfen Worten gegen die religiösen oder politischen Strömungen ihrer Zeit wenden, ohne dass es ihnen übel genommen wird; denn keiner glaubt, dass sie damit etwas Bestimmtes vorhaben. Niemand erwartet von ihnen, dass sie ihre Äußerungen in die Tat umsetzen, und bloße Worte tun keinem weh.

Dies sind einige der gewöhnlicheren oder weiter verbreiteten Beispiele für Bekundungen, denen keine Taten folgen bzw. für ein Reden ohne wirkliches Sehen und Empfinden. Wenn ich diese Beispiele anführe –

lasst mich das anmerken –, will ich damit nicht sagen, dass solches Bekunden, wie ich es geschildert habe, immer schuldhaft oder falsch ist; tatsächlich habe ich dabei stets auch das Gegenteil einbegriffen. Oft haben wir nichts weiter vor uns als ein Missgeschick. Es braucht lange Zeit, die Dinge wirklich so zu empfinden und zu begreifen, wie sie sind; wir lernen dies erst nach und nach. Ein Bekunden, das über unsere Gefühle hinausgeht, ist nur dann ein Fehler, wenn wir es vermeiden können – ein Fehler, wenn wir entweder dann reden, wo es keines Redens bedarf, oder nichts empfinden, wo wir Empfindungen hätten haben können. Harte, unempfindsame Herzen, vorlaute und gedankenlose Schwätzer, sie sind es, deren unwirkliches Verhalten, wie ich es bezeichnet habe, sündhaft ist; es ist die Sünde eines jeden von uns, je nachdem wie kalt unser Herz oder wie lose unsere Zunge ist.

Die bloße Tatsache jedoch, dass wir mehr sagen, als wir fühlen, ist nicht notwendigerweise sündhaft. Petrus hat sein Bekenntnis »Du bist der Messias!« (Mt 16,16) nicht in seiner vollen Bedeutung begriffen, und doch wurde er selig gepriesen. Jakobus und Johannes sagten: »Wir können es!« (Mt 20,22), ohne klare Vorstellung, doch auch ohne Sünde. Wir versprechen immer Größeres, als wir zu leisten imstande sind, und vertrauen auf Gott, dass er uns befähige, es dennoch zu vollbringen. Unser Versprechen schließt ein Gebet um Erleuchtung und Stärke ein. Auf diese Weise sprechen wir alle immer wieder das Credo, doch wer begreift es vollständig? All unser Hoffen besteht darin, dass wir auf dem Weg sind, es zu verstehen; dass wir es in Teilen verstehen; dass wir danach verlangen, darum beten und uns bemühen, es mehr und mehr zu verstehen. Unser Credo wird zu einer Art Gebet. Jemand ist schuldhaft unwirklich in seinem Reden, nicht wenn er mehr sagt, als er empfindet, sondern wenn er etwas anderes sagt, als er empfindet. Ein Geizhals, der das Almosengeben lobt, oder ein Feigling, der Weisungen für mutiges Verhalten erteilt, ist unredlich; es ist aber nicht unredlich, wenn der Kleinere vom Größeren spricht, wenn der Großzügige sich auslässt über Freigebigkeit, wenn der Großmütige den Edeldenkenden rühmt, der Sich-selbst-Verleugnende die Sprache des Gestrengen benutzt oder der Bekenner zum Martyrium ermuntert.

Was ich sage, läuft auf Folgendes hinaus: lass es dir ernst sein und du wirst über die Religion sprechen, wo und wann und wie du es solltest; setze dir Ziele und du findest die richtigen Worte, ohne dich gezielt darum zu bemühen. Es gibt tausenderlei Methoden, diese Welt zu betrachten, aber nur eine, die richtig ist. Der Vergnügungshungrige hat seine Methode, der Gewinnsüchtige die seine und der Intellektuelle die seine. Reiche und Arme, Regierende und Regierte, Wohlhabende und Unzufriedene, Gebildete und Ungebildete, alle haben sie ihre eigene Methode, die Dinge zu sehen, die ihnen unter die Augen kommen, und jeder hat eine falsche Methode. Es gibt nur die eine richtige Methode, nämlich diejenige, wie Gott die Welt sieht. Bemühe dich darum, sie nach Gottes Art zu sehen. Bemühe dich darum, die Dinge so zu sehen, wie Gott sie sieht. Bemühe dich darum, dir ein Urteil über Menschen, Ereignisse, Rangordnungen, Schicksale, Veränderungen und Ziele zu bilden, wie Gott es tut. Bemühe dich, dieses Leben so zu sehen, wie Gott es sieht. Bemühe dich, das künftige Leben und die unsichtbare Welt anzuschauen wie Gott. Bemühe dich, »den König in seiner Herrlichkeit zu erblicken«. Alle Dinge, die wir sehen, sind für uns nur Schatten und Trugbilder, wenn wir nicht zu dem vordringen, was sie wirklich bedeuten.

Es ist nicht leicht, jene neue Sprache zu lernen, die Christus uns gebracht hat. Er hat uns alle Dinge in einer neuen Art gedeutet. Er hat uns eine Religion gegeben, die ein neues Licht über jegliches Geschehnis ausgießt. Versucht diese Sprache zu lernen! Lernt sie nicht, wie man etwas auswendig lernt, und sprecht sie nicht wie etwas Selbstverständliches. Versucht zu verstehen, was ihr sagt. Die Zeit ist kurz, die Ewigkeit lang. Gott ist groß, der Mensch schwach; er steht zwischen Himmel und Hölle; Christus ist sein Erlöser; Christus hat für ihn gelitten. Der Heilige Geist heiligt ihn; die Buße reinigt ihn, der Glaube rechtfertigt, die Werke retten. Dies sind erhabene Wahrheiten, die eigentlich nicht ausgesprochen werden brauchen, es sei denn als Credo oder zur Belehrung; sie müssen aber im Herzen bewahrt werden. Dass etwas wahr ist, ist kein Grund dafür, dass es ausgesprochen werden müsste, sondern dass es getan werden muss; dass danach gehandelt werden muss; dass wir es uns innerlich zu eigen machen.

Vermeiden wir Gerede jedweder Art: sei es bloßes Geschwätz, abwertendes Kritisieren, ein nutzloses Bekennen, das Sich-Verbreiten über die Lehren des Evangeliums, gekünsteltes Philosophieren oder anmaßende Beredsamkeit. Hüten wir uns vor Frivolität, vor dem Hang zur Zurschaustellung, dem Hang, Gesprächsmittelpunkt zu sein, dem Hang zur Einzigartigkeit, dem Hang, originell zu erscheinen. Bemühen wir uns zu meinen, was wir sagen, und zu sagen, was wir meinen; bemühen wir uns zu erkennen, wann wir eine Wahrheit verstehen und wann nicht. Verstehen wir sie nicht, dann lasst sie uns gläubig annehmen und uns dazu bekennen. Lasst uns die Wahrheit in Ehrfurcht aufnehmen und Gott bitten, uns den guten Willen, sein göttliches Licht und geistige Stärke zu verleihen, damit sie Frucht bringen mögen in uns.

Einführung zu Predigt 7:
Die christliche Schuld –
»Vorsehung und persönliche Heilsgeschichte«

Dankbar für Gottes Heilsgeschichte mit uns

JAKOB GEIER

1. Mehrfache Verwendung?

1935 wurde durch John Henry Newmans Mutter Jemima der Grundstein der Kirche von Littlemore gelegt. Jemima verstarb jedoch noch vor der Fertigstellung des Gotteshauses am 17. Mai 1936.[1] Am 22. September desselben Jahres fand schließlich die Konsekration der Filialkirche St. Mary and St. Nicholas in Littlemore statt, in der Newman der erste Vikar war. Der zweite Jahrestag der Kirchweihe war für Newman ein Anlass der Dankbarkeit dafür, dass gläubige Menschen Zeit und Energie aufwendeten, um ihrem Glauben Ausdruck zu verschaffen, dem Glauben im wahrsten Sinne des Wortes »Raum zu geben«. Aus diesem Anlass hielt er am Samstag, dem 22. September 1838 eine Predigt mit dem Titel »Dankbares Erinnern an frühere Erbarmungen«. Hinweise zu diesem Datum finden sich sowohl in der Übersicht der deutschen Ausgabe seiner Pfarr- und Volkspredigten (Bd. V)[2], als auch in der Einleitung von Günter Biemer zu diesem Buch.

Allerdings lautet der Untertitel sowohl in der englischen als auch in der deutschen Ausgabe seiner Parochial and Plain Sermons (Vol. V)/Pfarr- und Volkspredigten (Bd. V) »Christmas/Weihnachten«. Auf diese Festzeit kommt er nach einem biblischen Überblick zum Thema der Dankbarkeit zu sprechen, da gerade Weihnachten am Ende des Jahres ein Fest ist, das wie von selbst zur Dankbarkeit

---

1 | Siehe Günter Biemer, Die Wahrheit wird stärker sein. Das Leben und Werk Kardinal Newmans, Frankfurt am Main ³2009, 118.
2 | John Henry Newman, Pfarr- und Volkspredigten, Bd. V, Stuttgart 1953, 7.

einlädt. Er formuliert: »Diese Gedanken überkommen einen ganz natürlich zu einer Zeit im Jahr, da wir dabei sind, Gottes Gnade zu preisen, die uns durch die Menschenwerdung seines eingeborenen Sohnes, der größten und wunderbarsten all seiner Erbarmungen, zu seinen Kindern gemacht hat. [...] Wollen wir also zu Beginn in dieser Zeit der Dankbarkeit und zu Beginn eines neuen Jahres einen kurzen Blick auf den Charakter dieses Patriarchen [Jakob] werfen.« Im weiteren Verlauf der Predigt bezieht er sich allerdings nicht mehr explizit auf das Weihnachtsfest. Es könnte also sein, dass Newman die Predigt zwei- oder mehrmals gehalten hat und daher in die Kirchweihpredigt einen Absatz über Weihnachten eingefügt hat.

2. Predigtziel

Hauptthema der Predigt ist also die Dankbarkeit für nicht verdiente Geschenke, die Newman wie einen roter Faden im Leben des Stammvaters Jakob findet und als Grundlage für seine Predigt entfaltet. Das einleitende Zitat aus Gen 32,11 ist ihm dazu der Anstoß: »Ich bin nicht wert aller Hulderweisungen und aller Treue, die du deinem Knecht erwiesen hast.« Dankbarkeit ist der Ausdruck für das Bewusstsein, »nicht seines eigenen Glückes Schmied zu sein«. Die Dankbarkeit führt zur Besinnung auf Gott als den Schöpfer, der jeden einzelnen Menschen erschaffen hat, liebevoll begleitet und schließlich erlösen wird. Dieses Bewusstsein möchte Newman bei seinen Hörerinnen und Hörern in der Kirche von Littlemore schärfen, indem er den Gläubigen Denkanstöße anhand der Biografie des Stammvaters mitgibt. »Seine Predigten ließen den Hörer das denken, was der Redner sagte und nicht an die Predigt oder den Prediger«[3], so hat es Richard William Church ausgedrückt. Ziel Newmans war es also, dass die Hörerinnen und Hörer seiner Predigt ihren Glauben mithilfe von Vorbildern vertiefen und das Vertrauen mehren, von Gott geführt zu sein. »Unermüdlich sucht Newman seinen Hörern die symbolische Struktur der irdischen Wirklichkeit erfahrbar zu machen, ihre Transparenz für den unsichtbaren Gott.«[4] Diese Erfahrung geschieht aber wie auch die Dankbarkeit im Nachhinein, also rückwärtsgewandt. So schreibt Newman ein Jahr zuvor in einem geistlichen Text: »Wir erkennen Gottes Gegenwart nicht, wenn sie uns zuteil wird, sondern später, wenn wir auf das Geschehene zurückbli-

3 | Zitiert nach Biemer, Wahrheit, 133.
4 | Biemer, Wahrheit, 136.

cken und es hinter uns liegt.«⁵ Auch hier bezieht er sich auf den Traum des Stammvaters Jakob, der, nachdem er erwachte, sagte: »Wirklich, der Herr ist an diesem Ort, und ich wusste es nicht!« (Gen 28,16). Newman schließt daraus für sein geistliches Leben: »Wir genossen die Gegenwart Gottes, aber wir wussten es nicht; es kam uns nicht zum Bewusstsein, was wir hatten; wir wurden es nicht inne und dachten nicht nach über das Schöne, das wir empfingen. Nachher, da es vorüber war, dachten wir nach. Daher die milde Süße, mit der sich längst vergangene Tage in unserer Erinnerung einstellen und uns ergreifen.«⁶

3. Drei Heilige der Dankbarkeit

Newman erörtert in seiner Predigt – wie bereits angeklungen ist – den Geist der Dankbarkeit, der schon vor dem Evangelium Christi in der Geschichte Gottes mit seinem Volk Israel aufzuspüren ist. Der Patriarch Jakob ist dafür das leuchtende Beispiel, das Newman herausstellt. Es geht ihm um die Dankbarkeit für unverdiente Geschenke, da gerade eine solche Dankbarkeit die schlechthin christliche ist. Um dies zu verdeutlichen, verweist Newman auch auf den Apostel Paulus und viele Stellen in der neutestamentlichen Briefliteratur, so zum Beispiel auf 1 Thess 5,18: »Dankt für alles; denn so will es Gott von euch in Christus Jesus.« Ein drittes Beispiel ist der alttestamentliche David, der durch seine Psalmenlieder seinen Glauben zum Ausdruck gebracht hat: Rückschau auf die Vergangenheit, das Staunen und die Freude über den von Gott begleiteten Weg sind in den Psalmen einige feststellbare Motive, die für Newman von großer Bedeutung sind. An diesen drei Heiligen (Jakob, Paulus und David) stellt Newman einen Wandel fest, der Gottes Zuwendung für die Geringsten verdeutlicht: Ein hungernder Wanderer wird zum Patriarchen, ein Hirte zum König und ein Verfolger zum Apostel der Völker – Gründe zum Dankbarsein.

Newman widmet sich in seiner Predigt schließlich ganz dem Stammvater Jakob, an dem er die Gabe des Nachsinnens über Vergangenes bewundert. Er bringt es in einem Bild zum Ausdruck: Gott schenkt die Wurzel, aber die Entwicklung der Pflanze verläuft individuell. So vergleicht er Jakob mit seinem Großvater Abraham: Abraham gilt als die Zentralfigur für unbedingten Glauben und unbedingten Gehorsam Gott gegenüber. Seine Lebensgeschichte ist eine wahre Heiligenge-

---

5 | John Henry Newman, Christlichen Reifen. Texte zu religiöser Lebensgestaltung, Gesammelt, eingeleitet und übersetzt von Otto Karrer, Einsiedeln 1946, 51–58, 51.
6 | Newman, Reifen, 56.

schichte, für den durchschnittlichen Christgläubigen unerreichbar. Daher stellt ihm Newman seinen Enkel Jakob an die Seite, weil er greifbarer erscheint. »Wir spüren, dass Jakob eher unseresgleichen war als Abraham.« Was für Abraham der Glaube in der Hoffnung war, ist für Jakob der Glaube in der Erinnerung. Søren Kierkegaard (1813–1855), ein dänischer Zeitgenosse Newmans, würde Jakobs Glauben wohl so ausdrücken: »Verstehen kann man das Leben rückwärts; leben muss man es aber vorwärts.« Im Nachhinein erst wächst das Verständnis für das Geschehene und damit auch die Dankbarkeit für all das, was in der Vergangenheit entstanden ist.

Weiter schreibt Newman in seiner Predigt: »Jakob scheint ein sanftes, zartes, liebevolles, furchtsames Gemüt besessen zu haben – leicht zu erschrecken und zu beunruhigen; […] Solche Menschen sind leicht niedergeschlagen und müssen sanft behandelt werden; sie verzagen schnell, sie scheuen sich vor der Welt, denn sie spüren ihre Rohheit, was bei robusteren Naturen nicht der Fall ist.« Viele dieser Zeilen lesen sich wie eine Autobiografie Newmans. Was er am Patriarchen Jakob festmacht, trifft wohl in vielen Punkten auch auf ihn selbst zu. Schließlich lobt er Jakobs Gesinnung: »die Festigkeit im Vertrauen auf die göttliche Vorsehung, die daraus fließende Dankbarkeit und die sorgfältige Erinnerung an alles, was er [Gott] für uns getan hat.« Newman versucht seinen Zuhörerinnen und Zuhörern deutlich zu machen: Gott gibt alles, was der Mensch zum Leben braucht, wir sind sein Eigentum und wir werden durch ihn Erlösung erfahren. Diese Glaubensgewissheit, nicht selbst geschaffen zu sein und letztlich nicht über sich selbst herrschen zu können, sondern nur in Dankbarkeit vor Gott sein zu können, drückt Newman mit seinen bekannt gewordenen Worten aus: »Ich selbst und mein Schöpfer.«

Predigt 7

Dankbares Erinnern an frühere Erbarmungen

»Ich bin nicht wert aller Hulderweisungen und aller Treue, die du deinem Knecht erwiesen hast.«
(Gen 32,10)

Der Geist demütiger Dankbarkeit für in der Vergangenheit erfahrenes Erbarmen, der in diesen Worten zum Ausdruck kommt, ist eine Tugend, zu der wir besonders im Evangelium aufgerufen werden. Jakob, der die Worte sprach, wusste nichts von jenen großen und wunderbaren Taten der Liebe, mit denen Gott die Menschheit seither heimgesucht hat. Doch obgleich er die Tiefen des göttlichen Ratschlusses nicht zu erkennen vermochte, kannte er sich selbst so weit, um zu wissen, dass er sich jegliches Guten für unwürdig erachtete. Er wusste auch, dass Gott der Allmächtige ihm großes Erbarmen und große Treue erwiesen hatte: Erbarmen insofern, als er Gutes an ihm getan hatte, während er Böses verdient hätte; und Treue insofern, als er ihm Verheißungen gegeben und treu zu ihnen gestanden hatte. Deshalb floss er über vor Dankbarkeit, als er auf die Vergangenheit zurückblickte; er staunte über den Gegensatz zwischen dem, was er nach eigenem Dafürhalten war, und dem, was Gott ihm gewesen war.

Eine solche Dankbarkeit, so meine ich, ist eine ausgesprochen christliche Tugend, und sie wird uns in den Schriften des Neuen Testaments eingeschärft. So werden wir zum Beispiel ermahnt, »dankbar« zu sein und »das Wort Christi in seiner Fülle in aller Weisheit in uns wohnen zu lassen; einander zu belehren und zu ermahnen in Psalmen, Hymnen und geistlichen Liedern und dem Herrn dankbar in unseren Herzen zu singen« (Kol 3,15–16).

An anderer Stelle wird uns aufgegeben, »zueinander zu sprechen in Psalmen und Hymnen und geistlichen Liedern und dem Herrn zu lobsingen und zu jubilieren in unseren Herzen; allezeit und für alles Dank zu sagen Gott, dem Vater, im Namen unseres Herrn Jesus Christus« (Eph 5,19–20).

Und weiter: »Um nichts macht euch Sorgen, lasst vielmehr in jeder Lage euere Anliegen durch Bitten und Flehen mit Danksagung vor Gott kund werden« (Phil 4,6).

Wiederum: »Dankt für alles; denn so will es Gott von euch in Christus Jesus« (1 Thess 5,18).

Der Apostel, der all dies geschrieben hat, war selbst ein besonderes Vorbild für eine dankbare Gesinnung: »Freut euch im Herrn allezeit! Noch einmal will ich es sagen: freut euch!« (Phil 4,4). »Ich habe gelernt, in jeder Lage, in der ich bin, auszukommen. Ich habe alles erhalten, und zwar mehr als genug; ich habe in Fülle« (Phil 4,11.18). Ferner sagt er: »Dankbar bin ich ihm, der mir Kraft verlieh, Christus Jesus, dass er mich für zuverlässig hielt und in den Dienst nahm. Ich war ja zuvor ein Lästerer, Verfolger und Frevler. Doch ich fand Erbarmen, weil ich als Unwissender es tat, in Unglauben. Überreich groß war die Gnade unseres Herrn zusammen mit Glaube und Liebe in Christus Jesus« (1 Tim 1,12–14). O großer Apostel! Wie konnte es anders sein in Anbetracht dessen, was er früher war und später wurde – vom Feind zum Freund verwandelt, vom blinden Pharisäer zum geisterfüllten Prediger? Doch es gibt noch einen anderen Heiligen neben dem Patriarchen Jakob, der sein Gefährte ist in dieser vortrefflichen Tugend – wie die beiden herausgehoben durch große Wechselfälle des Lebens, durch die anbetende Liebe und Zartheit des Herzens, mit der er auf die Vergangenheit zurückblickte. – Ich spreche von »David, Sohn des Isai, der Mann, der hochgestellt war, der Gesalbte des Gottes Jakobs, der Sänger der Lieder Israels« (2 Sam 23,1).

Das Buch der Psalmen ist voll von Beispielen für die dankbare Gesinnung Davids, die ich hier nicht anzuführen brauche, da sie uns allen so vertraut sind. Ich will nur hinweisen auf sein Dankgebet, das am Ende des ersten Buches der Chronik steht und das er sprach, nachdem die kostbaren Gaben für den Bau des Tempels bereitgestellt waren – da er sich so sehr freute, weil er und sein Volk das Herz hatten, so freigebig gegen Gott zu sein und eben er für seine eigene Dankbarkeit Gott pries. »David, der König, [...] hatte große Freude; deshalb pries David den Herrn vor der ganzen Versammlung und rief: Gepriesen bist du, Herr, Gott unseres Vaters Israel, von Ewigkeit zu Ewigkeit [...] Reichtum und Glanz gehen von dir aus. Du bist es, der über alles gebietet. In deiner Hand liegen Kraft und Stärke. In deiner Hand ist es, alles groß und stark zu machen. Darum, unser Gott, preisen wir dich und rühmen deinen herrlichen Namen. Denn wer bin ich und was ist mein Volk, dass wir die Kraft besäßen, solche Gaben zu spenden? Denn von dir ist alles und von deiner Hand spenden wir dir« (1 Chr 29,9-14).

Dies war die dankbare Gesinnung Davids in der Rückschau auf die Vergangenheit, das Staunen und Sich-Freuen über den Weg, auf dem ihn sein allmächtiger Beschützer geführt hatte, und über die Taten, die er ihn zu vollbringen befähigt hatte; die Lobpreisung und Verherrlichung für sein Erbarmen und seine Treue. David sowie Jakob und Paulus können als die drei großen Vorbilder der Dankbarkeit angesehen werden, die uns die Heilige Schrift vor Augen stellt – Heilige, die alle in besonderer Weise das Werk der göttlichen Gnade waren und deren ganzes Leben und Atmen darin bestand, in Demut und Anbetung über den Gegensatz nachzusinnen zwischen dem, was sie – jeder auf seine Weise – früher waren, und dem, was aus ihnen wurde. Ein darbender Wanderer wurde unerwartet zum Patriarchen; ein Hirte zum König; ein Verfolger zum Apostel: jeder wurde nach Gottes unergründlichem Wohlgefallen auserwählt, ein großes Ziel zu verwirklichen, und während jeder sein Äußerstes tat, um dies zu erreichen, pries er Gott fortwährend, weil er ihn zu seinem Werkzeug gemacht hatte. Vom Ersten wurde gesagt: »Jakob habe ich geliebt, Esau aber gehasst« (Röm 9,13); vom Zweiten heißt es: »Das Zelt des Joseph verwarf er, Ephraims Stamm erwählte er nicht. Doch erkor er sich Juda, den Zionsberg, den er liebte. Und den David erwählte er, seinen Knecht, von den Herden der Schafe holte er ihn« (Ps 78,67-70). Der heilige Paulus sagt von sich selbst: »Zuletzt aber von allen ist er auch mir erschienen, gleichsam der Fehlgeburt« (1 Kor 15,8).

Diese Gedanken überkommen einen ganz natürlich zu einer Zeit im Jahr, da wir dabei sind, Gottes Gnade zu preisen, die uns durch die Menschwerdung seines eingeborenen Sohnes, der größten und wunderbarsten all seiner Erbarmungen, zu seinen Kindern gemacht hat. Und dem Patriarchen Jakob sind nun unsere Gedanken ganz besonders zugewandt in der ersten Lesung dieses Tages, die dem Propheten Jesaja entnommen ist und in der die Kirche angesprochen und getröstet wird unter dem Namen Jakobs. Wollen wir also in dieser Zeit der Dankbarkeit und zu Beginn eines neuen Jahres einen kurzen Blick auf den Charakter dieses Patriarchen werfen; und obschon David und Isaias die Propheten der Gnade sind und der heilige Paulus ihr besonderer Bote und wichtigstes Vorbild, meine ich, dass, wenn wir ein lebendiges Beispiel für eine Gesinnung der Dankbarkeit zu sehen wünschen, die erfüllt ist von der Erinnerung an Gottes Erbarmungen, wir nicht fehlgehen, wenn unsere Wahl auf Jakob fällt.

Die Tugenden, die Jakob auszeichneten, waren, wie man sie wohl nennen darf, ein beständiges liebevolles Nachsinnen über die ihm in der Vergangenheit zuteil gewordene göttliche Vorsehung und eine überfließende Dankbarkeit dafür. Nicht als hätte er keine anderen Tugenden besessen, doch diese scheint ihn besonders auszuzeichnen. Alle guten Menschen besitzen alle Tugenden in je eigenem Maß; denn der, durch den sie die Tugenden empfangen haben, verleiht keine einzeln: er schenkt die Wurzel, und die Wurzel bringt Triebe. Da aber die Zeit und die Umstände, der jeweilige Gebrauch der Gabe, Veranlagung und Charakter großen Einfluss auf die Art und Weise ausüben, wie sie in Erscheinung tritt, geschieht es, dass jeder gute Mensch neben den übrigen seine persönliche, ihm eigentümliche Tugend besitzt, mit ihrer besonderen Färbung, ihrem besonderen Duft und ihrer besonderen Gestalt, gleich einer Blume. Nun bringt die Erde zahllose Blumen hervor; alle sind Blumen und gleichen insofern einander; alle entsprießen der gleichen Erde und werden durch die gleiche Luft und den gleichen Tau genährt und keine ist ohne Schönheit; gleichwohl sind manche schöner als andere; und unter den schönen tun sich manche durch ihre Farbe und manche durch ihren Duft hervor, und wieder andere durch ihre Gestalt; diejenigen wiederum, die duften, verströmen einen so vollkommenen, doch so verschiedenartigen Wohlgeruch, dass wir nicht wissen, wie wir sie miteinander vergleichen sollen, oder sagen können, welche lieblicher duftet: ähnlich verhält es sich mit den Seelen, die von Gottes geheimnisvoller Gnade erfüllt und genährt werden. Abraham, zum Beispiel, Jakobs Großvater, war das Urbild des Glaubens. Dies bezeugt die Schrift, und dass es so war, bedarf hier keines Beweises. Es genügt zu sagen, dass er sein Land auf Gottes Wort hin verließ; und auf das gleiche Wort hin ergriff er das Messer, um seinen eigenen Sohn zu töten. Abraham scheint etwas sehr Edles und Großmütiges an sich gehabt zu haben. Er konnte sich Unsichtbares vorstellen und vergegenwärtigen. Er folgte Gott in der Dunkelheit genauso bereitwillig, genauso so entschlossen, mit so frohem Herzen und mutigem Schritt wie am helllichten Tag. Darin liegt etwas sehr Großes, und deshalb bezeichnet ihn Paulus als *unseren* Vater, den Vater der Christen wie der Juden. Denn wir sind in besonderem Maße darauf verpflichtet, im Glauben und nicht im Schauen zu wandeln, und wir sind im Glauben gesegnet und durch den Glauben gerechtfertigt wie der getreue Abraham. Nun war (wenn ich das sagen darf, mit der gebührenden Ehrerbietung vor dem Gedenken jenes begnadeten Dieners Gottes, zu dessen Lob ich jetzt spreche) jener Glaube, in dem sich Abraham so hervortat, nicht Jakobs vortrefflichste Charaktereigenschaft. Nicht dass er keinen Glauben besessen hätte – ganz im Gegenteil sogar einen großen Glauben, sonst hätte Gott ihn nicht so geliebt. Dass er Esau sein Erstgeburtsrecht abkaufte und sich den für Esau bestimmten Segen erschlich, waren Beweise seines Glaubens. Esau sah in beiden nichts, jedenfalls nichts Kostbares – er war weltlich gesinnt; unbesorgt trennte er sich von dem einen und vom anderen hatte er keine rechte Vorstellung. Jakobs Glaube hingegen, so ernst und stark er auch war, glich nicht dem Abrahams. Abraham hielt seine Gefühle der Zuneigung von allem Irdischen fern und war bereit, auf Gottes Wort hin seinen einzigen Sohn zu töten. Jakob hatte viele Söhne, und dürfen wir nicht sogar behaupten, dass er ihnen gegenüber allzu nachgiebig war? Selbst was Josef anbetrifft, den er mit Recht so sehr liebte, so schön und rührend seine Liebe zu ihm auch ist, besteht doch ein großer Gegensatz zwischen seinen Gefühlen für »den Sohn seines Greisenalters« (Gen 37,3) und denen Abrahams für Isaak, dem unerwarteten Spross seines hundertsten Lebensjahres – und nicht allein das, sondern seinen lange versprochenen Sohn, auf dem die Verheißungen ruhten. Schauen wir weiter: Abraham verließ seine Heimat – so auch Jakob; Abraham jedoch auf Gottes Geheiß – Jakob notgedrungen aufgrund der Drohung Esaus. Abraham spürte von Anfang an, dass Gott sein Teil und sein Erbe war, und gab voller Großmut aus freiem Willen all seinen Besitz auf, in der Gewissheit, dass er dafür etwas Höherwertiges finden werde. Jakob hingegen, wiewohl er wirklich aus dem Glauben lebte, wollte, wie eine Stelle in seiner Lebensgeschichte zeigt, (wenn wir so sagen dürfen) sehen, ehe er ganz glaubte. Als er vor Esau floh und nach Bet-El kam und Gott ihm im Traum erschien und ihm Verheißungen gab, sie aber noch nicht erfüllte – was tat er da? Hat er die Verheißungen einfach hingenommen? – Er sagte: »*Wenn Gott mit mir ist und mich auf diesem Weg, den ich nun gehe, behütet und mir Brot zum Essen und Kleider zum Anziehen gibt, und wenn ich wohlbehalten in das Haus meines Vaters zurückkehre, dann soll der Herr mein Gott sein*« (Gen 28,20–21). Er macht seinen Gehorsam in gewisser Weise von einer Bedingung abhängig; und obwohl wir diese Worte nicht so nehmen dürfen und brauchen, als wolle er damit sagen, dass er Gott nicht dienen würde, *ehe* und *sofern* dieser nicht das für ihn täte, was er versprochen hatte, scheinen sie doch eine Befürchtung und Besorgnis zu offenbaren, gelinde zwar und gedämpft und nur allzu menschlich (und deshalb in den Augen von uns gewöhnlichen Menschen, die seine Worte lesen, umso interessanter und gewinnender), gleichwohl eine Besorgnis, die Abraham nicht kannte. Wir spüren, dass Jakob eher unseresgleichen war als Abraham.

Welche Tugend also zeichnete den Jakob besonders aus, so wie es bei Abraham der Glaube tat? Ich habe es schon gesagt: ich denke, die Dankbarkeit. Abraham scheint stets nach vorn geschaut zu haben, in *Hoffnung*, – Jakob zurück, in *Erinnerung*; der eine erfreut sich an der Hoffnung, der andere an der Vergangenheit; die Gefühle des einen gelten der Zukunft, die des anderen der Vergangenheit; der eine geht den Verheißungen entgegen, der andere sinnt über deren Erfüllung nach. Nicht dass Abraham nicht auch zurückgeschaut hat, und Jakob, wie er auf dem Totenbett gesagt hat, nicht auch »hoffte auf das Heil des Herrn« (Gen 49,18); dies aber machte den Unterschied zwischen beiden aus: Abraham war ein heldenhafter Mensch, Jakob »ein zurückgezogener Mann, der bei den Zelten blieb« (Gen 25,27).

Jakob scheint ein sanftes, zartes, liebevolles, furchtsames Gemüt besessen zu haben – leicht zu erschrecken und zu beunruhigen; er liebte Gott so sehr, dass er fürchtete, ihn zu verlieren, und ihm lag vielleicht wie dem heiligen Thomas viel am Schauen und Besitzen aus dem ernsten und sehnsüchtigen Verlangen danach. Wäre der Glaube nicht, die Liebe würde ungeduldig, und so verlangte Jakob nach diesem Besitzen, nicht aus kalter Ungläubigkeit und Herzenshärte, sondern aus einer derartig liebenden Ungeduld. Solche Menschen sind leicht niedergeschlagen und müssen sanft behandelt werden; sie verzagen schnell, sie scheuen sich vor der Welt, denn sie spüren ihre Rohheit, was bei robusteren Naturen nicht der Fall ist. Weder Abraham noch Jakob liebten die Welt. Doch Abraham fürchtete sie nicht, spürte sie nicht. Jakob spürte sie und zuckte zusammen, als wäre er durch sie verwundet worden. Ihr erinnert euch an sein rührendes Klagen: »All dieses ist über mich gekommen!« (Gen 42,36) – »Ihr würdet mein graues Haupt vor Kummer unter die Erde bringen« (Gen 42,38). – »Ich aber bin wieder kinderlos, wie ich einst ohne Kinder war« (Gen 43,14). An anderer Stelle wird uns gesagt: »Alle seine Söhne und alle seine Töchter bemühten sich, ihn zu trösten. Doch er wollte sich nicht trösten lassen« (Gen 37,35). Ein andermal »blieb Jakobs Herz teilnahmslos; denn er glaubte ihnen nicht« (Gen 45,26). Und kurz darauf »lebte der Geist ihres Vaters Jakob wieder auf« (Gen 45,27). Ihr seht, welch kindliches, empfindsames, sanftes Gemüt er hatte. Folglich lag, wie ich gesagt habe, sein Glück nicht im Blick nach vorn, auf die Erbarmungen Gottes hoffend, sondern im Blick zurück auf die von ihm erfahrenen Erbarmungen. Er erfreute sich liebevoll daran, dem nachzugehen und das dankbar anzunehmen, was ihm zuteil geworden war, und überließ die Zukunft sich selbst.

Als er sich zum Beispiel auf den Weg zu Esau macht, bringt er im Gebet – in Worten, denen unser vorangestelltes Schriftzitat entnommen ist – all das vor Gott, was dieser schon für ihn getan hat, und berichtet inmitten seiner gegenwärtigen Besorgnis mit großer und demütiger Freude von Gottes früheren Wohltaten. »Gott meines Vaters Abraham«, spricht er, »und Gott meines Vaters Isaak, Herr, der du zu mir gesagt hast: Kehr zurück in dein Land, zu deiner Verwandtschaft! Ich will es dir wohlergehen lassen. Ich bin nicht wert aller Gnaden und aller Treue, *die du deinem Knecht erwiesen hast. Denn nur mit einem Stab hatte ich den Jordan überschritten und nun besitze ich zwei Lager*« (Gen 32,10–11). Und nach der Rückkehr in sein Land ging er daran, das gegebene Versprechen zu erfüllen und Bet-El zu einem Haus Gottes zu weihen. »Wir wollen uns aufmachen und nach Bet-El ziehen und dort dem Gott einen Altar bauen, *der mich am Tag meiner Bedrängnis erhört hat und mit mir war auf dem Weg, den ich gegangen bin*« (Gen 35,3). Weiter sagt er, immer noch in der Vergangenheit verweilend, zum Pharao: »Die Jahre meiner Wanderschaft betragen einhundertdreißig, gering an Zahl und voll Leid waren meine Lebensjahre«; – er meint die Jahre an sich, losgelöst von der Erfahrung der Huld Gottes –»sie reichen nicht an die Lebensjahre meiner Väter in der Zeit ihrer Pilgerschaft« (Gen 47,9). Als dann sein Ende naht, sagt er zu Josef: »Gott, der Allmächtige, *war mir* zu Lus« – das ist Bet-El –»im Land Kanaan *erschienen* und hat mich gesegnet« (Gen 48,3–4). Ein weiteres Mal, immer noch zurückschauend: »Als ich aus Paddan-Aram kam, starb mir Rahel unterwegs im Land Kanaan, als es nur noch eine kurze Strecke bis Efrata war; dort habe ich sie am Weg nach Efrata begraben« (Gen 48,7). Betrachten wir ferner seinen Segen über Efraim und Manasse: »Der Gott, vor dessen Angesicht meine Väter Abraham und Isaak gewandelt sind, *der Gott, der mein Hirte war von meiner Jugend an bis zum heutigen Tag*, der Engel, der mich erlöst hat aus aller Not, er segne diese Knaben« (Gen 48,15–16). Wieder schaut er zurück auf das Land der Verheißung, allerdings inmitten des Überflusses Ägyptens: »Siehe, ich muss sterben. Gott aber wird mit euch sein und euch in das Land euerer Väter zurückkehren lassen« (Gen 48,21). Und als er Anweisungen für sein Begräbnis gibt, sagt er: »Wenn ich mit den meinen vereint bin, so begrabt mich bei meinen Vätern in der Höhle auf dem Grundstück Efrons des Hetiters« (Gen 49,29–30). Er gebietet, dass er bei seinen Vätern bestattet werde; das war nur natürlich, doch seht, was er dem in seiner besonderen Art noch *hinzufügt*: »Dort hat man Abraham und seine Frau Sara begraben, dort hat man Isaak und seine Frau Rebekka beigesetzt, und *dort habe ich Lea bestattet*« (Gen 49,31). Und weiter noch, als er vom Harren auf Gottes Heil spricht, was ja ein Akt der Hoffnung ist, formuliert er es so, dass er zugleich auch in der Vergangenheit verweilt: »Ich harre«, sagt er, will sagen, schon mein ganzes Leben lang harre ich, »auf dein Heil, o Herr« (Gen 49,18). So war Jakob, der eher in der Erinnerung als in der Hoffnung lebte, der Zeiträume zählte, Jahreszeiten festhielt und Tage im Gedächtnis bewahrte; der seine Geschichte auswendig kannte und sein vergangenes Leben in Händen hielt; und um gleichsam seinen Geist auf den seiner Nachkommen zu übertragen, wurde ihnen auferlegt, dass einmal im Jahr jeder Israelit mit einem Korb von Früchten des Landes vor Gott zu erscheinen, sich ins Gedächtnis zu rufen habe, was Gott für ihn und seinen Vater Jakob getan, und seine Dankbarkeit dafür zum Ausdruck zu bringen habe. »Ein heimatloser Aramäer war mein Vater«, sollte er sagen – gemeint war Jakob –, »er zog hinauf nach Ägypten und hielt sich dort als Fremder auf. Dort wurde er zu einem großen, starken und zahlreichen Volk. [...] Und der Herr führte uns aus Ägypten weg mit starker Hand und erhobenem Arm, unter gewaltigem Schrecken, unter Zeichen und Wundertaten. Er brachte uns an diesen Ort [...] ein Land, das von Milch und Honig fließt. Und hier bringe ich nun die Erstlinge von den Früchten des Landes, das du, Herr, mir schenktest« (Dtn 26,5–10).

Wie gut wäre es für uns, hätten wir die Gesinnung Jakobs, wie wir sie an Beispielen aufgezeigt haben und wie sie seinen Nachkommen eingeschärft wurde; die Festigkeit im Vertrauen auf die göttliche Vorsehung, die daraus fließende Dankbarkeit und die sorgfältige Erinnerung an alles, was er für uns getan hat. Es wäre gut, wenn wir es uns zu eigen machten, alles, was wir haben, als Geschenk Gottes zu betrachten, als unverdiente Gabe, die uns allein seine Gnade Tag für Tag aufs Neue gewährt. Er hat es gegeben; er kann es nehmen. Er hat uns alles gegeben, was wir haben: Leben, Gesundheit, Kraft, Verstand, Freude, das Licht des Gewissens; alles, was an Gutem und Heiligem – was an Glauben, was an erneuertem Willen, was an Liebe zu ihm, was an Macht über uns selbst, was an Aussicht auf den Himmel – in uns ist. Er hat uns Verwandte, Freunde, Erziehung, Ausbildung, Wissen, die Heilige Schrift und die Kirche gegeben. Alles kommt von ihm. Er hat es gegeben; er kann es nehmen. Würde er es nehmen, so wäre dies eine Aufforderung an uns, dem Beispiel Ijobs zu folgen und uns zu fügen: »Der Herr hat gegeben, der Herr hat genommen; der Name des Herrn sei gepriesen« (Ijob 1,21). Solange er uns seine Segnungen gewährt, sollten wir uns David und Jakob anschließen und ein Leben in beständigem Lobpreis und Dank führen und Gott von dem Seinigen zum Opfer geben.

Wir gehören uns nicht selbst, ebenso wenig wie uns das gehört, was wir besitzen. Wir haben uns nicht selbst geschaffen; wir können nicht über uns selbst herrschen. Wir können nicht unsere eigenen Herren sein. Wir sind Eigentum Gottes durch Erschaffung, durch Erlösung und durch Wiedergeburt. Er hat ein dreifaches Anrecht auf uns. Ist es nicht unser Glück, die Dinge so zu sehen? Ist es etwa ein Glück oder Trost zu glauben, dass wir *uns selbst* gehören? Junge und gut situierte Menschen mögen so denken. Sie mögen es für eine große Sache halten, in allem, so wie sie es sich vorstellen, ihren Willen durchzusetzen, – von niemandem abhängig zu sein, – an nichts außerhalb der eigenen Sichtweite denken zu müssen, – frei zu sein von der Lästigkeit des ständigen Sich-Bedankens, des ständigen Betens, des ständigen Rücksichtnehmens in ihrem Tun auf den Willen anderer. Doch im Laufe der Zeit werden sie wie alle Menschen erkennen, dass die Unabhängigkeit nicht für den Menschen geschaffen ist – dass sie ein unnatürlicher Zustand ist – vielleicht ein Behelf für eine gewisse Zeit, uns aber nicht sicher bis ans Ende führen wird. Nein, wir sind Geschöpfe und als solche haben wir eine doppelte Pflicht: ergeben und dankbar zu sein.

Lasst uns also die Fügungen der Vorsehung, die Gott für uns bereithält, mit gläubigeren Augen betrachten als bisher. Lasst uns versuchen, zu einer wahrhaftigeren Sicht dessen zu gelangen, was wir und wo wir in seinem Reich sind. Lasst uns demütig und ehrfürchtig daran gehen, seiner führenden Hand in unserem bisherigen Leben nachzuspüren. Lasst uns dankbar der vielen Erbarmungen gedenken, die er uns in der Vergangenheit hat zuteil werden lassen; der vielen Sünden, die er uns nachsieht; der vielen Gefahren, die er von uns abgewendet hat; der vielen Gebete, die er erhört hat; der vielen Fehler, die er für uns zum Guten gewendet hat; der vielen Warnungen, der vielen Lehren, des vielen Lichtes und der reichlichen Tröstungen, die er uns von Zeit zu Zeit geschenkt hat. Lasst uns verweilen bei den Zeiten und Geschehnissen, den Zeiten der Sorge, den Zeiten der Freude, den Zeiten der Prüfung, den Zeiten der Erfrischung. Wie hat er uns als Kinder umhegt! Wie hat er uns in jener gefahrvollen Zeit geleitet, da der Verstand selbständig zu denken und das Herz sich der Welt zu öffnen begann! Wie hat er mit seiner gütigen Strenge unsere Leidenschaften im Zaum gehalten, unsere Erwartungen gedämpft, unsere Befürchtungen besänftigt, uns in Bedrückung neu belebt, in Verlassenheit getröstet und in Schwachheit gestärkt! Wie behutsam führt er uns der engen Pforte entgegen! Wie lockt er uns weiter auf seinem Weg zur Ewigkeit, trotz dessen Strenge, trotz dessen Einsamkeit, trotz des Zwielichts, das über ihm liegt! Er ist für uns alles zugleich. Er ist, wie er es für Abraham, Isaak und Jakob war, unser Gott, unser Schild und unser großer Lohn, Verheißung und Erfüllung, Tag für Tag.»Bis hierher hat uns der Herr geholfen« (1 Sam 7,12). »Der Herr gedenkt unser, er möge uns segnen« (Ps 115,12). Er hat uns nicht vergebens erschaffen; er hat uns so weit geführt, um uns noch weiter zu führen, um uns weiter zu führen bis ans Ende. Er wird uns niemals verlassen und im

Stich lassen, so dass wir voll Kühnheit sagen dürfen: »Der Herr ist mein Helfer; ich fürchte mich nicht; was kann ein Mensch mir antun?« (Hebr 13,6). Wir dürfen »alle Sorgen auf ihn werfen, denn ihm liegt an uns« (1 Petr 5,7). Was kümmert es uns, wie unser künftiger Weg verläuft, solange es sein Weg ist? Was kümmert es uns, wohin der Weg uns führt, wenn er uns am Ende zu ihm führt? Was kümmert es uns, was er uns auferlegt, solange er uns befähigt, es zu tragen mit reinem Gewissen und aufrichtigem Herzen, das nichts auf der Welt ihm vorzieht? Was kümmert es uns, welcher Schrecken uns befällt, solange er nahe ist, uns zu schützen und zu stärken? »Du aber, Israel«, sagt er, »mein Knecht, und Jakob, den ich erwählt, Spross Abrahams, meines Freundes« (Jes 41,8). »Hab keine Furcht, du Würmlein Jakob, ihr Leute von Israel! Ich helfe dir«, ist der Spruch des Herrn, »dein Erlöser ist der Heilige Israels!« (Jes 41,14). »So spricht der Herr, dein Schöpfer, Jakob, der dich geformt hat, Israel: Fürchte dich nicht; denn ich habe dich erlöst und rufe dich beim Namen, mein bist du. Gehst du durch Wasser, ich bin bei dir, durch Ströme, sie werden dich nicht überfluten. Gehst du durch Feuer, du wirst nicht verbrennen; die Flamme wird dich nicht versengen. Denn ich, der Herr, bin dein Gott, der Heilige Israels ist dein Helfer« (Jes 43,1–3).

Einführung zu Predigt 8:
Verborgene Gegenwart Jesu Christi –
»Christus vor der Welt verborgen«

Jesus Christus wahrnehmen – als mein Nachbar heute?

ROMAN A. SIEBENROCK

Den Glauben, sowohl das Dogma als auch die Zeugnisse der Schrift, im eigenen Leben zu realisieren, kann als die bestimmende Absicht des Theologen und Seelsorgers John Henry Newman ausgewiesen werden. Dass die Schrift nicht vergangene Geschichten erzählt, sondern in »reale Gegenwart« einweist, ist der eine Pol dieser Realisierung. Der zweite ist die Bedeutung der Innerlichkeit, d. h. jenes Gewissens, in der ich immer unmittelbar vor die »Realität der unsichtbaren Welt«, in der ich das Echo der Stimme Gottes zu lernen gerufen bin. Die Predigt »Christus vor der Welt verborgen« ist für dieses Anliegen Newmans ein besonders eindringliches Beispiel, weil sie die Aussage im Philipperbrief von der »Kenosis (Selbstentäußerung) Christi« (Phil 2,2)[1] in unsere geschichtliche Erfahrung heute in der Form einer Gewissenserforschung auslegt. Wer sind wir und wie müssen

---

1 | Im 19. Jahrhundert wurde dieser lange Zeit kaum beachtete Aspekt der Christologie in den Vordergrund gerückt. In der deutschsprachigen protestantischen Theologie wären als »Kenotiker« zu nennen: Gottfried Thomasius (1802–1875) und Wolfgang Friedrich Geß (1819–1891). Die aktuelle Diskussion um diesen christologischen Ansatz in der Auseinandersetzung mit der Theologie Raymund Schwagers stellt umfassend dar: Schärtl, Thomas, Die Freiheit Jesu. Vorschläge zur metaphysischen Modellierung der Christologie Raymund Schwagers, in: Józef Niewiadomski (Hg.), Das Drama der Freiheit im Disput. Die Kerngedanken der Theologie Raymund Schwagers, Freiburg / Basel / Wien 2017, 230–293. Eine genauere Abwägung bei: Marschler, Thomas, Inkarnation, in: Georg Gasser / Ludwig Jaskolla / Thomas Schärtl (Hg.), Handbuch für Analytische Theologie, Münster 2017, 545–578, 563–573. Eine praktische Vermessung dieses Zugangs zur Christologie wird heute wieder betont, s. Kreutzer, Ansgar, Kenopraxis. Eine handlungstheoretische Erschließung der Kenosis-Christologie, Freiburg / Basel / Wien 2011.

wir uns sehen angesichts des Wissens um die verborgene Gegenwart Christi auch heute?

Newman will uns nicht nur verdeutlichen, dass das christologische Dogma aus einer vergangenen geschichtlichen Begegnung erwächst, sondern vor allem, dass es uns anleitet, Christus heute zu suchen und darin uns selbst zu erkennen. Denn die Verborgenheit Christi zu realisieren, deckt unseren Glauben und Unglauben auf. Dass er für diese Unterscheidung die seit der Schule von Alexandria geprägten Begriffe von »fleischlich« und »weltlich« verwendet[2], sollte nicht irritieren. Es ist ratsam, auf die existentielle Dimension zu achten, die mit diesen Begriffen angezielt wird.

In seiner Sicht stehen wir heute deshalb in gleicher Weise vor dieser Verborgenheit, wie jene Menschen, die historisch Jesus unmittelbar begegnet sind. Denn dieses Merkmal seiner ersten Ankunft hat er zum Prinzip seiner bleibenden Gegenwart in unserer Geschichte erwählt. Dazu einige hilfreiche Gedanken vorzulegen, ist der ausdrückliche Wunsch seiner Predigt. Der Prediger erweist sich als meisterhafter Mystagoge, ein Einweiser in das Geheimnis der Nähe Christi, der uns kennt, damit wir ihn kennen (lernen). Aber, so die durchgehende Rückfrage an uns: Kennen wir ihn denn?

Der Abstieg des Wortes Gottes aus der Herrlichkeit des Vaters scheint ein solch unbegreiflicher Schritt zu sein, dass es demgegenüber zweitrangig zu sein scheint, ob er dann als Bettler oder als Fürst in unserer Welt erschienen sei. Doch dies ist nicht der Fall, denn die Armut Christi provoziert auch die Verachtung. Deshalb beinhalten die geschichtlichen Zeugnisse von seiner ersten Ankunft eine bleibende Botschaft, auch wenn wir letztlich die Gründe dieser Wahl Gottes nie ausloten werden können. Zuerst stellt die Predigt in einer Zusammenfassung das verborgene Leben Jesu dar, das selbst den Verwandten des Herrn ein Rätsel blieb. Doch Newman ist hier kein Historiker, sondern möchte das innere Verstehen des Evangeliums als Anleitung zur Auslegung des eigenen Lebens wirksam werden lassen. Jesus könnte unser Nachbar sein. Dann aber bricht die Frage auf, die von eschatologischer Bedeutung ist: Kennen wir ihn denn? Er hat ja gesagt, dass die Seinen ihn kennen würden. Christsein heißt, ihn kennen, weil er uns kennt.

Newman gibt uns eine Orientierung mit einer kleinen Typologie der Menschen in der Begegnung mit dem Heiligen. Die Weltlichen würden, welch' eine noch auszulotende eschatologische Vorstellung, selbst wenn sie im Himmel wären, nichts bemerken. Denn die Heiligen sind jene, die den Herrn erkennen und mit

---

2 | Seine besondere Liebe zu dieser Schule drückt er in der Apologia aus (Apologia 46–47, 346).

ihm leben. Auch ihnen bleibt der Herr verborgen. Doch sie verfügen über geistliche Sinne, weil die wahre Religion verborgen im Herzen lebt. Sie erweist sich aber als Kraft nach außen, die zwar von der Welt nicht bemerkt wird, aber den Menschen mit diesem innerlichen Sensorium aufgeht. Immer entscheidet sich unsere Existenz in der Begegnung mit diesem verborgenen Christus. Denn, auch wenn wir zur Zeit Jesu gelebt hätten und sogar ihm selbst unmittelbar begegnet wären, wäre es nicht anders als heute. Diese Regel der Begegnung entschlüsselt Newman in ihrem eschatologischen Ernst. Wenn wir ihn nämlich nicht kennen, könnte er nie unsere Hoffnung werden. Solches Kennen aber erwächst nicht aus der Nähe, wie die Predigt es an der Tatsache erklärt, dass die Menschen, die ihm körperlich am nächsten waren, ihn schlugen und verhöhnten (Maria natürlich ausgenommen). Den Sündern fehle es an »geistigen Sinnesorganen«, weshalb diese Konstitution als Sünde wider den Heiligen Geist gedeutet werden kann. Insofern ist die historische Gleichzeitigkeit irrelevant. Es geht Newman darum, eine geistig-heilige Resonanz in uns zu erwecken.

Immer lebt der Herr in verborgener Gestalt und er wird nicht erkannt, damals von den Juden und heute von uns Christgläubigen nicht. Immer bleibt das Zeichen seiner Gegenwart die Erniedrigung. Das erfahren wir in der Erniedrigung der Kirche, in der Eucharistie und in allen Sakramenten heute. Seine Verborgenheit zu realisieren, stiftet allein das Heil der Menschen. Die Ansprache schließt mit der Bitte an Jesus Christus, für seine verborgene Gegenwart empfänglich zu werden, damit wir Bürgerinnen und Bürger des Himmels werden.

Predigt 8

Christus vor der Welt verborgen

*»Das Licht leuchtet in der Finsternis,
die Finsternis aber hat es nicht ergriffen.«
(Joh 1,5)*

Von all den Gedanken, die uns in den Sinn kommen, wenn wir das Verweilen unseres Herrn Jesus Christus auf Erden betrachten, ist wohl keiner so ergreifend und besänftigend wie das Verborgensein, das es begleitete. Ich spiele damit nicht auf seine bescheidene Herkunft an, sondern ich spreche von dem Verborgensein, das ihn umgab, und von der Verschwiegenheit, die er wahrte. Dieses Merkmal seiner ersten Ankunft findet in der Schrift sehr häufig Erwähnung, so im vorangestellten Zitat: »Das Licht leuchtet in der Finsternis, die Finsternis aber hat es nicht ergriffen«, und steht im Gegensatz zu dem, was uns über seine zweite Ankunft vorausgesagt wird. Dann »wird jedes Auge ihn sehen« (Offb 1,7), was bedeutet, dass alle ihn erkennen werden, während ihn bei seinem ersten Kommen zwar viele sahen, aber in der Tat nur wenige erkannten. Es gab ja die Prophezeiung: »Keine Schönheit besaß er, so dass wir ihn anschauen mochten« (Jes 53,2), und am Ende seines öffentlichen Lebens sagte er zu einem seiner zwölf erwählten Freunde: »Schon so lange Zeit bin ich bei euch und du hast mich nicht erkannt, Philippus?« (Joh 14,9).

Ich möchte euch nun ein paar Gedanken vortragen, die sich aus dem heutigen feierlichen Anlass ergeben und die mit Gottes Segen von Nutzen sein mögen:

1. Lasst uns zuerst einige der Umstände bedenken, die für seinen Aufenthalt auf Erden bezeichnend waren.

Dass er sich herabließ und vom Himmel herniederstieg, die Herrlichkeit seines Vaters verließ und Fleisch annahm, liegt so weit außerhalb des Fassungsvermögens menschlicher Worte und Gedanken, dass man beim ersten Hinsehen meinen möchte, es mache wenig Unterschied, ob er als Fürst oder als Bettler kam. Und doch *ist* es schließlich viel wunderbarer, dass er in Niedrigkeit kam, und zwar deshalb, weil man im Voraus hätte denken können, dass, wenn er sich schon herabließ und auf die Erde kam, er es nicht auf sich nehmen würde, übersehen und verachtet zu werden: denn die Reichen werden von der Welt nicht verachtet, die Armen aber wohl. Wäre er als großer Fürst oder Edelmann gekommen, dann hätte die Welt, ohne auch nur einen Deut mehr um seine Gottheit zu wissen, doch zumindest zu ihm als Fürsten aufgeschaut und ihn geehrt; da er aber in Niedrigkeit kam, nahm er eine zusätzliche Demütigung auf sich – die *Verachtung* –; er wurde von seinen Geschöpfen geringgeschätzt, verhöhnt, achtlos übergangen und seiner Ehre ruchlos beraubt.

Was waren nun die tatsächlichen Umstände seines Kommens? Seine Mutter ist eine arme Frau; sie kommt nach Bethlehem, um sich in die Steuerliste eintragen zu lassen, – sie ist unterwegs, wo sie doch am liebsten zu Hause geblieben wäre. Sie findet keinen Platz in der Herberge und ist gezwungen, ihre Zuflucht zu einem Stall zu nehmen; dort bringt sie ihren erstgeborenen Sohn zur Welt und legt ihn in eine Futterkrippe. Dieses kleine Kind, so geboren und gebettet, ist kein anderer als der Schöpfer des Himmels und der Erde, der ewige Sohn Gottes.

Ja, er wurde von einer armen Frau geboren, in eine Krippe gelegt, in einem einfachen Handwerk unterwiesen, dem eines Zimmermanns; als er das Evangelium zu predigen begann, hatte er nichts, wohin er sein Haupt legen konnte; schließlich wurde er hingerichtet, er starb eines schändlichen und abscheulichen Todes, des Todes, der damals für Verbrecher bestimmt war.

Die letzten drei Jahre seines Lebens predigte er, wie wir es in der Schrift lesen, das Evangelium; er begann damit jedoch erst, als er dreißig Jahre alt war. Die ersten dreißig Jahre seines Lebens scheint er so verbracht zu haben, wie dies ein Armer noch heute tun würde. Tag um Tag, eine Jahreszeit nach der anderen, Winter und Sommer, ein Jahr um das andere vergingen, wie es einem jeden von uns geschehen könnte. Aus dem im Arm gehaltenen Säugling wurde ein Kind, aus diesem ein Junge, und so wuchs er heran »wie eine zarte Pflanze« und nahm zu an Weisheit und Gestalt; dann scheint er dem Beruf Josefs, seines vermeintlichen Vaters, nachgegangen zu sein; so ging es mit ihm ganz normal weiter, ohne jegliches großes Ereignis, bis er dreißig Jahre alt war. Wie überaus erstaunlich dies alles ist – dass er hier so lange leben sollte, ohne etwas Großes zu tun; hier leben sollte, sozusagen nur um des Lebens willen; ohne zu predigen oder Jünger um sich zu scharen oder in irgendeiner erkennbaren Weise die Sache voranzubringen, derentwegen er vom Himmel herabgekommen war. Zweifellos gab es im Ratschluss Gottes tiefe und weise Gründe dafür, dass er so lange im Verborgenen blieb; ich will damit nur sagen, dass *wir* diese Gründe nicht kennen.

Es ist bemerkenswert, dass ihn anscheinend auch seine Umgebung als einen ihresgleichen behandelt hat. Seine Brüder, d.h. seine nahen Verwandten, seine Vettern, glaubten nicht an ihn. Sehr beachtenswert ist auch, was uns über ihn gesagt wird, als er zu predigen begann und eine große Volksmenge um sich scharte: »Als die Seinen davon hörten, machten sie sich auf, um sich seiner zu bemächtigen, denn sie sagten: Er ist von Sinnen« (Mk 3,21). Sie behandelten ihn so wie auch wir heute, und das zu Recht, jeden gewöhnlichen Menschen behandeln würden, der auf der Straße zu predigen anfängt. Ich sage »zu Recht«, weil solche Menschen im Allgemeinen ein *neues* Evangelium predigen und sich aus diesem Grunde zwangsläufig ins Unrecht setzen. Außerdem predigen sie ohne Sendung und gegen die Autorität, was ebenfalls nicht rechtens ist. Infolgedessen sind wir oft versucht zu sagen, solche Leute seien »von Sinnen« oder verrückt, und das nicht zu Unrecht. Oft sind diese Attribute durchaus positiv zu verstehen, denn es ist besser, verrückt zu sein als ungehorsam. Was wir also von solchen Leuten sagen würden, das sagten die Freunde unseres Herrn von ihm. Sie waren schon so lange bei ihm und kannten ihn doch nicht; sie begriffen nicht, was er war. Sie bemerkten nichts, was einen Unterschied zwischen ihm und ihnen gemacht hätte. Er war gekleidet wie andere; er aß und trank wie andere; er kam und ging, redete, bewegte sich und schlief wie andere. Er war in jeder Hinsicht ein Mensch, außer dass er nicht sündigte; und diesen großen Unterschied nahm die Masse nicht wahr, denn keiner von uns versteht jene, die besser sind als er selbst: und so könnte Christus, der von Sünden freie Sohn Gottes, in unserer Nähe leben, ohne dass wir es bemerkten.

2. Ich behaupte, Christus, der von Sünde freie Sohn Gottes, könnte heute in dieser Welt nebenan als unser Nachbar leben, und wir würden vielleicht nicht dahinter kommen. Dies ist ein Gedanke, bei dem wir etwas verweilen sollten. Ich will nicht sagen, dass es nicht viele Menschen gibt, bei denen wir uns sicher sein könnten, dass sie nicht Christus sind; natürlich nicht solche, die ein schlechtes und unreligiöses Leben führen. Doch es gibt auch viele, die keineswegs unreligiös sind oder zu ernstem Tadel Anlass geben und sich auf den ersten Blick weitgehend gleichen, in den Augen Gottes jedoch sehr verschieden sind. Ich meine damit die große Masse der sogenannten ehrbaren Leute, die sich sehr voneinander unterscheiden: manche sind lediglich anständig und nach außen hin korrekt, haben aber mit der Religion nicht viel im Sinn, versagen sich

nichts, glühen nicht in Liebe zu Gott, lieben aber die Welt; da es in ihrem Interesse liegt, ein geregeltes und geordnetes Leben zu führen, oder weil sie keinen starken Leidenschaften unterliegen oder sich einfach das geregelte Leben schon früh zu eigen gemacht und ihre Gewohnheiten sich entsprechend herausgebildet haben, sind sie, was sie sind, anständig und korrekt, aber kaum mehr. Es gibt jedoch andere, die in den Augen der Welt genauso aussehen, im Herzen aber sehr verschieden sind; sie machen kein Aufhebens von sich, ihr Alltag verläuft ruhig und normal wie der der anderen, aber in Wirklichkeit üben sie sich darin, Heilige im Himmel zu werden. Sie tun alles, was in ihren Kräften steht, um sich zu ändern, um Gott ähnlich zu werden, Gott zu gehorchen, sich in Zucht zu nehmen, der Welt zu entsagen; freilich tun sie dies im Verborgenen, zum einen, weil Gott sie so zu tun heißt, zum anderen, weil sie nicht möchten, dass es öffentlich wird. Darüber hinaus gibt es zwischen diesen beiden Arten von Menschen viele andere, die mehr oder weniger der Welt zugetan sind und mehr oder weniger ihrem Glauben. Für den gewöhnlichen Sterblichen sehen sie alle gleich aus, denn die wahre Religion lebt verborgen im Herzen; und obgleich sie ohne Werke nicht bestehen kann, sind dies doch zumeist im Verborgenen vollbrachte Werke: verborgene Wohltaten, verborgene Gebete, verborgene Selbstverleugnung, verborgene Kämpfe, verborgene Siege.

Selbstverständlich werden Menschen in dem Maße, in dem sie ins Licht der Öffentlichkeit treten, mehr gesehen und genauer beobachtet und (in gewissem Sinne) zunehmend bekannt; ich rede jedoch von Menschen im normalen alltäglichen Privatleben, wie es unser Erlöser dreißig Jahre lang geführt hat; und diese Menschen gleichen einander sehr. Und von ihnen gibt es so viele, dass wir, es sei denn, wir kommen ihnen sehr nahe, keinerlei Unterschied zwischen dem einen und dem anderen feststellen können; wir verfügen nicht über die Möglichkeiten dazu, und außerdem steht es uns nicht zu. Und dennoch, auch wenn wir kein Recht haben, über andere zu urteilen, sondern dies Gott überlassen müssen, ist es ganz sicher, dass ein wirklich heiliger Mensch, ein wahrhafter Heiliger, obwohl er aussieht wie andere Menschen, doch eine Art verborgener Kraft in sich hat, die andere Gleichgesinnte zu ihm hinzieht und die auf alle, die etwas wie er in sich tragen, ihren Einfluss ausübt. Und so wird die Frage, ob wir Gleichgesinnte der Heiligen Gottes sind, ob sie Einfluss auf uns ausüben, oft zum Prüfstein für uns. Und wenn wir zum jeweiligen Zeitpunkt auch keine Möglichkeit haben zu wissen, welches die Heiligen Gottes sind, werden wir sie haben, wenn alles hinter uns liegt. Wenn wir dann auf das Vergangene zurückschauen, vielleicht nachdem sie verstorben und von uns gegangen sind, und wir sie gekannt hätten, mögen wir uns fragen, welche Macht sie über uns besaßen, ob sie uns angezogen, uns beeinflusst, uns demütig gemacht und unsere Herzen in uns zum Brennen gebracht haben. Ach! – zu oft werden wir feststellen, dass wir lange Zeit in ihrer Nähe lebten, die Möglichkeit hatten, sie kennen zu lernen, aber nicht kannten; dies ist fürwahr ein schweres Urteil, das auf uns lastet. Nun, dies hat sich an der Lebensgeschichte unseres Erlösers in einzigartiger Weise erwiesen, welches übergroße Maß an Heiligkeit er besaß. Je heiliger ein Mensch ist, desto weniger wird er von den Menschen dieser Welt verstanden. Alle, die auch nur einen Funken lebendigen Glaubens in sich haben, werden ihn bis zu einem gewissen Grad verstehen, und je größer seine Heiligkeit ist, desto mehr werden sie meistens angezogen; die aber der Welt dienen, werden ihm gegenüber blind sein oder ihn verhöhnen und verachten, je heiliger er ist. Dies, meine ich, widerfuhr unserem Herrn. Er war der Allheilige, doch »das Licht leuchtete in der Finsternis, die Finsternis aber hat es nicht ergriffen«. Seine nahen Verwandten glaubten nicht an ihn. Und wenn dies, aus dem von mir genannten Grund, tatsächlich so war, dann erhebt sich sicherlich die Frage, ob wir ihn besser verstanden hätten als sie; ob wir ihn, wenngleich er unser nächster Nachbar oder ein Mitglied unserer Familie gewesen wäre, von jemand anderem unterschieden hätten, der in seinem Verhalten ruhig und korrekt war – oder ob wir ihn nicht vielmehr, obwohl wir ihn geachtet haben (ach – welch ein Wort, welch eine Sprache gegenüber dem Allerhöchsten!), wenn wir überhaupt so weit gegangen wären – ob wir ihn nicht für sonderlich, exzentrisch, extravagant und schwärmerisch gehalten hätten. Noch viel weniger hätten wir auch nur einen Funken jener Herrlichkeit wahrgenommen, die er beim Vater noch vor Anbeginn der Welt hatte und die durch seinen irdischen Leib nur verborgen, aber nicht ausgelöscht wurde. Dies ist wahrlich ein furchtbarer Gedanke; denn wenn er uns über längere Zeit nahe gewesen wäre und wir nichts Wunderbares an ihm entdeckt hätten, so könnten wir dies als einen klaren Beweis dafür nehmen, dass wir nicht die Seinen wären, denn »seine Schafe hören seine Stimme und folgen ihm«

(Joh 10,27); wir könnten es als einen klaren Beweis dafür nehmen, dass wir ihn nicht kannten, noch seine Größe bewunderten, seine Herrlichkeit anbeteten oder sein vortreffliches Wesen liebten, würde uns seine Nähe im Himmel gewährt.

3. An diesem Punkt werden wir mit einem weiteren höchst ernsten Gedanken konfrontiert, auf den ich eingehen möchte. Wir geben uns gerne dem Wunsch hin, wir wären in den Tagen Christi geboren, und auf diese Art entschuldigen wir unser Fehlverhalten, wenn unser Gewissen uns anklagt. Wir meinen, hätten wir den Vorteil genossen, mit Christus zu leben, wären unsere Motivation zum einen und unsere Zurückhaltung gegenüber der Sünde zum anderen stärker gewesen. Meine Antwort darauf lautet, dass sich unsere sündhaften Gewohnheiten nicht nur nicht gewandelt hätten, sondern dass uns genau diese Gewohnheiten aller Wahrscheinlichkeit nach daran gehindert hätten, ihn zu erkennen. Wir hätten nicht gewusst, dass er unter uns ist; und selbst wenn er uns gesagt hätte, wer er war, wir hätten ihm nicht geglaubt. Ja, hätten wir seine Wunder gesehen (was uns unglaublich vorkommen mag), selbst sie hätten keinen bleibenden Eindruck bei uns hinterlassen. Ohne das Thema zu vertiefen, ziehen wir nur die Möglichkeit in Betracht, Christus wäre unter uns gewesen, wenn auch ohne Wunder zu wirken, und wir hätten es nicht gewusst; ich glaube freilich, dies wäre bei den meisten der Fall gewesen. Doch genug davon. Worauf ich hinaus will, ist Folgendes: ich möchte, dass ihr gewahr werdet, welch schreckliches Licht dies auf unsere Aussichten in der künftigen Welt wirft. Wir meinen, der Himmel müsse für uns ein Ort der Glückseligkeit sein, wenn wir nur dorthin gelangten; es ist sehr wahrscheinlich – sofern wir nach dem, was hier unten geschieht, urteilen –, dass ein schlechter Mensch, käme er in den Himmel, gar nicht wüsste, dass er sich dort befindet; die weitere Frage will ich gar nicht anschneiden, ob sich andererseits allein die Tatsache, dass er sich mit all seiner auf ihn lastenden Unheiligkeit im Himmel befindet, ihm nicht wirklich zur Qual würde und nicht Feuer der Hölle in seinem Innern entzündete. Dies wäre wahrscheinlich eine ganz fürchterliche Art, sich darüber klar zu werden, wo er sich befindet. Doch gehen wir von einem weniger schweren Fall aus: angenommen, er könnte ohne die Pein der Flammen im Himmel verbleiben, dann scheint es doch so zu sein, dass er zumindest nicht wüsste, dass er dort ist. Konnten die Men-

schen Gott näher kommen als zu der Zeit, da sie ihn ergriffen, ihn schlugen, ihn anspien, ihn antrieben, ihm die Kleider vom Leib rissen, seine Glieder auf dem Kreuz ausstreckten, ihn annagelten, das Kreuz aufrichteten, ihn anstarrten, ihn verhöhnten, ihm Essig zu trinken gaben, nachschauten, ob er schon tot war, und ihn dann mit einer Lanze durchbohrten? Welch schrecklicher Gedanke, dass die größte Annäherung des Menschen an Gott auf Erden in gotteslästerlicher Weise geschah! Wer von denen kam ihm näher: Thomas, der seine Hand ausstrecken und voll Ehrfurcht die Wunden berühren durfte, und Johannes, der an seiner Brust ruhte – oder die rohen Soldaten, die ihn Glied um Glied entehrten und Nerv um Nerv peinigten? Seine gebenedeite Mutter kam ihm in der Tat noch näher; wir aber, wenn wir wahre Gläubige sind, noch mehr, da wir ihn, wenn auch dem Geiste nach, in uns haben; doch dies ist eine andere, eine innerliche Art der Annäherung. Von denen, die ihm äußerlich nahe kamen, näherten sich diejenigen am meisten, die nichts davon wussten. So verhält es sich auch mit den Sündern: sie treten nahe an den Thron Gottes heran; sie stieren ihn dümmlich an; sie berühren ihn; sie machen sich an den heiligsten Dingen zu schaffen; sie benehmen sich fortwährend wie Eindringlinge und Schnüffler, ohne dabei etwas Unrechtes zu finden, sondern aus einer Art plumper Neugier, bis die rächenden Blitze sie vernichten – dies alles, weil sie kein *Gespür* besitzen, das ihnen in diesen Dingen Leitung geben könnte. Unsere körperlichen Sinne melden uns, wenn sich uns auf Erden etwas Gutes oder Schlechtes nähert. Aufgrund unseres Gehörs, Geruchs und Gefühls wissen wir, was mit uns geschieht. Wir wissen, wie es ist, wenn wir uns dem Wetter aussetzen oder uns überanstrengen. Wir werden gewarnt und spüren, dass wir diese Warnungen nicht übergehen dürfen. Sünder hingegen haben keine geistigen Sinnesorgane; sie können nichts vorausahnen; sie wissen nicht, was im nächsten Augenblick mit ihnen geschieht. So setzen sie ihren Weg zwischen Abgründen fort, bis sie unversehens abstürzen oder niedergeschlagen werden und umkommen. Welch elende Wesen! – dies tut die Sünde unsterblichen Seelen an, dass sie sich verhalten wie das Vieh, das zur Schlachtbank geführt wird und obendrein die Gerätschaften berührt und beriecht, die es töten werden!

4. Natürlich könnt ihr fragen, was hat das mit uns zu tun? Christus ist ja nicht hier; wir können seine Majestät auf diese oder auf jegliche an-

dere, weniger gravierende Art deshalb gar nicht beleidigen. Sind wir dessen so sicher? Freilich können wir keine solch öffentliche Gotteslästerung begehen; es ist aber eine andere Frage, ob sie deswegen nicht genauso schwerwiegend sein kann. Denn häufig sind die Sünden, die weniger erschreckend sind, größer; die Beleidigungen, die weniger laut ausgesprochen werden, bitterer; das Böse, das mit größerer Raffinesse begangen wird, tiefergehend. Erinnert uns dies nicht an eine Stelle in der Schrift? »Dem, der ein Wort gegen den Menschensohn sagt, wird vergeben werden; wer aber etwas gegen den Heiligen Geist sagt, dem wird nicht vergeben« (Mt 12,32). Nun, ich will nicht darüber entscheiden, ob sich diese drohende Ankündigung an uns heutigen Christen erfüllen kann oder nicht; wenn wir aber bedenken, dass wir in dieser Zeit dem Wirken eben jenes Geistes unterliegen, von dem unser Erlöser spricht, dann ist das eine sehr ernste Frage. Ich zitiere die Textstelle nur um zu zeigen, dass es Sünden geben kann, die noch größer sind als eine Beleidigung oder ein Unrecht gegenüber der Person Christi, obschon wir dies für unmöglich halten sollten und obwohl sie nicht so schamlos oder öffentlich sein könnten. Mit diesen Gedanken vor Augen wollen wir Folgendes bedenken:

Zunächst, dass Christus noch auf Erden ist. Er hat ausdrücklich gesagt, er werde wiederkommen. Das Herabkommen des Heiligen Geistes ist derart wirklich sein Kommen, dass wir ebenso gut sagen könnten, er sei in den Tagen seines Fleisches, als er sichtbar in dieser Welt lebte, gar nicht hier gewesen, wir leugnen, dass er jetzt hier ist, nämlich hier ist durch die Anwesenheit seines göttlichen Geistes. Dies ist in der Tat ein Geheimnis, wie Gott Sohn und Gott Heiliger Geist, zwei Personen, ein Einziger sein können, wie er im Geist und der Geist in ihm sein kann; aber so ist es.

Und weiter, wenn er immer noch auf Erden ist, doch nicht sichtbar (was sich nicht leugnen lässt), dann ist klar, dass er den Zustand beibehält, den er in den Tagen seines fleischlichen Lebens gewählt hat. Ich meine den eines verborgenen Erlösers, dem man sich (sofern man nicht sorgsam ist) ohne die gebührende Ehrerbietung und Ehrfurcht nähern darf. Ich behaupte, wo immer er ist (dies ist ja eine weitere Frage), er ist noch hier, und er ist wiederum verborgen; und welches immer die Zeichen seiner Anwesenheit sein mögen, müssen sie immer noch so geartet sein, dass sie es Menschen gestatten, Zweifel zu hegen, wo diese Gegenwart liegt; und wenn sie Diskussionen führen und scharfsinnig und klug sein wollen, dann mögen sie sich selbst und andere verwirren, wie es die Juden in den Tagen seines Fleisches taten, bis er ihnen heute nirgendwo mehr auf Erden gegenwärtig zu sein scheint. Und wenn sie zu der Auffassung gelangen, er sei weit weg, halten sie es *gefühlsmäßig* für unmöglich, ihn so sehr zu beleidigen wie einst die Juden; und ist er dennoch hier, dann nähern sie sich ihm und beleidigen ihn womöglich, obwohl sie so fühlen. Genau in dieser Lage befanden sich die Juden, denn auch sie wussten nicht, was sie taten. Somit ist es wahrscheinlich, dass wir heute eine zumindest ebenso schwerwiegende Gotteslästerung gegen ihn begehen können, wie sie die Juden begangen haben: erstens, weil wir unter der Heilsordnung jenes Heiligen Geistes stehen, gegen den noch abscheulichere Sünden begangen werden *können*; und zweitens, weil seine Gegenwart sich heute genauso wenig bezeugt oder die Masse genauso wenig beeindruckt wie seine leibliche Anwesenheit damals.

Einen weiteren Grund für diese Wahrnehmung erkennen wir, wenn wir überlegen, welches die Zeichen seiner Gegenwart heute sind; denn deren Beschaffenheit wird sich so darstellen, dass sie die Menschen leicht zur Unehrerbietigkeit verleitet, es sei denn, sie sind demütig und wachsam. So wird die Kirche beispielsweise als »Sein Leib« bezeichnet: was sein physischer Leib war, als er sichtbar auf Erden lebte, das ist die Kirche heute. Sie ist das Werkzeug seiner göttlichen Macht; sie ist es, der wir uns nähern müssen, wollen wir uns Gutes von ihm erhoffen; wenn wir sie beleidigen, erregen wir seinen Zorn. Was nun aber ist die Kirche anderes als gleichsam ein Leib der Erniedrigung, der Beleidigung und Lästerung geradezu herausfordert, wenn die Menschen nicht nach dem Glauben leben? – ein irdenes Gefäß, weit mehr noch als sein Leib aus Fleisch und Blut, denn der war wenigstens von jeder Sünde rein, während die Kirche in all ihren Gliedern befleckt ist. Wir wissen, dass ihre Diener allenfalls unvollkommen sind und dem Irrtum unterliegen und mit den gleichen Leidenschaften behaftet sind wie ihre Brüder; gleichwohl hat er von ihnen gesagt, wobei er nicht nur zu den Aposteln sprach, sondern zu allen siebzig Jüngern (denen die christliche Geistlichkeit dem Amte nach sicherlich gleichkommt): »Wer euch hört, der hört mich, und wer euch verachtet, verachtet mich; wer aber mich verachtet, verachtet den, der mich gesandt hat« (Lk 10,16).

Ein Weiteres: Er hat die Armen, Schwachen und Betrübten zu Zeichen und Werkzeugen seiner Gegenwart gemacht; und hier begegnet uns offensichtlich wiederum dieselbe Versuchung, dies geringschätzig abzutun oder dagegen zu lästern. Was er war, sind seine erwählten Jünger in dieser Welt; und so wie sein verborgenes und schutzloses Wesen die Menschen damals veranlasste, ihn zu beleidigen und zu misshandeln, so veranlassen die gleichen Eigentümlichkeiten – in den Zeichen seiner Gegenwart – die Menschen, ihn auch heute zu beleidigen. Dass dies seine Zeichen sind, geht klar aus vielen Stellen der Schrift hervor. So sagt er zum Beispiel von Kindern: »Wer ein solches Kind in meinem Namen aufnimmt, der nimmt mich auf« (Mt 18,5). Wiederum sagte er zu Saulus, der seine Jünger verfolgte: »Warum verfolgst du mich?« (Apg 9,4). Und er kündigt uns an, dass er am Jüngsten Tag zu den Gerechten sagen wird: »Ich war hungrig, und ihr habt mir zu essen gegeben; ich war durstig, und ihr habt mir zu trinken gereicht; ich war fremd, und ihr habt mich aufgenommen; ich war nackt, und ihr habt mich bekleidet; ich war krank, und ihr habt mich besucht; ich war im Gefängnis, und ihr seid zu mir gekommen«. Und er fügt hinzu: »Was immer ihr einem dieser meiner geringsten Brüder getan habt, das habt ihr mir getan« (Mt 25,35–40). Hinein in dieselbe Beziehung zwischen ihm und seinen Jüngern richtet er seine Worte an die Bösen. Was diese Stelle noch schrecklicher und bezeichnender macht, ist die früher getroffene Bemerkung, dass weder die Gerechten noch die Bösen *wussten*, was sie getan hatten; selbst die Gerechten waren sich der Darstellung zufolge nicht bewusst, dass sie sich Christus genähert hatten. Sie sagen: »Herr, wann sahen wir dich hungrig und haben dir zu essen gegeben oder durstig und haben dir zu trinken gegeben?« So ist Christus in jedem Zeitalter in der Welt gegenwärtig, jedoch nie wieder so öffentlich wie in den Tagen seines Fleisches.

Eine ähnliche Bemerkung gilt für seine Sakramente, die zugleich höchst einfach, doch auf das Innigste mit ihm verbunden sind. Der heilige Paulus zeigt in seinem ersten Brief an die Korinther, wie einfach und zugleich furchtbar es ist, das Herrenmahl zu entweihen, als er von der Größe des Fehlverhaltens der Korinther berichtet, doch auch anmerkt, dass es an dem mangelnden Vermögen lag, »den Leib des Herrn zu *unterscheiden*« (1 Kor 11,29). Als er in die Welt hineingeboren wurde, hat die Welt ihn nicht erkannt. Er wurde in eine harte Futterkrippe gelegt, mitten unter das Vieh, aber »alle Engel Gottes beteten ihn an«. Auch heute liegt er wieder hier auf einem Tisch, von schlichter Machart vielleicht und seiner eigentlichen Bestimmung entfremdet; und der Glaube betet an, die Welt jedoch geht vorüber.

Wollen wir ihn also bitten, dass er die Augen unseres Verstehens stets erhellt, damit wir der himmlischen Heerschar angehören, und nicht dieser Welt. Während die fleischlich Gesinnten ihn nicht einmal im Himmel wahrnehmen würden, darf das geistig erfüllte Herz – sogar schon auf Erden – sich ihm nähern, ihn besitzen und ihn schauen.

Einführung zu Predigt 9:
Die Bedeutung der Existenz – »Die Größe und Kleinheit des menschlichen Lebens«

Endlichkeit und Ewigkeit – inkommensurabel

REGINA SPECK

Wenn der Mensch an seine Grenzen geführt wird und der menschliche Leib seine Gesundheit einbüßt, spätestens dann stellt sich die Frage nach dem, was jenseits der sichtbaren und greifbaren Lebensmöglichkeiten liegt. Alle Religionen stellen die Frage nach dem Tod und dem, was nach dem Tod kommen wird. Sie geben je unterschiedliche Antworten, aber alle Antwortversuche haben zugleich Konsequenzen für das Leben vor dem Tod. Die Zeit und die Zeit danach, Leben und Tod, Diesseits und Jenseits gehören zusammen. Die christliche Rede vom ewigen Leben ruft dies in Erinnerung und stellt zugleich die Frage nach der Bedeutung des endlichen und vergänglichen Daseins angesichts der Ewigkeit Gottes. Es ist häufig der Leib, der zuerst und meist schmerzhaft an die physische Endlichkeit und die Vorläufigkeit des irdischen Daseins erinnert. Die Entdeckung der Begrenztheit und der Verletzlichkeit kann einerseits Verzweiflung und Resignation hervorrufen, andererseits aber das Bewusstsein von der menschlichen Bestimmung und den Wert des Menschen in den Augen Gottes erfahrbar werden lassen. Sie verweist auf die Endlichkeit des Daseins und zugleich auf seine Einmaligkeit und Einzigartigkeit.

In seiner Predigt über die Größe und Kleinheit des menschlichen Lebens vom 23. Oktober 1836 geht J.H. Newman dieser Frage nach.[1] Die Oxforder Predigten

---

1 | Die Predigt hielt der 35-jährige Newman in St. Mary in Oxford. Das Jahr 1836 war für ihn persönlich äußerst folgenreich gewesen: Er hatte selbst zwei ihm wichtige Menschen und sein Zuhause verloren. Im Februar war sein Freund Richard Hurrell Froude, im Mai seine Mutter verstorben.

J. H. Newmans waren zu diesem Zeitpunkt bereits zu einer Institution geworden, die das universitäre Leben von Oxford anzog und die in gedruckter Fassung auch viele Menschen erreichten, die J. H. Newman nicht hören konnten. Nun gibt es Menschen, die sagen, dass eine Predigt dann gut war, wenn man einen Gedanken daraus mit nach Hause nehmen kann, weil er nach- und weitergedacht werden will. Ich habe die Predigt J. H. Newmans über die Größe und Kleinheit des menschlichen Lebens mehrere Male gelesen. Dann habe ich sie mir vorlesen lassen, denn Hören ist noch einmal anders als Lesen. Es war jedes Mal dasselbe Wort, das sich mir einprägte und das mich beschäftigt: »Ist die Zeit vorbei, dann hat es nichts zu sagen, wie lange sie gedauert hat« (DP IV, 241). Mit dieser schlichten Feststellung, die J. H. Newman fast an den Beginn seiner Predigt stellt, wird zugleich eine Richtung vorgegeben und der alte Jakob wird rehabilitiert, noch ehe man ihm Undankbarkeit vorwerfen könnte. Denn der der Predigt zugrunde liegende Bibeltext handelt von Jakob, der dem ägyptischen Pharao gegenüber lamentiert, dass er mit seinen einhundertdreißig Jahren weder so lange noch so gut gelebt hätte wie seine Vorfahren (vgl. Gen 47,9). Mit der Feststellung: »Ist die Zeit vorbei, dann hat es nichts zu sagen, wie lange sie gedauert hat«, schenkt sich J. H. Newman von vornherein Erklärungen hinsichtlich der Anzahl der biblischen Lebensjahre und hinsichtlich der vermeintlichen Undankbarkeit Jakobs. Darum geht es ihm nicht. Es geht ihm vielmehr um das Ende des Lebens und damit um das Ende der irdischen Zeit. Jakob steht Pate dafür: Angesichts der eigenen Sterblichkeit, angesichts des Todes erscheint ihm sein Leben, das nun wirklich viele Jahre zählte und in dem er so vieles erlebt hatte, dass es aus der Distanz betrachtet für mehrere Leben ausgereicht hätte, als zu kurz und als zu klein.

Dieses Phänomen versucht J. H. Newman nun zu verstehen. Warum sind wir Menschen, wenn wir auf unsere Vergangenheit schauen, immer unruhig, unzufrieden, oft auch enttäuscht? Warum haben wir so häufig das Gefühl, dass das Leben uns mehr versprochen hat, als es zu geben bereit war? Mir ist sie nicht ganz fremd, diese Frage, obgleich ich noch nicht einhundertdreißig Jahre alt bin. Wie oft schon habe ich zu mir gesagt: Hättest du doch …, wärst du doch … Meistens fallen solche Sätze bei Beerdigungen, wenn es zu spät zu sein scheint. Hätte ich den Onkel doch noch besucht! Wäre ich doch zum letzten Familienfest gegangen! Und schlimmer noch: Ich nehme mir vor, solche Versäumnisse in Zukunft zu unterlassen, will die Zukunft besser gestalten, mein Leben so leben, dass ich zufrieden damit sein kann. Und während ich es unbedingt will, weiß ich zugleich ganz im Geheimen, dass ich es nicht tun werde. Ich weiß schon jetzt, dass ich nicht zufrieden sein werde mit meinen Antworten auf das, was die Zukunft mir bereithalten wird.

Dieses Dilemma kannte J. H. Newman offenbar auch. Und als Antwort gibt er auf überraschende Weise zu denken: »Unser irdisches Leben also macht Versprechen, die es nicht erfüllt. [...] Andererseits birgt es Leben im Tod und Ewigkeit in der Zeit« (DP IV, 244).

Unser irdisches Leben birgt Ewigkeit in der Zeit. Ich bin erleichtert, fühle mich, als wäre ich noch einmal davongekommen. Denn – selten genug, aber hin und wieder doch – habe auch ich diese Sternstunden erlebt, in denen die Zeit keine Rolle spielt, in denen die Zeit stillsteht, in denen innere und äußere Zeit einfach übereinstimmen, Momente, in denen eine Ahnung von der Ewigkeit aufscheint. Diese Augenblicke entschädigen für alles Versäumte, auch für den Mangel an Liebe. Ich möchte es dabei belassen, J. H. Newman bitten, mich mit diesen Gedanken für heute zu entlassen.

Doch noch bin ich nicht bei der Hälfte der Predigt angekommen. Und was jetzt kommt, wirft den Blick zurück auf unser bescheidenes Dasein. Wir besitzen die Gabe, uns eine Zukunft vorzustellen, in der all das, was selbst bei vorbildlichen Menschen nur ansatzweise verwirklicht werden konnte, reine Wahrheit ist. Und gläubige Menschen tragen darüber hinaus die Gewissheit in sich, dass die gute Schöpfung Gottes ihre gegenwärtige Unzulänglichkeit einst überwunden haben wird, um Leben in Fülle zu sein. Angesichts dieser Gewissheit fällt der Blick auf das, was wir Tag für Tag erleben, zunächst erbärmlich aus. Aber – und hier bekommt J. H. Newmans Predigt eine weitere überraschende Wendung – dieselbe gläubige Gewissheit, die ein anderes, erfülltes Dasein verheißt, verleiht zugleich dem, der sie besitzt, Wert und Würde. »So ist dieses Leben zugleich groß und klein, und wir haben ein Recht, es zu verachten, indes wir zugleich seine Bedeutung schätzen« (DP IV, 246).

Ungeduld kommt auf. Was denn nun, möchte man fragen. Wertschätzen oder verachten? Sich anstrengen oder abwarten? Eifer oder Fatalismus? J. H. Newman lässt sich nicht auf dieses Entweder-oder-Spiel ein. Er spricht stattdessen von hervorragenden Menschen, von Menschen, die Dinge erfahren haben, von denen andere nur träumen können, von Heiligen, von »Engel(n) in Verkleidung« (DP IV, 247). »Es gibt Menschen, die in einem einzigen Augenblick ihres Lebens eine übermenschliche Höhe und Majestät des Geistes aufweisen, und sie hätten ganze Zeitalter nötig, um dieselbe am eigenen Objekt erproben und gewissermaßen erschöpfen zu können« (DP IV, 247). Sie verkörpern etwas, was nicht so recht zu den Verhältnissen der Welt passen will. Sie lassen den Normalsterblichen erahnen, was Vollendung bedeuten könnte. Oder wie J. H. Newman es so treffend formulierte: Sie lassen den Glaubenden »das Kommende als Wirklichkeit sehen« (DP IV, 248).

Und wieder drängt sich die Frage auf, welche Bedeutung denn das Leben eines Durchschnittsmenschen eigentlich hat. Was ist mit denen, die nicht heiligmäßig leben können und denen nicht die Gnade jener geistlichen Höhenflüge zukommt? J. H. Newman schlägt – salopp formuliert – vor, das Leben und uns selbst einfach nicht so wichtig zu nehmen. Das irdische Dasein ist angesichts der Ewigkeit klein und unbedeutend, und wir sind die Spielerinnen und Spieler, die das Spiel des Lebens spielen, ernsthaft zwar, weil rechenschaftspflichtig, aber doch vorläufig (vgl. DP IV, 250). Denn unser eigentliches Leben ist nicht von dieser Welt. Die Unterwerfung unter die Gesetzmäßigkeiten von Raum und Zeit geschieht nur, um würdig zurückzukehren in das Reich Gottes, in dem unsere Seele immer schon ist. D. h., was auch immer das Leben uns bietet, es ist vorläufig und dient nur dem einen Zwecke, Gott einst nicht mehr nur wie in einem Spiegel zu sehen, sondern von Angesicht zu Angesicht (vgl. 1 Kor 13,12). Dann wird Gemeinschaft unmittelbar und immerwährend sein.

Damit bekommt unser irdisches Dasein etwas Vorläufiges, es ist Verheißung einer kommenden Welt, in der wir am Ziel unserer Sehnsüchte angelangt sein werden. Das hat Konsequenzen für die Lebensgestaltung. »Weshalb sollten wir uns sorgen um ein langes Leben, um Reichtum, Ansehen oder Behaglichkeit, wir, die wir wissen, dass die andere Welt der Inbegriff alles dessen sein wird, was unser Herz begehrt, und dies nicht nur scheinbar, sondern wirklich und dauerhaft?« (DP IV, 252)

Leicht gesagt! Aber wie soll das gehen? Sorgen fliehen nicht vor Argumenten. Jedenfalls nicht die schweren Sorgen. Sorgen sitzen im Herzen, und deshalb braucht es auch etwas anderes als vernünftige Argumente, um ihrer Herr zu werden. Und: angesichts der Sorgen, die uns umtreiben, erweisen sich unser Glaube und unsere Hoffnung doch allzu häufig als zu klein, um den Himmel jenseits der Wolken erahnen zu können.

Die Ursache unserer alltäglichen und auch unserer nicht-alltäglichen Sorgen ist meist eine tiefgehende Angst. Wir sind be-kümmert, Kummer wohnt in uns und wir müssen uns kümmern um den Kummer. Die Angst wird zum Motor unserer Handlungen. Mal ist es die Angst um uns selbst, die Angst davor, zu kurz zu kommen, mal die Angst vor einer Niederlage, mal die Angst vor dem Leben, das so viele Überraschungen und Herausforderungen bereit hält. Wenn die Angst aber anfängt, meinen Lebensnerv anzugreifen, wenn sie anfängt, mich am Leben zu hindern, dann wird es gefährlich. Sorgen haben eine ungemeine Sogwirkung. Sie können mich herunterziehen wie der Strudel eines gefährlichen Gewässers. Ich schnappe nach Luft, kreise dabei um mich selbst, immer schneller, immer schneller. Und alles dreht sich nur noch um eine einzige Frage: Wie komme ich da heil wieder heraus? Ich drehe mich – um im Bild des Strudels zu bleiben – hilflos um mich selbst: Was soll ich essen, was trinken, was anziehen? Wann werde ich wieder gesund oder was bringt die Zukunft? Angst frisst Seele auf. Und diese Angst können wir nicht einfach wegreden, indem wir auf Vollendung hoffen. Wir sind eben nicht wie die Vögel am Himmel oder die Blumen auf dem Felde (vgl. Mt 6,26). Wir sorgen uns und können uns nicht einfach damit begnügen, zu sein. Wir müssen uns dabei zusehen, während wir unser Leben leben, wir müssen uns Gedanken machen über das, was wir sehen. Und wir müssen uns verhalten zu dem, was uns begegnet, und zu uns selbst. Wir stellen Fragen: Wer bin ich? Wie ging es gestern? Wie wird es morgen sein? Und das ist auch der Grund, weshalb wir niemals sorgenlos im Hier und Jetzt sein werden und weshalb unser bescheidenes Dasein doch so groß und wichtig ist. Die äußere Zeit – die Zeit auf unserer Armbanduhr – ist oft eine ganz andere Zeit als die in unserem Bewusstsein. Vor einem Augenblick war ich vielleicht bei etwas, was gestern oder vor einer Woche aktuell war; im nächsten Augenblick denke ich daran, was mich nachher oder morgen oder nächste Woche erwarten wird, was ich erhoffe oder befürchte. Wir müssen uns zurechtfinden im Durcheinander der Zeit, in dem wir oft gar nicht da sind, wo wir sind. Die innere und die äußere Zeit fallen nur in seltenen Augenblicken zusammen, und wir haben es nicht wirklich in der Hand, dies zu steuern. Das ist eine Lebensbedingung, der wir uns nicht entziehen können. Sicher: innere und äußere Zeit als Einheit zu erleben, das sind unsere besten Stunden, Sternstunden sozusagen, in denen die Zeit still zu stehen scheint und ein Hauch von Ewigkeit uns umweht. Aber das Leben ist auch anders als das vollzogene Leben dieses Augenblicks. Wir sind hierher gestellt, an den Ort, an dem wir uns befinden, mit Verantwortung. Wir müssen Entscheidungen treffen, wir müssen mitwirken an der Ordnung einer komplizierten Welt. Wir haben Sorge zu tragen für uns selbst, füreinander, für die Nächsten und die Fernsten. Als Blumenkinder können wir kein Menschenleben leben. Wir können uns nicht erlauben, wie die Vögel zu leben, selbst wenn wir es könnten. Denn wir haben Verantwortung übernommen für das, was uns anvertraut wurde. Zumeist aber empfinden wir das, was wir anpacken, als unzulänglich. Und hier nun schließt sich der Kreis wieder: Jakob leidet unter der Nichtigkeit alles Irdischen und trägt Sorge, dass sein an Jahren langes und durchaus verdienstvolles Leben in seiner Endlichkeit letztlich hinfällig ist. Und ein paar irdische Jahre mehr oder weniger werden daran im Grunde nichts ändern.

J. H. Newman aber scheint ihm zuzurufen: Im Glauben ist der himmlische Anteil dessen, was uns widerfährt, erfahrbar. Und im Glauben bringt uns jede neue Erfahrung der Vollendung einen Schritt näher. Das soll keine billige Vertröstung sein. Vielmehr geht es um etwas, was aus dem Glauben heraus möglich wird; es geht um die Gewissheit, dass wir hineingetauft sind in eine andere Welt, die »der Inbegriff alles dessen sein wird, was unser Herz begehrt, und dies nicht nur scheinbar, sondern wirklich und dauerhaft« (DP IV, 252). Diese Gewissheit und die Bereitschaft, auf die Geborgenheit in Gott zu vertrauen, besitzen wir nicht von Natur aus. Wir sorgen uns mit Recht um alles Mögliche. Aber im Glauben können wir in derselben Geborgenheit leben, die Vögel und Blumen so gnädig von der Hand der Natur besitzen. Wir müssen nicht heute die ganze Welt retten. Wohl stehen wir in der Gefahr, hinsichtlich der Sorgen, die wir uns machen, geradezu habgierig zu sein. Wir können uns scheinbar nicht begnügen mit der Sorge des heutigen Tages, sondern meinen, alle Eventualitäten vorwegnehmen zu müssen und die Worst-case-Szenarien bereits zu durchleben, bevor sie sich ereignen. Doch J. H. Newman weist darauf hin, dass es im Eigentlichen um eine große und allumfassende Vertrautheit und Geborgenheit geht, möglich gemacht im Glauben an die Fürsorge Gottes für die Menschen. »Der Himmel ist im gegenwärtigen Zustand dem Blick entrückt; aber wie der dahinschmelzende Schnee den Grund aufdeckt, auf dem er liegt, so wird diese sichtbare Schöpfung zu gegebener Zeit wegschmelzen vor den größeren Herrlichkeiten, die dahinter liegen und von denen sie jetzt getragen wird« (DP IV, 253). Wir können uns hingeben und ohne Sorge auf unser Leben schauen – auch dann, wenn wir selbst gerade nicht merken und nicht sehen können, dass diese Geborgenheit uns trägt. Der Kummer um die Vorläufigkeit und Unzulänglichkeit unseres Daseins wird relativiert in der Zusage Gottes: JHWH – Ich bin da (vgl. Ex 3,14).

Bleibt bei all dem die Erfahrung, dass der stets Gegenwärtige sich immer wieder unserer Wahr-Nehmung entzieht. Nur allzu häufig ist die Sorge und Fürsorge Gottes für seine Kinder nicht zu erkennen. J. H. Newman entgegnet: Unser gegenwärtiger Zustand »ist kostbar, weil er uns inmitten von Schatten und Bildern die Existenz und die Eigenschaften Gottes und Seines auserwählten Volkes offenbart: er ist kostbar, weil er uns in die Lage versetzt, mit den unsterblichen Seelen zu verkehren, die heimgesucht werden wie wir; er ist bedeutungsvoll, weil er der Schauplatz und das Mittel unserer Prüfung ist« (DP IV, 251). Zugleich aber ist das irdische Leben kaum mehr »als ein Akzidenz unseres Daseins« (DP IV 250), in dem sich zeigt, dass Gottes Fürsorge mehr ist, als wir wahrnehmen können: Sie ist die Zusage: Ich bin da. Dieser Beistand Gottes ist auch dort – so wenigstens glauben und hoffen wir –, wo Menschen an Hunger sterben oder gefoltert werden. Sie folgt uns Menschen überall hin, im Leben wie im Tode, auch dann, wenn das Unglück zuschlägt. Der Beistand und die Geborgenheit in Gott ersparen uns die Sorge nicht, aber sie lässt sie uns aushalten. Sie ist kein Argument, mit dessen Hilfe wir die Kleinheit unseres irdischen Daseins abschütteln könnten. Aber sie ist eine tragfähige Basis, die uns erlaubt, sie zuversichtlich und hoffnungsvoll zu tragen.

Predigt 9

Größe und Begrenztheit menschlichen Lebens

»Die Jahre meiner Wanderschaft betragen einhundertdreißig, gering an Zahl und voll Leid waren meine Lebensjahre. Sie reichen nicht an die Lebensjahre meiner Väter in der Zeit ihrer Pilgerschaft.«
(Gen 47,9)

Weshalb bezeichnete der greise Patriarch seine Lebensjahre als gering an Zahl, da er doch, als er dies sagte, schon doppelt so lange gelebt hatte wie die Menschen heute? Warum sagt er von diesen Jahren, dass sie voll Leid waren, wo er doch sah, dass er alles in allem in Reichtum und Ansehen gelebt hatte und, was noch mehr ist, in der Gunst Gottes? Trotzdem beschrieb er seine Zeit als kurz, seine Jahre als leidvoll und sein Leben als bloße Pilgerschaft. Auch wenn wir einräumen, sein Leid sei so groß gewesen, dass er infolgedessen sein Leben zu Recht gering schätzte, trotz der Segnungen, die es begleiteten, so ist doch die Bezeichnung »kurz« auf den ersten Blick überraschend, wenn man bedenkt, dass er für die höchsten Ziele seines Daseins soviel mehr Zeit hatte als wir. In der Tat spielt er auf das längere Leben an, das seinen Vätern vergönnt war, und er mag die Gebrechlichkeit stärker gespürt haben als sie, doch dürfte dieser Unterschied zwischen ihm und ihnen kaum der wahre Grund für seine im vorangestellten Schriftzitat geäußerte Klage sein oder mehr als nur eine Bekräftigung oder ein Anlass dafür. Dass er sein Los in so traurigen Worten beklagte, geschah nicht deshalb, weil Abraham einhundertfünfundsiebzig und Isaak einhundertachtzig Jahre gelebt hatte, und er, dessen Leben noch gar nicht zu Ende war, nur einhundertdreißig. Denn es ist unerheblich, wie lange eine Zeit gewährt hat, nachdem sie vorbei ist; und das ist zweifellos der wahre Grund, warum der Patriarch in dieser Weise redete, nicht weil sein Leben kürzer war als das seiner Väter, sondern dass es fast vorüber war. Ist das Leben vorbei, dann ist es einerlei, ob es zweihundert Jahre gewährt hat oder nur fünfzig. Und eben dieses Merkmal, das dem menschlichen Leben am Tag seiner Geburt aufgeprägt wird, dass es nämlich vergänglich ist, macht es in jeder Lage und in jeglicher Form gleichermaßen schwächlich und verächtlich. Alle Punkte, in denen sich die Menschen unterscheiden – Gesundheit und Kraft, hoher oder niedriger Stand in der Gesellschaft, Glück oder Elend –, schwinden dahin angesichts dieses gemeinsamen Loses, der Sterblichkeit. Die Jahre gehen dahin und mit ihnen auch der an Lebensjahren Reichste; was vergangen ist, nützt ihm dann nichts mehr, außer in seinen Wirkungen.

Und dieses Gefühl der Nichtigkeit des Lebens, das sich uns schon allein durch die Tatsache einprägt, dass das Leben endlich ist, vertieft sich beträchtlich, wenn wir es unseren Fähigkeiten als Lebende gegenüberstellen. Wäre Jakob so alt geworden wie Methusalem, er hätte sein Leben als kurz bezeichnet. Wir alle haben das Gefühl, auch wenn es zunächst widersprüchlich anmutet, dass, obwohl die Tage scheinbar langsam dahingehen und mit vielen Geschehnissen beladen sind oder mit Sorge oder Eintönigkeit, die sie in die Länge ziehen und trostlos werden lassen, das Jahr aber im Gegensatz zu den zäh dahinfließenden Stunden rasch vergeht und die vergangene Zeit uns wie ein Traum vorkommt, auch wenn wir meinten, sie würde nie vergehen, aber gleichwohl verrann. Der Grund dafür scheint in Folgendem zu liegen: wenn wir das menschliche Leben an sich betrachten, selbst in einem noch so kleinen Ausschnitt, sehen wir darin das Vorhandensein einer Seele, die Energie einer geistigen Existenz, eines verantwortlichen Wesens mitenthalten; das Bewusstsein tut uns dies in jedem Augenblick kund. Blicken wir aber in unserer Erinnerung darauf zurück, dann sehen wir es nur von außen, als eine bloße Spanne verstrichener Zeit, als einen rein irdischen Gang des Geschehens. Und die längste Dauer dieser äußeren Welt ist wie Staub und wiegt nichts im Vergleich zu dem Leben eines einzigen Augenblicks der inneren Welt. So erwarten wir stets große Dinge vom Leben, weil unser inneres Bewusstsein uns jeden Augenblick sagt, dass wir eine Seele besitzen, und wir sind immer wieder enttäuscht, wenn wir darüber nachdenken, was wir aus der Vergangenheit gewonnen haben und für die Zukunft erhoffen können. Das Leben weckt stets Erwartungen und erfüllt sie nie; und so sind unsere Jahre, wie lange unser Leben auch währen mag, gering an Zahl und voller Leid. Auf diese besondere Betrachtungsweise der Thematik möchte ich nun näher eingehen.

Unser irdisches Leben macht uns also Versprechungen, die es nicht einlöst. Es verspricht Unsterblichkeit, ist aber vergänglich; es birgt Leben im Tod und Ewigkeit in der Zeit; es lockt uns durch Anfänge, die allein der Glaube zu Ende führen kann. Ich meine, wenn wir in Betracht ziehen, mit welchen Kräften unsere Seelen als Christen ausgestattet sind, dann erfüllt uns schon deren Bewusstmachung mit einer Gewissheit, dass sie dieses Leben überdauern müssen; in Bezug auf gute und heilige Menschen, die nach ihrem gegenwärtigen Zustand diese Kräfte gut kennen, bedeutet dies fürwahr ein Unterpfand der Unsterblichkeit. Die Größe ihrer Gaben, verglichen mit ihrer knapp bemessenen Zeit, von ihnen Gebrauch zu machen, drängt den Geist hin zu dem Gedanken an ein anderes Leben, als dem nahezu notwendigen Gegenstück und der Konsequenz des jetzigen Lebens und als sicherlich in diesem angelegt, vorausgesetzt, es gibt einen gerechten Weltenherrscher, der den Menschen nicht vergeblich erschaffen hat.

Dies ist ein Gedanke, der uns nicht immer in den Sinn kommt, gelegentlich aber doch. Und vielleicht werden viele von denen, die ihn zum ersten Mal hören und glauben, sie hätten das nie empfunden, dies im Verlaufe meiner Darlegungen erkennen.

Ich meine, wenn wir miterleben, wie ein hervorragender Mensch, dessen Tugenden wir kennen – seine Freundlichkeit, Herzlichkeit, Zärtlichkeit und Großzügigkeit –, stirbt (mag er noch so lange gelebt haben; ich denke nicht an einen frühen Tod; möge er seine Tage zu Ende leben dürfen), dann drängt sich uns mit einem gewissen Befremden der Gedanke auf: »Nein, er darf noch nicht sterben; er hatte überhaupt noch keine

Gelegenheit, die hervorragenden Talente, mit denen Gott ihn ausgestattet hat, richtig zu nutzen.« Er mag siebzig oder achtzig Jahre gelebt haben, und dennoch scheint es, als hätte er noch gar nichts vollbracht und sein Leben kaum begonnen. Vielleicht hat er stets zurückgezogen gelebt und sich mit einer Reihe unbedeutender Dinge beschäftigt, die den Tag nicht überlebt und keine sichtbare Frucht gezeitigt haben. Er konnte unter den obwaltenden Umständen gerade augenscheinlich machen, was in ihm steckte, es aber nicht angemessen in die Tat umsetzen. Er war, so empfinden wir es vielleicht, der Edelmut, die Herzenswärme und die Mildtätigkeit in Person und hätte er die Mittel besessen, würde er Wohltaten nach allen Seiten ausgestreut haben; doch er war niemals reich – und ist arm gestorben. Wir haben uns daran gewöhnt, zu sagen »Was wäre einer wie er, wäre er wohlhabend!«, nicht weil wir uns vorstellten, er *werde* jemals zu Reichtum gelangen, sondern aus der Empfindung heraus, wie dieser ihm wohl anstehen würde; wenn er dann tatsächlich stirbt, wie er gelebt hat, ohne Reichtum, sind wir irgendwie enttäuscht – irgendetwas ist nicht richtig gelaufen –, sein Geist, so meinen wir, ist nie an die Grenzen seiner Möglichkeiten gelangt, – er hat einen Schatz in sich getragen, aus dem er nie Nutzen gezogen hat. Seine Jahre waren gering an Zahl und voll Leid und sind, verglichen mit seinen Fähigkeiten, dem Alter zur Unzeit anheim gefallen; und unter diesem Eindruck drängt es uns, auf einen künftigen Zustand als eine Zeit zu blicken, da diese Fähigkeiten ans Licht gebracht werden und zur Wirkung kommen. Mit derartigen Überlegungen will ich nicht versuchen, den Beweis dafür zu erbringen, dass es einen künftigen Zustand gibt; diesen wollen wir als erwiesen annehmen. Ich meine, über unseren festen Glauben an diese große Wahrheit hinaus fühlen wir uns aufgrund jener Unvollkommenheit des Gegenwärtigen wirklich gedrängt zu einem Glauben, wir gelangen zu einer Art spürbarem Überzeugtsein von jenem künftigen Leben, zu einer Gewissheit, die ins Herz trifft und es durchdringt. Die bloße Größe unserer Fähigkeiten lässt dieses Leben erbärmlich aussehen; die bloße Erbärmlichkeit dieses Lebens zwingt unsere Gedanken hin zu einem anderen; und die Aussicht auf ein anderes verleiht diesem Leben, das uns jenes verheißt, Würde und Wert; und so ist dieses Leben zugleich groß und dürftig, und wir verachten es zurecht und schätzen es trotzdem über die Maßen.

Und ist dieses Leben, selbst das am längsten währende, infolge des großen Missverhältnisses zwischen ihm und den Fähigkeiten des wiedergeborenen Menschen kurz, dann natürlich noch mehr dort, wo der Lebensfaden durch einen frühen Tod abgeschnitten wird. Es gibt Menschen, die in einem einzigen Augenblick ihres Lebens eine übermenschliche Größe und Erhabenheit des Geistes entfalten, und sie bräuchten die Zeit ganzer Generationen, um sie auf die richtigen Dinge zu verwenden und sie sozusagen zu erschöpfen – Menschen, die in solch flüchtigen Momenten, die wie Strahlen der Sonne und das Zucken von Blitzen sind, uns ein Zeichen ihrer Unsterblichkeit geben, ein Zeichen, dass sie verkleidete Engel sind, die Auserwählten Gottes, besiegelt für das ewige Leben und dazu bestimmt, die Welt zu richten und allezeit mit Christus zu herrschen. Aber plötzlich werden sie fortgenommen, kaum dass wir sie kennen gelernt haben, verlieren wir sie. Können wir nicht glauben, dass sie um höherer Dinge willen an einem anderen Ort weggenommen worden sind? Manchmal sagt man dies in Bezug auf unsere geistigen Kräfte, doch trifft es noch mehr zu auf unsere sittlichen Fähigkeiten. In der sittlichen Wahrheit und Tugend, im Glauben, in der Standhaftigkeit, in der Frömmigkeit, in der Sanftmut, in der Beherztheit, in der Mitmenschlichkeit liegt etwas, an das die irdischen Verhältnisse einfach nicht heranreichen, für das auch das längste Leben nicht ausreicht, dem gegenüber selbst die größten Möglichkeiten dieser Welt zur Enttäuschung werden, das den Kerker dieser Welt sprengen muss, um sich angemessen Raum zu schaffen. So sehen wir uns, wenn ein guter Mensch stirbt, veranlasst zu sagen: »Er ist kaum in Erscheinung getreten, – es gab nichts, an dem er sich beweisen konnte; seine Tage sind vergangen wie Schatten, und er welkte dahin wie Gras.«

Ich glaube, »Enttäuschung« ist das einzige Wort, das unsere Gefühle beim Tode der Heiligen Gottes richtig zum Ausdruck bringt. Wenn unser Glaube nicht lebendig genug ist, um über das Grab hinaus vorzudringen und über das Künftige Klarheit zu erlangen, fühlen wir uns niedergeschlagen, weil es scheint, als seien große Dinge gescheitert. Doch gerade aus diesem Gefühl können wir in der Tat – durch eine Art Widerspruch – zurecht Hoffnung schöpfen; mag dieses Leben noch so enttäuschend, noch so unvollendet sein, so ist dies sicherlich nicht alles. Das Gefühl der Enttäuschung überkommt uns oft in besonderer Weise, wenn wir zufällig vom Sterben heiliger Menschen erfahren oder es miterleben. Die Sterbestunde scheint eine Zeit zu sein, aus der nach dem Willen der Vorsehung viel *gemacht* werden könnte, wenn ich das Wort gebrauchen darf; es könnte viel getan werden zur Ehre Gottes, zum Guten der Menschen und das Offenbarwerden des Sterbenden. Und Freunde freuen sich vielleicht im Voraus und erwarten, dass dann große Dinge geschehen, die sie nie vergessen werden. Doch »der Weise stirbt genau wie der Tor!« (Koh 2,16). Dies ist die Erfahrung des Predigers im Alten Testament und unsere eigene bestätigt sie. Josia, der eifrige Diener des lebendigen Gottes, starb den gleichen Tod wie der böse Ahab, der Anbeter des Baal. Wahre Christen sterben wie andere Menschen auch: der eine bei einem plötzlichen Unfall, der andere im Kriege, wieder ein anderer ohne Freunde, die sein Sterben begleiten, und ein vierter ist ohne Bewusstsein oder sonst nicht bei sich. So scheint die Gelegenheit vertan, und wir werden eindringlich daran erinnert, dass »das Offenbarwerden der Söhne Gottes« (Röm 8,19) erst hiernach geschieht; dass das »sehnsüchtige Warten der Schöpfung« (ebd.) eben nur ein Warten darauf ist; dass dieses Leben der Last einer so großen Aufgabe wie dem gebührenden Offenbaren jener Verborgenen nicht gewachsen ist, die eines Tages »leuchten werden wie die Sonne im Reich ihres Vaters« (Mt 13,43).

Doch ferner (wenn es erlaubt ist zu spekulieren) kann man sich vorstellen, dass dieselbe Art von Empfindung, und zudem eine höchst beglückende, die Seele des gläubigen Christen überkommt, wenn sie sich eben vom Leib gelöst hat und sich bewusst wird, dass ihre Prüfung ein für alle Mal vorüber ist. Wenn sein Leben auch eine lange und schmerzliche Prüfung war, dürfen wir, wenn es vorüber ist, annehmen, dass er im gleichen Augenblick dieselbe Art der Verwunderung über dessen Ende empfindet, die im Allgemeinen jeder Anstrengung in diesem Leben folgt, wenn das Ziel erreicht und die Zeit des Wartens vorbei ist. Wenn wir uns geistig intensiv auf einen Zeitpunkt vorbereiten, auf irgendein großes Ereignis, ein Gespräch mit Fremden, den Anblick von etwas Wunderbarem, das Auftreten eines außergewöhnlichen Problems, dann befällt uns, wenn der Zeitpunkt gekommen und vergangen ist, eine seltsame Umkehr der Gefühle aufgrund der veränderten Umstände. So, doch ohne jede Beimischung von Schmerz, ohne jede Mattigkeit, Langeweile oder Enttäuschung mag dann die glückliche Beschaulichkeit des körperlosen

Geistes sein – als sagte er zu sich selbst: »Nun ist also alles vorüber; das ist es, worauf ich so lange gewartet habe; wofür ich mich abgemüht habe; worauf ich mich vorbereitet habe, wofür ich gefastet, gebetet und Werke der Gerechtigkeit verrichtet habe. Der Tod ist gekommen und vergangen – es ist vorbei. Ach, ist das denn möglich? Was für eine leichte Prüfung, welch niedriger Preis für die ewige Herrlichkeit! Ein paar schlimme Krankheiten, zeitweilig heftige Schmerzen, einige schlechte Jahre, einige innere Kämpfe, eine Zeitlang trostlose Einsamkeit, Auseinandersetzungen und Ängste, schmerzliche Verluste, Verachtung und Misshandlung vonseiten der Welt – wie haben sie mich gekränkt, wie viel habe ich von ihnen gehalten, und wie klein sind sie in Wirklichkeit! Wie verachtenswert ist das menschliche Leben – verachtenswert an sich, doch von unschätzbarem Wert in seinen Wirkungen! –, denn für mich war es wie ein kleines, leicht zu erwerbendes Samenkorn, das keimt und zu unvergänglicher Glückseligkeit heranreift.«

Angesichts der Nutzlosigkeit des Lebens an sich wird deutlich, wie wir das Leben betrachten sollten, während wir in ihm auf dem Weg sind. Wir sollten daran denken, dass es kaum mehr ist als eine Zufälligkeit unseres Seins, dass es kein Teil von uns ist, die wir unsterblich sind; dass wir unsterbliche Geistwesen sind, unabhängig von Zeit und Raum, und dass dieses Leben nur eine Art Schauplatz ist, auf dem wir eine Zeitlang agieren und der lediglich dafür taugt und dazu bestimmt ist, dass er den Zweck erfüllt herauszufinden, ob wir Gott dienen wollen oder nicht. Wir sollten bedenken, dass unserem Dasein in der diesseitigen Welt keine größere Rolle zukommt als die von Spielern unter Mitspielern in einem beliebigen Spiel; dass das Leben eine Art Traum ist, genauso losgelöst und verschieden von unserer wahren, ewigen Existenz wie das Träumen vom Wachen; ein ernster Traum fürwahr, da er den Stoff für das Gericht über uns liefert, – an sich aber eine Art Schatten ohne Substanz, eine vor uns ausgebreitete Szene, in der wir uns zu befinden scheinen und in der es unsere Pflicht ist, so zu agieren, als entspräche alles, was wir sehen, der Wahrheit und Wirklichkeit, weil alles, was uns begegnet, uns und unsere Geschicke beeinflusst. Die wiedergeborene Seele wird in die Gemeinschaft der Heiligen und Engel hineingenommen und ihr »Leben ist mit Christus in Gott verborgen« (Kol 3,3); sie hat einen Platz am Hofe Gottes und ist nicht von dieser Welt; sie besieht sich diese Welt wie ein

Zuschauer einer Darbietung oder Aufführung folgt, nur dass sie von Zeit zu Zeit aufgefordert wird, eine Rolle zu übernehmen. Und wiewohl sie dem Impuls der Sinne gehorcht, tut sie es um Gottes Willen und unterwirft sich zeitlichen Dingen, soweit sie durch sie zur Vollendung gebracht wird, damit, wenn der Schleier fällt und sie sich dort wiederfindet, wo sie schon immer gewesen ist, im Reich Gottes, sie für würdig befunden wird, sich dessen zu erfreuen. Diese Auffassung vom Leben nimmt von uns jegliches Befremden und jegliche Enttäuschung darüber, dass es so unvollkommen ist: ebenso gut könnten wir von jedem zufälligen Ereignis, das uns im Laufe des Lebens begegnet, sei es eine gelegentliche Unterhaltung mit einem Fremden, die Mühe oder aber das Vergnügen einer Stunde, Vollkommenheit erwarten.

Lasst uns also unseren gegenwärtigen Zustand überdenken: er ist kostbar, weil er uns inmitten von Schatten und Bildern die Existenz und die Eigenschaften des allmächtigen Gottes und seines auserwählten Volkes offenbart; er ist kostbar, weil er uns in die Lage versetzt, Beziehungen zu unsterblichen Seelen zu pflegen, die wie wir in der Erprobung stehen. Er ist von großer Bedeutung, weil er der Schauplatz und das Mittel unserer Erprobung ist; darüber hinaus aber besitzt er keine Anrechte an uns. »Eitelkeit der Eitelkeiten«, sagt der Prediger, »alles ist Eitelkeit« (Koh 1,2). Wir mögen arm oder reich, jung oder alt sein, geachtet oder missachtet werden, es sollte uns nicht mehr berühren, uns weder begeistern noch bedrücken, wie wenn wir Schauspieler in einem Theaterstück wären, die wissen, dass die Personen, die sie darstellen, nicht sie selber sind, und dass, obgleich sie – als Könige oder Bauern – einander überlegen scheinen, sie alle auf der gleichen Stufe stehen. Der eine Wunsch, der uns beseelt, sollte zuallererst der sein, ihn von Angesicht zu Angesicht zu schauen, der jetzt vor uns verborgen ist; sodann uns in ihm und durch ihn der immer währenden und unmittelbaren Gemeinschaft mit unseren Freunden erfreuen, die wir gegenwärtig nur durch die Vermittlung unserer Sinne kennen, über unsichere und unvollständige Kanäle, die uns wenig Einblick in ihre Herzen gewähren.

Dies sind die rechten Empfindungen gegenüber einer verlockenden, doch trügerischen Welt. Was haben wir zu tun mit deren Geschenken und Ehren, die wir bereits in die künftige Welt hineingetauft und nicht mehr

Bürger dieser Welt sind? Warum sollten wir uns sorgen um ein langes Leben, um Reichtum, Ansehen oder Bequemlichkeit, die wir wissen, dass die andere Welt alles in sich schließt, was unser Herz wünschen kann, und dies nicht nur dem äußeren Anschein nach, sondern wirklich und zeitlich unbegrenzt? Warum sollten wir in dieser Welt verweilen, wo sie doch das Unterpfand und die Verheißung einer anderen ist? Warum sollten wir uns mit ihrer Oberfläche zufrieden geben, anstatt das in Besitz zu nehmen, was unter ihr verwahrt ist? Denen, die nach dem Glauben leben, gibt alles, was sie sehen, Kunde von jener künftigen Welt; die ganze Pracht der Natur – Sonne, Mond und Sterne –, der Reichtum und die Schönheit der Erde: sie sind gleichsam Symbole und Bilder, welche die unsichtbaren göttlichen Dinge bezeugen und lehren. Alles was wir sehen, ist dazu bestimmt, eines Tages zu himmlischer Blüte aufzubrechen und in unsterbliche Herrlichkeit verwandelt zu werden. Gegenwärtig ist der Himmel unserer Sicht entrückt, doch wie zu gegebener Zeit der Schnee schmilzt und die Erde freigibt, auf der er gelegen hat, so wird die sichtbare Schöpfung vor jenem größeren Glanz dahinschwinden, der hinter ihr liegt und dem sie ihr gegenwärtiges Dasein verdankt. An jenem Tag werden die Schatten weichen, und die Wirklichkeit wird sich zeigen. Die Sonne wird bleich werden und sich am Himmel verlieren; dies aber wird geschehen, bevor der aufstrahlt, den sie nur versinnbildlicht, die Sonne der Gerechtigkeit, »die Heilung birgt in ihren Flügeln« (Mal 3,20) und in sichtbarer Gestalt hervortritt wie ein Bräutigam aus seinem Gemach, während sein vergängliches Sinnbild zerfällt. Die Sterne, die sie umgeben, werden durch Heilige und Engel verdrängt, die seinen Thron umschweben. Das Oben und Unten, die Wolken am Himmel, die Bäume auf dem Feld, die Wasser in der Tiefe werden erfüllt sein von Gestalten ewiger Geister, den Dienern Gottes, die seinen Willen tun. Und in unserem eigenen sterblichen Leib wird sich dann in gleicher Weise ein innerer Mensch wiederfinden, der dann als harmonisches Organ der Seele sein rechtes Maß erhält, anstelle jener groben Masse von Fleisch und Blut, die unsere Sinne wahrnehmen. Um dieser herrlichen Offenbarung willen liegt jetzt die ganze Schöpfung in Wehen und hofft inbrünstig darauf, dass sie zur rechten Zeit vollendet werden möge.

Dies sind Gedanken, die uns mit Eifer und Frömmigkeit zu dem Wort bewegen sollen: »Komm, Herr Jesus, und setze der Zeit des Wartens, der

Dunkelheit, der Unruhe, des Streits, des Kummers und der Sorge ein Ende.« Es sind Gedanken, die uns jeden Tag und jede Stunde, die vergehen, Anlass zur Freude geben, da sie uns dem Zeitpunkt seines Erscheinens und dem Ende von Sünde und Elend näher bringen. Es sind Gedanken, die uns berühren sollten; sie würden es tatsächlich auch, wäre da nicht die Last der Schuld, die auf uns drückt, – wären da nicht die Sünden, die gegen das Licht und die Gnade begangen worden sind. Ach, wäre es doch anders um uns bestellt! Ach, wären wir doch befähigt, diese Lehre, in der die Welt uns unterweist, anzunehmen, und hätten die Gaben des Lebens entsprechend genutzt, damit wir uns trotz des Gefühls seiner Vergänglichkeit an ihm als etwas Kostbarem hätten erfreuen können! Ach, wäre da doch nicht das Wissen um dunkle Makel auf unserer Seele, die Anhäufung von Schuld vergangener Jahre, und um Schwächen, die uns ständig bedrängen! Wäre dies alles nicht – wäre da nicht unser Zustand des Unvorbereitetseins, wie er in gewisser Hinsicht wirklich bezeichnet werden kann, wie fröhlich würden wir jeden neuen Monat und jedes neue Jahr begrüßen als ein Zeichen, dass unser Erlöser uns so viel näher ist, als er es bisher jemals war! Möge er uns die Fülle seiner Gnade gewähren und uns für seine Gegenwart bereiten, damit wir bei seinem Kommen nicht in Schande vor ihm stehen! Möge er uns die Gnadenfülle seiner Sakramente zuteil werden lassen; möge er uns mit seinen auserlesenen Gaben nähren; möge er das Gift aus unseren Seelen vertreiben; möge er uns reinwaschen in seinem kostbaren Blut und uns die Fülle des Glaubens, der Hoffnung und der Liebe schenken als Vorgeschmack auf den Anteil am Himmel, den er für uns ausersehen hat!

Einführung zu Predigt 10:
Warten auf Jesus Christus –
»Harren auf Christus«

Aktive Eschatologie

GABRIELE NIEKAMP

1. Hinführung zur Predigt

Das Schriftwort »Er, der dies bezeugt, spricht: Ja, ich komme bald! Amen! Komm, Herr Jesus!« (Offb 22,20), das John Henry Newman seinen Adventspredigten am Ersten und Zweiten Adventssonntag 1840 in der St. Mary-Kirche zugrundelegte, zeigt schon an, dass es darin nicht um das vorweihnachtliche Thema der Geburt Jesu geht, sondern um die Ankündigung des zweiten Kommens Christi. Newman wählte diesen Text aus der Offenbarung des Johannes, um daran anknüpfend Gedanken zu entfalten, um die es ihm entscheidend ging: erstens die Konsequenz aus der ersten Ankunft Christi, nämlich die Vollendung des damit Begonnenen bei seinem zweiten Kommen, und zweitens die existentiellen Konsequenzen daraus für das christliche Leben, das Newman eben als »Warten auf Christus« begreift.

Eigentlich, so Newman, hätte dieses letzte Buch der Bibel allen Grund, das Warten eher weniger zu betonen, da zur Zeit seiner Abfassung schon offenkundig wurde, dass die Wiederkunft Christi nicht so unmittelbar bevorstand, wie die ersten Generationen der Christen es erwartet hatten. Sein Autor hätte schon Grund genug gehabt, in gleicher Weise wie viele Zeitgenossen Newmans zu argumentieren: die Wiederkunft hat sich bisher nicht ereignet, deshalb ist es eher unwahrscheinlich, dass sie zu unserer Lebzeit geschieht. Dagegen steht, so Newman, die dreifache, drängende Ankündigung »Ich komme bald!« des letzten Kapitels der Offenbarung – sie relativiert die Hoffnung auf die baldige Wiederkunft Christi also keineswegs! – Die Exegeten sagen uns heute, dass die Worte des Sehers Johannes für die Gemeinden, an die er sie richtete, Trost bedeuteten, den sie dringend brauchten, denn ihr Bekenntnis zu Jesus Christus war lebensgefährlich. In der existentiellen Bedrohung durch eine Verfolgung, die sich unter Kaiser Domitian am Ende des ersten christlichen Jahrhunderts für die Christen ankündigte, war die Verheißung der baldigen Wiederkunft Christi ihre einzige Hoffnung. Es gab für sie keine wirkliche Alternative zum Warten; ihr Herr, seine Ankunft war ihre einzige Hoffnung. Sie tröstete und sie stärkte, nicht nur zu »harren«, sondern auszuharren, bis die Erlösung vollendet wird. Im weiteren Text wird denen, die treu geblieben sind, das ewige Heil bei Gott versprochen, den Ungläubigen aber die ihnen angedrohte Strafe.

Newman geht in seiner Predigt nicht auf den historischen Hintergrund ein, vor dem die eschatologische Hoffnung eine besondere Dringlichkeit gewann, sondern bezieht sie ganz und gar auf die existentielle Ebene: das Ernstmachen mit der lebendigen Beziehung zu Jesus Christus hier und heute. – Rein äußerlich sind die Christen im England des 19. Jahrhunderts zwar in einer ganz anderen Situation als die Christengemeinden Kleinasiens im ersten Jahrhundert, aber für Newman ist die Kirche zu seiner Zeit genauso in Gefahr. Der leibliche Tod, der den Christen damals durch die Verfolgung drohte, war für Newman, so kann man aus anderen Äußerungen schließen, letztlich unbedeutsam im Vergleich zum Verlust des ewigen Lebens, der den lauen (»Welt«-) Christen seiner Zeit drohte. Deshalb seine starke und umfassende Auseinandersetzung mit der »Welt« und der Welthaftigkeit vieler Christen in dieser Predigt. Er nimmt die Einwände der Vernunft bzw. den Spott der »Welt« an der eschatologischen Orientierung der Christen auf und hält ihnen entgegen, dass die Christen aufgrund der Zusage Christi an seinem Wiederkommen festhalten, auch wenn es sich nach menschlicher Zeitrechnung verzögert. – Wie diese Verzögerung richtig zu verstehen ist, beleuchtet er am Anfang seiner Predigt. Er geht dann auf die Wahrnehmung und Deutung weltlicher Ereignisse als Zeichen der nahen Ankunft ein. Das führt zur konkreten Frage: Was ergibt sich aus dem angekündigten Ende für die christliche Praxis? Wie lebt ein Christ, der auf das Kommen Jesu Christi wartet?

1.1 Das Plötzliche der Wiederkunft Christi

Ohne jeden Zweifel steht für Newman fest, dass der Herr wiederkommen wird und dass deshalb ein Christ ein adventlich wartender Mensch sein muss. Dass er dies jederzeit sein muss und nicht etwa nur, wenn verschiedene Umstände das Ende seines Lebens nahelegen, das vermittelt Newman am Anfang seiner Predigt, wenn er das Überraschende der Wiederkunft Christi betont. Sie werde plötzlich da sein, unerwartet, »wie ein Dieb« (Offb 16,15), bei dessen Eindringen nur der unbeschadet bleibt, der Vorbereitungen getroffen hat, indem er wachsam war. Weil die Ankunft plötzlich sein wird, muss der Christ jederzeit den »Tag des Herrn« (2 Petr 3,12) erwarten. Ohne das »Plötzlich« »wie ein Dieb« (Offb 16,15) ist das »Bald« in Offb 20,20 nicht zu verstehen. Wäre es ein im üblichen Verständnis zeitliches »Bald«, etwas, was in unseren zeitlichen Vorstellungen kurze Zeit nach seiner Ankündigung eintritt, dann käme ihm kein Moment des Überraschenden, Unerwarteten zu. Newman verknüpft die beiden Aspekte der Wiederkunft: sie wird »bald« sein *und* sie ereignet sich »plötzlich«, wobei der Zusatz »wie ein Dieb«, der eben »plötzlich«, ganz unerwartet eindringt, das »Bald« interpretiert, das ohne diesen Zusatz nicht verständlich wäre. – Dass auch in anderer Hinsicht unser Verständnis von Zeit da, wo es um Heilsgeschichte geht, nicht adäquat ist, zeigt Newman, indem er 2 Petr 3,4.8 zitiert: »Dies eine aber, Geliebte [fährt Petrus fort], darf euch nicht entgehen: ein Tag ist bei dem Herrn wie tausend Jahre und tausend Jahre sind wie ein Tag.«[1]

»Zeit« ist durch die erste Ankunft Jesu Christi aber noch radikaler anders geworden, als es dieses Schriftwort nahelegt. Seine Ankunft in der »Fülle der Zeit«, sein Leben, Sterben und Auferstehen sind der Höhepunkt der Menschheitsgeschichte und deshalb das »Ende der Zeiten«, auf den die vorherige Weltgeschichte – insbesondere die Geschichte des ersten Gottesvolkes Israel – zulief, und danach kann sich nichts Neues mehr ereignen. Newman schreibt: Während »bis zur Ankunft Christi im Fleisch der Lauf der Dinge in gerader Linie zu diesem Ende hinführte und ihm mit jedem Schritt näher kam, [hat] nun, unter dem Evangelium, dieser Lauf [wenn ich so sagen darf] im Hinblick auf seine zweite Ankunft eine andere Richtung genommen und bewegt sich nicht mehr auf das Ende zu, sondern an diesem, an seinem Rand entlang; und er ist zu allen Zeiten jenem großen Ereignis, in das er unmittelbar hineinliefe, würde er sich darauf zubewegen, gleich nahe.«[2] So ist das Kommen Christi in heilsgeschichtlicher Perspektive jedem Zeitpunkt gleich nahe. Daraus ergibt sich, dass entweder jeder Zeitpunkt der erwartete sein kann, wie der Christ es sieht, oder zu keinem Zeitpunkt dieses Ende erwartet wird, was die Konsequenz aus den Einwänden der »Welt« ist. – Was nun sind diese Einwände?

1 | Stumpf-Übersetzung »Warten auf Christus«, unten 213.
2 | Ebd., 216.

1.2 Die Einwände der Vernunft

Newmans Geschichtsbetrachtung ist natürlich ganz anders als die seiner Gegner, die sich dafür auf die Vernunft berufen und im Blick auf das erwartete Ende der Welt zum einen auf die vergangenen Falschmeldungen verweisen, als die erwartete Wiederkunft ausblieb[3], und zum anderen auf die Schwachheit und den Aberglauben, zu dem das Warten ihrer Meinung nach verführt[4]. Newman stellt gegen diese »vernünftige« Position fest: »Es ist besser, tausendmal zu glauben, er komme, und er kommt nicht, als einmal zu glauben, er kommt nicht, und er kommt.«[5] Er attestiert seinen Gegnern seinerseits Unvernunft und zwar im Blick auf das von ihnen erwartete Ende der Religion. Newman räumt ein, dass die Kirche schwach ist und schon immer war. So schrieb Newman bereits 1836 im Schlusswort seiner Vorlesungen über das prophetische Amt der Kirche: »Die Kirche ist immer in Schmerzen und schleppt sich in Schwäche dahin, trägt ›immer das Todesleiden Jesu an (ihrem) Leib, damit auch das Leben Jesu an (ihrem) Leib sichtbar wird‹. (1 Kor 4,10). Die Religion scheint immer wie am Sterben, Spaltungen vorherrschend, das Licht der Wahrheit fahl, seine Anhänger verstreut. Die Sache Christi ist immer im Todeskampf.«[6] Warum seine Kirche dennoch fortbesteht, »weiß nur Gott allein, der es so will«[7]. Dass man darin durchaus einen Hinweis auf den nahen Untergang des Christentums sehen kann, räumt Newman ein, stellt aber auch fest, dass »sich diese schwache und müde Welt [ebenfalls; G.N.] dahin[schleppt]«[8], so dass Christen mit dem gleichen Recht ihren Untergang erwarten. Die Christen haben für ihre Erwartung des Weltendes sogar die ausdrückliche Zusage Jesu Christi, dass er an ihrem Ende wiederkommt, die Welt also tatsächlich vergehen wird, während die Gegner sich höchstens auf den schlechten Zustand der Kirche berufen können, der aber, genau betrachtet, noch nie wesentlich anders war und bisher keineswegs zu ihrem Untergang geführt hat.

Die Argumentation der Gegner steht also auf schwachen Füßen. Newman will dies so deutlich vermitteln, weil die Zweifel an der Verheißung wohl auch seine Zuhörer verunsichern. Jedenfalls sind sie groß genug, um keine volle Entscheidung für ein Leben, das sich dem kommenden Herrn verschrieben hat, zu

---

3 | Vgl., Ebd., 218.
4 | Ebd., 220.
5 | Ebd., 213.
6 | J. H. Newman, Über das prophetische Amt der Kirche, 429, zit. nach G. Biemer, Die Wahrheit wird stärker sein. Das Leben und Werk Kardinal Newmans (= Internationale Cardinal-Newman-Studien XVII), Frankfurt. 3. überarbeitete Aufl. 2009, 116.
7 | Übersetzung, unten: 215.
8 | Ebd., 216.

treffen. Aber »eines Tages muss er kommen, früher oder später«.[9] Es geht darum, dann für ihn bereit zu sein.

1.3 Ausschauen nach Hinweisen auf die nahe Wiederkunft

Dass das »Warten auf Christus« wesentlich zum Christsein gehört, darauf besteht Newman ohne jede Einschränkung, auch wenn er einräumt, dass das Ausschauen nach Vorboten des Endes zu verschiedenen Formen von Aberglauben geführt hat. Newman unterscheidet zwischen »nachdenklichen und gewissenhaften«[10] Christen, für die die Heilige Schrift der Schlüssel zur Deutung der verschiedenen Vorkommnisse in der Welt ist, und solchen, »die ein unreligiöses Leben führen und nur dürftige Kenntnisse der Schrift besitzen.«[11] Sie warten nicht wirklich, weil sie nicht wissen, auf was sie warten sollen, und lassen sich tatsächlich leicht von angeblichen plötzlichen Warnsignalen zu den schlimmsten Formen des Aberglaubens verführen. Hinter dieser Empfänglichkeit sieht Newman »eine böse Ahnung, dass es irgendwo etwas Großes und Göttliches gibt«[12], die sie aber in die Irre führt, »weil das Licht der Wahrheit nicht in den Herzen dieser Menschen brennt«.[13]

Anders der wahre Christ. Er weiß, auf was er wartet. Er sucht in dieser Welt nicht nach einer weiteren Offenbarung, weil er sie durch Jesus Christus und die Apostel, die göttlichen Sakramente und die Heiligen Schriften bereits hat und durch sie der Welt gegenüber unabhängig ist. »Er sucht keinen Herrn und Erlöser. Er hat vor langer Zeit ›den Messias gefunden‹ und hält nach *ihm* Ausschau. Sein Herr selbst hat ihm *geboten*, in der Welt nach ihm auszuschauen, und deshalb tut er es.«[14] Das, was der Wartende sieht, ist jedoch nicht so eindeutig, dass er es dem, der es nicht sieht, leicht mitteilen oder ihn davon überzeugen könnte. Mit anderen Worten: Die Beweise sind nicht von der Art, dass sich ihnen keiner entziehen könnte. Das Sehen ist vielmehr ein Sehen des Herzens, das nach Antoine de Saint-Exupéry das Wesentliche sieht, das für das Auge unsichtbar ist. Newman stellt fest: »Gott gibt uns genug, was uns suchen und hoffen lässt, aber nicht genug, um darauf zu beharren und dafür zu streiten.«[15]

---

9 | Ebd., 213.
10 | Ebd., 223.
11 | Ebd., 223.
12 | Ebd., 224.
13 | Ebd., 225.
14 | Ebd., 225.
15 | Ebd., 223.

Von dem, was Gott gibt, gilt, dass es nicht laut daherkommt, sondern leise. Deshalb nimmt nur der diese verborgenen Zeichen wahr, der wachsam ist. Drei Jahre zuvor hatte Newman – ebenfalls zum Ersten Advent – näher entfaltet, was ›wachsam sein‹ bedeutet. Die Aufforderung zu »wachen«, die in der Botschaft Jesu zentral ist[16], stieß nach Newmans Einschätzung bei den meisten Christen seiner Zeit auf völliges Unverständnis. Diese hätten in Bezug auf Glaube, Gottesfurcht, Liebe und Gehorsam eine allgemeine Vorstellung, was man darunter versteht, jedoch nicht, »was das heißt: wachen«.[17] Vom Ziel des Wachens, der Wiederkunft Jesu Christi, her ergibt sich folgende Beschreibung eines wachen Menschen: »Der ist wach für Christus, der ein empfindendes, sehnsüchtiges und fühlendes Herz besitzt; der mit frischer Kraft, mit scharfsichtigem Eifer darauf bedacht ist, Ihn zu suchen und zu ehren, der in allem, was geschieht, nach Ihm ausschaut und nicht überrascht, nicht allzu erregt oder überwältigt wäre, dass Er plötzlich käme.«[18]

In der Vergangenheit waren es ungewöhnliche Vorkommnisse in der Natur, die als Hinweise auf die nahe Wiederkunft gedeutet wurden. Heute ließen sich viele dieser Phänomene aufgrund neuer naturwissenschaftlicher Erkenntnisse erklären, aber für Newman ist das kein Grund, das eigentliche Interesse an solchen Wahrnehmungen und Deutungen als lächerlich abzutun, denn nach Ausweis der Bibel werden genau solche Phänomene eines Tages der Wiederkunft Jesu Christi vorausgehen.[19] Deshalb trifft für Newman der Vorwurf des Aberglaubens hier nicht zu. Ein Christ, der die Heiligen Schriften und die Lehren der Kirche kennt, wird gemäß der Weisung der Schrift einerseits »alles, was wir in der Welt sehen, in einem religiösen Sinn und so deuten, als wären alle Dinge Zeichen und Offenbarungen Christi, seiner Vorsehung und seines Willens«[20], andererseits wird »er den Anzeichen und Vorzeichen, die er in der Welt sieht, (keinen) zu großen Wert bei(messen)«.[21]

Neben kosmischen Zeichen nennt die Bibel Zeichen aus der sittlichen oder politischen Welt: Kriege und Umstürze zum Beispiel. Der Irrtum ist auch hier nicht ausgeschlossen, aber die Alternative, auf jede Deutung zu verzichten, stellt sich Newman nicht. »Wir mögen uns in den Einzelheiten, auf die wir uns stützen, täu-

---

16 | Mk 13,35–37; Lk 12,39; 21,34–36; Mt 25,13; ebenso bei Paulus: vgl. Röm 13,11–12; 1 Kor 16,13; Eph 6,10–13; 1 Thess 5 6 sowie 1 Petr 4,7; 5,8 und Offb 16,15.
17 | Wachen, in: DP IV 356–371, 359.
18 | Wachen, a.a.O., 360f.
19 | Newman verweist auf Lk 21, 25–28.
20 | Stumpf-Übersetzung unten: 221.
21 | Ebd., 224.

schen und dabei unsere Unwissenheit zu erkennen geben; doch liegt in unserem Unwissen nichts Lächerliches oder Verächtliches, in unserem Harren jedoch viel Frömmigkeit. Es ist besser, in unserer Wachsamkeit zu irren als überhaupt nicht wachsam zu sein.«[22] Wichtig ist Newman auch, dass es eine definitive Behauptung, er sei gekommen oder zu welchem Zeitpunkt er kommen werde, bei schwärmerischen Gläubigen schon gegeben habe, aber nie bei »demütigen Jünger[n]«[23]. Ein solch triumphalistischer Glaube ist Newman völlig fremd.

Im Übrigen gibt Newman zu bedenken, dass Gott in seiner Souveränität seine Pläne auch ändern kann, wenn er hierfür einen guten Grund erkennt. So ist gar nicht sicher, ob einer die Zeichen falsch gedeutet hat oder ob diese Zeichen durchaus Verweise auf das Ende waren, aber Gott dieses Ende nochmals verschoben hat. Wenn militärische Führer bei einer neuen Beurteilung der Situation ihren ursprünglich gegebenen Befehl widerrufen können, warum sollte Gott nicht das Gleiche tun?[24]

1.4 Warten – Wie geht das?

Was tut der Christ, während er wartet, bzw. wo zeigt sich an seinem alltäglichen Leben, dass er auf Jesus Christus wartet? Wie geht Warten? – Diese Frage spricht Newman in dieser Predigt nicht direkt an, man muss also andere Stellen hinzuziehen, um eine Antwort zu finden, zum Beispiel nochmals aus der Adventspredigt von 1837: »Das also heißt wachen: vom Gegenwärtigen losgeschält sein und im Unsichtbaren leben; im Gedanken an Christus leben, wie Er einstens kam und wie Er wiederkommen wird; nach Seiner zweiten Ankunft verlangen in herzlichem und dankbarem Gedenken.«[25] Im Unterschied zum wachsamen Menschen »lieben [die weltlichen Menschen] zwar Gott, aber sie lieben auch diese Welt«.[26] So finden sie Theorien, Erklärungen, Rechtfertigungen, wie sich Christus-dienen und Weltdienst vereinbaren lassen. Das ist in Wirklichkeit nicht möglich. Es ist vielmehr »offenbar, dass sie diese Welt lieben, sie sehr ungern verlassen möchten und noch mehr von ihren Gütern zu besitzen wünschen«.[27] Daraus ergibt sich, dass sie weder bereit sind für sein Kommen, noch es »ohne weiteres begrüßen wollten, noch könnten«[28]. »Wachen« erweist sich daher als ein »geeigneter Prüfstein für

---

22 | Ebd., 220.
23 | Ebd., 221.
24 | Ebd., 220.
25 | DP IV 362.
26 | DP IV 363.
27 | DP IV 364.
28 | DP IV 366.

den Christen«²⁹ – und nur wenige bestehen diese Prüfung. Deshalb hat Jesus Christus vor der Anpassung an die Welt gewarnt und Newman fordert seine Zuhörer auf: »Meine Brüder [und Schwestern], bittet Ihn, euch ein Herz zu geben, das Ihn aufrichtig sucht. Bittet Ihn, dass Er euch Ernst verleihe. Ihr habt nur eines zu tun: euer Kreuz Ihm nachzutragen. Fasset den Vorsatz, es in Seiner Kraft zu tun. Fasset den Vorsatz, euch nicht mehr täuschen zu lassen durch ›Schatten von Religion‹, durch Worte, Redegefechte, Begriffe, hochtrabende Beteuerungen, Entschuldigungen oder durch die Verheißungen oder Drohungen dieser Welt.«³⁰

Wachen und Warten verlangen für Newman eine eindeutige Distanz zur Welt und was sie dem Menschen bieten will. Er nennt konkret: Reichtum, Ehre, Ansehen, Einfluss, »Freuden und Bequemlichkeiten dieses Lebens«³¹, »glückliche Verhältnisse«³². Warten auf Christus hat also entscheidend mit Verzicht zu tun, nicht nur auf die materiellen Dinge, die Menschen viel bedeuten können, sondern auch auf eine eigensinnige Lebensweise, die nicht ganz aus dem Gehorsam Christus gegenüber kommt. Newman fordert seine Hörer auf, »unverzüglich [zu beginnen], Ihm aufs Wort zu gehorchen mit dem besten Herzen, das ihr habt. Der kleinste Gehorsam ist besser als keiner […] Ihr müsst Sein Antlitz suchen; der Gehorsam ist der einzige Weg, Ihn zu suchen.«³³ Newman nennt konkret die Pflichterfüllung, den Glauben an die geoffenbarten Wahrheiten, das Befolgen seiner Gebote, den Empfang seiner Gnadenmittel und die Treue zu seiner Kirche – darin verwirklicht sich der Gehorsam, weil der Christ dann tut, was ihm aufgetragen ist. »Ihm gehorchen heißt sich Ihm nähern. Jeder Akt des Gehorsams ist eine Annäherung – eine Annäherung an Ihn, der nicht weit weg ist, auch wenn es so scheint […]«³⁴ In der Predigt von 1840 sagt Newman dasselbe mit den Worten des heiligen Paulus: »›Alles ist mir erlaubt, aber nicht alles nützt mir! Alles ist mir erlaubt, aber ich werde mich von nichts beherrschen lassen‹ (1 Kor 6,12). [Der wahre Christ] weiß ›diese Welt zu gebrauchen wie einer, der sie nicht missbraucht‹ (1 Kor 7,31).«³⁵ – Was auf dem Spiel steht, ist der Anteil an der kommenden Welt: »Hart ist es, ihn zu erlangen; aber voll Weh, ihn zu verfehlen. Das Leben ist kurz; der Tod gewiss; aber die künftige Welt ist ewig.«³⁶ – So beendet Newman seine

29 | DP IV 362.
30 | DP IV 370.
31 | DP IV 367.
32 | Vgl. DP IV 367.
33 | DP IV 370.
34 | DP IV 370.
35 | Stumpf-Übersetzung, unten: 225.
36 | DP IV 371.

Predigt 1837. Auch das Zitat Hab 2,1-4 am Ende dieser Predigt unterstreicht, um was es geht, nämlich das Bestehen oder Nicht-Bestehen, wenn das Ende kommt. Es kann sich verzögern, so der Prophet, aber es kommt und mit ihm das Gericht!

2. Mystagogisch zur Hoffnung auf die Wiederkunft Christi hinführen

Bevor es nun darum gehen soll, wie heute eine mystagogische Vermittlung dieses Predigtthemas möglich ist, scheint mir der Hinweis wichtig, dass dies kein Thema für Anfänger sein kann. Was ist damit gemeint? Newmans Predigt konfrontiert die Zuhörer mir einer klaren Aufforderung: sie sollen »auf Christus warten«, das heißt bereit sein zu Verzicht und Gehorsam, sollen gegenüber der Welt und dem, was sie bietet, eine kritische Distanz einnehmen, sollen ernst machen mit ihrem Glauben und jederzeit mit dem Ende dieser Welt rechnen. Dass es dabei um Heil oder Unheil im Gericht geht, unterstreicht den Ernst dieser Aufforderung. Die Aufgabe, die sich aus dieser Aufforderung ergibt, ist religionspädagogisch betrachtet jedoch das Zweite, dem die Gabe, nämlich das dem Menschen von Gott geschenkte und zugedachte Heil, vorausgeht. Beim Glaubenlernen müssen deshalb zuerst die Liebe, Zuwendung und Verlässlichkeit Gottes, die dem Christen zuerst in der Taufe geschenkt wurden und die ihn ein Leben lang begleiten, erfahrbar gemacht werden. Auf dieser Grundlage kann dann das »Warten« auf die Wiederkunft Jesu Christi als ein sinnvolles, erfüllendes Warten angenommen werden, weil sich darin der Heilsprozess vollendet, der für die Christen mit Jesus Christus begonnen hat. – Diese Voraussetzung, die lebendige Erfahrung der Zugewandtheit und Menschenfreundlichkeit Gottes, ist in unserer gesellschaftlichen Situation nur noch selten gegeben. Deshalb ist der Inhalt dieser Adventspredigt Newmans heute nur schwer vermittelbar. Es wird aber zu zeigen sein, dass die mit der Wiederkunft Christi verheißene Vollendung der gesamten Schöpfung eine Hoffnung vermittelt, ohne die das Glaubenlernen unvollständig wäre.

2.1 Newmans Zuhörer

Denen, die am Sonntagnachmittag in Oxfort Newmans Predigten anhörten, war es, so kann man mit Recht vermuten, Ernst mit ihrem Glauben. Sie zu bestärken und ihren Blick zu schärfen für das, worauf es ankommt, ist Newmans Absicht. Dass solche Bestärkung notwendig war, ergab sich aus der gesellschaftlichen Situation, in der ein gewisser Grad von Religiosität noch selbstverständlich war, aber Religion und Kirche zunehmend in den Hintergrund gedrängt wurden von anderen Kräften wie Naturwissenschaften, Technik und steigendem Lebensstandard. »In Newmans Lebenszeit entsteht unsere Welt, denn damals entsteht in England nach der französischen Revolution die industrielle, durch Wissenschaft und Technik dominierte, in der Demokratie liberal organisierte und von einer utilitaristischen Grundphilosophie geprägte Gesellschaft.«[37] Newman befürchtet einen breitflächigen Glaubensschwund: »Immerfort habe ich eine Zeit weitverbreiteten Unglaubens erwartet, und in der Tat sind die Wasser all die Jahre hindurch gestiegen wie eine Sintflut.«[38] Rein äußerlich wurde die Religion noch praktiziert, aber wirklich lebensgestaltende Kraft hatte sie nur noch bei wenigen. Die Kenntnis der Heiligen Schrift war bei vielen nicht ausreichend. Im Vergleich zu heute konnte Newman noch einiges an religiösem Grundwissen voraussetzen, auch wenn es so interpretiert wurde, dass es mit den Erfordernissen der modernen Zeit vereinbar war. Newman ist das eindeutig zu wenig, eine unangemessene Antwort auf die Lebenshingabe Jesu Christi, und so stellt er die eschatologische Grundrichtung des christlichen Glaubens in Auseinandersetzung mit den Positionen der Weltchristen dar, um aufzudecken, dass der Christ sich entscheiden muss zwischen der »Welt« und einem ernsthaften Leben aus dem Glauben.[39]

2.2 Die Adressaten heute

Die heutige kirchliche Situation gibt Newmans Prognose »einer grundlegenden Verarmung der Glaubensfähigkeit überhaupt«[40] Recht: »Die Hauptschwierigkeit ist, überhaupt zu glauben.«[41] Damit ist die Herausforderung, vor der die Glaubensvermittlung heute steht, treffend beschrieben. Newman hat auf die Herausforderung seiner Zeit reagiert, indem er nach neuen Wegen suchte, die Glauben ermöglichen. Dabei spielt die persönliche Heilsgeschichte eine entscheidende Rolle. Künftiges Christsein gründe darin, dass »[w]ir uns das dauernde Empfinden

---

[37] R. Siebenrock, Christsein im Zeitalter der Beliebigkeit. Christlicher Glaube und Kirche ›nach‹ John Henry Newman, in: G. Biemer u. a. (Hg.), Sinnsuche und Lebenswenden. Gewissen als Praxis nach John Henry Newman (= Internationale Cardinal-Newman-Studien XVI), Frankfurt a. M. 1998, 213–226, 216.
[38] Briefe und Tagebücher aus der katholischen Zeit seines Lebens. Übersetzt von M. Knöpfler, Mainz 1957, 653, zit. nach Siebenrock, Christsein im Zeitalter der Beliebigkeit, ebd., 217.
[39] Vgl. Hebr 11,1: »Glaube aber ist Feststehen in dem, was man erhofft, Überzeugtsein von Dingen, die man nicht sieht.«
[40] Siebenrock, Christsein im Zeitalter der Beliebigkeit., ebd., 218.
[41] Entwurf einer Zustimmungslehre. Deutsche Neuausgabe der Übersetzung von Th. Haecker, Mainz 1961, 348, zit. nach Siebenrock, Christsein im Zeitalter der Beliebigkeit, ebd., 218.

erwerben, dass wir in Gottes Gegenwart sind, dass er sieht, was wir tun«[42]. Dass die Gegenwart und Begleitung Gottes als wohlwollend und heilend erfahren wird, setzt eine gewisse Kenntnis der christlichen Glaubensüberlieferung voraus, die aber erst vermittelt werden muss.

Da dies in den Elternhäusern immer weniger geschieht und der sonntägliche Kirchgang sehr selten geworden ist, breitet sich trotz Religionsunterrichts[43], Erstkommunionkatechese, Firmvorbereitung – selbst bei denen, die als MinistrantInnen noch am kirchlichen Leben ein Stück weit teilnehmen – ein erschreckendes religiöses Nichtwissen aus. Das Lebendige und Lebendigmachende des Glaubens ist im Religionsunterricht nur schwer vermittelbar und wird anderswo kaum erfahren. Als Mangel wird dies aber nicht empfunden. Ganz deutlich fällt die Ablehnung der Kirche aus: langweilig, altmodisch sind die vorherrschenden Attribute. Häufig anzutreffen ist auch ein erstaunlicher Wissenschaftsglaube. Gott hat für diese SchülerInnen als Schöpfer ausgedient, weil die Welt ja durch den Urknall entstanden ist. Der Mensch erfährt sich infolge dessen auch nicht mehr als Geschöpf, das in ein sinnvolles, von einem liebevollen Schöpfergott gehaltenes Universum hineingestellt ist. Sinn und Hoffnung, die auf diese Weise schwerer zu finden sind, werden durch Spaß und Unterhaltung ersetzt, was solange funktioniert, bis diese sich in einer Krise als nicht tragfähig erweisen.[44] In Krisen – eigenen, aber auch fremden wie Erdbeben – taucht dann schon die Frage nach Gott auf – oft in Gestalt der Theodizeefrage –, aber da man nicht weiß, wie man eine Antwort finden soll, auch niemanden kennt, an den man sich mit solchen Fragen wenden könnte, lässt man die Frage wieder fallen oder kehrt möglichst schnell in die Welt der Unterhaltung zurück. Im Blick auf das eigene Sterben helfen sich viele durch eine Art Reinkarnationsglaube über die Angst vor dem endgültigen Vergehen hinweg. Über das Ende des Kosmos, das ja auch wissenschaftlich immer wieder diskutiert wird, machen sich SchülerInnen durchaus Gedanken, aber eine universale Hoffnung, dass es am Ende gut ausgehen wird mit ihrem Leben und der ganzen Schöpfung, kommt kaum in den Blick, was nicht verwunder-

---

42 | DP XII, 144, zit. nach Siebenrock, Christsein im Zeitalter der Beliebigkeit ebd., 219f.
43 | Vgl. G. Tischler, Mein Leben als Religionslehrer, in: Christ in der Gegenwart 60 (2008), 233f., 233: »Eine Abiturientin des Jahres 2008 hat in ihrer Schulzeit fast tausend Stunden Religionsunterricht erlebt.«
44 | Die ehemalige Bundesministerin für Gesundheit Andrea Fischer beschreibt in ihrem Buch »Was glaubst denn du? Die Menschen und der liebe Gott«, München 2008, 7–15, wie sie sich in der Situation, dass sie Regierungsverantwortung übernehmen sollte, der sie sich nicht gewachsen fühlte, auf ihre religiöse Erziehung besann, die ihr auch tatsächlich Gewissheit brachte, und fragt, wohin sich zukünftige Generationen wenden, wenn sie dieses Fundament einer religiösen Erziehung nicht mitbekommen haben.

lich ist, wenn alle Grundbausteine, auf denen diese Hoffnung aufbaut, nicht vorhanden oder nur lose aufeinandergeschichtet sind. Höchst selten lehnt heute ein Jugendlicher Religion als »Opium des Volkes« ab. Die Auseinandersetzung, die einer solch klaren Position vorausgehen müsste, findet einfach nicht statt. Deshalb ist die vielfach festgestellte Indifferenz das vorherrschende Gefühl. Diese Indifferenz Gott und Kirche gegenüber wird als Toleranz verbrämt: jeder darf glauben, was er will. Dieser religiöse Relativismus[45] macht es unnötig – aber auch unmöglich –, dass der christliche Glaube in seiner sinnstiftenden Tiefe erkannt wird.

2.3 Mystagogisches Lernen

Es scheint, dass der Engel, der einer jüdischen Geschichte nach einem neugeborenen Kind die Stirn berührt, »auf dass es alles bewusste Wissen der Menschheit – auch über das Göttliche –, mit dem es auf die Welt kam, vergesse«[46], ganze Arbeit leistet. Es gibt aber versteckte Hinweise, dass der Mensch auch heute ein Wesen der Transzendenz ist. Seine Sehnsucht nach dem Mehr, auf das er hoffen darf, ist zwar oft verschüttet, aber sie zeigt sich doch immer wieder. Die Sehnsucht nach Liebe und Geborgenheit ist ein solcher Hinweis. Die Frage nach Gerechtigkeit angesichts vieler Erfahrungen von Ungerechtigkeit sowie Fragen der Ökologie, die die Gefährdung der Umwelt und damit unserer Zukunft thematisieren, gehören in diesen Zusammenhang, auch wenn diese Fragen oft schnell wieder aufgegeben werden, weil man sich hilflos fühlt und keine überzeugenden Antworten findet. Das führt oft zu Resignation, Skepsis allen gesellschaftlichen Kräften gegenüber bis hin zum Zynismus.

Es bleibt aber festzuhalten, dass »jenes Wissen [über das Göttliche] uns lebenslang unbewusst gegenwärtig [bleibt]«[47], und hier setzt das mystagogische Lernen an.[48] Die »wichtigste Aufgabe des Religionsunterrichts«, so formuliert ein Religionslehrer nach dreißig Jahren Unterrichtserfahrung, ist es, »Kinder und Jugendliche erst einmal zum Nachdenken, besser: zum Staunen zu befähigen.«[49]

---

45 | Was Newman zu seiner Zeit als Liberalismus bezeichnete, ist der Sache nach dasselbe. Vgl. dazu Newmans Biglietto-Rede, in: Biemer, Die Wahrheit wird stärker sein, a.a.O., 480f.
46 | O.-P. Hessel, Das wissende Kind, in: Christ in der Gegenwart 60 (2008), 45f., 45.
47 | Ebd.
48 | Vgl. M. Schambeck, Mystagogisches Lernen, in: G. Hilger u.a. (Hg.), Religionsdidaktik. Ein Leitfaden für Studium, Ausbildung und Beruf, München 2001, 373–384, 375: Die »transzendentale Mystagogie« nach Karl Rahners Theologie »begreift Mystagogie [...] als Prozess des Gewahrwerdens der Gotteserfahrung, die im Menschen immer schon da, aber meistens verschüttet ist.«
49 | Tischler, Mein Leben als Religionslehrer, a.a.O., 233.

Dieses Staunen führt dazu, sich mit den üblichen Antworten nicht länger zufrieden zu geben. So kann schon das Staunen über die Schönheit und Vollkommenheit der eigenen Katze die Frage aufwerfen: »Sollten wirklich alle Dinge der Welt, die mir einzigartig und bedeutsam erscheinen, das Produkt einer glücklichen Kette von biochemischen Umständen und Reaktionen sein?«[50] Hier werden christliche Inhalte bedeutsam. »Es muss wirklich um die Grundfragen des Lebens gehen, um das Woher und das Wohin, um den Sinn und um den Zweifel.«[51] Wer diese Grundfragen ernsthaft stellt, erwartet eine Antwort. Auch wenn der Antwort des Glaubens oft zunächst mit Zweifel begegnet wird, so ist doch die Möglichkeit einer positiven Auseinandersetzung eröffnet, durch die SchülerInnen die Hoffnung entdecken können, die im Glauben an die Auferstehung Jesu und an seine Parusie steckt.

2.4 Schwierigkeiten in der Vermittlung dieses Themas

Die Vermittlung des Themas »Warten auf Christus« stößt heute auf andere Schwierigkeiten als zur Zeit Newmans. Als erstes ist zu nennen, dass in unserer schnelllebigen Zeit den meisten Menschen und insbesondere Jugendlichen warten schwer fällt und möglichst vermieden wird. Wie aber kann »Warten« als sinnvoll vermittelt werden, wenn es in der Gesellschaft mit Zeitverschwendung gleichgesetzt wird? Zweitens ist ein lebendiger Bezug zu Jesus Christus nur selten gegeben. Als Bruder, Freund oder vorbildlicher Mensch spielt er bei einigen wenigen Jugendlichen eine gewisse Rolle, als Herr, Erlöser, Sohn Gottes hingegen kaum und schon gar nicht als der wiederkommende »Richter über Lebende und Tote«, wie es im Glaubensbekenntnis heißt. Auf ihn aktiv warten wird aber nur der, der in und aus einer lebendigen Beziehung zu Jesus Christus lebt. Sie ist die notwendige Voraussetzung dafür, dass das Thema »Warten auf Christus« vernommen und als Aufgabe wahrgenommen werden kann. *Drittens* wird der Tod, der zur Auseinandersetzung mit der Frage, was nach dem Leben kommt, herausfordert, in unserer Gesellschaft so gut es geht verdrängt. Dass es auch mit der Welt irgendwann zu Ende geht, wird gelegentlich heftig diskutiert, hat aber keine lebensgestaltende Relevanz. Die Verdrängung wird zumindest vorübergehend unmöglich, wenn jemand mit der Realität des Todes konfrontiert ist. Dann kann die Frage: »Wohin geht der Mensch, wenn sein irdisches Leben zu Ende gegangen ist?« bei weiterem Nachdenken zur Frage nach dem Wohin des Ganzen werden.

50 | Ebd., 234.
51 | Ebd.

Dass es mit unserem Planeten eines Tages zu Ende gehen wird, bestätigen die Naturwissenschaftler, auch wenn es über das Wie und Wann unterschiedliche Vorstellungen gibt. Hier steht der Mensch vor der Alternative: entweder bedeutet das Weltende einfach den Untergang unseres Planeten mit der gesamten Menschheit und ihrer Geschichte oder aber es ist mit der Hoffnung verbunden, dass das Ende zugleich die Vollendung der Geschichte ist, weil Christus bei seinem zweiten Kommen Gericht hält und alles neu macht (Offb 21,5). Schwierigkeiten bereitet auch Newmans ernste Warnung vor dem Verlust des ewigen Heils im Endgericht. In der heutigen Vermittlung würde sie zunächst zurücktreten zugunsten der Heilszusage Gottes (Offb 21,3-4). Der universale Heilswille Gottes bildet den Rahmen, in dem sinnvoll von der Gefahr des Nichtbestehens im Gericht gesprochen werden kann. Eine letzte Schwierigkeit stellt Newmans Forderung nach Gehorsam Christus gegenüber und Verzicht auf weltliche Dinge dar. Die Forderung nach Gehorsam stößt aus vielen Gründen auf Skepsis und Verzicht lässt sich in unserer Konsum orientierten Gesellschaft nur schwer plausibel machen. – Nun stellt sich angesichts der aufgezeigten Schwierigkeiten die Frage, wie die Botschaft von der Wiederkunft Christi dem Menschen auch heute nahe gebracht und dieser so zu einem »Warten auf Christus« hingeführt werden kann. Es ist die Menschheitssehnsucht nach Geborgenheit, nach Friede und Gerechtigkeit, die auch im heutigen Menschen schlummert, an die das mystagogische Lernen anknüpfen kann.

2.5 Die Sehnsucht der Menschen und die Wiederkunft Christi

Im mystagogischen Prozess kann der Mensch entdecken, dass seine Sehnsucht nach einem Leben in Geborgenheit, nach gerechten Lebensverhältnissen, nach Frieden weiter greift als das, was diese Welt je geben kann. Es zeigt sich darin ein Mehr an Erwartung, ein Erwartungsgefälle: das, was hier ist, kann doch nicht alles sein! Aber: bleibt diese Sehnsucht nicht letztlich ungestillt? Gibt es mehr als all das hier?[52] Die Antwort liegt in der verheißenen Wiederkunft Christi. Sie begründet die christliche Hoffnung, dass diese Sehnsucht nicht ins Leere geht, sondern am Ende der Zeit ihre endgültige Erfüllung finden wird. – Die Tiefe und Widerstandskraft der Sehnsucht ist schon an innerweltlichen Erfahrungen ablesbar, denn inmitten der vielfältigen Erfahrungen, dass Vertrauen missbraucht wird, Freundschaften zerbrechen und Ehen scheitern, hält sich hartnäckig die Sehn-

---

52 | Vgl. D. Sölle, Es muss doch mehr als alles geben. Nachdenken über Gott, Hamburg 1992.

sucht, dass Beziehungen gelingen und Vertrauen sich bewährt. Genauso verhält es sich mit den vielen Formen von Ungerechtigkeit. Sie werden oft als übermächtig erlebt und für viele Menschen bleibt die Sehnsucht nach einer Welt ohne Hunger, Gewalt und Unterdrückung, nüchtern betrachtet, ungestillt. Dennoch gibt es einen ungeheuren Einsatz für mehr Gerechtigkeit überall auf der Welt. Christen hilft bei ihrem Handeln die Verheißung, dass Jesus Christus bei seiner Wiederkunft ihr Tun vollenden und sein Reich der Gerechtigkeit und des Friedens endgültig aufrichten wird.

Aus der Hoffnung, dass der Weltenrichter selbst bei seiner Parusie die unaufhebbaren Ungerechtigkeiten dieser Welt zurechtrücken wird (Mt 25,31–46), folgt für Newman eine »Ausgewogenheit des Geistes« als christliche Grundhaltung.[53] Diese ermöglicht eine veränderte Betrachtungsweise der tiefen Sehnsucht des Menschen nach Angenommensein, Gerechtigkeit, Friede, Sinn. Diese Sehnsucht zielt ja auf etwas, was in dieser Welt immer nur ansatzweise und zeitweise Wirklichkeit wird. Ihre endgültige Erfüllung findet sie in dieser Welt jedoch nicht. Solche Enttäuschungen und Rückschläge führen zur Resignation und Verzweiflung, wenn sie nicht im Licht der Verheißung, dass Jesus Christus wiederkommen und sein Reich, das mit seinem ersten Kommen angefangen hat, vollenden wird, gedeutet werden. Die unerfüllte Sehnsucht des Menschen wird so zum Verweis auf die ausstehende Vollendung des Heils und die Aufforderung, aktiv auf sie zu warten. – Somit erweist sich für das heutige Glaubenslernen die unerfüllte Sehnsucht des Menschen nach Frieden und Gerechtigkeit, nach Angenommensein und Geborgenheit als der Horizont, der durch mystagogische Deutung zum »Warten auf Christus« und die endgültige Erfüllung aller Hoffnungen bei seiner Wiederkunft hinführt.

---

53 | Vgl. G. Biemer, John Henry Newmans "beste Predigten", oben: 11-33, hier 26.32. Vgl. Newmans Biglietto-Rede, in: Biemer, Die Wahrheit wird stärker sein, a.a.O., 481f., sowie das Schlusswort seiner Vorlesung über das prophetische Amt der Kirche, a.a.O., 116f.

Predigt 10

Warten auf Christus

»Er, der dies bezeugt, spricht: Ja, ich komme bald! Amen!
Komm, Herr Jesus!« (Offb 22,20)

Als unser Herr diese Welt verließ, sagte er, er werde bald wiederkommen; da er aber wusste, dass er unter »bald« nicht das verstand, was dieses Wort zuallererst aussagt, fügte er hinzu »plötzlich« oder »wie ein Dieb«. »Siehe, ich komme wie ein Dieb. Selig, wer wacht und seine Kleider bewahrt« (Offb 16,15). Wäre sein Kommen im wörtlichen Sinne bald erfolgt, dann hätte es kaum plötzlich sein können. Bedienstete, die angewiesen werden, auf die Rückkehr ihres Herrn von einer Festlichkeit zu warten, dürften, so möchte man meinen, von dieser Rückkehr nicht überrascht werden. Sein Kommen *war* nur deshalb plötzlich, weil es uns nicht bald *erschien*. Wenn man hofft, dass etwas eintritt, dann wartet man darauf; wenn es nicht eintritt, dann gibt man das Warten auf; wiewohl also Christus sagte, er werde bald kommen, so sagte er doch auch, dass er plötzlich kommen werde, und wollte uns damit bedeuten, dass uns die Zeit bis dahin lange vorkommen werde.

Obwohl er uns seine Wiederkunft hinauszuzögern scheint, hat er doch erklärt, dass sie sich schnell zutragen werde, hat er uns aufgetragen, stets nach seinem Kommen Ausschau zu halten; und seine ersten Jünger, so berichten es uns die Apostelbriefe, haben *tatsächlich* unablässig nach ihm ausgeschaut. Sicherlich ist es unsere Pflicht, so danach auszuschauen, als stünde sein Kommen unmittelbar bevor, wenngleich die Kirche seit nunmehr fast zweitausend Jahren vergeblich Ausschau hält.

Ist es nicht besonders bedeutsam, dass im letzten Buch der Heiligen Schrift, welches mehr als jedes andere auf ein langes Fortbestehen der christlichen Kirche schließen lässt – dass uns eben dort solch ausdrückliche und wiederholte Zusicherungen zur baldigen Wiederkehr Christi gemacht werden? Noch im letzten Kapitel wird uns dreifach gesagt: »Siehe, ich komme bald. Selig, wer an den prophetischen Worten dieses Buches festhält« (Offb 22,7). – »Siehe ich komme bald und mein Lohn mit mir« (Offb 22,12). Und des Weiteren in unserem vorangestellten Schriftwort: »Er, der dies bezeugt, spricht: Ja, ich komme bald!« (Offb 22,20). So lautet die Ankündigung, und folglich wird uns geboten, stets Ausschau zu halten nach dem großen Tag, »seinen Sohn vom Himmel her zu erwarten« (1 Thess 1,10), »zu warten und entgegenzueilen der Ankunft des Tages des Herrn« (2 Petr 3,12).

Es ist allerdings wahr, dass der heilige Paulus seine Brüder an einer Stelle vor der Erwartung der unmittelbaren Wiederkunft warnt; doch er sagt nicht mehr, als dass Christus unmittelbar vor seinem Kommen ein Zeichen senden wird – einen sicher schrecklichen Feind der Wahrheit –, worauf er selbst sogleich folgen soll, weshalb uns dieser Feind auch nicht im Wege ist, noch hindert er erwartungsvolle Augen daran, nach Christus Ausschau zu halten. In Wahrheit scheint der heilige Paulus seine Brüder eher vor dem Enttäuschtsein zu warnen, sollte Christus nicht kommen, als sie daran zu hindern, ihn zu erwarten.

Nun kann man einwenden, dass hier eine Art Widerspruch vorliegt; wie ist es möglich, mag man sich fragen, jederzeit das zu erwarten, was sich so lange verzögert hat? Was so lange ausgeblieben ist, kann noch länger ausbleiben. Für die ersten Christen, denen die Erfahrung des langen Daseins der Kirche hier auf Erden noch fehlte, war das Ausschauen nach Christus wohl möglich; wir jedoch können nicht umhin, unseren Verstand zu gebrauchen: es gibt heute nicht mehr Gründe, Christus zu erwarten, als zu jenen vielen früheren Malen, da – wie die Geschichte zeigt – er nicht gekommen ist. Christen haben den Jüngsten Tag von jeher erwartet und sind immer enttäuscht worden. Sie haben zu ihrer Zeit Dinge, die sie für Anzeichen seines Kommens gehalten haben, sowie Seltsamkeiten gesehen, die sich mit etwas mehr Weltkenntnis und einer breiteren Erfahrung als Gegebenheiten herausgestellt hätten, die allen Zeiten eigen sind. Sie haben sich stets ohne gute Gründe geängstigt, sich in ihrer Engstirnigkeit Sorgen gemacht und auf ihre abergläubischen Vorstellungen vertraut. In welchem Zeitalter haben die Menschen nicht an das Herannahen des Jüngsten Gerichts geglaubt? Eine solche Erwartung gebiert und nährt jedoch nur Trägheit und Aberglauben und ist als reine Schwachheit abzutun.

Ich möchte nun versuchen, einiges in Erwiderung auf den soeben vorgetragenen Einwand zu sagen.

1. Zuallererst, wenn man darin einen Einwand gegen die Gewohnheit des fortwährenden Wartens sieht (um es in simplen Worten auszudrücken), dann geht dieser zu weit. Durchdenkt man ihn folgerichtig, dann dürfte kein Zeitalter jemals den Tag Christi erwarten; das Zeitalter, in dem er kommen wird (wann immer dies geschieht), sollte ihn nicht erwarten – gerade dies ist es ja, wovor er uns gewarnt hat. Er warnt uns nirgendwo vor dem, was verächtlich als Aberglaube bezeichnet wird; wohl aber warnt er uns vor hochmütiger Sicherheit. Wenn es wahr ist, dass die Christen ihn erwartet haben, als er nicht kam, dann ist ebenso wahr, dass die Welt ihn nicht erwarten wird, wenn er kommt. Wenn es wahr ist, dass die Christen Zeichen seiner Wiederkehr ausgemacht haben, als es solche nicht gab, dann ist ebenso wahr, dass die Welt die Zeichen seines Kommens nicht erkennen wird, wenn sie gegenwärtig sind. Seine Zeichen sind nicht so deutlich, als dass man nicht nach ihnen suchen müsste; nicht so deutlich, als dass man sich *beim* Suchen nicht irren könnte; so liegt die Wahl zwischen der Gefahr zu glauben, etwas zu sehen, was nicht ist, und der, das nicht zu sehen, was ist. Es stimmt, dass sich die Christen häufig und zu vielen Zeiten in der Annahme geirrt haben, die Wiederkunft Christi erkannt zu haben; aber es ist besser, tausendmal zu glauben, er komme, und er kommt nicht, als einmal zu glauben, er kommt nicht, und er kommt. Dies also ist der Unterschied zwischen der Schrift und der Welt; nach der Schrift zu urteilen, hieße, Christus jederzeit zu erwarten; nach der Welt zu urteilen, hieße, ihn niemals zu erwarten. Nun, eines Tages muss er kommen, früher oder später. Weltlich gesinnte Menschen spotten jetzt über das Versagen unseres Wahrnehmungsvermögens; doch auf wessen Seite wird dann der Mangel an Erkenntnis liegen und auf wessen Seite der Triumph? Und wie denkt Christus über ihren derzeitigen Spott? Durch seinen Apostel warnt er uns ausdrücklich vor Spöttern, die sagen: »Wo bleibt seine verheißene Ankunft? Seitdem die Väter entschlafen sind, bleibt alles wie von Anfang der Schöpfung an [...] Dies eine aber, Geliebte (fährt Petrus fort), darf euch nicht entgehen: Ein Tag ist bei dem Herrn wie tausend Jahre und tausend Jahre sind wie ein Tag« (2 Petr 3,4.8).

Man sollte sich auch daran erinnern, dass die Feinde Christi den Untergang seiner Religion schon immer erwartet haben, von einem Zeitalter zum nächsten; und ich kann nicht sehen, dass die eine Erwartung unvernünftiger ist als die andere; in Wirklichkeit erklären beide einander. So ist es nun mal: keineswegs entmutigt vom Nichteintreffen früherer Voraussagen, erwarten Ungläubige stets, dass es mit der Kirche und deren Religion zu Ende geht. So dachten sie im vergangenen Jahrhundert, so denken sie heute. Sie meinen immer, das Licht der Wahrheit sei am Erlöschen und die Stunde ihres Sieges gekommen. Nun, ich wiederhole mich: ich kann nicht sehen, warum es vernünftig sein soll, den Niedergang der Religion nach wie vor zu erwarten, nach so vielen Fehlschlägen; und andererseits, trotz früherer Enttäuschungen, unvernünftig, das Kommen Christi zu erwarten. Vielmehr können die Christen, über das Aussehen der Dinge hinaus, zumindest auf ein ausdrückliches Versprechen Christi hinweisen, dass er eines Tages wiederkommen werde; wohingegen die Ungläubigen vermutlich keinerlei Gründe für die Erwartung ihres eigenen Triumphs vorbringen, es sei denn, die Zeichen der Zeit. Sie sind zuversichtlich, weil sie sich so stark wähnen und die Kirche Gottes so schwach scheint; doch haben sie ihren Horizont durch die Betrachtung der Vergangenheit noch nicht ausreichend erweitert, um zu erkennen, dass eine solch scheinbare Stärke auf der einen Seite und eine solch scheinbare Schwäche auf der anderen schon immer der Zustand von Welt und Kirche gewesen sind; und dass dies schon immer ein oder vielmehr der Hauptgrund dafür war, warum Christen das sofortige Ende aller Dinge erwartet haben, weil die Aussichten für die Religion so düster *waren*. So haben sich in der Tat Christen und Ungläubige genau dieselbe Betrachtungsweise des Sachverhaltes zu eigen gemacht, nur haben sie, entsprechend ihrem Credo, unterschiedliche Schlüsse daraus gezogen. Der Christ sagt: »Alles sieht so verworren aus, dass die Welt untergeht«, und der Ungläubige sagt: »Alles ist so verworren, dass die Kirche untergeht.« Dabei enthält die eine Meinung sicherlich nicht mehr Aberglauben als die andere.

Wenn sich nun Christen und Ungläubige auf diese Weise zusammenfinden und im Wesentlichen das Gleiche erwarten, obwohl sie es, ihrer jeweiligen Denkweise entsprechend, unterschiedlich sehen, dann kann in der Erwartung an sich nichts besonders Abwegiges liegen; dann muss es in der Welt etwas stets Gegenwärtiges geben, das dazu berechtigt. Und ich behaupte, dies ist der Fall. Seitdem das Christentum Einzug in diese Welt gehalten hat, war es in gewissem Sinne stets dabei, sie wieder zu verlassen. Es entspricht so gar nicht der menschlichen Neigung, es ist so geistbezogen und der Mensch so irdisch gesinnt; es ist scheinbar so wehrlos und hat so viele starke Feinde, so viele falsche Freunde, dass jedes anbrechende Zeitalter als »Endzeit« bezeichnet werden kann. Es hat große Siege errungen und großartige Werke vollbracht; doch hat es dies alles, wie der Apostel von sich selbst sagt, »in Schwachheit und Furcht und Zittern« (1 Kor 2,3) getan. Wie es kommt, dass es stets versagt und doch stets fortbesteht, weiß nur Gott allein, der es so will – aber so ist es; und es ist kein Widerspruch, einerseits zu sagen, dass es achtzehnhundert Jahre überdauert hat und noch viele Jahre weiter bestehen mag, und andererseits, dass es dennoch dem Ende entgegengeht, ja, durchaus täglich zu Ende gehen kann. Und Gott will, dass wir unseren Verstand und unser Herz der letzteren der beiden Möglichkeiten zuwenden und sie den Eindrücken *von* dieser Seite öffnen, nämlich, dass das Ende im Kommen ist – denn es ist heilsam so zu leben, als käme das, was jeden Tag kommen kann, in unseren Tagen.

In den Zeiten vor der ersten Ankunft Christi war dies anders. Der Erlöser sollte kommen. Er sollte die Vollkommenheit bringen, und die Religion sollte dieser Vollkommenheit *entgegen*wachsen. Ein geordnetes Ganzes von Offenbarungen vollzog sich, eine folgte der anderen; jeder Prophet fügte dem Schatz der göttlichen Wahrheit etwas hinzu, der allmählich dem vollen Evangelium zustrebte. Durch das prophetische Wort wurde den gläubig Gesinnten vor Christi Kommen die Zeit zugemessen, so dass er nie zu einem früheren Zeitpunkt erwartet werden konnte als der »Fülle der Zeit«, da er kam. Dem auserwählten Volk war nicht aufgegeben, ihn sofort zu erwarten; doch nach einem Aufenthalt in Kanaan, einer Gefangenschaft in Ägypten, einer Wanderung durch die Wüste, nach Richtern, Königen und Propheten wurden schließlich siebzig lange Wochen dazu bestimmt, ihn in die Welt einzuführen. Auf diese Weise, so möchte ich meinen, wurde seine verspätete Ankunft damals *akzeptiert*; und *während* seiner Verspätung dienten andere Lehren und andere Vorschriften zur zwischenzeitlichen Überbrückung. Nachdem aber Christus einmal gekommen war, als Sohn über sein eigenes Haus und mit seinem vollkommenen Evangelium, blieb ihm nur noch eines – seine Heiligen um sich zu sammeln. Es konnte kein höherer Priester mehr kommen und keine wahrere Lehre. Das Licht und Leben der Menschen war erschienen, hatte gelitten und war auferstanden; darüber hinaus gab es nichts mehr zu tun. Die Welt hatte ihr feierlichstes Ereignis erlebt und ihren erhabensten Anblick genossen; und deshalb war es das Ende der Zeiten. Folglich wird, wenn sich auch zwischen die erste und die zweite Ankunft Christi ein Zeitraum eingeschoben hat, dieser (wenn ich so sagen darf) im Plan des Evangeliums nicht *akzeptiert*, ist vielmehr gleichsam eine Zufälligkeit. Denn es war so, dass bis zur Ankunft Christi im Fleisch der Lauf der Dinge in gerader Linie zu diesem Ende hinführte und ihm mit jedem Schritt näher kam; doch nun, unter dem Evangelium, hat dieser Lauf (wenn ich so sagen darf) im Hinblick auf seine zweite Ankunft eine andere Richtung genommen und bewegt sich nicht mehr auf das Ende zu, sondern an diesem, an seinem Rand entlang; und er ist zu allen Zeiten jenem großen Ereignis, in das er unvermittelt hineinliefe, würde er sich darauf zubewegen, gleich nahe. Christus steht also immer vor unserer Tür, vor achtzehnhundert Jahren genauso nahe wie heute und heute nicht näher als damals; und wenn er kommt, nicht näher als heute. Wenn er sagt, dass er bald kommen werde, dann bezeichnet »bald« keine zeitliche Größe, sondern eine natürliche Reihenfolge. Dieser gegenwärtige Zustand der Dinge, »die gegenwärtige Bedrängnis«, wie Paulus ihn nennt, liegt stets *kurz vor* der nächsten Welt und löst sich in sie auf – wie wenn ein Mensch, den man aufgegeben hat, jeden Augenblick sterben kann, dieses Sterben aber noch hinauszögert; wie ein Sprengkörper, der jeden Augenblick detonieren kann und es zu einem bestimmten Zeitpunkt muss; wie wenn wir auf den Schlag einer Glocke warten, der uns dann doch überrascht; wie ein hängendes, bröckelndes Gewölbe, von dem wir nicht wissen, ob es noch hält und unter dem man nicht sicher hindurchgehen kann; so schleppt sich diese schwache, müde Welt dahin und wird eines Tages, ehe wir uns versehen, ihr Ende finden.

An dieser Stelle darf ich beiläufig einiges bemerken zu dem somit auf die Lehre fallenden Licht, dass nämlich Christus der einzige Priester unter dem Evangelium ist, dass die Apostel für immer auf zwölf Thronen sitzen und die zwölf Stämme Israels richten oder dass Christus allezeit bei ihnen ist, ja bis ans Ende der Welt. Spürt Ihr nicht die Kraft dieser

Worte? Im Alten Bund gab es zwar »mannigfache Zeiten«, die »auf vielerlei Weise« geordnet waren; es gab eine lange Reihe von Priestern und eine wechselvolle Geschichte zu verzeichnen; ein Teil dieser Reihe war heiliger als ein anderer und dem Himmel näher. Als aber Christus gekommen war, gelitten hatte und zum Himmel aufgefahren war, war er uns von da an jederzeit nahe, jederzeit zur Stelle, obwohl er nicht wirklich zurückgekehrt ist, doch gleichsam soeben gegangen und fast schon wiederkommend. Er ist der einzige Herrscher und Priester seiner Kirche, der Gaben austeilt und niemand ernannt hat, seine Stelle einzunehmen, weil er nur für kurze Zeit gegangen ist. Aaron hat die Stelle Christi eingenommen und ein ihm eigenes Priesteramt bekleidet; die Priester Christi hingegen bekleiden kein Priestertum außer dem seinigen. Sie sind lediglich seine Schatten und Werkzeuge, sie sind seine äußeren Zeichen; was sie tun, tut er; wenn sie taufen, tauft er; wenn sie segnen, segnet er. Er ist in allen Handlungen seiner Kirche und keine ihrer Handlungen ist wahrlich mehr die seine als eine andere, weil alle die seinen sind. So sind wir in allen Zeiten des Evangeliums seinem Kreuz nahe. Wir stehen gleichsam unter ihm und empfangen seine Segnungen frisch von ihm; nur ist seit damals, historisch gesehen, die Zeit fortgeschritten, und der Heilige ist gegangen, und es bedarf gewisser äußerer Formen, uns erneut unter seinen Schatten zu bringen; und wir erfreuen uns dieser Segnungen durch ein Geheimnis oder auf sakramentale Weise, um uns ihrer wirklich erfreuen zu können. All dies bezeugt die Verpflichtung, Christus gleichermaßen im Gedächtnis zu bewahren und nach ihm Ausschau zu halten, und es lehrt uns, die Gegenwart gering zu achten, uns auf keine Pläne zu verlassen, keine Zukunftshoffnungen zu hegen, sondern so im Glauben zu leben, als hätte er uns nicht verlassen, so in der Hoffnung, als sei er zu uns zurückgekehrt. Wir müssen versuchen, so zu leben, als lebten die Apostel, und wir müssen versuchen, über das Leben unseres Herrn in den Evangelien nachzusinnen, nicht wie über eine Geschichte, sondern wie über unsere persönlichen Erinnerungen.

2. Dies veranlasst mich, etwas zu einem zweiten Aspekt zu sagen, unter dem der in Rede stehende Einwand erhoben werden kann, dass nämlich der bloße Gedanke dieses Wartens auf Christus nicht nur unsinnig ist, sondern das Warten zum Aberglauben und zur Schwachheit wird, wann immer es vollzogen wird. Der Geist, der intensiv mit dem Gedanken ei-

ner nahe bevorstehenden, Furcht einflößenden Heimsuchung beschäftigt ist, beginnt, sich Anzeichen dafür in der natürlichen und sittlichen Welt einzubilden und missdeutet gewöhnliche Geschehnisse der göttlichen Vorsehung als Wunder. Auf diese Weise geraten Christen in Knechtschaft und ersetzen das Evangelium durch eine törichte Religion, in der die Einbildung an die Stelle des Glaubens tritt und sichtbare und irdische Dinge an die Stelle der Heiligen Schrift. Dies ist der Einwand; wiewohl aber der Schrifttext auf der anderen Seite die Erwartungen mit den Worten »Ja, ich komme bald!« gutheißt, heißt er gewiss auch die Haltung des Wartens gut, indem er hinzufügt: »Amen! Komm, Herr Jesus!«.

Ich möchte also bemerken, dass, obgleich sich die Christen täuschen konnten in dem, was sie als Zeichen der Wiederkunft Christi deuteten, sie doch nicht fehl gingen mit ihrer Geisteshaltung; sie irrten nicht in ihrem Ausschauhalten, ihrer Ausschau nach Christus. Ob leichtgläubig oder nicht, sie handelten nur wie einer auf Erden gegenüber jemand handelt, den er liebt, verehrt oder bewundert. Vergegenwärtigen wir uns die Art und Weise, in der redliche Menschen zu einem guten Herrscher aufschauen; landauf, landab erzählt man Geschichten, die für ihn sprechen; die Leute schätzen sich glücklich in dem Glauben, dass ihnen Zeichen seiner Wohltätigkeit, seines Edelmuts oder seiner väterlichen Liebe begegnet sind. Viele dieser Erzählungen entsprechen nicht der Wahrheit, andere hingegen sind wahr, und alles in allem sollten wir keine hohe Meinung von jenem Menschen haben, der, anstatt von dieser gegenseitigen Zuneigung zwischen Herrscher und Volk gerührt zu sein, nur damit beschäftigt ist, dessen von ihm so bezeichnete Leichtgläubigkeit zu bemäkeln und die Richtigkeit dieser oder jener einzelnen Geschichte peinlich genau zu überprüfen. Wahrhaftig etwas Großartiges, immerhin, in der Lage zu sein, ein paar falsche Darstellungen ausfindig zu machen und ein paar Erfindungen aufzudecken und dabei herzlos zu sein! Und fürwahr auf der anderen Seite, nach meiner Vermutung, ein beklagenswerter Mangel bei jenen, nur im Großen und Ganzen recht zu haben, nicht in jedem Detail, dafür aber das Herz auf dem rechten Fleck zu haben! Wer würde einen solchen Mann um sein Wissen beneiden? – Wer möchte nicht lieber unwissend wie jene Leute sein? Ebenso möchte ich lieber der sein, der aus Liebe zu Christus und aus Mangel an Wissen eine ungewöhnliche Erscheinung am Himmel, einen Kometen oder Meteor, für ein Zeichen seiner Wiederkunft hält, als der, der aus größerem Wissen heraus, aber aus Mangel an Liebe diesen Irrtum belacht.

In früheren Zeiten haben fromme Menschen Erscheinungen am Himmel, die uns heute überhaupt nicht mehr erschrecken, für Zeichen der Wiederkunft Christi gehalten. Und wennschon? – Schauen wir uns den Sachverhalt genauer an. In alten Zeiten war es nicht allgemein *bekannt*, dass sich bestimmte Himmelskörper bewegen und zu *bestimmten* Zeitpunkten regelmäßig erscheinen; heute weiß man das, d.h., die Menschen von heute sind diese Erscheinungen gewöhnt, damals waren sie es nicht. Heute wissen wir genausowenig wie damals, *wie* sie erscheinen oder warum; damals aber erschraken die Menschen, als sie sie sahen, weil sie ihnen fremd waren; heute sind sie ihnen nicht mehr fremd, und deshalb erschrecken die Leute nicht mehr. Aber wieso war es deshalb absurd und lächerlich (denn so redet man heute darüber), warum war ein Mensch, der von etwas Seltsamem und Fremdartigem beeindruckt war, albern und töricht? Nehmen wir einen vergleichbaren Fall: Reisen ist heute etwas Alltägliches, früher war es das nicht. Folglich treten wir heute eine Reise an und trennen uns ohne ernste Gefühlsregungen von unseren Freunden; damals jedoch, eben weil es etwas Ungewöhnliches war, auch wenn die Gefahren dieselben und die Abwesenheit von gleicher Dauer waren, gingen die Leute nicht ohne große Vorbereitungen, viele Gebete und langes Abschiednehmen von Zuhause weg. Ich sehe nichts besonders Tadelnswertes darin, von ungewöhnlichen Dingen mehr beeindruckt zu sein als von gewöhnlichen.

Ihr werdet feststellen, dass in dem Fall, von dem ich rede, die Menschen, die nach Christus Ausschau halten, nicht nur auf Grund der Tatsache, *dass* sie Ausschau halten, ihm gegenüber gehorsam handeln, sondern dass sie – durch die Art, *wie* sie Ausschau halten, durch eben die Zeichen, nach denen sie ausschauen – ihm im Ausschauen Gehorsam erweisen. Von Anfang an haben die Christen stets *anhand von* Zeichen der natürlichen und sittlichen Welt nach Christus ausgeschaut. Sofern sie arm und ungebildet waren, haben sie fremdartige Erscheinungen am Himmel, Erdbeben, Stürme, Missernten, Krankheiten oder sonst welche ungeheuren und unnatürlichen Dinge auf den Gedanken gebracht, er sei nahe.

Waren sie imstande, einen Einblick in die soziale und politische Welt zu gewinnen, dann erwiesen sich die Probleme der Staaten – Kriege, Umstürze und Ähnliches – als zusätzliche Umstände, sie zu beeindrucken und ihre Herzen für Christus wach zu halten. Nun sind aber all diese Dinge genau diejenigen, auf die zu achten er uns aufgetragen und uns als Zeichen seiner Wiederkunft gegeben hat. »Es werden«, so sagt er, »Zeichen an Sonne, Mond und Sternen eintreten und auf der Erde Angst unter den Völkern und Ratlosigkeit über das Tosen des Meeres und der Wogen. Die Menschen werden vor Angst vergehen in der Erwartung dessen, was über den Erdkreis kommen wird; denn die Kräfte des Himmels werden erschüttert werden [...] Wenn alles das beginnt, dann richtet euch auf und erhebt eure Häupter; denn es naht eure Erlösung« (Lk 21,25–26.28). Eines Tages *werden* die Lichter am Himmel Zeichen sein; eines Tages *werden* auch die Ereignisse unter den Völkern Zeichen sein; warum also ist es abergläubisch, auf sie zu achten? Dies ist kein Aberglaube. Wir mögen uns in den Einzelheiten, auf die wir uns stützen, täuschen und dabei unsere Unwissenheit zu erkennen geben; doch liegt in unserem Unwissen nichts Lächerliches oder Verächtliches, in unserem Harren jedoch viel Frömmigkeit. Es ist besser, in unserer Wachsamkeit zu irren, als überhaupt nicht wachsam zu sein.

Es lässt sich auch nicht folgern, dass sich die Christen mit ihren besonderen Erwartungen getäuscht haben, obwohl Christus nicht kam, sie aber behaupteten, sie sähen seine Zeichen. Vielleicht *waren* es seine Zeichen, und er hat sie wieder zurückgenommen. Gibt es nicht so etwas wie Widerrufung? Sagen nicht manchmal in weltlichen Dingen bewanderte Männer Dinge voraus, die sich als falsch erweisen, und dennoch sagen wir von ihnen, sie hätten eigentlich Recht haben *müssen*. Der Himmel verdüstert sich und hellt sich dann wieder auf. Oder ein militärischer Führer schickt seine Männer nach vorne, ruft sie dann aber aus irgendeinem Grund wieder zurück; können wir sagen, dass die Berichterstatter, welche die Nachricht von seinem Vorrücken überbracht haben, Unrecht hatten? Nun, in gewisser Hinsicht befiehlt Christus die himmlischen Heerscharen immer nach vorn und ruft sie immer wieder zurück. Die Schaumkronen auf den Wellenkämmen zeigen sich stets von neuem und verschwinden immer wieder. »Die Wolken kehren nach dem Regen wieder« (Koh 12,2), und seine Diener haben nicht Unrecht, wenn sie nach ihnen zeigen und sagen, dass das Wetter umschlägt, obwohl es gar nicht umschlägt, denn es ist immer unbeständig.

Etwas anderes wäre noch zu bemerken: dass nämlich die Christen, wiewohl sie Christus schon immer erwartet und schon immer auf seine Zeichen verwiesen haben, nie behauptet haben, er sei gekommen. Sie haben lediglich gesagt, er sei im Kommen, *kurz davor.* So war und ist es mit ihm. Schwärmer, Sektierer, anmaßende Phantasten, *sie* haben gesagt, dass er *wirklich* gekommen sei, oder sie haben das genaue Jahr und den Tag benannt, an dem er kommen werde. Nicht so seine demütigen Jünger! Sie haben ihn weder angekündigt noch nach ihm gesucht, weder in der Wüste noch in verborgenen Gemächern, noch haben sie versucht, »die Zeit und Stunde zu bestimmen, die der Vater in seiner Vollmacht festgesetzt hat« (Apg 1,7). Sie haben nur gewartet; wenn er tatsächlich kommt, werden sie ihn erkennen; im Voraus äußern sie sich jedoch nicht. Sie sehen nur seine Vorboten.

Wo die Menschen religiös sind, kann kein großer Schaden entstehen und nichts völlig Lächerliches darin liegen, dass sie die Geschehnisse ihrer Tage für mehr als gewöhnlich halten und sich einbilden, die Dinge der Welt gingen dem Ende entgegen und die Ereignisse verdichteten sich zu einer letzten Heimsuchung; denn, lasst mich dies bemerken, die Schrift heißt es gut, dass wir *alles,* was wir in der Welt sehen, in einem religiösen Sinn und so deuten, als wären alle Dinge Zeichen und Offenbarungen Christi, seiner Vorsehung und seines Willens. Ich meine, wenn diese Welt hier unten ihren eigenen Weg zu gehen scheint, unabhängig von ihm, gelenkt von festen Gesetzen oder beherrscht von gesetzlosen Herzen, dennoch eines Tages auf schreckliche Weise seine Wiederkunft zum Gericht verkünden wird, dann ist es sicherlich nicht unmöglich, dass dieselbe Welt in ihrer physischen Ordnung wie in ihrem zeitlichen Ablauf auch auf andere Weise von ihm redet. Zunächst könnte man wohl einwenden, dass diese Welt immer nur in einer ihm widersprechenden Sprache geredet hat; dass sie in der Schrift beschrieben wird als im Gegensatz zu Gott, zu Wahrheit, zum Glauben und zum Himmel stehend; dass es heißt, sie sei ein trügerischer Schleier, der die Dinge falsch darstellt und die Seele von Gott fernhält. Wie kann dann, so mag man sich fragen, diese Welt Zeichen seiner Gegenwart aufweisen oder uns ihm näher bringen? Gewiss ist es aber so, dass er trotz des Bösen in der Welt dennoch in ihr ist und durch sie spricht, wenn auch nicht mit lauter Stimme. Als er im Fleisch kam, »war er in der Welt, und die Welt ist durch ihn geworden, und die Welt hat ihn nicht erkannt« (Joh 1,10). Er eiferte auch nicht, noch lärmte er, noch ließ er seine Stimme auf den Straßen hören (Jes 42,2). So verhält es sich auch jetzt. Er ist immer noch hier; er flüstert uns immer noch zu, er gibt uns immer noch Zeichen. Aber seine Stimme ist so leise, und das Getöse der Welt so laut; seine Zeichen sind so verborgen, und die Welt ist so ruhelos, dass es schwierig ist festzustellen, wann er uns anspricht und was er uns sagt. Fromme Menschen können auf unterschiedliche Art nur spüren, dass seine Vorsehung aufs Ganze gesehen sie persönlich leitet und segnet; wenn sie jedoch versuchen, den Finger auf die Zeiten und Orte zu legen, verschwinden die Spuren seiner Gegenwart. Wer ist beispielsweise nicht schon so mit Antworten auf sein Gebet beschenkt worden, dass er zum betreffenden Zeitpunkt das Gefühl hatte, er könne nie wieder ungläubig werden? Wem sind im Laufe seines Lebens nicht seltsame Fügungen begegnet, die ihm auf überwältigende Weise die Hand Gottes erkennen ließen? Wen haben nicht schon Gedanken mit einer gleichsam geheimnisvollen Kraft befallen, die ihn warnten und leiteten? Manche Menschen erfahren vielleicht noch merkwürdigere Dinge. Schon früher sind wunderbare Werke der Vorsehung durch Träume herbeigeführt worden; oder der allmächtige Gott hat auf eine andere, noch viel ungewöhnlichere Art und Weise eingegriffen. Und wiederum nehmen Dinge, die uns vor die Augen kommen, in solch einer Weise die Form von Symbolen oder Zeichen sittlicher oder künftiger Dinge an, dass der Geist in uns sich nur danach strecken und erahnen kann, was ihm vom Gesehenen her nicht zugänglich wird. Manchmal erfüllen sich diese Ahnungen schließlich auf merkwürdige Weise. Und wiederum sind die Geschicke der Menschen so einzigartig verschieden, als umschlösse ein Gesetz des Erfolges und des Wohlstands die einen und ein gegenteiliges die anderen. Weil dem so ist und die Unermesslichkeit und das Geheimnisvolle der Welt sich uns aufdrängen, können wir wohl auf den Gedanken kommen, dass es hier auf Erden nichts gibt, das nicht möglicherweise in einem Zusammenhang zu allem anderen steht; zwischen den entferntesten Geschehnissen kann gleichwohl eine Verbindung bestehen, das Niedrigste und das Höchste können Teil eines Ganzen sein; und Gott kann uns lehren und uns Einblick in seine Wege gewähren, wenn wir nur in den alltäglichen Dingen des Lebens unsere Augen offen halten. Das ist es, was nachdenkliche Menschen mehr und mehr glauben; sie fangen an, eine Art Glauben an die (so genannten) Zufälligkeiten des Lebens zu hegen und eine Bereitschaft, Eindrücke aus ihnen zu gewinnen, die leicht ein Übermaß annehmen kann und die, übermäßig oder nicht, von der Welt im Ganzen sicher als Aberglaube ins Lächerliche gezogen wird. Doch wenn wir bedenken, was die Schrift uns sagt, dass sogar die Haare auf unserem Kopf alle von Gott gezählt sind, dass alles unser sei und alle Dinge zu unserem Guten zusammenwirken, so ermutigt uns dies gewiss, auf diese Weise in allem, was geschieht, mag es noch so belanglos sein, nach seiner Gegenwart auszuschauen und die Meinung zu vertreten, dass für religiöse Ohren selbst die schlechte Welt von ihm kündet.

Gleichwohl meine ich, dass dieses fromme fortwährende Harren auf Gott, das jenem Geist der Wachsamkeit, über den wir sprechen, so sehr gleicht, in gleichem Maße dem Widerspruch und dem Spott der Welt ausgesetzt ist. Gott spricht durch die Geschehnisse des Lebens nicht so zu uns, dass wir andere von seinem Sprechen überzeugen können. Er handelt nicht nach solch eindeutigen Gesetzen, dass wir mit Gewissheit über sie reden können. Er gibt uns genügend Zeichen von sich, so dass wir unseren Geist in Ehrfurcht zu ihm erheben können; aber er scheint das, was er gemacht hat, so häufig ungeschehen zu machen und Verfälschungen seiner Zeichen hinzunehmen, dass die Überzeugung von seiner wunderwirkenden Gegenwart allenfalls im einzelnen Menschen vorhanden sein kann. Es ist keine Wahrheit, die vor Menschen gelehrt und erkannt werden kann; sie ist nicht so geartet, dass sie der ganzen Welt, ja nicht einmal religiösen Menschen, als Prinzip eingeschärft werden kann. Gott gibt uns genug, was uns suchen und hoffen lässt, aber nicht genug, um darauf zu beharren und dafür zu streiten.

In meinen bisherigen Ausführungen habe ich durchwegs von nachdenklichen und gewissenhaften Menschen gesprochen, von solchen, die ihre Pflicht tun und über die Heilige Schrift nachsinnen. Ganz sicher aber ist, dass diese Bezogenheit auf äußerliche Geschehnisse zum Aberglauben wird, wenn sie sich bei Menschen findet, die ein unreligiöses Leben führen oder nur dürftige Kenntnisse der Schrift besitzen. Die größte und wichtigste Offenbarung seines Willens, die uns Gott geschenkt hat, vollzieht sich durch Christus und seine Apostel. Sie haben uns die Erkenntnis der Wahrheit verliehen; sie haben himmlische Grundsätze und Lehren in die Welt gesandt; sie haben dieser geoffenbarten Wahrheit göttliche Sakramente an die Seite gegeben, die dem Herzen das vermitteln, was sonst ein bloß äußeres und unfruchtbares Wissen bliebe; und sie haben uns aufgetragen, uns in dem zu üben, was wir wissen, und das zu befolgen, was man uns lehrt, damit das Wort Christi in uns Gestalt annehme und wohne. Zudem wurden sie inspiriert, die heiligen Schriften uns zur Belehrung und zum Trost zu schreiben; und in diesen Schriften finden wir die Geschichte dieser Welt nach einem himmlischen Gesetz für uns gedeutet. Wenn nun ein Mensch, der auf diese Weise innerlich geformt und gestärkt ist, mit diesen lebendigen Grundsätzen in seinem Herzen, mit diesem festen Halt und auf das Unsichtbare gerichteten Blick, mit Neigungen, Meinungen, Ansichten und Zielen, die nach Gottes geoffenbartem Gesetz geformt sind, sich in der Welt umsieht, dann sucht er in dieser Welt nach keiner Offenbarung – er hat bereits eine. Er nimmt seine Religion nicht von der Welt, noch misst er den Anzeichen und Vorzeichen, die er in ihr sieht, zu großen Wert bei. Ganz anders liegt der Fall bei jemandem, der von der geoffenbarten Wahrheit nicht so erleuchtet und beseelt ist. Dann ist er nur ein Opfer, wird er zum Sklaven der Geschehnisse und Ereignisse, der Bilder und Laute, der Vorzeichen und Wunderdinge, die ihm in der natürlichen und sittlichen Welt begegnen. Seine Religion ist eine Knechtschaft an das Vergängliche, eine Vergötterung der Schöpfung und Aberglaube im schlimmsten Sinne des Wortes. Von daher ist nichts Ungewöhnliches an der Feststellung, dass unreligiöse Menschen äußerst empfänglich für den Aberglauben sind. Denn sie haben eine böse Ahnung, dass es irgendwo etwas Großes und Göttliches gibt; und da sie dieses nicht in sich tragen, bereitet es ihnen keine Schwierigkeiten zu glauben, dass es sich sonstwo befindet, wo immer Menschen behaupten, es zu besitzen. So finden sich in der Geschichte hochgestellte Persönlichkeiten, die gesetzeswidrige Künste ausüben, angebliche Zauberer befragen oder der Astrologie Bedeutung beimessen. Andere hatten ihre Glückstage und Unglückstage; wieder andere waren Opfer ihrer Träume oder anderer müßiger Einbildungen. Und es gibt auch solche, die sich vor Götzen verbeugen, weil sie keine Prinzipien, keine Wurzeln in sich haben. Auch kennen sie die

Schrift nicht, in der Gott in seinem großen Erbarmen den Schleier von einem Teil der Weltgeschichte weggenommen hat, damit wir sehen können, *wie* er wirkt. Die Schrift ist der Schlüssel, der uns die Deutung der Welt erschließt; jene aber, die ihn nicht besitzen, irren inmitten der Schatten der Welt umher und deuten die Dinge nach Belieben.

Derselbe Mangel eines inneren religiösen Prinzips zeigt sich in der leichtfertigen, sinnlosen Art, in der so viele Menschen falsche Formen des religiösen Bekenntnisses annehmen. Wer das Licht Christi in sich trägt, hört die Stimme schwärmerischer, irrender, eigenwilliger oder heuchlerischer Menschen, die ihn auffordert, ihnen zu folgen, ohne sich davon ergreifen zu lassen. Ist sich aber jemand bewusst, ein willentlicher Sünder und nicht im Frieden mit Gott zu sein, spricht sein eigenes Herz gegen ihn und hat er keine Grundsätze und inneren Halt, dann wird er zum Opfer des Erstbesten, der mit starken Worten an ihn herantritt und ihn heißt, an ihn zu glauben. Daher werdet ihr viele Menschen finden, die bereitwillig anderen nachlaufen, die vorgeben, Wunder zu wirken, die die Kirche als abtrünnig verunglimpfen oder behaupten, dass nur die gerettet werden, die mit ihnen übereinstimmen, oder jedem Beliebigen folgen, der, ohne jegliche Gewähr, recht zu haben, selbstsicher daherredet. Deshalb sind so viele einfache Leute gegenüber plötzlichen Warnsignalen so empfänglich. Man hört, dass sie auf eine haltlose Prophezeiung hin, der Tag des Gerichts sei nahe, die Stadt in Scharen verlassen. Folglich sind so viele aus den niederen und zurückgezogen lebenden Schichten der Gesellschaft so voll von kleinen abergläubischen Vorstellungen, die ob ihrer Bedeutungslosigkeit nicht erwähnenswert sind; und dies alles nur deshalb, weil das Licht der Wahrheit nicht in den Herzen dieser Menschen brennt.

Der wahre Christ hingegen ist keiner von ihnen. Auf ihn treffen die Worte des heiligen Paulus zu: »Alles ist mir erlaubt, aber nicht alles nützt mir! Alles ist mir erlaubt, aber ich werde mich von nichts beherrschen lassen« (1 Kor 6,12). Er weiß »diese Welt zu gebrauchen wie einer, der sie nicht missbraucht« (1 Kor 7,31). Er ist von nichts in dieser Welt *abhängig*. Er traut nicht *ihren* Ansichten als Gegensatz zum geoffenbarten Wort. »Du wirst im vollen Frieden erhalten den, der sein Herz auf dich gesetzt, denn er vertraut auf dich« (Jes 26,3). Das ist das ihm gegebene Versprechen. Und wenn er suchenden Blickes in die Welt hineinschaut, dann nicht, um zu suchen, was er nicht kennt, sondern das zu suchen, was er kennt. Er sucht keinen Herrn und Erlöser. Er hat vor langer Zeit »den Messias gefunden« und er hält nach *ihm* Ausschau. Sein Herr selbst hat ihm *geboten*, in den Zeichen der Welt nach ihm auszuschauen, und deshalb tut er es. Sein Herr selbst hat ihm im Alten Bund gezeigt, wie er, der Herr der Herrlichkeit, sich erniedrigt und zu den Dingen des Himmels und der Erde herablässt. Er weiß, dass die Engel Gottes auf der Erde wandeln. Er weiß, dass sie einst sogar in menschlicher Gestalt zu kommen pflegten. Er weiß, dass der Sohn Gottes schon vor unserer Zeit auf die Erde gekommen ist. Er weiß, dass er seiner Kirche die Gegenwart einer wunderwirkenden Kraft versprochen und sein Versprechen niemals zurückgenommen hat. Auch liest er in der Offenbarung des Johannes wahrhaftig genug, nicht von Dingen, die ihm zeigen, was kommt, sondern von Dingen, die ihm zeigen, dass sich jetzt wie ehedem ein verborgener übernatürlicher Plan *hinter* der sichtbaren Szenerie vollzieht. Und darum schaut er aus nach Christus, nach seinen gegenwärtigen Fügungen und nach seiner Wiederkunft. Und obwohl er sich oft in seiner Erwartung täuscht und sich vorstellt, es kämen wunderbare Dinge über die Welt, bedient er sich, wenn sie doch nicht kommen, der Worte des Propheten als Trost: »Auf meine Warte will ich treten; auf meinen Wachtturm mich stellen; ich will spähen und sehen, was er mir sagt und was ich antworten soll, wenn ich getadelt werde. Der Herr gab mir Antwort und sprach: [...] Die Offenbarung liegt noch in der Ferne; doch drängt sie dem Ende zu und trügt nicht. Wenn sie sich verzögert, so harre auf sie; ja gewiss trifft sie ein und bleibt nicht aus! Sieh, es vergeht, wer nicht rechtschaffen ist; der Gerechte aber bleibt am Leben seiner Treue wegen« (Hab 2,1–4).

Einführung zu Predigt 11:
Eine höhere Sicht – »Verstand und Gefühle der Offenbarung unterwerfen«

Parusieverzögerung

ANDREAS KORITENSKY

Einleitung

Die Predigt *Subjection of the Reason and the Feeling to the Divine Word* wurde für den Dritten Adventssonntag 1840 geschrieben. Das für diesen Tag in der Eucharistiefeier vorgesehene Gebet (*Collect*) im *Book of Common Prayer* führt uns in die Thematik dieses Textes ein. Es beginnt mit einer Bitte für die Geistlichen um die rechte Erfüllung ihrer Aufgaben in Anlehnung an 1 Kor 4,1–5: »O Lord Jesu Christ, who at thy first coming didst send thy messenger to prepare thy way before thee: Grant that the ministers and stewards of thy mysteries may likewise so prepare and make ready thy way [...]«. Es ist nicht unwahrscheinlich, dass J.H. Newman im Jahre 1840 bei diesen Worten besonders an die liberalen Geistlichen in der anglikanischen Kirche gedacht hat. Die Betonung der rationalen Grundlagen des Glaubens als Schutz vor religiösem Fanatismus hat das Bild des Anglikanismus durch das »lange 18. Jahrhundert« (1688–1830) hindurch weitgehend dominiert. Seit den 1830er Jahren fordert die Reformbewegung des *Oxford Movements* den anglikanischen Mainstream heraus. Der Konflikt steuert im März 1841, also bereits wenige Monate nach dieser Predigt, ihrem ersten Höhepunkt zu, als der Bischof von Oxford die Einstellung der Publikationen der Reformbewegung durchsetzt und sich J.H. Newman aus Oxford zurückzieht. Die zweite Bitte der Kollekte des Tages fasst die zentrale Fragestellung dieser Predigt zusammen: »[...] turning the hearts of the disobedient to the wisdom of the just [...]«. J.H. Newman treibt die Sorge um, dass das Selbstverständnis der liberalen Anglikaner den Zugang zu jenen geistigen Grundhaltungen versperrt, die Voraussetzung für den Glauben und die christliche Existenz sind. Diese Problematik wird der Jahreszeit entsprechend am Beispiel des rechten Umgangs mit der Parusieerwartung erläutert, die in der Schlusswendung des Tagesgebetes anklingt: »that at thy second coming to judge the world we may be found an acceptable people in thy sight«. J.H. Newman nimmt die Glaubensschwierigkeiten seiner Zeitgenossen mit der Parusieerwartung zum Ausgangspunkt der Erklärung dessen, was er als ein »großes Prinzip« des christlichen Glaubens ankündigt und mit der Gehorsamspflicht gegenüber Gottes Gesetz umschreibt. Diese Formulierung klingt heute vielleicht etwas angestaubt. J.H. Newman geht es aber um die Erläuterung der geistigen Verfassung, die eine christliche Lebensform auszeichnen muss, und diese hat an Wichtigkeit sicher nicht eingebüßt. Die Predigt gliedert sich in drei Abschnitte. Ausgehend vom Problem der Parusieerwartung befasst sich der erste mit der erkenntnistheoretischen Funktion von emotionalen Einstellungen (*feelings*). Der zweite Abschnitt konkretisiert diese Überlegung an den drei christlichen Grundhaltungen von Glaube, Hoffnung und Liebe, während der dritte Teil die Ausschaltung der emotionalen Einstellungen als Teil der richtigen christlichen Selbsteinschätzung beschreibt.

Glaubensschwierigkeiten

J.H. Newman beginnt seine Predigt mit der Charakterisierung einer religiösen Fehlhaltung, die ihre Wurzel in einer problematischen Erkenntnistheorie hat. Sie lässt sich in folgenden vier Thesen zusammenfassen: *Erstens* müssen alle Sachverhalte, die sich faktisch oder prinzipiell der unmittelbaren Wahrnehmung entziehen, durch erfahrungsgestützte Wahrscheinlichkeitserwägungen erschlossen werden. Diese Prozesse definieren den Vernunftbegriff. *Zweitens* bestimmt allein der Ausgang der Wahrscheinlichkeitserwägungen, ob und in welchem Maße die Zustimmung zur Behauptung des Sachverhalts erfolgt. *Drittens* sind diese Vernunftgründe und – so ist zu ergänzen – die durch sie entstandene Zustimmung die Voraussetzung für die Herausbildung einer emotionalen Einstellung gegenüber den Sachverhalten. Die *vierte* These schließlich besagt, dass sich die Übergänge von Wahrscheinlichkeitsargumenten zur Zustimmung und von dort zur emotionalen Einstellung »automatisch« vollziehen. Der Wille kann daher die emotionale Einstellung ebensowenig steuern wie – so ist wohl zu ergänzen – eine Zustimmung ohne rationale Gründe erzwingen.

Diese Thesen weisen J. H. Newmans Gesprächspartner als Personen aus, die tief in der britischen Tradition mit ihrer empiristischen und pragmatischen Ausrichtung verwurzelt sind. Sie verstehen sich als Menschen, die ihr Leben im Wesentlichen anhand vernünftiger (Wahrscheinlichkeits-)Überlegungen gestalten. Hier erscheint es mir nun sinnvoll, zwei Problemebenen zu unterscheiden. Dass sich dieses Selbstbild *faktisch* leicht als illusorisch erweisen lässt, verwundert wenig. Anders sieht die Lage aus, wenn wir die Thesen als *Ideal* auffassen, dem sich das verantwortungsvolle Individuum annähern soll. An diesem Ideal haben sich tatsächlich viele Menschen aus der britischen Bildungsschicht jener Zeit mit großer Aufrichtigkeit orientiert, so dass diese Weltsicht sogar regelrecht Atheisten wider Willen hervorbringen konnte.[1] J. H. Newman befasst sich in dieser Predigt zunächst mit der ersten Problemebene, indem er eine differenziertere Phänomenologie menschlicher Erkenntnisprozesse entwickelt. Zugleich lassen sich diesem Text aber auch zahlreiche Hinweise darauf entnehmen, inwiefern das christliche Ideal einer guten mentalen Verfassung rational zu rechtfertigen ist. Zwar bleibt *hier* die Frage offen, welches der beiden Ideale prinzipiell vorzuziehen ist, es wird aber deutlich, dass sich eine christliche Existenzweise nicht realisieren lässt, wenn man sich am »liberalen« erkenntnistheoretischen Modell orientiert.

J. H. Newmans Stärke ist die genaue Beobachtung von geistigen Vorgängen. Die phänomenologische Differenziertheit hat jedoch einen Preis. Da J. H. Newman in seiner Beschreibung immer wieder an den mentalen Realitäten Maß nimmt und sie nicht aus einer terminologisch klar strukturierten Theorie der Erkenntnis ableitet, kann es bisweilen zu kleineren begrifflichen »Unstimmigkeiten« und »Überblendungen« kommen.[2] Daher soll in dieser Einführung die Terminologie etwas näher beleuchtet werden.

Vernunft und emotionale Einstellung (feeling)

(1) Als J. H. Newman 1872 seine Universitätspredigten wieder auflegt, sieht er sich genötigt, dem Buch eine längere Erläuterung zum Vernunftverständnis vorauszuschicken. Dieser Erklärungsbedarf ist eine Folge der Argumentationsstrategie,

---

1 | Vgl. Taylor, Charles: Quellen des Selbst. Die Entstehung der neuzeitlichen Identität, Frankfurt ³199, 705f.
2 | So bezeichnet z. B. *admiration* im dritten Teil der Predigt eine emotionale Einstellung, im ersten wird sie dagegen von ihr abgegrenzt.

die J. H. Newman in diesen Jahren in der Auseinandersetzung mit den »rationalistischen« Strömungen in seinem Umfeld wählt. Diese erfolgt in zwei Schritten. Newman möchte zum einen zeigen, dass der Vernunftbegriff seiner Diskussionspartner, die sich ja noch als Christen verstehen, den religiösen Glauben nicht begründen kann, ja darüber hinaus nicht einmal ausreicht, um die praktischen Entscheidungen des Alltags zu treffen. Zu diesem Zweck gebraucht Newman den Begriff *reason* immer wieder in einem verengten Sinn, unter den nur jene Formen des Schließens fallen, bei denen die Konklusionen strikt proportional zu den Prämissen und deren Begründungsstatus (*evidence*) sind.[3] J.H. Newman selbst schlägt einen allgemeineren Vernunftbegriff vor, der auf der Idee der Verlässlichkeit basiert (*reliabilism*). Jede Form erfolgreicher nicht-empirischer Erkenntnisgewinnung ist danach vernünftig.[4] In diesen ausgeweiteten Begriff der Vernunft baut J.H. Newman dann als zweiten Argumentationsschritt seine alternative Theorie des »impliziten Denkens« ein. Rationalität wird als »lebendige, spontane Energie« und nicht als Technik gedeutet.[5] Das formale Folgern ist dann nicht mehr nur auf eine alternative Vernunftform unter anderen reduziert, sondern wird als der mehr oder minder gelungene Versuch interpretiert, dieses »natürliche« Denken in Sprache zu fassen.[6] Insofern kann die Zustimmung zur Vernunftkonzeption der liberalen Rationalisten eigentlich nur kontrafaktisch gewesen sein.

(2) Im ersten Abschnitt der Predigt fragt J.H. Newman nach den Faktoren, die »Einfluss« auf die emotionalen Einstellungen nehmen können. Hier überlagern sich zwei Fragestellungen.

(a) Zum einen geht es um die Auslöser (*being moved*) emotionaler Einstellungen. Newman denkt hier an mentale Repräsentationen von Sachverhalten, deren Richtigkeit angenommen wird. Sie können einmal durch Vernunftüberlegungen entstehen und sind dann als Konklusionen abstrakt-begriffliche Einsichten. Sie können aber auch nur den Rang intensiver, lebhafter Vorstellungen haben. In der empiristischen Tradition wird die »Lebendigkeit und Stärke« von Vorstellungen als wichtiges Kriterium dafür gewertet, dass ihnen die außenweltliche Wirklichkeit entspricht.[7] J.H. Newman verweist zwar auf die Möglichkeit, dass auch ein-

---

3 | Vgl. Newman, John Henry: Fifteen Sermons Preached Before the University of Oxford between 1826 and 1843, Notre Dame 1997, 223f.
4 | Vgl. Newman, University Sermons, 207, 223.
5 | Vgl. Newman, University Sermons, 254, 257.
6 | Vgl. Newman, University Sermons, 254, 257.
7 | Vgl. Hume, David: Treatise of Human Nature, hg. von P. H. Nidditch, Oxford ²1978: Clarendon, 1, 8f.

gebildete Vorstellungen sehr lebhaft sein können, das Kriterium erklärt aber, warum gerade Vorstellungen als korrekt angesehen und mit fester Zustimmung bedacht werden. In diesem Zusammenhang ist nun die Beobachtung zu berücksichtigen, dass J.H. Newman das Wort *feeling/to feel* in dieser Predigt nicht nur für die emotionale Einstellung an sich, sondern auch für den Akt des Erfassens und den erfassten Gegenstand verwendet. Es stellt sich die Frage, ob diese Überschneidungen nur dem englischen Sprachgebrauch geschuldet sind oder eine konzeptuelle Einheit ausdrücken sollen. Hinsichtlich der zweiten Überschneidung ist die Lage klar. Die Annahme, dass sich keine Grenzlinie zwischen dem Objekt und dem Akt, durch den es erfasst wird, ziehen lässt, ist konstitutiv für das Denken J.H. Newmans.[8] Daher ist es durchaus denkbar, dass auch die emotionale Einstellung nur in Verbindung mit einer konkreten Vorstellung auftreten kann. Es gibt dann keine namenlose Angst, sondern nur die konkrete Furcht vor Einbrechern oder dem Jüngsten Gericht. Die Vorstellung ist dann weniger Auslöser im Sinne eines Kausalverhältnisses mit zeitlicher Nachordnung, sondern eher ein Konstitutivum der emotionalen Einstellung.

(b) J.H. Newman fragt aber nicht nur nach der Voraussetzung der emotionalen Einstellungen, sondern auch nach der Möglichkeit für deren *Steuerung*. Die Vernunft, so heißt es nun, könne diese Steuerungsfunktion (*guide*) nur »bis zu einem gewissen Punkt« leisten. J.H. Newmans Aussagen sind hier etwas vage und weisen uns in zwei Richtungen. Einmal scheint die Begrenzung darin zu bestehen, dass vernünftige Wahrscheinlichkeitsüberlegungen Sachverhalte nur bis zu einem gewissen Grad erschließen und daher nur begrenzt die Zustimmung zu den mentalen Repräsentationen sicherstellen können. Gleichzeitig scheint J.H. Newman aber auch darauf abzuzielen, dass diese Form vernünftigen Nachdenkens das Werturteil, das in den emotionalen Einstellungen steckt, nicht zuverlässig treffen kann. Aus dieser Beobachtung werden zwei Anforderungen an das gesuchte Steuerungsorgan deutlich. Es muss erstens erkenntnisfähig und damit im weiteren Sinne rational sein. Zweitens tritt es nicht von außen an die emotionale Einstellung heran, sondern ist offenbar mit ihr verwoben. Emotionale Einstellungen werden also »von innen« gesteuert. Insofern Vorstellungen konstitutiv für die Bildung von emotionalen Einstellungen sind, besteht eine wesentliche Aufgabe der Steuerung in der Kontrolle des Vorstellungsvermögens.

---

8 | Vgl. Newman, John Henry: Essay in Aid of a Grammar of Assent. Edited by Ian T. Ker, Oxford 1985, 30 [36f.].

Dass es sich bei dem Steuerungsorgan, das J.H. Newman im Sinn hat, tatsächlich um ein Konglomerat von geistigen Dispositionen handelt, die eine bestimmte mentale Verfasstheit konstituieren, wird durch Newmans Interpretation der den Glauben formierenden Liebe klar.

Liebe, Glaube, Hoffnung

Die Beispiele für emotionale Einstellungen (*feelings, emotions, passions*) in dieser Predigt sind vielgestaltig, lassen sich aber zwei Gruppen zuordnen. Erwartung, Freude und Furcht bilden die eine, die durch das eschatologische Grundthema vorgegeben ist. Es erscheint möglich, diese Einstellungen als Aspekte einer komplexeren emotionalen Einstellung, nämlich der Hoffnung zu verstehen. In der anderen Gruppe lassen sich Formen der Wertschätzung zusammenfassen. Als deren Oberbegriff kann die Liebe aufgefasst werden, die im zweiten Teil thematisiert wird. Aus zwei Gründen legt es sich nahe, mit Letzterer zu beginnen. Zum einen lässt sich dieser Begriff leichter aus zeitgleichen Texten rekonstruieren. Zum anderen ist die Liebe der eigentliche argumentative Ausgangspunkt unserer Predigt. Der Akt der Hoffnung kann nur im Gehorsam gegenüber Gottes Offenbarung gesetzt werden. Daher geht der Glaube der Hoffnung voraus. Wie der Glaube die Hoffnung ermöglicht, so die Liebe den Glauben.

J.H. Newman nennt den Glauben im zweiten Teil der Predigt eine »Zustimmung aus Liebe zum Gegenstand«. Das scheint auf den ersten Blick eine fragwürdige Definition zu sein, denn der Wunsch impliziert natürlich nicht die Wirklichkeit des Gewünschten. Es ist genau dieser psychische Mechanismus, der von J. Locke als Quelle des religiösen Fanatismus identifiziert wird. Wie entgeht J.H. Newman dieser Gefahr? In den *University Sermons* jener Jahre verweist J.H. Newman zweimal auf die scholastische Formel der *fides caritate formata*,[9] die im hochkirchlichen Anglikanismus des 17. Jahrhunderts im Gegensatz zu den meisten anderen Spielarten des Protestantismus durchaus Befürworter gefunden hat. Es fällt nun auf, dass J.H. Newman von der klassischen Explikation der Formel keinen Gebrauch macht. Der Grund dafür dürfte darin zu suchen sein, dass sie zwar eine terminologisch klare Lösung bietet, aber von der Einbettung in einen theoretischen Rahmen einer Metaphysik abhängig ist, die sich nicht leicht in eine konkrete Phänomenologie der Erkenntnis übersetzen lässt. In der Predigt *Love the*

---

9 | Vgl. Newman, University Sermons, 193, 234.

Safeguard of Faith against Superstition (1839) bestimmt J. H. Newman den Glauben als Urteil, das sich im Gegensatz zum Vernunftschluss nicht auf Beweise (proofs), sondern auf Vorgriffe (presumptions) stützt.[10] Die Richtigkeit der Vorgriffe soll durch die Liebe sichergestellt werden. Mit diesem Begriff fasst J.H. Newman eine ganze Reihe von Sachverhalten zusammen, was schon durch die unterschiedlichen Kennzeichnungen als *right mind, right state of heart* und *moral character* deutlich wird. Rückblickend deutet er zudem die Liebe als Tugend der Religiosität (*religio*).[11] Damit lassen sich zwei Charakteristika umreißen. Erstens handelt es sich bei der Liebe um eine durch Einübung zu entfaltende Grundhaltung (*habitus*). Zweitens lässt sie sich als richtige geistige Verfassung in mindestens zwei Grundtypen von Haltungen differenzieren. Der erste Typus kontrolliert die emotional-appetitiven Seelenvermögen auf zweifache Weise. Einmal geschieht dies durch eine Reihe von ethischen Tugenden, die ein zielgerichtetes Suchen nach Wahrheit sicherstellen, wie z.B. Ernsthaftigkeit des Forschens und Geduld.[12] Zum anderen gehört dazu auch eine habituelle Vertiefung und Regulierung einer spontanen Ausrichtung auf den Gegenstand des Glaubens, die die Begegnung mit dem Evangelium zu einem Wiedererkennen mit Vertrautem werden lässt (Joh 10,4f.). Sie gewährleistet auch, dass das Objekt der emotionalen Einstellung als Vorstellung und nicht bloß als abstrakter Begriff präsent ist. J.H. Newman hat diesen Aspekt vor allem in seine Überlegungen zum richtig ausgebildeten Gewissen entfaltet. Der zweite Tugendtyp ist dianoetischer Natur und wird in *Love the Safeguard* durch die Analogie von Glaubens- und praktischem Urteil eingeführt. Das habituelle Vermögen der Klugheit macht es möglich, die unausweichlichen handlungsrelevanten Entscheidungen trotz der einschränkenden Bedingungen der kontingenten Wirklichkeit zutreffend zu fällen. Ein solches habituelles Urteilsvermögen in religiösen Dingen sieht Newman auch im vorgreifenden Festhalten an den Glaubenswahrheiten am Werk. Als Ergebnis können wir Folgendes festhalten: Die Formel *fides caritate formata* bedeutet in der Lesart J.H. Newmans, dass der Glaube als Akt durch ein Konglomerat von Grundhaltungen (»Liebe«) ermöglicht wird. Die glaubensrelevanten emotionalen Einstellungen sind habituell geformt und haben auch eine kognitiv-rationale Komponente.

Ein Problem für die Interpretation dieser Predigt besteht nun darin, dass J.H. Newman hier die emotionale Einstellung der Hoffnung nicht mit der Liebe, son-

---
10 | Vgl. Newman, University Sermons, 229.
11 | Vgl. Newman, University Sermons, 236 (Fn. 4).
12 | Newman hat diese erkenntnisfördernden ethischen Tugenden in seiner ersten University Sermon erläutert (Newman, University Sermons, 1–15).

dern mit dem Glauben parallelisiert. Es sei der Mangel an Gründen (im Sinne des liberalen Rationalismus), der beide verbinde. Dadurch erscheint die Hoffnung als Ausschnitt aus dem Feld des Glaubens, als Glaube an die Parusie Christi. Insofern die Hoffnung eine emotionale Einstellung ist, könnte man J.H. Newmans Gebrauch des Begriffs so deuten, dass »Hoffnung« für ihren Teil des Glaubensgutes bereits die formierende emotionale Einstellung einschließt. Diese Interpretation entspricht aber nicht der Intention der Predigt. Denn J.H. Newman will zeigen, dass emotionale Einstellungen wie die Hoffnung aus dem »Gehorsam« gegenüber dem Glauben entstehen können.

Glaube, Charakter, Wille und die Emotionskontrolle

Den dritten Teil der Predigt widmet J.H. Newman der Frage, wie ein Christ seine eigenen Vorzüge erkennen kann, ohne ihnen gegenüber in die emotionale Einstellung der Selbstbewunderung zu verfallen. Die Leistung der ethisch-epistemischen Konstitution besteht hier vor allem darin, den Erkenntnisgegenstand geistig so »präsent« zu haben, dass das Vorstellungsvermögen nicht involviert ist. Das Objekt ist dann nur als abstraktes Wissen gegenwärtig (*they know it, yet they do not realize them*). Ohne eine Vorstellung kann auch keine emotionale Einstellung entstehen. J.H. Newman betrachtet diese – partielle – Leidenschaftslosigkeit als Teil des idealen christlichen Charakters und ihren Erwerb als Pflicht. Er beschränkt sich auch in diesem Fall weitgehend auf den empirischen Aufweis, dass diese Art von Charakter realisiert wurde – ein Faktum, das zeigt, dass die erkenntnistheoretische Selbstbeschränkung des »liberalen Rationalisten« unnötig ist. Allerdings wäre es auch hier wünschenswert, wenn es gelänge, dieses Faktum in einen erklärenden theoretischen Rahmen einzubinden, zumal die Frage noch im Raum steht, ob J.H. Newman hier nicht doch einen starken Voluntarismus vertritt, gegen den sich der »liberale Rationalist« zu Beginn der Predigt verwahrt.

Wir haben bereits festgestellt, dass sich in J.H. Newmans Ausführungen zwei Problemstellungen überlagern. Zum einen fragt er nach dem auslösenden Objekt der emotionalen Einstellung und umreißt im Anschluss daran eine Technik, wie diese kontrolliert werden kann. Sie besteht im Wesentlichen im Lenken der Aufmerksamkeit des Bewusstseins hin zur Betrachtung bestimmter Vorstellungen (z.B. der Parusie) und der Abwendung von anderen (z.B. den eigenen Vorzügen). Da es sich dabei um keine leichte Aufgaben handelt, setzen diese Akte entweder eine starke emotionale Motivation, einen starken Willen oder einen starken Charakter mit festen Grundhaltungen voraus. Emotionale Zustände sind, wie J. H. Newman aus seiner eigenen von einer evangelikalen Erfahrungsfrömmigkeit geprägten Jugend weiß, langfristig instabil. Ähnliches gilt für den Willen, den er in reformierter Tradition als korrumpiert betrachtet. Der Wille trägt die Neigung in sich, gegen Gottes Gebote Widerstand zu leisten (*willfulness*), und muss daher selbst der Kontrolle unterworfen werden.[13] Es sind diese Erfahrungen, die J. H. Newman dazu bewegen, die Emotionen in geordnete Charakterhaltungen zu transformieren, die auch den Willen in eine Haltung des Gehorsams umformen können. Nun erklärt sich auch, warum Pflicht (*duty*) in dieser wie in vielen anderen Predigten ein Leitbegriff ist. Auch sie wird nicht durch einzelne Willensakte erfüllt, sondern bezeichnet die Ausrichtung des Charakters, die den Willen leitet. Ebenso lässt sich nachvollziehen, warum die den Glauben formierende Liebe als *right mind* so »unterkühlt« erscheint.

In diesem Kontext lässt sich auch die Frage nach der Deutung der Hoffnung in dieser Predigt leichter beantworten. Was J. H. Newman hier offenbar im Auge hat, ist die Genese einer habituell geordneten emotionalen Einstellung. Die Einübung in die Hoffnung auf die Parusie Christi vollzieht sich durch die Betrachtung der Aussagen der christlichen Tradition, die einen anschaulichen Charakter haben. Vordergründig scheint J. H. Newman ganz traditionell aus der Erkenntnis der Existenz Gottes und seiner Offenbarung eine Pflicht zum Gehorsam gegenüber dem göttlichen Gebot, Christi Wiederkunft zu erwarten, abzuleiten. Wenn dies als folgernde Ableitung zu verstehen wäre, würde sich J. H. Newmans Position nicht von der des Rationalisten unterscheiden. Die Rede von Pflicht und Gehorsam lässt sich nur im Rahmen des tugendethischen Ansatzes verstehen. Die Fähigkeit, sich auf die religiösen Bilder und Inhalte einzulassen, was die Überwindung der Zweifel der folgernden Vernunft einschließt, entspringt der habituellen Charakterprägung eines Christen. Sie ist rational legitim, weil sie seine religiöse Urteilsfähigkeit einschließt, die aus einer Vertrautheit mit den göttlichen Dingen entspringt, die sich am ehesten als Analogon zur habituellen praktischen Vernunft (*phronêsis*) der aristotelischen Tradition verstehen lässt, die aus der Vertrautheit mit den kontingenten Gegebenheiten dieser Welt ihre Handlungsurteile fällt.

---

13 | Vgl. Newman, University Sermons, 168–170.

Das Ziel: Leben aus dem Glauben

J. H. Newman schließt seine Predigt mit dem Appell, die Erwartung des Kommens Christi mit einer tätigen Lebensführung zu verbinden. Damit greift er die praktische Ausrichtung auf, die er der Grundfrage zu Anfang gegeben hat: »Wie ist es möglich, so zu *leben*, als wäre die Wiederkunft Christi nicht mehr fern?« Die Analogie zur praktischen Vernunft erschöpft sich also nicht im informellen Charakter der Urteilsbildung. Das Urteil an sich gewährleistet noch nicht seine Umsetzung. Diese Aufgabe leisten die habituell geformten emotionalen Einstellungen, insofern sie nicht nur eine urteilende, sondern auch eine erstrebende (oder meidende) Funktion haben. Das Glaubensurteil aus dem geformten christlichen Charakter drängt auf seine Umsetzung.

Wer mit den göttlichen Dingen vertraut ist, urteilt und – so ist zu ergänzen – lebt aus dem Geist Christi, wie es J. H. Newman im dritten Teil der Predigt ausdrückt. Diese Geisteshaltung ist zwar durch die Gott erkennende Funktion des Gewissens im Menschen angelegt und muss habituell entfaltet werden. Aber sowohl der Kern als auch der Entfaltungsprozess sind nur möglich, weil sie Gottes Gnade ermöglicht und begleitet. Der entfaltete christliche Charakter weist daher über das Menschenmögliche hinaus und erschließt Dimensionen der Erkenntnis und des Lebens, die dem Rationalisten unvorstellbar erscheinen, weil sie der Anfang der erlösten Existenz sind.

Predigt 11

Unterwerfung der Vernunft und der Gefühle unter das geoffenbarte Wort

»Wir nehmen alles Denken gefangen und führen es zum Gehorsam gegen Christus.«
(2 Kor 10,5)

Man kann die Frage stellen: Wie ist es möglich, so zu leben, als wäre die Wiederkunft Christi nicht mehr fern, wenn doch unser Verstand uns sagt, dass sie wahrscheinlich in der Ferne liegt? Auch kann der Einwand erhoben werden, dass es keine Gründe gibt, ihn heute mehr zu erwarten als in den letzten achtzehnhundert Jahren; wenn sein langes Ausbleiben ein Grund ist, seine Wiederkunft heute zu erwarten, dann war sein Versprechen einer baldigen Rückkehr auch ein Grund, sie in früheren Zeiten zu erwarten; und hat sich der eine Grund als nicht hinreichend erwiesen, so mag dies beim anderen ebenso sein; und hat Christus trotz seines Versprechens, bald zu kommen, so lange gezögert, dann kann er noch länger zögern; auch können keine Zeichen seiner Wiederkehr größer sein als jene, die bald nach seinem Weggang aus der Welt gegenwärtig waren; gewiss gibt es heute keine solchen Zeichen; vielmehr gab es sie in den ersten sieben Jahrhunderten, dann wieder um das Jahr 1000 und auch später in weitaus größerer Anzahl als heute – mehr Unruhe unter den Völkern, mehr Not, mehr Krankheit, mehr Terror. Man kann vorbringen, dass wir nicht nach Belieben hoffen, fürchten und warten dürfen, sondern dass wir dafür *Gründe* haben müssen; und dass wir, wenn wir nach reiflicher Überlegung zu der Überzeugung gelangt sind, dass Christi Wiederkunft unwahrscheinlich ist, wir uns nicht dem Gefühl hingeben können, sie sei wahrscheinlich.

Wenn ich nun, wie ich es vorhabe, diesem Einwand nachgehe, bietet sich mir vielleicht eine Gelegenheit, ein großes Prinzip darzulegen, das in der christlichen Pflichterfüllung gilt: die Unterwerfung aller geistigen Anlagen unter das Gesetz Gottes.

1. Ich bestreite also, dass unsere Gefühle und Neigungen nur von dem Diktat dessen angeregt werden, was wir gewöhnlich unter Vernunft verstehen; ganz und gar nicht, denn auf der anderen Seite ist nichts alltäglicher als zu sagen, dass die Vernunft einen Weg geht und unsere Wünsche einen anderen. Es ist daher nicht unmöglich, dass wir es uns zu Eigen machen, mit größerem Ernst nach dem Tag der Wiederkunft Christi Ausschau zu halten, als nach dem Urteil der Vernunft die Wahrscheinlichkeit dafür spricht. Wie die Vernunft für unsere Gefühle und Neigungen bis zu einem bestimmten Punkt ein rechter Wegweiser sein kann, so kann es auch Fälle geben, in denen sie uns infolge ihrer Schwäche nicht zu führen vermag; und wie es für sündige und unreligiöse Menschen nicht unmöglich ist, das zu mögen, was sie nach dem Geheiß ihrer Vernunft nicht mögen sollten, ist es auch für religiöse Menschen nicht unmöglich, das zu wünschen, zu erwarten und zu hoffen, was ihre

Vernunft nicht gutheißen und akzeptieren kann. Was ist alltäglicher als die Leute sagen zu hören: »Ich liebe diesen Menschen mehr, als ich ihn achte«? – oder: »Ich bewundere ihn mehr, als ich ihn liebe«? Und weiter: Wir wissen, wie leicht es ist, den Geist dem Einfluss einer gewissen Empfindung oder Gemütsbewegung zu öffnen, und wie schwierig es ist, sich einem solchen Einfluss zu entziehen; wie schwierig es ist, einen Gedanken aus dem Kopf zu bekommen, der nach dem Gebot der Vernunft keinen Zutritt erhalten sollte, sich uns aber immer wieder aufdrängt; wie schwierig es ist, Zorn, Angst oder andere Gefühlsäußerungen zu zügeln, die doch nach dem Gebot der Vernunft gezügelt werden sollten. Es ist also durchaus möglich, dass sich in uns Gefühle und Gedanken in einer Weise finden, die auf Grund ihrer Unverhältnismäßigkeit mit dem Urteil der Vernunft nicht in Einklang stehen. Oder nehmen wir ein anderes Beispiel. Wir wissen, wie unser Geist manchmal bei Dingen verweilt, die kaum möglich, total unvernünftig und oft falsch und gefährlich sind. Vieles kann geschehen, das eine vielleicht mit ebenso großer Wahrscheinlichkeit wie das andere; und doch passiert es uns oft, sei es aufgrund einer angegriffenen Gesundheit oder aus der Aufregung heraus, dass wir allzu sehr an eines dieser möglichen Ereignisse denken müssen und uns über die Maßen ängstigen, es könne eintreten. Ist etwas Schreckliches passiert, eine Feuersbrunst, ein Mord oder ein schlimmes Unglück, so fürchten sich die Leute, ihnen könne das Gleiche zustoßen, und sie befürchten dies in einem Ausmaß, das weit über das hinausgeht, was aus rein rechnerischer Wahrscheinlichkeit gerechtfertigt ist. Ihre Einbildung vergrößert die Gefahr; sie schaffen es nicht, die Dinge ruhig und entsprechend ihrem üblichen Gang zu betrachten. Sie richten ihr Denken auf die eine theoretische Möglichkeit in einer Weise, die ganz im Gegensatz zu dem steht, was die Vernunft nahe legt. So werden unsere Empfindungen keineswegs von der strikten Wahrscheinlichkeit der Dinge gelenkt; eher ist das Gegenteil die Regel. Was der allmächtige Gott also von uns verlangt, ist dies, dass wir das eine Mal um seinetwillen das tun, was wir sonst gewohnheitsmäßig aus Nachsicht gegenüber unserer eigenen Launenhaftigkeit und Schwäche tun: die Wiederkunft unseres Herrn mehr zu erhoffen, zu fürchten und zu erwarten, als es die Vernunft gutheißt, und in einer Weise, die sein Wort allein rechtfertigt, d.h. ihm mehr zu vertrauen als unserer Vernunft. Ihr meint, es sei nicht wahrscheinlich, dass Christus in dieser Zeit kommen wird, und deshalb könntet ihr seine Wiederkunft nicht erwarten. Nun, ich aber behaupte, ihr könnt sie erwarten. Ihr müsst fühlen, es besteht eine Möglichkeit, dass er kommt. Also gut, denkt über diese Möglichkeit nach; öffnet dieser Möglichkeit euren Geist; zieht sie genauso in Betracht, wie ihr so häufig die Möglichkeit einer Feuersbrunst, einer Gefahr auf See oder zu Lande oder durch Diebe in Betracht zieht. Unser Herr sagt, er werde kommen wie ein Dieb in der Nacht. Nun wisst ihr aber, dass wenn ein aufsehenerregender Raub geschehen ist, die Leute viel größere Angst haben, als es der Wahrscheinlichkeit einer sie persönlich betreffenden Beraubung entspricht. Sie werden von der Vorstellung verfolgt; es mag ja sein, dass die Wahrscheinlichkeit eines Einbruchs in ihr eigenes Haus nur gering ist, aber die Sache an sich ist für sie ein Gegenstand großer Besorgnis, und sie denken mehr an die Kümmernis des befürchteten Ereignisses, sollte es denn eintreten, als an die geringe Wahrscheinlichkeit, dass es eintritt. Die Gefahr lässt ihnen keine Ruhe. Ähnlich verhält es sich mit der Wiederkunft Christi; ich will nicht sagen, der Gedanke daran müsse uns in Aufregung versetzen oder verwirren oder völlig in Anspruch nehmen, aber die lange Zeit des Nichtgeschehens darf uns nicht dazu verleiten, nicht danach auszuschauen. »Und wenn es sich verzögert, so warte darauf« (Hab 2,3). Wenn er es uns als Pflicht aufgibt, die Aussicht auf seine Wiederkunft in unsere Vorstellung einzuprägen, verlangt er von uns nichts Schwieriges, d. h. nichts Schwieriges für einen willigen Geist; was wir aber tun können, das müssen wir tun.

2. Das ist es, was uns zuerst in den Sinn kommt, doch es öffnet den Weg für weitere Gedanken. Bedenken wir nur, was ist der Glaube anderes als eine Annahme unsichtbarer Dinge, aus Liebe zu ihnen, *jenseits* rechnerischer oder erfahrungsmäßiger Feststellungen? Der Glaube geht über den Vernunftbeweis hinaus. Wenn nur eine angemessene Möglichkeit besteht, dass die Bibel wahr ist, dass der Himmel das Entgelt für den Gehorsam und die Hölle für die wissentlich begangene Sünde ist, dann lohnt es sich und birgt keinerlei Risiko, diese Welt der kommenden zu opfern. Es würde sich lohnen, selbst wenn Christus uns auftrüge, alles, was wir haben, zu verkaufen und ihm nachzufolgen und unsere Zeit hier in Armut und Verachtung zu verbringen; auf jene Möglichkeit hin würde es sich lohnen, dies zu tun. Das also ist es, was mit ›der Glaube steht

gegen die Vernunft« gemeint ist, dass er sich nicht um das Maß von Wahrscheinlichkeiten kümmert; er fragt nicht, ob etwas mehr oder weniger wahrscheinlich ist; wenn aber eine hinreichende und klare Wahrscheinlichkeit besteht für das, was Gottes Wille ist, so richtet sich der Glaube danach. Wäre die Schrift nicht wahr, so würden wir in der künftigen Welt zurückgelassen, wo wir waren; uns würde es letztlich nicht schlechter gehen als zuvor; ist sie aber wahr, dann wird es uns, weil wir ihr nicht geglaubt haben, unendlich viel schlechter gehen, als wenn wir ihr geglaubt hätten. Wir alle kennen aus der Erzählung die schlagfertige Erwiderung, die der betagte Heilige dem lasterhaften Jüngling zuteil werden ließ, als dieser ihm zu bedenken gab, wie sehr er sein Leben vergeudet hätte, gäbe es *keine* entsprechende künftige Belohnung: »Wie wahr, mein Sohn«, antwortete er, »aber um wie viel schlimmer ist die Vergeudung deines Lebens, wenn es eine *gibt*.«

Der Glaube misst also dem *Grad* der Beweisbarkeit keine Beachtung bei. Vom Verstand her gesehen könnte man die Regel aufstellen, dass sich die Festigkeit unseres Glaubens nach der Beweisbarkeit richten sollte; je stärker die Beweiskraft, desto fester sollte der Glaube sein; und je geringer die Beweiskraft, desto schwächer der Glaube, der uns abverlangt wird. Für den religiösen Glauben aber gilt dies nicht – er nimmt das Wort Gottes auf Grund der diesem zugesicherten Beweiskraft so fest an, als wäre diese doppelt so groß. Wir sehen in der Tat, dass dies auch in Bezug auf irdische Dinge der Fall ist; und was wir Menschen gegenüber tun, das können wir uns gewiss gegenüber Gott erlauben. Wenn uns jemand, dem wir Vertrauen und Achtung entgegenbringen, eine Neuigkeit erzählt, für die er zuverlässige Quellen hat, sollten wir ihm glauben; wir würden ihm nicht fester glauben, weil uns ein anderer kurz darauf das Gleiche erzählt. Ebenso auch hier, obwohl uns der allmächtige Gott sicherlich einen größeren Beweis hätte geben können, als wir ihn damit besitzen, dass er in der Bibel zu uns spricht; da er uns aber genug gegeben hat, verlangt der Glaube nicht mehr, sondern gibt sich zufrieden und handelt entsprechend dem, was genug *ist*, während der Unglaube immer mehr und immer größere Zeichen fordert, ehe er sich dem göttlichen Wort beugt.

Doch zurück zu meinem Hauptthema. Ich möchte bemerken, dass das, was für den Glauben gilt, in gleicher Weise auch für die Hoffnung gilt. Es kann uns etwa aufgetragen sein, gegen die Hoffnung zu hoffen oder die Wiederkunft Christi gewissermaßen gegen die Vernunft zu erwarten. Es ist nicht unvereinbar mit Gottes grundsätzlichem Handeln an uns, dass er uns fühlen und handeln heißt, als stünde dies nahe bevor, was wir doch, wenn wir nach dem gehen, was uns die Erfahrung lehrt, nicht als wahrscheinlich nahe bevorstehend bezeichnen würden. Wenn er von uns verlangt, aus ganzem Herzen an ihn zu glauben, mag uns das Zeugnis seiner Worte größer oder geringer erscheinen; wie sollte er dann nicht von uns verlangen können, beharrlich auf ihn zu warten, auch wenn uns die Zeichen seiner Wiederkunft enttäuschen und die Vernunft uns verzweifeln lässt? In solch einer Frage können wir nicht sagen, was mehr und was weniger wahrscheinlich ist; wir können nur versuchen, das zu tun, was von uns verlangt wird. *Dies* aber können wir: Wir können unsere Gefühle lenken und formen und ihm alles Übrige überlassen.

3. Hier nun sehe ich mich zu einer weiteren Bemerkung veranlasst: Wie es unsere Pflicht ist, uns manche Dinge vor Augen zu führen und sie weitaus gründlicher zu betrachten, als es uns die Vernunft allein gebieten würde, so gibt es wiederum andere Dinge, die wir pflichtgemäß von uns weisen müssen, bei denen wir nicht verweilen und die wir uns nicht vergegenwärtigen dürfen, obwohl sie uns vor Augen treten. Und doch ist auch hier offenkundig, dass Menschen wiederum Einwände erheben und sagen, es sei gar nicht anders möglich, als dass wir uns von Dingen, die wir sicher wissen, bewegen und beeinflussen lassen, genauso wie sie sagen, es sei unmöglich, das zu glauben und zu erwarten, was wir nicht sicher wissen.

Wir wissen zum Beispiel, dass es unsere Pflicht ist, nicht mit jeglichen persönlichen Vorzügen, die wir vielleicht besitzen, zu prahlen und uns etwas darauf einzubilden. Dennoch könnte jemand die Frage aufwerfen: Warum eigentlich nicht? Er könnte sagen: »Wenn Menschen sich in irgendeiner Hinsicht durch Vorzüge hervortun, dann müssen sie es wissen; es ist in der Regel völlig absurd anzunehmen, dass sie dies nicht tun; wissen sie es aber, wie ist es dann möglich, dass sie an ihren Vorzügen keinen Gefallen finden und sich deswegen nicht bewundern sollten?

Bewunderung ist die natürliche Reaktion auf das Gewahrwerden von Vorzügen; wenn jemand weiß, dass er solche Vorzüge besitzt, dann kann er nicht anders, als sich bewundern; und wenn er sie besitzt, dann kann er im Allgemeinen nicht umhin, es zu wissen, worin immer seine Vorzüge liegen mögen, ob in der persönlichen Erscheinung, in der Redegabe, in geistigen Talenten, im Charakter oder anderswo.«

Nun halte ich es aber andererseits für absolut sicher, dass die Schrift uns sagt, uns *nicht* mit etwas zu brüsten, was wir sind oder was wir tun, d. h., nicht jenen Gefühlen nachzugeben, die scheinbar das natürliche und legitime Ergebnis unserer Kenntnis dessen sind, was wir tatsächlich wissen. Was soll man nun dazu sagen? Wie sind diese Gegensätze vereinbar?

Eine Antwort wäre natürlich die folgende: Fromme Menschen wissen, wie mangelhaft ihre besten Taten trotz allem sind oder ihre besten Charaktereigenschaften; oder sie wissen, wie viel mehr andere tun; oder sie wissen um ihre eigenen großen Mängel in anderer Hinsicht; oder sie wissen um die Bedeutungslosigkeit mancher jener Punkte, in denen sie vielleicht anderen überlegen sind. Dies ist aber keine hinreichende Antwort, denn die in Rede stehenden Punkte *sind* Vorzüge, ob große Vorzüge oder nicht, ob es andere größere gibt oder nicht, oder wie sehr es immer den Betreffenden in anderer Hinsicht mangeln mag. Und hierin liegt meines Erachtens die Versuchung aller Menschen, sich selbst zu überschätzen, dass in gewissem Sinne ihr Urteil über sich selbst nicht falsch ist; nicht dass es ihnen in vielen Dingen nicht sehr mangeln würde; nicht als ob sie das nicht wüssten, aber dass sie gewisse Vorzüge *haben*, die wirklich Vorzüge *sind*, und dass sie diese *spüren*; und die Frage lautet, was können sie dafür, dass sie sie spüren?

Die demütige Haltung frommer Menschen mag man vielleicht mit dem Hinweis erklären, dass, welche persönlichen Gaben sie immer besitzen mögen, diese ihnen *vertraut* sind; und eben dies ist der Grund, der sie davor bewahrt, viel von sich zu halten. Natürlich ist an dieser Bemerkung etwas Wahres, doch erklärt es nicht, dass sie schon *früher* nicht viel von sich gehalten haben, als die Entdeckung dessen, was sie waren, ihnen nicht so vertraut war wie jetzt; und wenn sie es doch taten, so dürfen wir sicher sein, dass die Auswirkungen ihrer früheren Eingebildetheit ihnen auch heute noch anhaften, da sie zur Gewohnheit geworden sind.

Ein anderer und weitaus besserer Grund, warum fromme Menschen nicht eingebildet sind, ist der, dass sie es nicht mögen, an das, was immer Gutes in ihnen ist, zu denken, und sich von dem Gedanken daran abwenden, mag ihre Überlegenheit gegenüber anderen geistiger oder körperlicher Art sein, mag sie in den Verstandeskräften oder in sittlichen Tugenden liegen. Ich glaube aber, es gibt noch einen anderen, unmittelbareren Grund, der eine stärkere Verbindung zu meinem heutigen Thema aufweist.

Es ist folgender: Obwohl fromme Menschen Gaben besitzen und darum wissen, *machen* sie sich diese nicht *bewusst*. Es ist hier nicht nötig, genau zu erläutern, was mit dem Wort »bewusst machen« gemeint ist; wir alle verstehen seine Bedeutung im vorliegenden Zusammenhang hinreichend und werden alle zumindest zugeben, dass es eine Fülle von Dingen gibt, die sich die Menschen *nicht* bewusst machen, obwohl sie es sollten. Wie laut reden beispielsweise die Menschen von der Kürze dieses Lebens, von seiner Eitelkeit und Nichtigkeit und von den Ansprüchen, welche die künftige Welt an uns stellt! Worte wie diese vernehmen wir Tag für Tag, doch handeln nur wenige nach den von ihnen geäußerten Wahrheiten; und warum? – weil sie sich nicht bewusst machen, was sie so bereitwillig verkünden. Sie sehen nicht den, der unsichtbar ist, und nicht sein ewiges Reich.

Nun gut, wenn man das unterlässt, was zu tun eine Pflicht ist, dann kann man es sicherlich auch in den Fällen, wo das Unterlassen eine Pflicht ist. Ernsthafte Menschen mögen – wenn die Dinge so liegen – ihre Vorzüge in der Tat kennen, seien sie religiöser, sittlicher oder sonstiger Art; sie empfinden sie aber nicht in jener lebendigen Weise, die wir als »bewusst machen« bezeichnen würden. Sie öffnen ihre Herzen dieser Erkenntnis nicht, so dass sie fruchtbar werden könnte. Fruchtloses Wissen ist etwas Erbärmliches, wenn das Wissen Frucht bringen sollte; aber es ist etwas Gutes, wenn es sonst nur als Versuchung wirken würde. Wenn sich Menschen einer Wahrheit bewusst werden, wird sie in ihnen zu einem einflussreichen Prinzip und führt zu einer Reihe von Konsequenzen sowohl in Bezug auf ihre Meinung als auch ihr Verhalten. Dasselbe gilt für das Bewusstwerden unserer eigenen Gaben. Doch Menschen von überlegenem Geist kennen sie, ohne sich ihrer bewusst zu werden. Sie können wissen, dass sie bestimmte Vorzüge haben, sofern sie solche haben, – sie können wissen, dass sie gute Charaktereigenschaften, Fähigkeiten oder Fertigkeiten besitzen; es ist jedoch gleichsam ein nichts einbringendes Wissen, das den Geist so zurücklässt, wie es ihn vorgefunden hat. Und das scheint es zu sein, was dem Charakter heiliger Menschen eine so bemerkenswerte Einfachheit verleiht und andere so sehr erstaunt, dass sie es für etwas Paradoxes oder Widersprüchliches, wenn nicht sogar für ein Zeichen der Unaufrichtigkeit halten; dass dieselben Menschen vorgeben, so viel über sich selbst zu wissen, und doch so wenig, – dass sie so viel über sich reden hören können, dass sie so viel Lob ertragen können, so viel Popularität, so viel Achtung, ohne deshalb aufgeblasen oder anmaßend zu wirken oder andere zu verachten; dass sie über sich sprechen können, aber in einem so ungekünstelten Ton, mit solcher Natürlichkeit, mit solch kindlicher Unschuld und liebenswürdiger Offenheit.

Ein anderes Beispiel für diese große Gabe des Wissens ohne des Sich-Bewusstmachens zeigt sich uns in anderen thematischen Zusammenhängen, auf die ich hier nur anspielen kann. Menschen, die ihren Leidenschaften nachgeben, haben ein ganz anderes Wissen darüber als solche, die diesem Nachgeben widerstehen; und wenn sie über Dinge reden, die damit zusammenhängen, machen sie sich diese in einer Weise bewusst, in der andere das nicht können. Die bloßen Gedanken darüber, die für die Ersteren voller Versuchungen sind, die Worte, die zu äußern ihnen Schmerz bereiten, alles was ihnen die Scham ins Gesicht steigen und sie verwirrt aussehen lässt, können Unschuldige ohne jeglichen Kummer sagen und denken. Die Engel können mit arglosem Abscheu und voller Verwunderung auf die Sünde schauen, ohne dass es sie demütigt oder innerlich erregt; und eine ähnliche Arglosigkeit ist der Lohn der Reinen und Heiligen; und dies zum großen Erstaunen der Unreinen, denen die Geistesverfassung eines solchen Menschen unbegreiflich ist und die nicht verstehen können, wie er solche Gedanken äußern und ertragen kann, die für sie voller Elend und Schuld sind. Und daher finden wir heutzutage dann und wann Menschen, die den Willen des natürlichen

Menschen voll auskosten, die aber zu den Schriften heiliger Männer greifen, die in der Wüste oder im Kloster gelebt haben oder die mit engelgleichem Herzen die Herde Christi geleitet und mit heiligen Händen das Brot des Lebens gebrochen haben; und sie betrachten deren Worte im Spiegel ihrer eigenen düsteren Umgebung und schreiben ihnen ihr eigenes vulgäres Wesen zu; ja, sie mäkeln an den Worten der Heiligen Schrift, die Gottes Wort sind, und an den Worten der Kirche herum, als hätte das heilige Geheimnis der Menschwerdung nicht tausend neue und himmlische Gedankenverbindungen in diese Welt der Sünde gebracht.

Und folglich werdet ihr genusssüchtige Menschen finden, die unfähig sind, das wirkliche Vorhandensein von Heiligkeit und geistiger Strenge bei anderen zu verstehen. Sie glauben, es müssten alle Menschen von den gleichen elenden Gedanken und Gefühlen erfüllt sein, die sie selbst quälen. Sie meinen, naturgemäß könne sich keiner dem entziehen; nur würden es gewisse Leute verstehen, das, was in ihren Herzen vor sich geht, zu verbergen, die sie infolgedessen der Anmaßung und Heuchelei bezichtigen.

Das Gleiche behaupten sie auch in Bezug auf das von mir zuerst genannte Beispiel – das Wissen eines Menschen um seine Gaben. Sie glauben, dass Menschen, die wenig von sich zu halten scheinen, im Herzen eitel seien und dass ihre sogenannte Bescheidenheit nichts anderes ist als Verstellung.

Dasselbe könnte ich auch sagen in Bezug auf das Nichtvorhandensein von Groll nach erlittener Kränkung oder Beleidigung, das einen wirklich frommen Menschen kennzeichnet. Freilich empfindet ein solcher das, was man ihm antut, oft sehr deutlich, wenn er auch seine Gefühle seiner Pflichtauffassung gemäß unterdrückt; die höhere Stufe der Geistesverfassung zeigt sich dadurch, dass er nicht spürt, d.h. sich nicht bewusst macht, dass man ihm Unrecht zugefügt hat; versucht er nun, darüber zu sprechen, dann geschieht dies auf die gleiche seltsame, unwirkliche und (wenn ich so sagen darf) gezwungene und unnatürliche Art und Weise, in der vorgeblich religiöse Menschen von gläubiger Freude und geistlichem Trost reden, denn er ist mit Zorn und Rachegefühlen ebenso wenig vertraut wie Heuchler mit himmlischen Gedanken.

Wiederum könnten wir uns auf ungebührliche Weise klar darüber werden, dass ein tugendhaftes Leben in unserem Interesse liegt und wir folglich aus Überlegung handeln, nicht aus Pflichtgefühl. Und weiter: es mag zwar unsere Pflicht sein, uns in religiösen Dingen selber kundig zu machen und nach der Wahrheit zu suchen, doch prahlen wir dabei vielleicht mit unserem persönlichen Urteil und rechnen uns seinen Gebrauch als Verdienst an, dann wird unser Suchen fast zur Sünde.

Ich habe hier also eine Reihe von Fällen geschildert – alle zum Thema gehörig –, um ein und dieselbe Wahrheit zu verdeutlichen, dass nämlich der Charakter des Christen durch einen höheren Maßstab geformt wird als den der Berechnung und Vernunft, bestehend in einem göttlichen Prinzip oder Leben, das die Erwartungen und die Urteilsfähigkeit gewöhnlicher Menschen übersteigt. Nach dem Urteil der rein weltlichen Vernunft müsste der Christ eigentlich eingebildet sein, denn er ist mit Talenten ausgestattet; er müsste das Böse verstehen, denn er sieht es und spricht darüber; er müsste Groll empfinden, denn er ist sich der ihm zugefügten Kränkung bewusst; er müsste aus Eigeninteresse handeln, denn er weiß, was recht ist, ist auch nützlich; er müsste sich der Übung des privaten Urteils bewusst sein und sie mögen, denn er lässt sich ja auf sie ein; er müsste seinen Glauben in Zweifel ziehen und sich unschlüssig sein, denn die Anzeichen dafür könnten größer sein als sein Glaube; er dürfte die Wiederkunft Christi nicht erwarten, weil Christus sie so lange hinausgeschoben hat. Aber nein: sein Geist und sein Herz sind von anderer Wesensart. In diesen und unzähligen anderen Weisen ist er dem Unverständnis der Welt ausgesetzt, die weder seine Gefühle teilt noch sich in sie hineinversetzen kann. Er kann sie auch nicht erklären und anhand von Überlegungen verteidigen, die alle Menschen, gute wie böse, verstehen. Er lebt nach einem Gesetz, das andere nicht kennen; nicht nach eigener Klugheit oder Urteilskraft, sondern nach der Weisheit Christi und dem Urteil des Geistes, der ihm verliehen ist, – nach jener inneren, nicht mitteilbaren Wahrnehmung der Wahrheit und Pflicht, welche die Richtschnur ist für seine Vernunft, seine Neigungen, Wünsche, Vorlieben und für alles, was in ihm ist als Ergebnis eines beharrlichen Gehorsams. Das ist es, was seinem gesamten Lebenswandel und Umgang, der »mit Christus in Gott verborgen« (Kol 3,3) ist, einen so überirdischen Charakter verleiht; er ist mit Christus zur Höhe aufgestiegen und dort »wohnt er mit Herz und Geist für immer«; und deswegen ist er gezwungen, sein Gesicht mit einem Schleier zu verhüllen, ist dem Urteil der Welt rätselhaft und wird gleichsam »ein Wunder für viele« (Ps 71,1), obwohl er »einsichtsvoller ist als Greise« und »klüger als alle seine Lehrer, weil er Gottes Gebote hält« (Ps 118,99-100). So »beurteilt der Geisterfüllte alles, wird jedoch selbst von niemand beurteilt« (1 Kor 2,15), und »es ist ihm völlig gleichgültig, von einem menschlichen Gericht beurteilt zu werden«, denn »es ist vielmehr der Herr, der über ihn das Urteil fällt« (1 Kor 4,3-4).

Zum Schluss bedarf es einer zusätzlichen Bemerkung zu der Frage, die ich eingangs aufgeworfen habe: der Pflicht, auf die Wiederkunft unseres Herrn zu warten. Nun darf man nicht glauben, daraus folge eine Vernachlässigung unserer Pflichten in dieser Welt. So wie es möglich ist, trotz gegenteiliger irdischer Argumente nach Christus auszuschauen, so ist es trotz unseres Ausschauens möglich, den irdischen Pflichten nachzukommen. Christus hat uns gesagt, dass bei seiner Wiederkunft zwei auf dem Felde sein werden, zwei Frauen, die an der Mühle mahlen, »die eine wird mitgenommen und die andere zurückgelassen« (Mt 24,40-41). Ihr seht, dass Gute und Böse in gleicher Weise ihrer Beschäftigung nachgehen; es braucht auch niemanden daran zu hindern, sein Herz an Gott zu hängen und weltliche Geschäfte mit denen zu betreiben, deren Herz an der Welt hängt. Nein, wir können große Pläne schmieden, wir können uns neuen Unternehmungen hingeben, wir können große Werke beginnen, so groß, dass uns nur ihr Anfang möglich ist; wir können Vorsorge für die Zukunft treffen und in unserem Tun die Gewissheit vor uns liegender Jahrhunderte vorwegnehmen und doch nach Christus Ausschau halten. So ist es fürwahr unsere Bestimmung voranzuschreiten und »die Zeit und Stunde in der Macht des Vaters« zu belassen (Apg 1,7). Gleich wann er kommt, er wird allem ein Ende setzen; und soviel wir wissen, sind unsere Bemühungen und Anfänge, obwohl sie nicht mehr sind als solche, im Geschehen seiner Vorsehung genauso wichtig, wie es das größte zu Ende gebrachte Werk sein könnte. Gewiss, er wird, wann immer er kommt, die Welt jäh an ihr Ende bringen; er wird die Pläne und Mühen seiner Auserwählten, wie immer sie sein mögen, beenden und ihnen geben, wonach ihre pflichtgetreue Besorgnis strebt, wenn auch nicht durch sie. Und so unvermittelt wie er die Welt an ihr Ende bringt, so hat er sie ins Leben gerufen; er bewirkte den Anfang der sichtbaren Welt nicht aus deren ersten Samen und Elementen, sondern er erschuf die fertigen Kräuter und Fruchtbäume, »die ihren Samen in sich tragen«, unmittelbar, nicht in einer allmählichen Entwicklung, sondern als ein vollendetes Werk. Und mit noch größerer Unvermitteltheit zeigte er seine Wunder, als er kam und alles neu machte, indem er Brot und nicht Getreide zur Speisung der Fünftausend schuf und Wasser nicht in eine andere gewöhnliche, wenn auch kostbarere Flüssigkeit verwandelte, sondern in Wein. Und wie er ohne Anfang begonnen hat, so wird er auch ohne ein Ende enden – oder vielmehr: alles, was wir tun, was immer es sein mag, ob wir Zeit für mehr oder für weniger haben, wird unser Werk, vollendet oder unvollendet, doch Annahme finden, sofern es für ihn getan ist. Ausschauhalten und Arbeiten sind also nicht unvereinbar, denn wir können arbeiten, ohne unser Herz an die Arbeit zu hängen. Unsere Sünde wird es sein, wenn wir das Werk unserer Hände vergöttern; wenn wir es so sehr lieben, dass wir es nicht ertragen können, uns von ihm zu trennen. Der Prüfstein unseres Glaubens liegt in unserer Fähigkeit zu scheitern, ohne enttäuscht zu sein.

Wollen wir Gott bitten, er möge unsere Herzen in dieser wie in jeder anderen Hinsicht lenken, damit wir, »wenn er erscheint, Zuversicht haben und nicht zuschanden werden vor ihm bei seiner Ankunft« (1 Joh 2,28).

Einführung zu Predigt 12:
Der christliche Charakter – »Gleichmut«

Grundhaltung angesichts der Parusie – Das Ringen um die rechte Gelassenheit

REINHARD FEITER

Im fünften Band von John Henry Newmans *Parochial and Plain Sermons* findet sich eine Predigt aus dem Jahr 1839 unter dem Titel »Equanimity«.[1] Das englische Wort *equanimity* stammt vom lateinischen *aequanimitas* ab, das bei Terenz »Nachsicht« bedeutet, nachklassisch aber »Gleichmut« bzw. »Gelassenheit« meint; und das ist auch das Thema der Predigt. In ihr selbst kommt das Wort *equanimity* nur ein einziges Mal vor;[2] und doch kreist sie vom ersten bis zum letzten Satz um die Frage, inwiefern die *equanimity* eigentlich eine christliche Tugend sei. Sie mag zu einer gewissen – unter Umständen auch modischen – Leidenschaftslosigkeit eines Gentlemans passen. Doch ist sie bei einer Christin oder einem Christen als *frame, tone, state* oder *character of mind*[3] überhaupt denkbar oder angemessen?

In der englischen Ausgabe findet sich bei dieser Predigt der Vermerk »Christmas«. Es spricht jedoch viel dafür, dass Newman diese Predigt nicht erst an Weihnachten des Jahres 1839 gehalten hat, sondern schon wenige Tage zuvor. Nicht zuletzt legt dies der biblische Vorspruch aus dem Philipperbrief nahe,[4] nämlich

---

1 | Vgl. Newman, John Henry: Parochial and Plain Sermons, Vol. V., London / New York / Bombay 1901, 58–71 = http://www.newmanreader.org/works/parochial/volume5/sermon5.html (abgerufen: 26.06.2019). Deutsche Übersetzung in: Newman, John Henry: Predigten, Bd. V: Pfarr- und Volkspredigten, Bd. I, Stuttgart 1953, 74–89.
2 | Parochial and Plain Sermons / Pfarr- und Volkspredigten, 60/76 – in der früheren deutschen Ausgabe tauchen die Worte *Gleichmut, gleichmütig* aber auch als Übersetzung für *equitableness* bzw. *equitable* auf, vgl. 80/64, 81/64.
3 | Parochial and Plain Sermons, 59, 61, 70.
4 | Parochial and Plain Sermons / Pfarr- und Volkspredigten, 58/74.

die Aufforderung des Paulus: »Freut euch im Herrn zu jeder Zeit! Noch einmal sage ich: Freut euch!« (Phil 4,4) Denn die Leseordnung der anglikanischen Kirche sah seinerzeit für den vierten Adventssonntag – und dies war 1839 der 22. Dezember – neben Joh 1,19–28 als Epistel Phil 4,4–7 vor.[5]

Jedenfalls hebt Newmans Predigt ganz auf Phil 4,4–7 und seinen Autor ab. Näherhin stellt Newman einleitend zweierlei verwundert fest: Zum einen überrascht ihn, dass des Paulus Ankündigung der Wiederkunft Christi im Philipperbrief – »Der Herr ist nahe« (Phil 4,5b) – *nicht* ängstliche Anspannung und ehrfurchtsvolles Erschrecken (*solemn fear and awe*),[6] sondern jubelnde Dankbarkeit, ja sogar die Erfahrung eines unaussprechlichen Friedens (*thanksgiving; peace of God which passeth all understanding*) auslösen soll.[7] Zum anderen erstaunt Newman, dass es ausgerechnet der ruhelose und umtriebige, ja vom Eifer für das Evangelium geradezu glühende (*fervent*) Paulus ist, von dem die Aufforderung zu einer ruhigen (*calm*) und heiteren (*cheerful*) Geisteshaltung stammt.[8]

Und Newman selber? Wie war seine Gemütsverfassung, als er seine Predigt konzipierte und hielt? War er ruhig und heiter? – Anlass, so zu fragen, gibt es durchaus. Denn einerseits war Newman am 22. Dezember 1839 bereits gute zehn Jahre Pfarrer an der Universitätskirche St. Mary the Virgin in Oxford. Das heißt, neben seiner Stellung als Fellow des Oriel College war er zugleich der Universitätsprediger und auch nach eigener Einschätzung zu dieser Zeit »auf der Höhe seines Einflusses in der anglikanischen Kirche«.[9] Andererseits wurden ihm zunehmend katholisierende Tendenzen nachgesagt. Die Stimmen wurden lauter, die in Newmans *Via Media*, in seinem »dritten Weg« zwischen Protestantismus und Katholizismus, eine verkappte Rekatholisierungsaktion vermuteten. Just in dieser Situation hatte sich Newman während der Sommerferien 1839 wieder den Kirchenvätern zugewandt. Näherhin hatte er sich mit den Auseinandersetzungen um den Monophysitismus beschäftigt; und da war es geschehen – wie er später bezeugte: »Während dieses Studiums kam mir zum ersten Mal ein Zweifel an der Möglichkeit, am Anglikanismus festzuhalten.«[10]

---

5 | Vgl. The Proposed Book of Common Prayer, 1689 = http://justus.anglican.org/resources/bcp/1689/ Readings_1689.htm (abgerufen: 26.06.2019).
6 | Kumulativ verweist Newman auf andere Stellen der Schrift; wahrscheinlich denkt er u. a. an die apokalyptische Rede Jesu in Mk 13,5–37 par. und an Sätze wie in Lk 21,26a.
7 | Vgl. Parochial and Plain Sermons / Pfarr- und Volkspredigten, 58/74.
8 | Vgl. Parochial and Plain Sermons / Pfarr- und Volkspredigten, 59f./75f..
9 | Biemer, Günter: John Henry Newman. 1801–1890. Leben und Werk, Mainz 1989, 52.
10 | Newman, John Henry: Apologia pro vita sua, in: Ausgewählte Werke, Bd. I, Mainz 1951, 141. – Zit. nach Biemer, John Henry Newman, 54.

Es ist bekannt, wie es weiterging: Vier Jahre später, im September 1843, wird Newman sein Pfarramt in St. Mary's niederlegen, im Oktober 1845 dann auch als Fellow des Oriel College zurücktreten und sich wenige Tage später in die römisch-katholische Kirche aufnehmen lassen. Wie es aber im Dezember 1839 in ihm wirklich ausgesehen hat? Wer vermag es zu wissen! – Zumindest nimmt er die vier Verse aus dem Philipperbrief (4,4–7) auf und legt diese Schritt für Schritt aus, allerdings in veränderter Abfolge:

- Newman setzt nämlich ein mit Vers 6, beginnt also mit der Aufforderung zur Sorglosigkeit. Dazu entwickelt er einen Gedanken, der an das Buch Kohelet erinnert: Angesichts der Kürze der Zeit und der Unausweichlichkeit des Todes sind weise nur diejenigen, die beides relativieren: was wir wünschen (*human hopes*) und was wir befürchten (*fears*).[11]
- Im zweiten Schritt geht Newman zurück zu Vers 5. Er kritisiert hier zwar die Übersetzung von τὸ ἐπιεικὲς der King-James-Bible durch *moderation* und schlägt vor: *consideration, fairness, or equitablenes*, doch im Endeffekt versteht er die »Güte« oder »Freundlichkeit«, die deutsche Bibelübersetzungen bevorzugen, als eine Folge praktizierten Maßhaltens: Weil und insofern wir wissen, dass der Herr kommt, stehen wir quasi schon außerhalb des Spielfeldes, sind weder selbst verwickelt in den Kampf noch auch Partei und können deshalb Nachsicht üben mit den einen oder Mitgefühl für die anderen hegen.[12]
- Erst der dritte Schritt kommt auf die Eröffnung der Perikope in Vers 4 und also auf die Freude zu sprechen, allerdings zusammen mit der Furcht. Denn in einem bestimmten Zueinander von Furcht und Freude scheint Newman den Skopus des Textes zu finden, und zwar in einem Zusammenhang, der sich nicht der Spekulation, sondern nur dem gelebten Leben erschließt. Newman erläutert es so: Haben wir gesündigt, erfasst uns Furcht und können wir »nichts Besseres tun als darüber trauern«. Ja, wir sollen sogar trauern. Denn in dem Maße, in dem wir wahrhaft vor Gott trauern, »im selben Grad werden wir uns freuen im Herrn, auch während wir uns fürchten«.[13]
- So aber, vierter und letzter Schritt, ist auch zu verstehen, dass uns in Vers 7 schon jetzt der Friede Gottes versprochen ist – allerdings ein Friede, »der jeden Begriff übersteigt«, ein Friede also, den wir nicht haben, sondern in dem wir bewahrt *werden*. So gibt es vieles im Leben, was uns quält, auch

---

11 | Vgl. Parochial and Plain Sermons / Pfarr- und Volkspredigten, 62–64/78–80.
12 | Vgl. Parochial and Plain Sermons / Pfarr- und Volkspredigten, 64–65/80–82.
13 | Vgl. Parochial and Plain Sermons / Pfarr- und Volkspredigten, 65–68/82–85.

»vieles im Evangelium, was uns beunruhigen, vieles, was uns aufrütteln, vieles, was uns erschüttern soll«; und doch kann auch unsere Seele – so das Zeugnis des Paulus – schon »in Gott verankert« und also gelassen sein.[14]

Zum Ende seiner Predigt sagt Newman: »Es kostet nichts, leidenschaftslos zu sein, wenn man nichts fühlt; froh zu sein, wenn man nichts zu fürchten hat; großzügig oder freigebig zu sein, wenn man das, was man gibt, nicht zu eigen hat; und wohlwollend und rücksichtsvoll zu sein, wenn man keine Grundsätze und keine Überzeugungen besitzt.«[15] Newman spricht hier möglicherweise in indirekter Weise von sich selbst, denn: Er hatte Grundsätze und Überzeugungen; und er hatte etwas, was ihm zu eigen war, zu verlieren.

Das Fazit der Predigt ist insofern eine Frage – die Frage an mich selbst, warum ich leidenschaftslos oder großzügig oder gelassen bin: weil der Herr nahe ist oder weil ich gar nicht spüre, dass er kommt.[16]

Predigt 12

Gleichmut

»Freut euch im Herrn allezeit!
Noch einmal will ich es sagen: freut euch!«
(Phil 4,4)

In anderen Teilen der Schrift wird die Aussicht auf die Wiederkunft Christi als ein Grund zu ernster Besorgnis und Furcht und als ein Aufruf zum Wachen und Beten dargestellt; in den mit unserem Schriftwort in Verbindung stehenden Versen wird uns dagegen eine unterschiedliche Sicht der christlichen Gesinnung vor Augen geführt und andere Pflichten werden uns nahe gelegt. »Der Herr ist nahe«, – und was dann? – Nun, in diesem Falle müssen wir »uns freuen im Herrn«; müssen wir uns durch »Mäßigung« hervortun; dürfen uns »um nichts Sorgen machen«; müssen wir von Gottes Großmut, nicht von den Menschen, erbitten, was immer

---

14 | Vgl. Parochial and Plain Sermons / Pfarr- und Volkspredigten, 68–70/85–87.
15 | Parochial and Plain Sermons / Pfarr- und Volkspredigten, 71/88.
16 | Vgl. ebd.

wir brauchen; müssen überfließen in »Danksagung«; und müssen den Frieden pflegen oder vielmehr darum beten und wir werden »den Frieden Gottes, der alles Begreifen übersteigt«, von oben erlangen, um »unsere Herzen und unsere Gedanken in Christus Jesus zu bewahren«.

Dies nun ist eine Sicht christlicher Haltung, die klar und vollständig genug ist, um sich dazu äußern zu können, und sie kann von Nutzen sein aufzuzeigen, dass der Gedanke an die Wiederkunft Christi nicht nur Furcht beschert, sondern auch eine gelassene und heitere Gemütsverfassung.

Vielleicht ist nichts so bemerkenswert, als dass ein Apostel – ein Mann von Schweiß und Blut, ein Kämpfer gegen unsichtbare Mächte und ein Schauspiel für Menschen und Engel, mehr noch, dass der heilige Paulus, ein Mann mit einem so eifernden, so ernstem und so leidenschaftlichem Temperament – ich meine, nichts ist auffallender und bezeichnender, als dass gerade Paulus solch ein Bild von dem gezeichnet hat, was einen Christen ausmachen sollte. Es wäre nicht verwunderlich, – es *ist* nicht verwunderlich, wenn Schriftsteller an einem Tag wie diesem von Frieden, Ruhe, Besonnenheit und Heiterkeit als der Geisteshaltung sprechen, die einem Christen geziemt; doch in Anbetracht dessen, dass Paulus von Geburt ein Jude und auf Grund seiner Erziehung ein Pharisäer war, dass er zu einer Zeit schrieb, da sich die Christen mehr als jemals danach in heftiger und unablässiger geistiger Erregung befanden; da es Verfolgungen und Gerüchte darüber in Überfülle gab; da alles um sie herum in Verwirrung zu geraten schien; da nichts seine feste Ordnung hatte; da es keine Gotteshäuser gab, wo sie Trost suchen konnten, keinen Gottesdienst, der ihr Herz beruhigen konnte, kein Heim, in dem sie Erquickung finden konnten; wenn wir ferner bedenken, dass das Evangelium voll ist von vornehmen und edlen, wenn man so sagen darf, gar romantischen Prinzipien und Beweggründen und tiefen Geheimnissen; – und wenn wir des Weiteren in Betracht ziehen, dass gerade das Thema, das der Apostel mit seinen Ermahnungen verknüpft, jenes Ehrfurcht gebietende Ereignis, nämlich die Wiederkunft Christi ist, – dann ist es wohl der Beachtung wert, dass er in einer solchen Zeit, unter solch einem Bund und solch einer aussichtsreichen Zukunft ein Bild christlicher Gesinnung zeichnet, das nichts an sich hat von Erregung und Anstrengung, das so voll ist von Gelassenheit, so ruhig und ausgeglichen, als hätte der große Apostel in einem Kloster in der Wüste oder in einem Pfarrhaus auf dem Lande geschrieben. Hier zeigt sich sicherlich der Finger Gottes; hier liegt der Beweis für übernatürliche Einflüsse, die den menschlichen Geist unabhängig machen von den äußeren Umständen! Das ist der Gedanke, der sich zuerst aufdrängt; der zweite ist dieser: wie tief und rein ist doch der wahre christliche Geist! – wie schwer, in ihn einzudringen, wie unermesslich, ihn zu umfassen, wie unmöglich, ihn auszuschöpfen! Wer würde solch eine Gelassenheit und solch einen Gleichmut von dem leidenschaftlichen Apostel der Heiden erwarten? Wir wissen, dass Paulus Großes tun, leiden und vollbringen, predigen und bekennen, erhaben und niedrig sein konnte; doch wir hätten glauben können, dies alles sei die Grenze und die Vervollkommnung der christlichen Gesinnung, wie er sie sah, und es bleibe ihm kein Raum mehr für die Gefühle, die wir auf Grund des obigen Schriftwortes und der folgenden Verse ihm zuzuschreiben uns veranlasst sehen.

Und doch ist er, der »sich mehr abgemüht hat als alle« seine Brüder (1 Kor 15,10), auch ein vorbildhaftes Beispiel an Einfachheit, Demut, Frohsinn, Dankbarkeit und Heiterkeit des Geistes. Diese Anlagen waren für den heiligen Paulus besonders charakteristisch und werden auch in seinen Briefen stark hervorgehoben. So zum Beispiel: »Strebt nicht nach dem Hohen, sondern lasst euch zum Geringen herab! Haltet euch selbst nicht für weise! [...] Seid allen Menschen gegenüber auf das Gute bedacht! Soweit es möglich ist und soviel an euch liegt, lebt mit allen Menschen in Frieden!« (Röm 12,16–18). Er fordert, dass »die älteren Männer nüchtern, ehrbar, besonnen, gesund im Glauben, in der Liebe und in der Geduld« seien. »Ebenso die älteren Frauen [...] weder dem verleumderischen Klatsch noch der Trunksucht ergeben, Lehrmeisterinnen im Guten, damit sie die jungen Frauen anleiten können, ihre Männer und Kinder zu lieben, besonnen, keusch, häuslich, tüchtig zu sein, ihren Männern sich unterordnend« (Tit 2,2–6); und dass »die jungen Männer besonnen« seien. Es ist bemerkenswert, dass er diese Ermahnung abschließt mit dem nachdrücklichen Hinweis auf den gleichen Grund, der im Vers im Anschluss an unser Eingangs-Schriftwort genannt ist: »in der Erwartung der seligen Hoffnung und der Offenbarung der Herrlichkeit des großen Gottes und unseres Retters Christus Jesus« (Tit 2,13). In gleicher Weise sagt er, dass die Diener des Herrn »Lauterkeit und würdevollen Ernst in der Belehrung, eine gesunde, untadelige Verkündigung« (Tit 2,7–8) vorweisen müssen; dass sie »untadelig, nicht anmaßend, nicht jähzornig [...] gastfreundlich, voll Liebe zum Guten, besonnen, gerecht, fromm und beherrscht« (Tit 1,7–8) sein müssen. Dies alles entspricht der Umschreibung eines anscheinend fast gewöhnlichen Charakters; ich meine, eines wohl gesetzten, ruhigen, anspruchslosen und schlichten Charakters. Er offenbart wenig Auffallendes und Außergewöhnliches; er ist ganz weltabgewandt, unaufgeregt und aufrichtig.

Bemerkenswert ist auch, dass der Prophet Jesaja diese Haltung als das charakteristische Merkmal des Neuen Bundes vorhergesagt hat: »Die Gerechtigkeit bewirkt das Heil, und die Gerechtigkeit schafft ständige Ruhe und Sicherheit. Auf einer Friedensaue wohnt mein Volk, an sicheren Stätten und sorglosen Ruheplätzen« (Jes 32,17–18).

Wollen wir nun im Einzelnen betrachten, was das für eine Geisteshaltung ist und welches ihre Ursachen sind. Es scheinen folgende zu sein:
– der Herr ist nahe; hier findet ihr keine Ruhe; hier habt ihr keine Bleibe. Handelt daher wie Leute, die nicht in ihrem Eigentum wohnen; die nicht in ihrem Haus leben; die nicht ihre eigene Habe und ihre Einrichtung um sich haben; die sich folglich behelfen und mit allem abfinden, was kommt, und keinen Wert auf Dinge legen, welche die besten ihrer Art sind. »Das aber sage ich euch, Brüder: Die Zeit ist knapp bemessen« (1 Kor 7,29). Welche Rolle spielt es, was wir essen, was wir trinken, wie wir uns kleiden, wo wir wohnen, was man von uns denkt, was aus uns wird, da wir ja nicht zu Hause sind? Wir spüren es Tag für Tag, selbst in dieser Welt, dass wir unruhig sind, wenn wir unser Haus für eine Weile verlassen. Das also ist die Art Gefühl, das der Glaube an Christi Wiederkunft in uns hervorruft. Es lohnt nicht, dass wir uns hier auf Dauer einrichten; es lohnt nicht, Zeit und Gedanken darauf zu verschwenden. Kaum dass wir uns eingerichtet haben, werden wir schon wieder fortziehen müssen.

Nachdem wir uns über den offensichtlich allgemeinen Sinn der Schriftstelle einig sind, wollen wir im Folgenden auf ihre einzelnen Teile eingehen:

1. »Um nichts macht euch Sorgen«, sagt er [Paulus]; Petrus schreibt: »Werft all euere Sorge auf ihn« (1 Petr 5,7); der Herr selbst sagt: »Sorgt euch also nicht um den morgigen Tag, denn der morgige Tag wird für sich selber sorgen« (Mt 6,34). Natürlich ist dies die Geistesverfassung, die direkt aus dem Glauben daran folgt, dass »der Herr nahe ist«. Wer würde sich heute um irgendwelche Verluste oder Gewinne Sorgen machen, wenn er mit Sicherheit wüsste, dass Christus morgen erscheint? – Nicht ein einziger! Nun gut, der wahre Christ empfindet, wie er empfinden würde, wüsste er mit Sicherheit, dass Christus morgen hier sein wird. Denn er weiß sicher, dass Christus zumindest zu ihm kommt, wenn er stirbt; und der Glaube nimmt den Tod vorweg und handelt gerade so, als wäre jener ferne Tag, wenn er denn fern *ist*, vergangen und vorüber. Früher oder später wird Christus kommen, ganz sicher; und wenn er schließlich gekommen *ist*, dann ist es egal, wie viel Zeit bis dahin vergangen ist; – von welcher Dauer dieser Zeitraum auch sein mag, er nimmt ein Ende. Das Jüngste Gericht kommt, ob früher oder später, und der Christ ist sich bewusst, dass er kommt, d. h., die Zeit findet keinen Eingang in sein Kalkül, noch beeinträchtigt sie seine Sicht der Dinge. Wenn Menschen hoffen, ihre Pläne und Vorhaben ausführen zu können, dann kümmern sie sich um sie; wenn sie aber wissen, dass nichts aus ihnen wird, dann lassen sie von ihnen ab oder sie werden ihnen gleichgültig.

So verhält es sich auch mit allen Vorahnungen, Besorgnissen, Ärgernissen, Kümmernissen und Verdrießlichkeiten dieser Welt. »Die Zeit ist knapp bemessen.« Als Mittel der Beruhigung für den Geist, wenn er auf eine Sache fixiert oder bei manchen Vorkommnissen sehr verärgert oder ungehalten ist, wird hin und wieder der kluge Vorschlag gemacht, sich zu fragen: Wie wirst du über all dies in einem Jahr denken? Es leuchtet ohne weiteres ein, dass Dinge, die uns jetzt in höchstem Maße erregen, uns dann überhaupt nicht mehr interessieren; dass Angelegenheiten, mit denen wir jetzt starke Hoffnungen und Ängste verbinden, uns dann nicht mehr bedeuten als Dinge, die am anderen Ende der Welt passieren. So wird es mit allen menschlichen Hoffnungen, Befürchtungen, Freuden, Schmerzen, Eifersüchteleien, Enttäuschungen und Erfolgen sein, wenn der letzte Tag gekommen ist. Es wird kein Leben mehr in ihnen sein; sie werden sein wie verwelkte Blumen auf einem Festbankett, die uns allenfalls komisch anmuten. Oder was wird es uns, wenn wir auf dem Sterbebett liegen, nützen, ob wir reich oder großartig oder glücklich oder geachtet oder einflussreich waren? Alles ist dann vergebens. Nun, was alle Menschen in jenem Augenblick von der Welt halten, das ist das Empfinden des Christen schon jetzt. Er schaut auf die Dinge, wie er dereinst auf sie schauen wird, mit unbeteiligtem und leidenschaftslosem Blick, und er verspürt weder großen Schmerz noch große Freude angesichts der Zufälligkeiten des Lebens, weil es eben Zufälligkeiten sind.

2. Eine andere Seite der hier in Rede stehenden Gesinnung ist das, was unsere Bibelübersetzung als Mäßigung bezeichnet: »Eure Mäßigung sollen alle Menschen erfahren« (Phil 4,5)[17] oder, wie es treffender wiedergegeben werden kann, eure Rücksichtnahme, Fairness oder Unparteilichkeit. Nach Paulus gehört es zur Geisteshaltung eines Christen, im Ruf der Redlichkeit, der Leidenschaftslosigkeit und der Güte zu anderen zu stehen. Die Wahrheit ist, sobald und in dem Maße wie jemand glaubt, dass Christus wiederkommt, und seine eigene Lage als die eines Fremdlings auf Erden erkennt, der eine Wohnstätte auf ihr nur für eine Weile gemietet hat, wird er dem Lauf der menschlichen Angelegenheiten gegenüber Gleichgültigkeit empfinden. Er wird in der Lage sein, ihnen zuzuschauen, ohne sich an ihnen zu beteiligen. Sie werden ihm nichts bedeuten. Er wird fähig sein, an ihnen Kritik zu üben und über sie zu urteilen, ohne Partei zu ergreifen. Das ist gemeint mit »unsere Mäßigung« werde von allen Menschen anerkannt. Diejenigen, die in der einen oder anderen Richtung starke Interessen haben, können keine leidenschaftslosen Beobachter und ehrlichen Richter sein. Sie sind Parteigänger; sie verteidigen eine Gruppe von Leuten und greifen eine andere an. Sie sind voreingenommen gegen jene, die anders sind als sie oder ihnen entgegenarbeiten. Sie können keine Zugeständnisse machen, noch ihnen Mitgefühl entgegenbringen. Der Christ aber kennt keine gespannten Erwartungen, keine scharfen Demütigungen. Er ist fair, gerecht und rück-

---

17 | A.d.Ü.: Die anglikanische King James Bible, nach der John H. Newman in allen seinen Predigten offenbar durchgehend zitiert, hat an dieser Stelle folgenden Wortlaut: »Let your moderation be known unto all men.« – ›Moderation‹ heißt wörtlich übersetzt ›Mäßigung‹, was sprachlich nicht sehr gut in den Zusammenhang passt. In der mir u. a. vorliegenden deutschen Benedikt-Bibel (Herder 2007) lautet die Passage: »Euer gütiges Wesen sollen alle Menschen erfahren«; dies würde inhaltlich dem erläuternden Nachsatz Newmans weitaus besser entsprechen.

sichtsvoll gegen alle, weil er nicht versucht ist, anders zu sein. Er kennt keine Gewalttätigkeit, keine Feindseligkeit, keinen blinden Eifer, keine Parteilichkeit. Er weiß, dass sein Herr und Erlöser triumphieren muss; er weiß, dass er eines Tages vom Himmel kommen wird, niemand kann sagen, wie bald. Im Wissen um das Ziel, dem alles zustrebt, kümmert er sich nicht so sehr um den Weg, der zu ihm hinführt. Wenn wir einen Roman lesen, hält uns der Verlauf der Erzählung so lange in Spannung, bis wir wissen, welchen Ausgang die Dinge nehmen; sobald wir dies aber wissen, erlahmt unser Interesse. So ist es beim Christen. Er weiß, dass der Kampf Christi bis zum Ende dauern wird; dass die Sache Christi am Ende triumphieren wird; dass die Kirche Christi bestehen wird, bis er kommt. Er weiß, was Wahrheit und was Irrtum ist, wo Sicherheit und wo Gefahr ist; und all dieses klare Wissen befähigt ihn, Zugeständnisse zu machen, Schwierigkeiten einzugestehen, Gerechtigkeit gegen die Irrenden zu üben, ihre guten Seiten anzuerkennen, mit der mehr oder weniger guten Haltung, die andere ihm entgegenbringen, sich zufrieden zu geben. Er fürchtet sich nicht; die Furcht nämlich ist es, die aus Menschen Blindgläubige, Tyrannen und Eiferer macht; aber wie es das Vorrecht des Christen ist, über Hoffnung und Furcht, Ungewissheit und ängstlicher Besorgnis zu stehen, so auch geduldig, ruhig, umsichtig und unparteiisch zu sein – und zwar in einem Maße, dass eben diese Fairness seine Persönlichkeit in den Augen der Welt kenntlich macht, »allen Menschen kund« wird.

3. Freude und Frohsinn sind ebenfalls charakteristische Merkmale des Christen gemäß der Mahnung im vorangestellten Bibelwort »Freut euch im Herrn allezeit!«, und dies trotz der Besorgnis und Furcht, die der Gedanke an den Jüngsten Tag hervorrufen sollte. Gerade durch diese starken Gegensätze verdeutlicht uns die Schrift die wahre Bedeutung ihrer verschiedenen Teile. Wäre uns nur geboten worden, uns zu fürchten, dann hätten wir sklavische Angst oder düstere Verzweiflung mit Gottesfurcht verwechselt; und wäre uns nur geboten worden, uns zu freuen, dann hätten wir vielleicht zügellose Freiheit und Ungezwungenheit mit Freude verwechselt; wenn uns aber gesagt wird, uns sowohl zu fürchten als auch zu freuen, gewinnen wir auf den ersten Blick so viel, dass unsere Freude nicht unehrerbietig und unsere Furcht nicht kleinmütig wird; dass, obwohl beide Gefühle bleiben müssen, keines zu dem wird, was es

für sich allein wäre. Das ist es, was wir durch solche Gegensätze unmittelbar als Gewinn mitnehmen. Ich will damit nicht sagen, dass diese Tatsache es uns irgendwie leichter macht, die unterschiedlichen Pflichten, auf die sie sich beziehen, miteinander zu vereinen; dies ist eine weitere und schwierigere Aufgabe; doch so viel gewinnen wir unmittelbar: eine bessere Kenntnis jener unterschiedlichen Pflichten selbst. Und nun spreche ich von der Verpflichtung, sich zu freuen, und ich meine, was immer die Pflicht bedeuten mag, beim Gedanken an den Tag des Gerichts sich sehr zu fürchten und sehr zu zittern – und natürlich ist es eine bedeutsame Pflicht –, kann das Gebot, dies zu tun, das Gebot, sich zu freuen, nicht umstoßen; es kann mit ihm nur insoweit in Konflikt geraten, als es erklärt, was mit »sich freuen« gemeint ist. Die Pflicht, sich in der Erwartung der Wiederkunft Christi zu freuen, bliebe auch dann klar bestehen, wenn uns nicht aufgegeben wäre, sie zu fürchten. Die Pflicht zur Furcht vervollkommnet unsere Freude nur; jene Freude allein ist echt christliche Freude, die durch die Furcht belebt und beseelt und dadurch besonnen und ehrfurchtsvoll wird.[18]

Wie Freude und Furcht miteinander vereinbar sind, können Worte nicht zeigen; nur Handlungen und Taten können es. Jemand möge einfach versuchen, sich zugleich zu fürchten und zu freuen, wie es Christus und seine Apostel ihn heißen, und mit der Zeit wird er das Wie lernen; hat er es aber gelernt, wird er so wenig wie zuvor erklären können, wie ihm beides möglich ist. Er ist dem Anschein nach widersprüchlich, und es lässt sich, zur Genugtuung ungläubiger Menschen, unschwer beweisen, dass dem so ist, wie ja auch die Schrift als widersprüchlich bezeichnet wird. Er wird zum Widerspruch, wie die Schrift es verlangt. Dies trifft verschiedentlich auf Menschen fortgeschrittener Heiligkeit zu. Sie werden der gegensätzlichsten Fehler bezichtigt: sie seien stolz und doch gewöhnlich; allzu einfältig und doch verschlagen; sie hätten ein zu enges und zugleich ein zu weites Gewissen; sie lebten zurückgezogen und doch weltzugewandt; sie klebten bei der Auslegung der Schrift zu sehr am Buchstaben, würden aber gleichwohl Zusätze machen und die Schrift aufheben. Leute von Welt wie auch weniger religiöse Leute können sie

18 | Gemäß der Nikomachischen Ethik des Aristoteles liegt die Tugend in der Mitte (μεσότης) zwischen Übermaß und Mangel.

nicht verstehen und kritisieren gerne jene, die dem Anschein nach widersprüchlich sind, doch nur so leben, wie es die Schrift lehrt.

Doch zurück zur Frage von Freude und Furcht. Man mag einwenden, dass zumindest jene, die in Sünde fallen oder in der Vergangenheit schwer gesündigt haben, dieses erfreuliche und frohe Wesen, das der heilige Paulus fordert, nicht haben können. Ich gebe dies zu. Aber was heißt das anderes als zu sagen, der heilige Paulus gebiete uns, *nicht* zu sündigen? Wenn Paulus uns vor Traurigkeit und Bedrückung warnt, warnt er uns natürlich vor den Dingen, welche die Menschen traurig und bedrückt machen – und daher hauptsächlich vor der Sünde, die ein besonderer Feind der Freude ist. Es ist nicht so, dass die Betrübnis ob der Sünde falsch wäre, wenn wir gesündigt *haben*; falsch ist vielmehr das *Sündigen*, das die Betrübnis verursacht. Hat jemand gesündigt, kann er nichts Besseres tun, als darüber betrübt zu sein. Er soll betrübt sein; und sofern er betrübt ist, ist sein christliches Befinden sicherlich *nicht* vollkommen; aber es ist sein Sündigen, dem dies zuzuschreiben ist. Und doch ist selbst hier Betrübnis nicht unvereinbar mit Freude. Denn es gibt nur wenige Menschen, die wirklich ernsthaft betrübt sind, denen dieser Ernst aber nach einer gewissen Zeit zu Bewusstsein kommt; und wenn jemand weiß, dass es ihm ernst ist, weiß er auch, dass Gott voll Erbarmen auf ihn sieht; und dies gibt ihm hinreichenden Grund zur Freude, auch wenn die Furcht bleibt. Der heilige Petrus konnte sich an Christus wenden: »Herr, du weißt alles, du weißt auch, dass ich dich liebe« (Joh 21,17). Wir können uns natürlich nicht so freimütig an ihn wenden – wir können es aber achtsam tun; wir können sagen, dass wir demütig darauf vertrauen, wie groß auch das Maß unserer vergangenen Sünden und das unserer jetzigen Selbstverleugnung sein mögen, wir doch im Grunde wünschen und uns bemühen, die Welt aufzugeben und Christus zu folgen; und in dem Maße wie dieses Bewusstsein der Aufrichtigkeit in unserem Inneren erstarkt, im gleichen Maße werden wir uns freuen im Herrn, auch wenn wir Furcht haben.

4. Als weiteres Element ist auch der Friede ein Teil derselben Gesinnung. »Der Friede Gottes, der alles Begreifen übersteigt, wird euere Herzen und euere Gedanken in Christus Jesus bewahren« (Phil 4,7). Es gibt vieles im Evangelium, was uns warnen, vieles, was uns aufrütteln, vieles,

was uns heftig erregen soll, aber Ende und Ausgang all dessen ist der *Friede*. »Ehre ist Gott in den Höhen und auf Erden Friede« (Lk 2,14). Man kann sich allerdings fragen, ob nicht Kampf, Verwirrung und Ungewissheit das Los des Christen hienieden sind; warum Paulus selber sagt, dass er »in Sorge« oder in Angst »um alle Gemeinden« sei (2 Kor 11,28) und ob er nicht in seinen Briefen an die Korinther und die Galater viel seelische Not offen bekundet und eingesteht? »Von außen her Kämpfe, von innen her Angst und Sorge« (2 Kor 7,5). Ich gebe zu: gewiss offenbart er bisweilen große geistige Erregung; aber bedenkt Folgendes: Habt ihr je an einem großen Wasser gestanden und die Kräuselung an der Oberfläche beobachtet? Glaubt ihr, dass diese Störung in die Tiefe reicht? Ja, ihr habt sogar schreckliche Stürme auf See gesehen oder davon gehört; Bilder des Schreckens und der Not, die in keinerlei Hinsicht ein geeignetes Symbol sind für die Tränen und Seufzer eines Apostels um seine Herde. Doch selbst diese heftigen Stürme reichen nicht in die Tiefe. Die Tiefen der Meere, die gewaltigen Wassermassen, welche die Erde umspannen, sind bei Sturm ebenso ruhig und still wie bei Windstille. So verhält es sich mit den Seelen heiliger Menschen. Sie haben einen in sich sprudelnden unergründlichen Quell des Friedens; und obgleich die Geschehnisse des Augenblicks sie erregt erscheinen lassen, sind sie es doch in ihrem Herzen nicht. Selbst Engel freuen sich über reuige Sünder und sind, wie wir von daher annehmen dürfen, über reuelose Sünder betrübt, – doch wer will behaupten, dass sie nicht vollkommenen Frieden hätten? Selbst der allmächtige Gott lässt sich dazu herab und spricht von seiner Betrübnis, seinem Zorn und seiner Freude, – ist er aber nicht der Unveränderliche? Und ebenso hatte, um Menschliches mit Göttlichem zu vergleichen, Paulus den vollkommenen Frieden, da seine Seele in Gott wohnte, wenngleich die Heimsuchungen des Lebens ihn bedrücken mochten.

Denn, wie gesagt, der Christ besitzt einen tiefen, stillen, verborgenen Frieden, den die Welt nicht sieht – wie ein Brunnen an einem abgeschiedenen und schattigen Ort, der schwer zugänglich ist. Er ist den größten Teil seiner Zeit allein, und die Einsamkeit ist sein eigentlicher Zustand. Sich selbst und seinem Gott überlassen zu sein, das ist sein wahres Leben. Er kann mit sich selbst auskommen; er kann sich (sozusagen) an sich selbst freuen, denn es ist die göttliche Gnade in ihm, die Gegenwart des ewigen Trösters, an denen er sich freut. Er kann es ertragen, er findet es angenehm, stets allein zu sein: – »Man ist nie weniger allein, denn allein.« Er kann des Nachts sein Haupt auf sein Kissen legen und mit überströmendem Herzen vor Gott bekennen, dass es ihm an nichts mangelt, – dass er »alles empfangen und mehr als genug hat« (Phil 4,18) –, dass Gott ihm alles ist und dass es nichts gibt, was nicht schon sein wäre und Gott ihm geben könnte. Freilich bedarf er mehr Dankbarkeit, mehr Heiligkeit, mehr an Himmlischem, doch der Gedanke, er könne mehr haben, ist kein traurig stimmender, sondern ein freudiger Gedanke. Zu wissen, dass er sich näher zu Gott hin entwickeln kann, stört seinen Frieden nicht. Solcherart ist der Friede des Christen, wenn er mit aufrichtigem Herzen und dem Kreuz vor Augen sich an den wendet und sich dem empfiehlt, bei dem die Nacht so hell ist wie der Tag. Paulus sagt: »Der Friede Gottes wird unsere Herzen und unsere Gedanken *bewahren*« (Phil 4,7). Mit »bewahren« ist gemeint, unsere Herzen »behüten« oder »beschützen«, um gleichsam die Feinde draußen zu halten. Und er spricht von unseren »Herzen und Gedanken« im Gegensatz zu dem, was die Welt von uns sieht. Man mag viel Schlimmes über einen Christen sagen und ihm viel Schlimmes antun, doch ihm ist ein heimlicher Schutz oder Zauber eigen und deshalb macht er sich nichts daraus.

Das sind ein paar Vorstellungen von der Geisteshaltung, die sich für die Jünger dessen ziemt, der einst aus »einer reinen Jungfrau geboren« wurde und sie heißt, »wie neugeborene Kinder nach der geistigen, unverfälschten Milch zu verlangen, damit sie durch sie zum Heil heranwachsen« (1 Petr 2,2). Der Christ ist froh, unbesorgt, freundlich, sanftmütig, höflich, aufrichtig, bescheiden; er kennt keine Anmaßung, keine Geziertheit, keinen Ehrgeiz, kein eigenartiges Verhalten; weil er sich in Bezug auf die Welt weder Hoffnungen macht, noch sie fürchtet. Er ist ernst, nüchtern, besonnen, gesetzt, gemäßigt, mild, dabei aber so wenig ungewöhnlich oder auffallend in seinem Auftreten, dass man ihn auf den ersten Blick leicht für einen ganz gewöhnlichen Menschen halten kann. Es gibt Leute, die meinen, die Religion äußere sich in Verzückung und wohlgesetzter Rede; – zu diesen gehört er nicht. Auf der anderen Seite muss man einräumen, dass es eine Allerwelts-Geisteshaltung gibt, die sich in der Tat ruhig, gelassen und aufrichtig zeigt, von wahrer christlicher Gesinnung jedoch sehr weit entfernt ist. Am heutigen Tage fällt es den Menschen besonders leicht, wohlwollend, freigebig und leidenschaftslos zu sein. Es kostet nichts, leidenschaftslos zu sein, wenn man nichts fühlt; froh zu sein, wenn man nichts zu fürchten hat; großzügig oder freigebig zu sein, wenn man das, was man gibt, nicht zu eigen hat; und wohlwollend und rücksichtsvoll zu sein, wenn man keine Grundsätze und keine Überzeugungen besitzt. Heutzutage sind die Menschen gemäßigt und gerecht, nicht weil der Herr nahe ist, sondern weil sie nicht spüren, dass er kommt. Ruhe ist eine Gnade, aber nicht in sich, sondern nur, wenn sie wie ein Reis veredelt wird auf dem Stamm des Glaubens, des Eifers, der Selbsterniedrigung und des Fleißes.

Möge uns das Glück beschieden sein, im Laufe der Jahre Gnade auf Gnade zu häufen und Stufe um Stufe emporzusteigen, ohne die niedrigere außer Acht zu lassen, nachdem wir die höhere erklommen haben, oder die höhere anzustreben, bevor wir die niedrigere erreicht haben. Die erste Gnade ist der Glaube, die letzte die Liebe; zuerst kommt der Eifer, danach die Herzensgüte; zuerst die Demütigung, dann der Friede; zuerst der Fleiß, dann die Ergebung. Mögen wir lernen, alle Gnaden in uns zur Reife zu bringen: mit Furcht und Zittern, wachsam und bußfertig, denn Christus kommt; mit Freude, Dankbarkeit und Unbesorgtsein um die Zukunft, weil er schon gekommen ist.

Einführung zu Predigt 13:
Der Friede des Glaubens – »Friede im Glauben«
Vollendung – Himmel als Angekommensein

ULRIKE WICK-ALDA

Es verwundert nicht, dass gerade diese Predigt, die sich mit dem Geheimnis der heiligen Dreifaltigkeit beschäftigt, den Schlusspunkt der Homilien zur Einführung in das Christentum bildet. Handelt es sich hierbei doch um den tragenden Grund und die letzte Ausrichtung menschlichen Lebens zugleich. Als Zusammenfassung und Höhepunkt der Einweisungswege in das Christentum steht diese Predigt nun vor dem Geheimnis der Dreieinigkeit und ist konzipiert als Meditation des Schöpfungswirkens Gottes, seines Wesens, das in der Liebe besteht, und des Friedens, der aus diesem Wissen und aus der Teilhabe am Leben Gottes entspringt.

Die vorliegende Homilie wurde aus Anlass des Festes der Heiligen Dreifaltigkeit am 26. Mai des Jahres 1839 gehalten. Dieser Tag ist interessanter Weise zugleich der Gedenktag des heiligen Philipp Neri, den J. H. Newman nach seiner Konversion entdecken und den er einmal ›meinen Heiligen‹ nennen wird. Auf ihn geht die Kongregation des Oratoriums zurück, der J. H. Newman später angehörte und die er durch seine Gründungen in England etablierte. Erstaunlich ist, dass in dieser Predigt viele Andeutungen auftauchen, die an Überlieferungen des heiligen Philipp erinnern und die J. H. Newman zu dieser Zeit selbstverständlich noch nicht kennen konnte. Im Nachhinein betrachtet scheint an diesen Stellen ein Zeichen der tiefen und verborgenen Führung Gottes auf, die ihr Wirken erkennbar macht, wenn sich im Blick des Glaubens Zusammenhänge des Lebensweges in kurzen Momenten geschenkhaft lüften.

Das Vertrauen in die Führung Gottes benennt J. H. Newman in seinen Schriften immer wieder. So scheint es auch in den Worten der nachfolgenden Predigt auf, wo es von Gott heißt: »und er beglückt uns, indem er uns Anteil gibt an sich selbst durch den Sohn im Geist und in seinen zeitlichen Fügungen so wirkt, dass er uns zu dem hinführt, was ewig ist.« Im Blick auf das Erlösungsgeschehen in Jesus Christus spricht J. H. Newman von der »Fügung der aktiven Vorsehungen«[1] und eröffnet in diesem Sinne dem Hörenden direkt wie indirekt die Gelegenheit, in seinem persönlichen Leben diesen Spuren der Führungen Gottes nachzugehen.

J. H. Newman betrachtet das Geheimnis der Heiligen Dreieinigkeit, als der verborgenen Liebe von Vater, Sohn und Geist, und das Geheimnis des Geistes, als dem Band der Liebe, das Vater und Sohn verbindet. Die Unterschiedenheit der drei Personen, die in übereinstimmender Liebe gemeinsam wirken, wird für ihn zum Anlass, diese Wirkweisen der Liebe zu bedenken, denn der Wesensgrund Gottes ist Liebe. Und diese ist, mit J. H. Newman gesprochen, der einzige Grund, weshalb es zu einer Schöpfung kam. Denn es gibt, so J. H. Newman, nicht die geringste Notwendigkeit, die die Tatsache der Schöpfung sonst erklären würde, da Gott in sich selbst schon Gemeinschaft und Vollkommenheit bereits vor der Schöpfung besaß. Die Liebe ist der einzig denkbare Ausgangspunkt, keine abstrakte Liebe, sondern eine Liebe, die den einzelnen Menschen meint, eine personale, zugewandte Liebe, die sich dem freien Geschöpf mitteilt. Aus dieser geschenkten Freiheit heraus erwächst, so bedenkt J. H. Newman weiter, auch die Möglichkeit der Ablehnung Gottes. Der Sündenfall beendet aber die Liebe Gottes zum Menschen keineswegs, im Gegenteil: Die Menschwerdung Jesu Christi sowie sein Erlösungswerk, das im Lehren, in Heilungen und Zeichen zum Ausdruck kommt, bis zum Kreuzestod reicht und Auferstehung und Geistsendung umfängt, hat kein anderes Ziel, als den Menschen heimzuholen in die erneuerte Beziehung mit Gott. Die Anbetung ist die Antwort des Menschen auf dieses Geheimnis, sie folgt aus der Betrachtung des Schöpfungs- und Erlösungswirkens. Diese Betrachtung geschieht vor allem in der inneren und äußeren Ruhe, die der Sonntag als Tag des Herrn bereithält. Das Ziel der Schöpfung ist mit Blick auf den Schöpfungshymnus gerade diese Ruhe in Gott, verstanden als innerer Glaubens-Frieden im Vertrauen auf Gott.

Der betrachtende Blick auf die Heilige Dreifaltigkeit benötigt und erzeugt, wenn er mehr staunend als diskursiv-denkend vollzogen wird, die Haltung innerer Ruhe und inneren Friedens als einem Ruhen in und vor Gott. Denn, so formuliert

---

1 | »Dispensation of active providences«, vgl. John Henry Newman, Sermon XXV. ›Peace in Believing‹ (Trinity Sunday), in: Newman, John Henry, Parochial and plain sermons, Vol. VI, new edition, London 1881, 367.

J. H. Newman: Seine Gegenwart ist Frieden und indem er den Frieden gibt, schenkt er sich selbst.[2]

In dieser Hinsicht soll das Geheimnis der Dreifaltigkeit und das diesem Geheimnis entsprechende Glaubensbekenntnis, wie es bei Athanasius[3] zum Ausdruck kommt (und in seinem Anschluss in den Aussagen der ökumenischen Konzilien von Nizäa [325] und Konstantinopel [381], die sich mit den Fragen der Christologie und der Trinität befassten), existentiell angenommen und in Dankbarkeit genutzt werden als etwas, das im Frieden gemeint ist: »Lasst uns also in Dankbarkeit den Inhalt des heutigen Festes und das Glaubensbekenntnis des heiligen Athanasius als ein Werkzeug des Friedens nutzen, bis es uns, sofern wir dazu gelangen, gewährt ist, das Angesicht Gottes im Himmel zu schauen.« Es soll wiederum zum Frieden dienen, nicht zur intellektuellen oder spekulativen Durchdringung verleiten, was in Vergangenheit und Gegenwart zu Dissens führte und auch heute in ökumenischer Perspektive führen kann. Die Einheit der drei Personen gilt es vielmehr sich vergegenwärtigend zu betrachten, damit die Einheit in der Dreifaltigkeit und die Dreifaltigkeit in der Einheit verehrt werden kann[4]: »Der Vater Gott, der Sohn Gott und der Heilige Geist Gott; der Vater Herr, der Sohn Herr und der Heilige Geist Herr; der Vater nicht geschaffen, der Sohn nicht geschaffen und der Heilige Geist nicht geschaffen; der Vater nicht zu begreifen, der Sohn nicht zu begreifen und der Heilige Geist nicht zu begreifen. Denn da ist die eine Person des Vaters, eine andere Person des Sohnes und eine andere Person des Heiligen Geistes; und so wie der Vater ist, so ist der Sohn, so der Heilige Geist; und doch sind es nicht drei Götter, noch drei Herren, noch drei, die nicht zu begreifen, noch drei, die nicht geschaffen sind, sondern ein Gott, ein Herr, ein nicht Geschaffener und ein nicht zu Begreifender.«[5] J. H. Newman meditiert nachsinnend das genannte ›athanasianische Bekenntnis‹, indem er aus ihm zitiert, die göttli-

2 | »God is the God of peace, and in giving us peace He does but give Himself, He does but manifest Himself to us; for His presence is peace«, vgl. ebd., 363.
3 | Athanasius v. Alexandrien (†373) setzte sich für die wahre Gottheit Jesu Christi gegen den Arianismus ein, sein Einfluss auf die Konzilsentscheidung von Nizäa ist entscheidend. Ein erstes, ihm zugeschriebenes Glaubensbekenntnis, das nah an den nizänischen Formulierungen steht, ist nachzulesen bei Denzinger, Heinrich, Enchiridion symbolorum definitionum et declarationum de rebus fidei et morum. Kompendium der Glaubensbekenntnisse und kirchlichen Lehrentscheidungen, lat.-dt., hg. v. Peter Hünermann, Freiburg [37]1991 (DzH): DzH 46–47. Ein weiteres, wirkungsgeschichtlich bekannteres, ebenfalls Athanasius zugeschriebenes Bekenntnis ist das sog. Pseudo-Athanasianische Bekenntnis »Quicumque«, das auch liturgische Verwendung fand. Es behandelt die Dreifaltigkeit ausführlich und findet sich in DzH 75–76. Hierauf nun rekurriert Newman in der vorliegenden Predigt, indem er einige Aussagen des Bekenntnisses über die drei Personen in ihrer Einheit wörtlich aufgreift, vgl. DzH 75.
4 | Vgl. hierzu DzH 75 (27).
5 | Vgl. DzH 75 (7)–(20).

chen Titel und Eigenschaften hervorhebt und sie im Rahmen seiner Predigt neu sortiert.

Erkenntnistheoretisch kann man mit F. M. Willam[6] von einem doppelten Weg J. H. Newmans sprechen. Sowohl induktiv-aristotelisch als auch deduktiv-stoisch, also erfahrungsbezogen und von Prinzipien her denkend, verfolgt er das Ziel, eigene Erfahrungen und Vernunfteinsichten mit der göttlichen Offenbarung und den Lehraussagen der Kirche zu verbinden. Dies ist auch die Weise seiner Verantwortung und Verteidigung der Glaubensaussagen nach innen und außen. Diese doppelte Linie zeigt sich ebenfalls in der vorliegenden Predigt. Um Einseitigkeiten bei der Newman-Rezeption zu vermeiden, ist es entscheidend, gerade diesen doppelten Ansatz im Blick zu behalten und ihn nicht zu Gunsten nur einer denkerischen Option zu überspringen.

J. H. Newman arbeitet in seiner Predigt mit vielen liturgischen Bezügen. Er schöpft aus dem Tagesgebet und bindet seine Predigt in den größeren Kreislauf des Kirchenjahres ein. Kein Fest steht isoliert, alle sind auf ihre Weise einbezogen in das große Ganze. So ist es ganz natürlich, dass J. H. Newman, der liturgischen Ordnung seiner Zeit entsprechend, ausgehend vom Dreifaltigkeitsfest die nachfolgende Phase des Kirchenjahres bis zur nächsten geprägten Etappe des Advents als Zeit versteht, dieses Geheimnis der göttlichen Trinität anbetend zu bedenken. So wird diese Zeitspanne des Kirchenjahres zu einer Einübung in das Leben, das hier bereits beginnt und das sich an den irdischen Lebensweg im Glauben anschließt.

Das Ziel des Christen, das J. H. Newman mit dem der Predigt vorangestellten Zitat aus dem Prophetenbuch Jesaja beschreibt, ist dann diese endgültige Betrachtung Gottes in seiner Gegenwart, d. h., mit den himmlischen Serafim einzustimmen in das dreifache Heilig, das vor Gottes Thron erklingt. Es ist letztlich das Ziel menschlichen Lebens, dass sich diese hier auf Erden begonnene Gottesbeziehung vollendet und sich der Mensch, sofern er – wie J. H. Newman sagt – für würdig befunden wird, einreihen darf in die dauerhafte Anschauung Gottes, die ihn von innen her so erfüllen wird, dass Lobgesang aus ihm hervorbricht. Es ist dies eine exponierte Weise der Gottes- und Selbsterkenntnis, die geschenkhaft zuteil wird und den ganzen Menschen erfasst.

Es sei gestattet, an dieser Stelle einen Beitrag aus einem Brief Philipp Neris zu zitieren, der später J. H. Newmans Patron werden sollte. Er schreibt: »Und

---

6 | Willam, Franz Michel; Die Erkenntnislehre Kardinal Newmans. Systematische Darlegung und Dokumentation. Bergen-Enkheim 1969, bes. 31–37.

denkt nicht, dass es eine Mühe sein wird, mit den Engeln und allen anderen Seligen immer zu rufen: *Heilig, Heilig, Heilig*, sondern aus einem Übermaß so vieles Guten, das wir haben werden, das Gott von Ewigkeit her für uns bereitet hat, damit wir uns für immer an ihm freuen, – denn wir haben die Anschauung und den Besitz mit dem Genuss und können uns nicht sättigen an dieser Sättigung, weil der Appetit und der Hunger ständig mit dem Übermaß und der Fülle von soviel Gutem, das er uns mitteilt, wachsen – können Herz, Mund, Stimme und alle Knochen und Kräfte gar nicht anders, als ausrufen: Benedictus et Sanctus in saecula saeculorum. Amen.«[7]

Eindrucksvoll zeigt sich in der nachfolgenden Predigt, wie J.H. Newman den Glaubensvollzug versteht. Es geht ihm um ein existenzielles Mitvollziehen, um die Mitfeier des Kirchenjahres einerseits, gleichzeitig auch um eine lebensgeschichtliche Deutung des liturgisch gefeierten Jahres und seiner Feste. So verbindet Newman den liturgischen Jahreszyklus mit den kleinen und großen Abschnitten und Wechselfällen menschlichen Lebens, er ›biographiert‹ das liturgische Jahr und deutet die menschlichen Geschicke im Spiegel des Kirchenjahres: »Nach Weihnachten, Ostern und Pfingsten kommen der Dreifaltigkeitssonntag und die darauf folgenden Wochen; und in gleicher Weise, nach den angstvollen Mühen unserer Seele; nach der Geburt aus dem Geist; nach Prüfung und Versuchung; nach Sorge und Schmerz; nachdem wir der Welt täglich gestorben und zur Heiligkeit aufgestiegen sind, kommt endlich jene ›Ruhe, die noch aussteht für das Volk Gottes‹ (Hebr 4,9). Nach dem Fieber dieses Lebens; nach Ermüdung und Krankheit; Kampf und Mutlosigkeit; Mattigkeit und Verdrießlichkeit; Anstrengung und Versagen; Anstrengung und Erfolg; nach all den Zufällen und Wechselfällen dieses beunruhigend ungesunden Zustandes kommt endlich der Tod, endlich der große, weiße Thron Gottes (Offb 20,11), endlich die selige Anschauung.« Die Erfüllung dieser Hoffnung nimmt er, wie bereits erwähnt, auch wenn sie im Glauben begründet ersehnt werden kann, nicht einfach schon vorweg, sondern überlässt sie dem, der der eigentliche Richter ist.

Es gilt, sich ganz am Willen Gottes zu orientieren, ihn zu erfragen, nach ihm zu suchen, um ihn dann auch zu tun und nicht in Abhängigkeiten von eigenen Meinungen oder anderen Menschen zu geraten. Diese ausschließliche Ausrichtung auf Gott ist es auch, die den Menschen innerlich so bereitet, dass er fähig wird, Gott immer mehr Raum in sich zu gewähren, ihn in sich wirken zu lassen und aufzuneh-

---

7 | Brief an Sr. M. Vittoria Trevi, 11. Okt. 1585, in: San Filippo Neri. Gli Scritti e le Massime, a cura di Antonio Cistellini, Brescia 1994, 79; dt. Übers. UWA.

men. Das Wohnen Gottes beim Menschen und die ›Ein-Wohnung‹ Gottes im Menschen, von der J. H. Newman in Anlehnung an Joh 14,21ff. spricht, die ›inhabitatio‹, gehören zum mystischen Bereich christlichen Lebens.[8] Als gnadenhaft geschenkte Einsenkung Gottes im Inneren des Menschen ist diese Verbindung mit dem göttlichen Leben im Horizont der Dreieinigkeit zu sehen. Punktuell als Moment erlebt oder als Weise des Wirkens des Heiligen Geistes im Menschen verstanden, wird auch dieses Geheimnis nicht weiter erklärt, sondern mehr betrachtet, denn es ist die Fülle der Gottheit, die sich dem Geschöpf in voller Liebe mitteilen will. »Lasst uns ihn um ein verständiges Herz bitten und jene Liebe zu ihm, die das natürliche Empfinden der neuen Schöpfung und der Atem des geistigen Lebens ist. Lasst uns ihn um den Geist des Gehorsams und der treuen Pflichterfüllung bitten; um einen aufrichtigen Geist, der ernstlich entschlossen ist, seinen Willen zu tun, ohne Hintergedanken, ohne eigensüchtige Pläne, ohne Bevorzugung der Schöpfung vor dem Schöpfer, sondern offen, klar, gewissenhaft und treu. So wird er sich mit der Zeit herablassen, Wohnung in uns zu nehmen; der Geist der Wahrheit, den die Welt nicht fassen kann, wird in uns wohnen und in uns sein, und Christus ›wird uns lieben und sich uns offenbaren‹ (Joh 14,21), und ›der Vater wird uns lieben; und sie werden zu uns kommen und Wohnung bei uns nehmen‹ (Joh 14,23).« J. H. Newman sieht das göttliche Wohnen beim Menschen ausgehend von den genannten Schriftstellen wie auch die Vätertheologie trinitarisch, er transponiert dieses Wohnen auch auf das Miteinander in Gott, denn der Heilige Geist wohnt im Vater und im Sohn und in ihm wohnen Vater und Sohn. So spricht er von einer liebevollen gegenseitigen Durchdringung.

Besonders zu beachten ist, dass J. H. Newman diese Predigt im Themenkreis des Friedens, des Ruhens in Gott, verortet. Sie ist überschrieben mit: »Peace in Believing«, also mit »Friede in der Haltung des Glaubens/des Vertrauens« und zeigt antizipierend auch J. H. Newmans eigenen Glaubens- und Lebensweg auf. Einige Formulierungen, die er hier in dieser Predigt verwendet, erinnern an Passagen aus der »Apologia pro vita sua«, in der er in Kapitel 5 (»Position of my Mind since 1845«) seinen inneren Zustand nach der Konversion beschreibt: »I have been in perfect peace and contentment«[9] und kurz darauf: »it was like coming into

---

8 | Vgl. Weismayer, Josef, Einwohnung Gottes, in: LThK³, Bd. 3, Sonderausgabe, Freiburg 2006, 560–562.
9 | Newman, Card. John Henry, Apologia pro vita sua. Neuauflage der Ausgabe von 1908, New York 2007, 155.

port after a rough sea«[10], ein Bild, das an das bekannte Gedicht »Lead kindly Light« anschließen dürfte, das er auf hoher See am 16. Juni 1833 verfasste. Interessant ist auch, dass J.H. Newman seine Priesterweihe in Rom am Dreifaltigkeitssonntag des Jahres 1847 empfing. Die Überantwortung der eigenen Existenz als Überantwortung der ganzen Person in Gottes Hand kommt nicht nur in seinem bereits erwähnten Gebet »Lead kindly light« – »Führ, liebes Licht« zum Ausdruck, es ist die Grundhaltung, zu der er auch in dieser Predigt ermutigt, wenn er aus dem Prophetenbuch Jesaja zitiert: »Du wirst in vollem Frieden erhalten den, der auf dich vertraut. Vertraut auf den Herrn zu aller Zeit, denn der Herr ist ein ewiger Fels« (Jes 26,3–4).

In zwei von seinen Schülern tradierten geistlichen Grundsätzen Philipp Neris heißt es dazu: »Er [Philipp] sagte auch, man solle sich mit dem, was der Herr wolle, zufrieden geben und sich mit ganzer Ergebenheit in seine heiligsten Hände überantworten. Und darum pflegte er oft in seiner Krankheit aus sehr großem Demutsgeist heraus diese Worte zu sagen: Herr, wenn du mich willst, komme ich, schau, hier bin ich, wenn ich auch nichts Gutes getan habe: Macht Ihr es.«[11] »In ähnlicher Weise sagte er, dass es notwendig sei, sich in allem und für alles in die Hände Gottes zu werfen. Und er sagte: Wenn Gott nichts von euch will, dann wird er euch in den Bereichen, in denen er euch einsetzen will, zu Guten machen.«[12]

Glaube als »believing« ist bereits Vollzug. Im Vertrauen darauf, dass der, der die Kirche im Verborgenen führt, durch die Geschichte der Jahrhunderte hindurch, auch jedes einzelne Leben, das sich ihm anbefiehlt, getreulich leitet, weist J.H. Newman in der vorliegenden Predigt den Weg zum Ziel, das schon hier anfanghaft eingeübt werden kann: Die betende Anschauung Gottes. Es geht J.H. Newman um die gläubige Haltung, die das Betrachten der Glaubensgeheimnisse befördert. Diese Betrachtung bleibt nicht äußerlich, sondern nimmt den Menschen mit hinein in das Geheimnis der Dreifaltigkeit und bereitet den Weg für das Wohnen Gottes im Menschen. Dieses Eintauchen in das Geheimnis der Heiligen Dreifaltigkeit ist letztlich die Antizipation des eschatologisch erhofften Lebens vor Gottes Angesicht.

Der Heilige Geist, den J.H. Newman »Tröster« nennt, begleitet und führt den Menschen zur Anbetung Gottes. Dies tut er, indem er als Geist Gottes und Jesu Christi in die Wahrheit Gottes einführt, so, wie es der Mensch tragen kann, und

10 | Ebd.
11 | Maxime ACR, A. III.9, Nr. 43, in: San Filippo Neri. Gli Scritti e le Massime, a cura di Antonio Cistellini, Brescia 1994, 156; dt. Übers. UWA.
12 | Maxime ACR, A. III.9, Nr. 44, ebd.

ihm die Geheimnisse des Glaubens erschließt, die ihm bislang noch verborgen sind. Suchende und gläubige Menschen ermuntert J.H. Newman dazu, sich mit Vertrauen dieser Führung zu überlassen.

Predigt 13
Friede im Glauben

»Einer rief dem anderen zu und sprach:
Heilig, heilig, heilig ist der Herr der Heerscharen.«
(Jes 6,3)

Jeder Tag des Herrn ist ein Tag der Ruhe; der heutige jedoch ist dies vielleicht mehr als jeder andere. Er erinnert nicht an eine Tat Gottes, und wäre sie noch so barmherzig und glorreich, sondern an seine eigene unsagbare Vollkommenheit und sein anbetungswürdiges geheimnisvolles Wesen. Es ist ein Tag, der in besonderer Weise dem Frieden geweiht ist. Unser Herr hat uns seinen Frieden hinterlassen, als er wegging: »Frieden hinterlasse ich euch, meinen Frieden gebe ich euch. Nicht so, wie die Welt ihn gibt, gebe ich ihn euch« (Joh 14,27); und er sagte, er werde ihnen einen Tröster senden, der ihnen den Frieden geben sollte. Vergangene Woche haben wir der Herabkunft dieses Trösters gedacht, heute gedenken wir in besonderer Weise der Gabe, die er mit sich gebracht hat, in jener großen Lehre, die ihre Verkörperung und ihr Werkzeug ist. »Das habe ich zu euch gesagt, damit ihr in mir Frieden habt. In der Welt seid ihr in Bedrängnis« (Joh 16,33). Christus sagt hier, dass er anstelle der Sorgen und Nöte dieser Welt seinen Jüngern Frieden gibt; daher beten wir im heutigen Tagesgebet, dass wir im Glauben an die ewige Dreiheit in der Einheit bewahrt *und* »vor allem Unheil beschützt« werden mögen, denn im Festhalten an diesem Glauben werden wir vor Not behütet.

Daher wird auch in dem Segen, den Moses die Priester über die Kinder Israels sprechen ließ, der Name Gottes auf sie gelegt, und dies dreimal, damit sie gesegnet und behütet blieben, damit sein Angesicht über ihnen leuchte und ihnen der Friede zuteil werde. Aus diesem Grunde erteilen wir auch in unserer feierlichen Segensformel, mit der wir den Gottesdienst beschließen, dem Volk »den Frieden, der alles Begreifen übersteigt« (Phil 4,7), und den »Segen des Vaters, des Sohnes und des Heiligen Geistes«.

Gott ist der Gott des Friedens und indem er uns den Frieden gibt, offenbart er sich uns; denn seine Gegenwart ist Frieden. Deshalb hat unser Herr in derselben Rede, in der er seinen Jüngern den Frieden verhieß, auch versprochen, dass »er kommen und sich ihnen offenbaren werde«, dass »er und sein Vater zu ihnen kommen und Wohnung bei ihnen nehmen werden« (Joh 14,21.23). Frieden ist sein immerwährender Zustand; in dieser Welt von Raum und Zeit hat er gewirkt und gehandelt; von Ewigkeit her aber war dies nicht so. Denn sechs Tage arbeitete er, dann ruhte er von seinem Werk in jener Ruhe, die sein Zustand von Ewigkeit her war; doch ruhte er nicht so, als dass er nicht in gewisser Hinsicht »bis jetzt wirkte« (Joh 5,17), – einwirkte im Erbarmen und im Gericht auf jene Welt, die er erschaffen hatte. Vor allem aber, als er seinen eingeborenen Sohn in die Welt sandte und dieser allgütige und allbarmherzige Sohn, unser Herr, sich herabließ, zu uns zu kommen, wirkten er und sein Vater mit mächtiger Hand; sie schenkten uns den Heiligen Geist, den Tröster, der auf ebenso wunderbare Weise wirkte und fortwirkt, bis jetzt. Freilich besteht das ganze Geschehnis der Erlösung in einer Reihe großer und fortgesetzter Werke; aber sie alle streben immer noch hin nach Ruhe und Frieden, wie im Anfang. Sie begannen aus der Ruhe und sie enden in Ruhe. Sie enden in jenem ewigen Zustand, aus dem sie ihren Anfang nahmen. Der Sohn war von Ewigkeit im Schoße des Vaters als sein geliebter und eingeborener. Er liebte ihn vor Anbeginn der Welt. Er lebte in Herrlichkeit mit ihm, ehe die Welt war. Er war im Vater und der Vater in ihm. Niemand kannte den Sohn außer der Vater, und niemand den Vater außer der Sohn. »Im Anfang war das Wort, und das Wort war bei Gott, und Gott war das Wort« (Joh 1,1). Er war »der Abglanz seiner Herrlichkeit und das Abbild seines Wesens« (Hebr 1,3); und in dieser unbeschreiblichen Einheit von Vater und Sohn war auch der Geist, als Geist des Vaters und Geist des Sohnes; der Geist beider zugleich, unzertrennlich von ihnen, doch verschieden, so dass sie drei Personen, ein Gott, von Ewigkeit her waren.

So war es, wie uns berichtet wird, von Ewigkeit her; – ehe Himmel und Erde geschaffen wurden, ehe der Mensch fiel oder die Engel sich auflehnten, ehe die Söhne Gottes am Morgen der Schöpfung geformt wurden, ja ehe die Seraphim waren, die ihr Angesicht vor ihm verhüllten und »Heilig« riefen, war er da ohne Diener, ohne Gefolge, ohne königlichen Hofstaat, ohne die Offenbarung seiner Herrlichkeit, ohne alles außer ihm selbst; er sein eigener Tempel, seine eigene Ewige Ruhe, seine eigene höchste Wonne, von Ewigkeit. O wunderbares Geheimnis! O Tiefe seiner Majestät! O tiefe Gedanken, die allein der Geist kennt! Wunderbar und fremdartig für Geschöpfe wie wir, die auf der Erde kriechen, dass er, der Allmächtige, der Allweise, der Allgütige, der Allherrliche eine Ewigkeit lang, auf Jahre ohne Ende oder vielmehr außerhalb jeder Zeit, die auch nur von ihm geschaffen ist, dass er ohne jene dagewesen sein soll, durch die er seine Macht erweisen, in denen er weise, gegen die er gütig sein und durch die er verherrlicht werden konnte. Wie wunderbar, dass all seine tiefen und unendlichen Merkmale nicht offenbar hätten werden sollen! O wunderbarer und zudem tröstlicher Gedanke für uns Erdenwürmer, sooft wir in uns Gaben spüren und in anderen Gaben sehen, die nicht zur Entfaltung gelangen, und Kräfte, die reglos bleiben! Er, der allmächtige Gott, ruhte von Ewigkeit her und tat keine Werke; warum sollte er *nicht* ruhen, wo es doch so wunderbar ist zu sehen, wie selig er in sich selbst war? Warum sollte *er* danach verlangen, Wesen außerhalb seiner selbst zu kennen, zu lieben und mit ihnen zu verkehren, da er doch ganz sich selbst genügte? Weshalb sollte er der Gesellschaft anderer bedürfen, als wäre er ein Mensch, da er doch nicht einsam war, sondern allezeit sein eingeborenes Wort bei sich hatte, an dem er Wohlgefallen fand und das er unsagbar liebte, sowie den ewigen Geist, das wahre Band der Liebe und des Friedens, der im Vater und im Sohn wohnte und in dem Vater und Sohn wohnten? Wie kam es dann aber, dass er überhaupt mit der Schöpfung begann, er, der einen Sohn hatte ohne Anfang und ohne Mängel, den er mit vollkommener Liebe lieben konnte? Welch äußerstes Übermaß an Güte war es, dass er sich schließlich herablassen sollte, sich mit einer Schöpfung zu umgeben; er, der nichts brauchte, und dass er sein immerwährendes Schweigen gegen die Fügung der Vorsehung und den Kampf zwischen Gut und Böse eintauschen sollte! Ich spreche hier nicht vom abtrünnigen Verhalten ihm gegenüber, nicht von Auflehnungen und von Lästerungen, die von Menschen und Teufeln begangen worden sind. Ich spreche nicht von jenem unsagbaren Reich der Pein, dem Kerker der Unbußfertigen, der fortan mit ihm gleich ewig bestehen soll, als läge er im Wettstreit mit seinen himmlischen Wonnen. Ich spreche nicht davon, denn das Böse kann Gott nicht berühren; und all die Sünden jener verworfenen Seelen können seine immerwährende Glückseligkeit nicht beeinträchtigen. Aber ich frage mich, wie es kam, dass er, der nichts bedurfte, der alles in allem war, der unendliche Seinesgleichen hatte im Sohn und im Geist, die eins mit ihm waren, – wie kam es, dass er seine Heiligen schuf, wenn nicht aus reiner Liebe zu ihnen von Ewigkeit her? Warum sollte er den Menschen nach seinem Bilde schaffen, da der Sohn bereits sein Bild war, allvollkommen, allgetreu, unveränderlich, ohne Fehl, aufgrund einer natürlichen Eigenartigkeit und Einheit im Wesen? Und als der Mensch fiel, warum ließ er nicht vom ganzen Geschlecht ab oder vernichtete es und schuf ein neues? Warum ging er so weit, eine neue und noch wunderbarere Heilstat an uns zu beginnen, und wie er Wunderbares in der Vorsehung gewirkt hatte, auch Wunderbares in der Gnade zu wirken, indem er sogar seinen eingeborenen Sohn sandte, unsere gefallene Natur anzunehmen und sie durch seine Vereinigung mit ihr zu reinigen und zu erneuern; dass er vielmehr noch, so unendlich seine eigene Seligkeit und die Vollkommenheit seines Sohnes und die Nichtswürdigkeit des Menschen waren, in seiner liebevollen Güte beschlossen hat, jenem nichtswürdigen Menschen zum Teilhaber an der Vollkommenheit seines Sohnes und seiner eigenen Seligkeit zu machen?

Und so geschah es, dass er den Menschen, wie er ihn am Anfang geschaffen hatte, auch erlöste; der Geschichte dieser Erlösung sind wir in den letzten sechs Monaten in unseren Gottesdiensten nachgegangen. Wir haben in der Erinnerung das gesamte Geschehen dieser Fügung der tätigen Vorsehung verfolgt, das Gott um unserer Erlösung willen seinem ewigen und unendlichen Ruhen hinzugefügt hat. Zuerst haben wir, in den Wochen des Advents, seines Herannahens gedacht; dann, an Weihnachten, seiner Geburt aus der Jungfrau Maria, nach einer wunderbaren Empfängnis; dann seiner Beschneidung; seiner Offenbarung vor den Weisen; seiner Taufe und des Anfangs seiner Wundertätigkeit; seiner Darstellung im Tempel; seines Fastens und seiner Versuchung in der Wüste, in der Fastenzeit; seiner Todesangst im Garten Gethsemani; des

Verrats an ihm; seiner Verspottung und Geißelung; seines Kreuzes und Leidens; seines Begräbnisses; seiner Auferstehung; der in den darauf folgenden vierzig Tagen mit seinen Jüngern geführten Gespräche; danach seiner Auffahrt in den Himmel; und schließlich der Herabkunft des Heiligen Geistes, damit dieser statt seiner bei der Kirche bleibe bis zum Ende – bis zum Ende der Welt; denn so lange soll der allmächtige Tröster bei uns bleiben. Und so wurden wir durch die Gedächtnisfeier der gnadenreichen Sendung des Geistes in der vergangenen Woche an das Ende aller Dinge geführt; was bleibt nun noch, als dessen zu gedenken, was nach dem Ende sein wird? – die Wiederkehr der ewigen Herrschaft Gottes, des unendlichen Friedens und der seligen Vollkommenheit des Vaters, des Sohnes und des Heiligen Geistes, durch die Früchte der Schöpfung und der Erlösung wohl unterschieden von dem, was sie einst waren, aber unterschiedslos in der höchsten Glückseligkeit, der unsagbaren gegenseitigen Liebe und der unermesslichen Tiefe der Heiligkeit, in denen die drei Personen der ewigen Dreifaltigkeit wohnen. Er also ist Gegenstand der heutigen Feier – der Gott der Liebe, der Heiligkeit, der Glückseligkeit; in dessen Gegenwart die Fülle des Frohseins und der Freude liegt; der ist, was er immer war, und uns Sünder zu dem geführt hat, was er immer war. Er hat den Frieden und die Liebe nicht als Teil seiner Schöpfung ins Dasein gerufen, sondern er selbst war Friede und Liebe von Ewigkeit her und er beglückt uns, indem er uns Anteil gibt an sich selbst durch den Sohn im Geist und in seinen zeitlichen Fügungen so wirkt, dass er uns zu dem hinführt, was ewig ist.

Deshalb gehen in der Schrift die Verheißungen der Ewigkeit und der Gewissheit zusammen; denn wo es keine Zeit gibt, da gibt es auch keinen Wandel mehr. »Der ewige Gott ist deine Zuflucht, Israel«, sagt Moses vor seinem Tod, »und hienieden sind seine ewigen Arme; er vertreibt die Feinde vor dir und spricht: Vernichte sie! Nun wohnt Israel in Sicherheit« (Dtn 33,27-28). Und ferner: »Du wirst in vollem Frieden erhalten den, der auf dich vertraut. Vertraut auf den Herrn zu aller Zeit, denn der Herr ist ein ewiger Fels« (Jes 26,3-4). Und weiter: »So spricht der Hohe und Erhabene, der in Ewigkeit wohnt [...] Ich wohne in der Höhe und im Heiligtum. Dennoch bin ich bei den Zerknirschten und Demütigen, um den Mut der Gebeugten zu beleben, zu beleben das Herz der Zerknirschten [...] Ich schaffe Lob auf den Lippen: Friede, ja Friede den Fernen und den Nahen« (Jes 57,15-19). Und in gleicher Weise wird unser Herr und Erlöser geweissagt als »*ewiger* Vater und *Friedens*fürst« (Jes 9,6). Und wiederum, mehr im Besonderen eingehend auf das, was er für uns getan hat, heißt es: »Die Gerechtigkeit schafft *Friede*, die Frucht des Rechts ist *ewige Sicherheit*« (Jes 32,17).

Wie wir nunmehr viele Wochen hindurch des Heilsgeschehens gedacht haben, durch welches uns die Gerechtigkeit mit der Zeit zurückgebracht wurde, so lasst uns von heute an die unendliche Vollkommenheit des allmächtigen Gottes vor Augen halten sowie unsere Hoffnung, sie im Jenseits zu sehen und sich ihrer zu erfreuen. Bis heute haben wir seine großen Werke gefeiert; ab heute preisen wir ihn selbst. Die kommenden fünfundzwanzig Wochen stellen wir uns gegenständlich vor, was im Jenseits sein wird. Wir treten in unsere Ruhe ein, indem wir eintreten mit ihm, der durch sein Wirken und Leiden das Himmelreich allen Gläubigen geöffnet hat. Ein halbes Jahr lang halten wir still, gleichsam nur damit beschäftigt, ihn anzubeten und mit den Seraphim, wie es in unserem Bibelwort heißt, ohne Unterlass zu rufen: »Heilig, heilig, heilig.« Alles in der göttlichen Vorsehung, all sein Handeln an uns, alle seine Urteilssprüche, Gnadenerweise, Warnungen und Äußerungen streben hin nach Frieden und Ruhe als ihrem letzten Ziel. Alle unsere Sorgen und Freuden hier auf Erden, alle unsere Ängste, Befürchtungen, Zweifel, Schwierigkeiten, Hoffnungen, Ermutigungen, Bedrängnisse, Verluste und Erfolge führen auf diesen einen Weg. Nach Weihnachten, Ostern und Pfingsten kommen der Dreifaltigkeitssonntag und die darauf folgenden Wochen; und in gleicher Weise, nach den angstvollen Mühen unserer Seele; nach der Geburt aus dem Geist; nach Prüfung und Versuchung; nach Sorge und Schmerz; nachdem wir der Welt täglich gestorben und zur Heiligkeit aufgestiegen sind, kommt endlich jene »Ruhe, die noch aussteht für das Volk Gottes« (Hebr 4,9). Nach dem Fieber dieses Lebens; nach Ermüdung und Krankheit; Kampf und Mutlosigkeit; Mattigkeit und Verdrießlichkeit; Anstrengung und Versagen; Anstrengung und Erfolg; nach all den Zufällen und Wechselfällen dieses beunruhigend ungesunden Zustandes kommt endlich der Tod, endlich der große, weiße Thron Gottes (Offb 20,11), endlich die selige Anschauung. Nach der Ruhelosigkeit kommen Ruhe, Friede, Freude; – unser ewiger Anteil, sofern wir seiner würdig sind; – der Anblick der seligen Drei, des einen

Heiligen; der Drei, die Zeugnis ablegen im Himmel; in unzugänglichem Licht; in Herrlichkeit ohne Fehl und Makel; in der Kraft ohne »Wechsel oder Schatten von Veränderung« (Jak 1,17). Der Vater Gott, der Sohn Gott und der Heilige Geist Gott; der Vater Herr, der Sohn Herr und der Heilige Geist Herr; der Vater nicht geschaffen, der Sohn nicht geschaffen und der Heilige Geist nicht geschaffen; der Vater nicht zu begreifen, der Sohn nicht zu begreifen und der Heilige Geist nicht zu begreifen. Denn da ist die eine Person des Vaters, eine andere Person des Sohnes und eine andere Person des Heiligen Geistes; und so wie der Vater ist, so ist der Sohn, so der Heilige Geist; und doch sind es nicht drei Götter, noch drei Herren, noch drei, die nicht zu begreifen, noch drei, die nicht geschaffen sind, sondern ein Gott, ein Herr, ein nicht Geschaffener und ein nicht zu Begreifender.

Lasst uns also in Dankbarkeit den Inhalt des heutigen Festes und das Glaubensbekenntnis des heiligen Athanasius als ein Werkzeug des Friedens nutzen, bis es uns, sofern wir dazu gelangen, gewährt ist, das Angesicht Gottes im Himmel zu schauen. Was die selige Anschauung uns dann zuteil werden lässt, das vermittelt uns jetzt die Betrachtung der geoffenbarten Geheimnisse gleichsam bildhaft. Die Lehre von der heiligen Dreifaltigkeit ist zum Gegenstand besonderen Streits unter den erklärten Anhängern Christi geworden. Sie hat ein Schwert auf die Erde gebracht, sollte aber eigentlich den Frieden bringen. Und sie bringt wirklich den Frieden jenen, die diese Lehre demütig im Glauben annehmen. Bitten wir Gott, sie uns zum rechten Gebrauch zu segnen, damit sie kein Anlass zum Streit sei, sondern zur Anbetung; nicht zur Trennung, sondern zur Einheit; nicht zur Eifersucht, sondern zur Liebe. Lasst uns dem in Andacht nahen, von dem sie spricht, mit dem Bekenntnis unserer Lippen und unserer Herzen. Lasst uns der Zeit entgegensehen, da diese Welt und all ihre Verblendung vergangen sein werden; und da wir und jeder von einer Frau Geborene entweder im Himmel oder in der Hölle sein werden müssen. Lasst uns danach verlangen, uns im Schatten seiner Flügel zu bergen. Lasst uns ihn um ein verständiges Herz bitten und jene Liebe zu ihm, die das natürliche Empfinden der neuen Schöpfung und der Atem des geistigen Lebens ist. Lasst uns ihn um den Geist des Gehorsams und der treuen Pflichterfüllung bitten; um einen aufrichtigen Geist, der ernstlich entschlossen ist, seinen Willen zu tun, ohne Hintergedanken, ohne eigensüchtige Pläne, ohne Bevorzugung der Schöpfung vor dem Schöpfer, sondern offen, klar, gewissenhaft und treu. So wird er sich mit der Zeit herablassen, Wohnung in uns zu nehmen; der Geist der Wahrheit, den die Welt nicht fassen kann, wird in uns wohnen und in uns sein, und Christus »wird uns lieben und sich uns offenbaren« (Joh 14,21), und »der Vater wird uns lieben; und sie werden zu uns kommen und Wohnung bei uns nehmen« (Joh 14,23). Wenn dann schließlich die unausweichliche Stunde kommt, werden wir imstande sein, unsere Seele voller Sanftmut zu übergeben, unsere sündige, doch gleichwohl erlöste Seele, in großer Schwäche und unter viel Zittern, mit vielen Selbstvorwürfen und tiefem Schuldgeständnis, doch in festem Glauben, in froher Hoffnung und in stiller Liebe an Gott den Vater, Gott den Sohn und Gott den Heiligen Geist; an die seligen Drei, den heiligen Einen; an die drei Personen, an den einen Gott; unseren Schöpfer, unseren Erlöser, unseren Heiligmacher, unseren Richter.

Die 13 Predigten: Quellenübersicht

ZUSAMMENGESTELLT VON
ROMAN A. SIEBENROCK

Einen Brief an seinen Freund und Mitbruder im Oratorium Ambrose St. John vom 26. Januar 1846 ergänzt John Henry Newman am 27. Januar mit folgendem Hinweis:

»By the bye, give Mr Whitty[1] some instructions about how to read my sermons – which he asks about. I mean, which he is to read etc. I should like him to read some of the best first to interest in in them; and they, as well as any, or better, would suggest whether the Sermons could be made use of, which is what he wants to know. E.G. the first and 2nd of volume 4. Etc. Sermon 14, 16, 20 of volume 4. / Sermon 3, 5, 6, 23, of volume 5 / Sermon 17, 18, 22, 25 of volume 6« (LD 98-99, hier 99)

Nebenbei, gib Mr. Whitty einige Hinweise, wie meine Predigten zu lesen sind, nach denen er ja gefragt hat. Ich meine, welche er lesen soll, usw. Ich würde ihm gerne raten, einige der besten zuerst zu lesen, damit er Interesse an ihnen gewinnt; und sie, dann so gut wie alle, oder besser, würde annehmen, ob die Predigten für das benutzt werden könnten, was er zu wissen wünscht. Z. B. die erste und zweite aus Band 4 usw. Predigt 14, 16, 20 von Band 4; Predigt 3, 5, 6, 23 aus Band 5; Predigt 17, 18, 22, 25 aus Band 6).

---

1 | P. Robert Whitty SJ (1817-1895) war mit Newman befreundet. Der irische Priester war Domprobst von Westminster seit 1850 bevor er 1857 in die Gesellschaft Jesu eintrat. Tätigkeit in Schottland und Provinzial in England (1870–1873), dann Assistent des Generals Anthony Maria Anderledy (1819–1892, siehe: https://www.jesuitarchives.co.uk/post/fr-robert-whitty-sj (abgerufen 27.09.2024)).

1 »Die Strenge des Gesetzes Christi« – »The Strictness of the Law of Christ« (7. Juli 1837): PPS IV, 1–17; DP IV, 9–27 (Predigttext: Röm 6,18)
2 »Gehorsam ohne Liebe, veranschaulicht am Charakter des Bileam« – »Obedience without Love, as instanced in the Character of Bileam« – (2. April 1837): PPS IV, 18–36; DP IV, 28–48 (Predigttext: Num 22,38)
3 »Liebe, das eine Notwendige« – »Love, the One Thing Needful« (10. Febr. 1839): PPS V, 327–340; DP V, 367–382 (Predigttext: 1 Kor 13,1)
4 »Die Wagnisse des Glaubens« – »Ventures of Faith« (21. Febr. 1836): PPS IV, 295–306; DP IV, 329–341 (Predigttext: Mt 20,22)
5 »Die Waffen der Heiligen« – „The Weapons of Saints (29. Okt. 1837): PPS VI, 313–326; DP VI, 338–351 (Predigttext: Mt 19,30)
6 »Unwirkliche Worte« – »Unreal Words« (2. Juni 1839): PPS V, 29–45; DP V, 41–59 (Predigttext: Jes 33,17)
7 »Dankbares Erinnern an frühere Erbarmungen« – »Remambrance of Past Mercies« (22. Sept. 1838): PPS V, 72–85; DP V 90–105 (Predigttext: Gen 32,10)
8 »Christus vor der Welt verborgen« – »Christ Hidden from the World« (25. Dez. 1837): PPS IV, 239–252 (Predigttext: Joh 1,5)
9 »Größe und Begrenztheit menschlichen Lebens« – »The Greatness and Littleness of Human Life« (23. Okt. 1836): PPS IV, 214–225; DP IV, 242–254 (Predigttext: Gen 47,9)
10 »Warten auf Christus« – »Waiting for Christ« (6. Dez. 1840): PPS VI, 234–254; DP VI, 253–274 (Predigttext: Offb 22,20)
11 »Unterwerfung« – »Subjection of the Reason and Feelings tot he Revealed Word« – »Verstand und Gefühle der Offenbarung unterwerfen« (13. Dez. 1840): PPS VI, 255–269; DP VI, 275–291 (Predigttext: 2 Kor 10,5)
12 »Equanimity« – »Gleichmut« (22. Dez. 1839): PPS V, 58–71; DP V, 74–89 (Predigttext: Phil 4,4)
13 »Friede im Glauben« – »Peace in Believing« (26. Mai 1839): PPS VI, 362–371; DP VI 390–400 (Predigttext: Jes 6,3)

Abkürzungen:

PPS Parochial and Plain Sermons. I-VIII. London 1834–1843 (1869). New Impression. London – New York – Bombay 1907–1909 (I: 1907; II: 1908; III: 1907; IV: 1909; V: 1907; VI: 1907; VII: 1908; VIII: 1908).

DP I-XII (Deutsche Predigtausgabe) Predigten. Gesamtausgabe. Stuttgart 1948–1962 (DP I-VIII: Pfarr- und Volkpredigten; DP IX: Predigten zu Tagesfragen; DP X: Predigten zu verschiedenen Anlässen; DP XI: Predigten vor Katholiken und Andersgläubigen; XII: Der Anruf Gottes. Neun bisher unver¬öffen¬lich¬te Predigten aus der katholischen Zeit. Stuttgart 1965).

Autor*innen der Hinführungen

Günter Biemer, 1929–2019, Professor für Religionspädagogik an der Universität Freiburg im Breisgau (1970–1994). Maßgebliche Arbeiten zur Praktischen Theologie, v.a. zur Religionspädagogik und zur christlich-jüdischen Beziehung. Bis heute grundlegende Orientierungen zu Werk und Leben John Henry Newmans; Gründer der Internationalen Deutschen Newman-Gesellschaft.

Reinhard Feiter, geb. 1956, Prof. em. für Pastoraltheologie und Religionspädagogik an Katholisch-Theologischen Fakultät der Universität Münster (2004–2022). Arbeiten zu einer phänomenologischen Grundlegung der Praktischen Theologie.

Jakob Geier, geb. 1995, studierte in Salzburg und Innsbruck Katholische Theologie, Studentischer Mitarbeiter am Institut für Systematische Theologie (Innsbruck). Nach praktischen Erfahrungen in Schule und Pastoral wurde er in der Diözese Feldkirch zum Priester geweiht. Derzeit als Kaplan in der pfarrlichen Seelsorge tätig. Promotion zur Ekklesiologie Karl Rahners SJ in Beziehung zur Synodalität im Leben der Kirche an der Universität Innsbruck.

Carlos Gutiérrez Lozano, PhD, Dr. Phil., Professor am Departamento Académico de Estudios Generales des ITAM (Mexiko).

Lothar Kuld, geb. 1950, Prof. em. Dr. theol. habil., Professor für Kath. Theologie/Religionspädagogik an der Pädagogischen Hochschule Weingarten.

Gabriele Niekamp, geb. 1956, drei Kinder. Studium der kath. Theologie in Freiburg i.Br. von 1975–1980, Dr. theol. 1994, Religionslehrerin 2004–2022 an den Haus- und Landwirtschaftlichen Schulen in Offenburg, ehrenamtlich engagiert in Hl. Dreifaltigkeit, Offenburg seit 2005 und seit 2019 bei der Katholischen Frauengemeinschaft Deutschlands (kfd). Seit 2021 Schriftführerin der Internationalen Deutschen Newman-Gesellschaft e.V.

Roman A. Siebenrock, geb. 1957, seit 2022 o. Univ.-Professor i.R. für Systematische Theologie der Katholisch-Theologischen Fakultät der Leopold-Franzens-Universität Innsbruck. Schwerpunkte: Theologiegeschichte des 19. und 20. Jahrhunderts (Newman, Rahner, Zweites Vatikanisches Konzil); Christliches Martyrium, Theologie der Religionen; Theologie des Kirchenbaus.

Regina Speck, Dr. phil., geb. 1963, katholische Theologin und Pädagogin. Sie arbeitet als wissenschaftliche Mitarbeiterin am Institut für katholische Theologie der Pädagogischen Hochschule Karlsruhe. Arbeitsschwerpunkte in Lehre und Forschung: Grundfragen der Religionspädagogik, Bedeutung von Religion im Alltag, Vielfalt der Religionen.

Wilhelm Tolksdorf, Dr. theol., geb. 1962, seit 2016 Professur für Pastoraltheologie und Theologie der Verkündigung an der Katholischen Hochschule NRW, Fachbereich Theologie, Paderborn. Katholischer Priester. Seelsorgetätigkeit in der Pfarrei St. Gertrud, Essen-Mitte. Langjährige Mitarbeit in der Erwachsenenbildung und in der Rundfunkverkündigung. Arbeits- und Forschungsschwerpunkte:

Aktuelle Entwicklungen in der Pastoral. Themen und Herausforderungen von Verkündigungsformaten der Gegenwart. Kirche, Kultur und Gesellschaft.
Bernd Trocholepczy, geb. 1952, Prof. em. für Religionspädagogik und Mediendidaktik an der Goethe-Universität (2002–2020). Neben Arbeiten zu Heidegger und Bultmann sowie John Henry Newman, wegweisende Studien zu Lehren und Lernen im Zeitalter der digitalen Medien. Ombudsperson der Goethe-Universität.
Ulrike Wick-Alda, Dr. theol., Deutsche Föderation des Oratoriums des hl. Philipp Neri, Assoziiertes Mitglied. Publikationen zur systematisch-theologischen Aufarbeitung der Spiritualität des hl. Philipp Neri (Gebet und Geistliche Unterscheidung). Seit vielen Jahren tätig in der universitären Forschung und Lehre (Fachbereich: Dogmatik und Theologie der Spiritualität). Mitherausgeberin der Gesamtausgabe der Schriften des hl. Philipp Neri (zweisprachige Quellenedition lat.-dt./ital.-dt.).